北京市住房和城乡建设委员会 编

北京市房地产年鉴

BEIJING REAL ESTATE YEARBOOK 2014

中国社会科学出版社

图书在版编目（CIP）数据

北京市房地产年鉴．2014／北京市住房和城乡建设委员会编．—北京：中国社会科学出版社，2014．9
ISBN 978－7－5161－4716－0

Ⅰ．①北… Ⅱ．①北… Ⅲ．①房地产业－北京市－2014－年鉴 Ⅳ．①F299．271－54

中国版本图书馆 CIP 数据核字（2014）第 193424 号

出 版 人　赵剑英
责任编辑　王　斌
责任校对　鲁　鹏
责任印刷　王　超

出　　版　中国社会科学出版社
社　　址　北京鼓楼西大街甲 158 号（邮编 100720）
网　　址　http://www.csspw.cn
　　　　　中文域名：中国社科网　010－64070619
发 行 部　010－84083685
门 市 部　010－84029450
经　　销　新华书店及其他书店

印刷装订　北京华睿林彩色印刷有限公司
版　　次　2014 年 9 月第 1 版
印　　次　2014 年 9 月第 1 次印刷

开　　本　880×1230mm　1/16
印　　张　23
字　　数　556 千字
定　　价　298.00 元

《北京市房地产年鉴2014》编委会

《北京市房地产年鉴2014》编辑部

目　　录

附图表目录

第一章 特稿

在稳定房地产市场　加强住房保障工作会议上的讲话

（2013 年 11 月 7 日）

北京市市长　王安顺

同志们：

今天，我们召开这个会议，主要目的是认真学习、深入贯彻落实中央最新指示精神，强化工作措施，狠抓工作落实，切实抓好住房工作，确保完成稳定房地产市场和住房保障工作目标任务。刚才，陈刚同志传达了近期中央房地产有关会议的最新精神，并对我市下一步的工作安排进行了部署，我都赞成，请大家抓好贯彻落实，确保完成今年的各项工作目标任务。下面，我就稳定房地产市场、加强住房保障工作，谈四点意见。

第一，坚决完成保持住房价格稳定的目标任务

住房问题既是重大民生问题也是重大发展问题。党中央、国务院对此高度重视，习近平总书记、李克强总理多次作出重要批示，对北京市房地产市场和住房保障工作提出明确要求。今年以来，市委市政府坚决贯彻落实中央决策部署，坚持从严调控，两次出台综合调控措施，通过收紧限购、提高预售门槛、加强价格和市场监管、严格购房资格审核等手段，强化了房地产调控，取得明显成效。特别是创新推出的自住型商品住房，得到了中央领导的肯定和群众的欢迎。各区县、各部门通力合作，围绕房地产调控和住房保障做了大量工作，成绩来之不易，值得肯定。

但是，我们也要看到，当前北京住房需求非常旺盛，供需关系紧张，房价上涨预期强烈，房地产市场上行的压力还很大，房地产调控的形势依然严峻。各区县、各部门和有关单位要从实现首都人口资源环境协调发展的大局出发，进一步提高认识，抓好各项政策措施的落实，坚决遏制房价过快上涨的势头，保持住房价格相对稳定。尤其是今年最后这两个月，一定要把房价管好管住，确保完成中央下达的目标任务，兑现对群众的承诺。

第二，切实完善住房供应体系

住房供应体系是住房制度的核心内容。近年来，我们按照“低端有保障、中端有支持、高端有市场”的发展目标，加快构建多层次的住房供应体系，取得了积极成效。但在具体工作中，还存在住房种类过多，相互不能衔接，供需不平衡、不匹配等问题。这次中央明确提出，要构建以政府为主提供基本保障、以市场为主满足多层次需求的住房供应体系，为我们指明了方向。下一步，我们要按照中央的要求，以“低端有保障、中端有政策、高端有控制”为目标，总结多年来住房改革和发展的经验，积极借鉴其他国家解决住房问题的有益做法，深入研究和把握住房建设的规律性问题，摸清住房存量和需求，加强顶层设计，建立符合首都实际，统一、规范、成熟、稳定的住房供应体系。

现阶段我们工作的重点是做实中端，努力满足中等收入群体的住房需求。中等收入群体是社会的主体，是推动首都发展的中坚力量，妥善解决其住房问题意义重大。这部分群体由于既不符合住房保障条件，到市场购房又存在一定困难，住房问题凸显出来。今年我们推出的自住型商品住房，就是针对中等收入群体的定制住房。通过政府让利，牺牲部分土地出让收益，让群众得到实惠，让这部分群体解决住房问题有出路、有希望、有信心。下一步，我们要进一步做好规划，按照“全市统筹、区域均衡”的原则，在购房需求集中、配套功能完善、交通方便的区域布局建设自住型商品住房。要加大供地力度，加快项目进度，尽早形成实际供应，已成交的地块，同意转为自住型商品住房的在途项目，要力争早摇号，让老百姓看到房子。

完善住房供应体系，还要立足于首都发展的阶段性特征，考虑我市人多地少、建设用地紧张的现状，既要尽力而为又要量力而行，把握好住房建设规模和节奏，持续地满足不同收入家庭的住房需求。要抑制住房投资品属性的过度发挥，强化住房的消费品属性，注重住房的社会功能，避免加剧住房资源占有的不平衡性，促进房地产市场平稳运行。

第三，全力做好住房保障工作

住房保障是政府必须肩负起的重大责任。今年，经过大家的共同努力，提前2个月超额完成了全年的保障房建设任务，兑现了对全市人民做出的庄严承诺。在看到成绩的同时，我们更要清醒地认识到，首都棚户区、城中村依然大量存在，不少群众的住房条件仍然十分困难，实现应保尽保还有很多工作要做。各区县、各部门、各单位都要严格落实责任，加强协调配合，扎实做好住房保障工作。

一是进一步加大建设力度。“十二五”期间，我市要完成100万套保障房的建设，确保审核通过的家庭全部住上保障房，这是我们必须完成的硬指标，是不折不扣的硬任务。建设体制方面，要继续坚持“以区为主、全市统筹”，各区县要认真履行属地责任，积极承担全市统筹的建设任务。土地供应方面，国土部门要继续采取有力措施，对保障房建设用地实行计划单列，供地量要占年度全市住房供地总量的50%以上。资金筹措方面，市区两级都要加大财政投入，用好各项财税支持政策，提高财政资金使用效率，加大保障房资金归集使用力度。进一步拓宽投融资渠道，积极吸引社会资本参与保障房建设。规划选址方面，重点在轨道交通沿线，交通便利、配套设施齐全的区域，采取集中建设与配套建设相结合的方式建设保障房，配套建设项目保障房配建比例不低于30%。

二是大力发展公租房。继续坚持“以租为主”的思路，积极推进公租房建设。在筹措房源上，除了市、区政府组织建设收购外，还要通过趸租、市场租赁、鼓励产业园区建设、盘活国有企业存量土地、城乡结合部地区在符合规划前提下建设公寓等方式，多渠道筹措房源。在保障对象上，各区县在解决保障房轮候家庭的基础上，要逐步将产业发展、公共服务和社会管理等领域的外来人员纳入公租房保障范围。在建设标准上，要量力而行，坚持“小而精”，推行住宅产业化，满足合理需求。同时，还要尽快研究出台货币补贴政策，科学合理确定补贴对象和租金标准。

三是加快推进棚户区改造。我市中心城区棚户区改造五年计划已经确定，关键是要下大力气把这项工作抓紧、抓实、抓好，早日见到成效。要坚持规划先行，统筹考虑保障房建设、基础设施改造、社会事业发展、环境整治等工作，科学制定改造方案，合理编制改造计划。相关部门要以行政审批制度改革为契机，优化项目审批流程，缩短审批时限，加快项目落地。有关区县和单位要群策群力，密切配合，能原地改造升级的，要在统一规划和完善市政基础设施的前提下，尽量就地改善群众居住条件。要探索创新工作思路，鼓励国有企业积极参与，吸引民间投资进入，加快改造工作进度。

第四，全面加强房地产市场管理

我们要一手坚持从严调控不放松，一手狠抓市场监督管理，促进首都房地产市场的稳定发展。

一是抓好抓实房屋基础信息工作。要摸清我市存量房底数，建立台账，分类统计住宅、商务等各类用房数量。建立统计机制，将每年新建房纳入台账，实现房屋统计信息动态更新。对我市不同群体的住房需求和存量住房使用情况进行摸底调查，对房屋价格走势及其原因进行分析。总之，对我市房屋基础信息要做到心中有数，为今后制定规划和抑制投资投机需求提供决策参考。

二是不断提高房屋分配和管理水平。健全保障性住房准入审核机制，加强准入管理，确保使真正需要帮助的住房困难群众受益。健全使用管理机制，坚决制止保障性住房闲置、出租等行为，使宝贵的住房资源真正用到实处。健全保障退出机制，对已不符合保障条件的家庭，要坚决清理退出，形成有进有出、良性循环的局面。健全社会监督机制，发动全社会监督，对骗租、骗购、非法占有保障性住房行为进行严厉打击，依法追究相关责任。

三是继续加强市场监管。要把好土地、规划闸门，坚决不能出“地王”。对于顶风涨价项目，区县要加以引导，审计、税务等部门要加大审计和稽查力度。对捂盘惜售、哄抬房价、变相涨价等违法违规行为，发现一起查处一起。要大力整肃房屋租赁和中介市场秩序，严厉打击“黑中介”、“二房东”、“群租”等各类扰乱市场秩序行为，以及骗购、骗贷和哄抬房租、房价等违法违规行为。

四是加快研究构建长效机制。探索依靠经济和法律手段，将高端市场的土地收益和财税收入用于填补“保障低端、扶持中端”形成的资金缺口，实现高中低端三个市场的良性循环发展，尽快走出过多依赖行政调控的困境，促进形成我市房地产市场长期健康发展的良好态势。

同志们，稳定房地产市场，做好住房保障工作，任务艰巨，职责重大。希望大家不放松、不懈怠，持之以恒做好房地产调控和住房保障工作，确保完成年初确定的各项目标任务，为推动首都科学发展多做贡献。

近期中央房地产有关会议的最新精神和本市下一步工作安排

（2013 年 11 月）

北京市副市长　陈　刚

党中央、国务院高度重视房地产市场调控和住房保障工作。今年以来，针对部分城市房价和地价较快上涨问题，李克强总理连续几次作出重要批示，明确要求有关部门和地方深入分析当前房地产市场形势，采取措施坚决遏制房价过快上涨。张高丽副总理，8 月 19 日、9 月 24 日、10 月 28 日三次主持召开专题会议，研究部署房地产市场调控，特别是部分重点城市稳控房价工作。住房城乡建设部按照张高丽副总理的指示精神，会同有关部委先后两次对房价涨幅较大的重点城市进行约谈，并部署房地产调控工作。10 月 29 日，中央政治局进行第十次集体学习，内容是加快推进住房保障和供应体系建设，习近平总书记做了重要讲话。这是中央政治局集体学习惯例延续 11 年后，首次专题学习住房领域情况，充分表明了中央对住房问题的高度重视。

下面，我简要传达一下中央房地产有关会议的最新精神，以及我市下一步稳定房地产市场、加强住房保障工作的安排。

一、中央房地产有关会议的最新精神

第一，中央政治局第十次集体学习时习近平总书记的重要讲话精神。

习近平总书记在讲话时强调，住房问题既是民生问题也是发展问题，关系千家万户切身利益，关系人民安居乐业，关系经济社会发展全局，关系社会和谐稳定。当前在住房方面，我们面临的主要问题是：住房困难家庭的基本需求尚未根本解决，保障性住房总体不足；住房资源配置不合理、住房占有不平衡现象比较严重；住房改善进展不平衡，一些地方棚户区几十年了还没有变化；一线城市住房刚性需求巨大，房价上涨过快；本地人口和外来人口存在不平衡，本地人口住房保障相对好些，外来人口居住条件较差，“蜗居”现象还不少，等等。

习近平总书记指出，加快推进住房保障和供应体系建设，是满足群众基本住房需求、实现全体人民住有所居目标的重要任务。在住房建设上，市场配置和政府保障如一架马车的两个轮子，缺了哪一个都会失去平衡、难以前行。当前和今后一个时期要重点抓好以下工作：

一是健全住房供应体系。从我国国情看，总的方向是构建以政府为主提供基本保障、以市场为主满足多层次需求的住房供应体系。这是大方向，在具体制度设计上还有很多工作要做。

现阶段，还是要强化住房消费品属性，适度遏制住房投资品属性，促进住房市场平稳运行。要逐步减少地方经济发展和财政增收对房地产业的过度依赖。

二是提高保障水平。“十二五”规划提出的目标是政府对人民作出的承诺，要全力完成。要重点发展公共租赁住房，加快建设廉租房，加快实施各类棚户区改造。既要努力满足基本住房需求，又要注意不搞过度福利。做好保障性住房建设工作，要完善保障性住房规划布局和设施配套，为群众生活创造方便。优化保障性住房户型设计，做到小而精。抓好工程质量。

三是完善支持政策。保障性住房首先要解决好合理供应土地和资金保障问题。要完善财政政策，合理设置中央和地方各级政府投入比例，加大财政性资金对保障性住房建设投入力度。综合运用资本金注入、投资补助、财政贴息、税费优惠以及土地供应等政策措施，吸引企业和机构参与公共租赁住房建设和运营。要完善信贷政策，在加强管理和防范风险的基础上，支持金融机构增加对保障性住房建设的贷款。

四是提高管理水平。在准入、使用、退出等方面建立规范机制，实现公共资源公平善用。

习近平总书记讲话最后要求，各级党委和政府要加强组织领导，健全管理体制、责任制度、考评机制，落实各项目标任务和政策措施，努力把住房保障和供应体系建设办成一项经得起实践、人民、历史检验的德政工程，不断在保障人民群众住有所居上取得新的显著成效。

第二，张高丽副总理主持召开有关会议的主要指示精神。

8 月 19 日，张高丽副总理召开部分城市房地产市场形势分析座谈会，要求各城市切实做好稳定房价的工作，实现年初公布的房价控制目标。10 月 28 日，又召集住房城乡建设部等部委以及北上广深四个城市，部署房地产调控工作。会上充分肯定了我市自住型商品住房政策，并就下一步重点城市房地产调控工作做了六点指示：

一是高度重视房地产调控工作，稳控房价的难度还是很大，北上广深有代表性，要进一步采取有效措施，坚决落实李克强总理关于稳定房价的批示要求。

二是准确把握形势和问题，各地实施房地产调控取得了一定成效，但结构性矛盾突出，多地房价调控目标完成难度较大。北上广深要攻坚最后两个月。

三是扎实做好调控工作，年底统计局要公布各地房价控制目标完成情况，不少城市市场上行压力大，四季度我们还要打硬仗，要有决心、有措施，坚决完成年度房价控制目标。

四是完善房价发布机制，房价指数的公布要与宣传解读同步，促进稳定。

五是综合应用经济法律手段，人民银行研究提高居民贷款购买第二套住房的首付比例和利率；财政部研究差别化的商品住房交易契税政策；国土资源部负责增加住宅用地供应，完善土地出让方式。

六是加快房地产长效管理机制建设，由国家发展改革委牵头研究的长效机制，将在三中全会后征求意见。

第三，住房城乡建设部组织部分城市召开会议的有关精神。

8 月 22 日，住建部约谈了包括北京在内的 9 个房价同比涨幅较高的城市，要求制定稳定房价方案。9 月 30 日，住建部、国土部等七部委联合召开了北上广深等 15 个重点城市房地产调控工作部署会。总基调是国家不出台新政策、严格落实既定政策。

会上，住房城乡建设部要求，各地政府要继续把调控工作摆在重要位置，近期重点抓好以下几项工作：一是严格落实稳定房价工作责任制，明年一月底前公布房价控制目标落实情况，没完成控制目标的省市，要做出情况说明；执行调控措施不力的，要约谈问责。二是严格实施既有调控政策措施，狠抓落实。三是努力增加普通住房有效供应。房价高、供求矛盾突出的城市要增加限价房供应。四是大力推进保障性安居工程建设，要确保完成今年的目标任务，并着手编好明年计划。五是做好舆论引导工作。

国土资源部要求：一要加大供地力度，促进供求基本平衡，房价持续较快上涨、供求矛盾突出的城市，要进一步加大供应量。二要多措并举，消除因异常交易造成的高价地，不要再出现“地王”。三要落实监管措施，促进土地有效利用。四要明确职责，完善土地市场调控和管理制度，地方政府要切实做好消除虚假“地王”信息的工作，盘活闲置地。

二、今年以来开展的主要工作和成效

市委市政府高度重视房地产调控和住房保障工作，坚决贯彻中央决策部署，金龙书记多次作出重要指示，安顺市长先后六次召开专题会研究部署工作。各区县、各部门、各单位顾全大局，克服困难，创新思路，形成协同推进的强大合力，首都房地产市场调控和住房保障工作取得了积极成效。

一是制定细则，强化执行，坚决贯彻中央决策部署。3 月 30 日，我市在全国率先出台贯彻国办发 17 号文件的实施细则，进一步限购限贷，严格执行二手房转让按 20% 征收个税，明确提出“全市新建商品住房价格与 2012 年价格相比保持稳定”的工作目标。各部门、各区县密切配合，不断完善执行机制，强化购房资格审核，加强市场监管，确保政策落实到位，积极稳定市场预期。截至目前，全市首次购房比重连续七个月超过九成；新建商品住房价格指数环比涨幅由 3 月份的 3.1% 回落到 9 月份的 1.2%；商品住宅累计供地（843 公顷）同比增加 94%，为完成全年工作目标奠定了基础。

二是着眼刚需，做实中端，创新推出自住型商品住房。为从根本上破解中等收入等刚需群体的住房难题，市委市政府在系统总结试点经验的基础上，反复研究、果断决策，10 月 23 日，正式出台了自住型商品住房管理办法。决心通过“限房价、竞地价”的市场化手段，大规模推出面向刚需群体的自住型商品住房。各部门加快供地和手续办理，各区县主动拿出地块，市属国企积极参与，在已推出 8 宗地的基础上，又明确了 32 宗竞建、配建地块，年底前将实现不低于 2 万套的供应规模。政策出台后，社会总体反映良好，有望实现百姓、政府、开发商三方共赢。

三是完善制度，加强统筹，加快建立符合首都实际的住房保障体系。在加强保障性住房建设和管理，加强解决群众住房困难的同时，不断完善住房保障体系，稳步推进分层次、分类型的市场化长效机制建设。截至 10 月份，已经建设收购各类保障房 16.2 万套，竣工 8.5 万套，提前超额完成全年任务。大力推进棚户区改造工作，先期启动了 108 个项目，惠及居民 9 万户。加快推进住房保障立法进程，《北京市基本住房保障条例》已进入市人大立法计划论证。

三、下一步工作安排

当前我市面临的形势比较严峻，完成房价控制目标时间紧、任务重，需要继续开展大量细致的工作。各区县、各部门要坚决贯彻市委市政府的统一部署，进一步加大各项政策执行力度，努力兑现房价控制目标的承诺，促进房地产市场平稳发展。

第一，加大公租房和棚改工作力度，做足保障。继续做好保障房建设收购工作，加强配套设施建设；加快保障房配租配售进度，年内要确保完成4万套指标任务；2年内妥善解决已审核通过的保障房家庭，明年至少解决一半；逐步退出产权型保障模式，今后主要通过公租房和棚户区改造有效解决住房保障，以及住房保障与市场衔接问题；加强顶层设计，进一步推进《北京市基本住房保障条例》立法进程。各区县要加大实施力度，加快推进已经确定的棚户区改造项目，为5年内基本解决四环以内棚户区改造任务打下良好基础。

第二，建立市区两级稳定房价、规范市场秩序责任制。前几个月，全市新建商品住房成交均价较去年上涨6.7%，不少区域涨幅超过20%，各界非常关注。北京是首都，房价问题十分敏感，各部门要以稳定房价为大局，加强联动，完善政策和执行机制。各区县要继续加大房地产调控和住房保障工作力度，加强辖区内新建商品住房项目的价格管控，把均价涨幅控制在4%以内。要增加自住型商品住房和保障房供地，在交通便捷、设施完善地段，加快推出“限房价、竞地价”项目，特别是房价上涨较快的区县，要多供地、早上市，平抑房价，给刚需和夹心层家庭出路和希望。要加强项目调度，推动中低价位项目特别是棚改安置房项目尽快入市。国企要增强社会责任感，带头控制价格，为稳定房地产价格做出应有贡献。

第三，加快自住型商品住房供应，有效满足刚需。今年2万套、明年5万套的信号已经释放出去，中央充分肯定，社会都在看，近期关键是落实好，让百姓早看到、早买到。要尽快制定配套措施，实施全过程监管；加快前期手续办理，11月底前启动第一批摇号。做好供地计划统筹编制工作，确保明年提供5万套以上房源，占市场份额的40%－50%。希望企业积极参与这一德政工程。

第四，强化市场监管，净化市场环境。要组建住房限购监督委员会，加强限购的社会监督，严厉打击骗购。对房价过高、上涨过快、利润过高的项目，要严格审计和税收征管，地税、审计和住建等部门，要继续抓好落实，形成合力。各区县政府要加强属地监管，综治、公安、工商、住建等部门要联动执法，严厉查处各类侵害群众利益、扰乱市场秩序的违法违规行为，推动执法破局。

第五，加强宣传引导，稳定社会预期。加强对市场调控、住房保障和自住型商品住房的宣传，向社会表明政府稳定房价、实现住有所居的决心。做好房价及市场走势的解读，正确引导舆论。及时澄清不实信息和片面数据，有效应对刻意渲染房价地价上涨预期等误导公众的报道，形成良好的舆论环境。

同志们，现在距离年底还有两个月的时间，我们一定要全力以赴，攻坚克难，做好全年收官工作，圆满完成年初制定的各项目标任务，向全市人民交一份满意的答卷。

在2014年系统工作会上的报告

（2014年3月3日）

北京市住房和城乡建设委员会主任　杨　斌

同志们：

这次会议的主要任务是：认真贯彻落实党的十八届三中全会、市委十一届四次全会和北京市两会精神，简要回顾2013年我市住房城乡建设工作，部署2014年工作。

一、2013年主要工作回顾

2013年对于住房城乡建设工作是具有特殊意义的一年。房地产调控进入关键阶段，房屋累计施工面积再创新高，建设任务急难险重，市场形势纷繁复杂。全系统通过认真学习贯彻党的十八大精神、深入开展群众路线教育实践活动，按照市委市政府统一部署，同心同德、攻坚克难、开拓创新，全面完成全年各项工作任务。建筑业完成总产值7407.1亿元，同比增长12.4%，房地产开发投资完成3483.4亿元，同比增长10.5%，房价调控目标基本完成，重点工程、建筑节能减排等工作积极推进，实事、折子工程全面落实，为首都稳增长、转方式、促改革、惠民生做出重要贡献。

（一）全面加强统筹协调，推动重大任务落实

围绕全市中心工作，加大统筹协调力度，在有关部门和区县共同努力下，工程建设和经济增长任务全面推进落实。一是超额完成新开16万套、竣工7万套的保障房建设分配计划。各区县、各部门和参建单位克服困难、落实责任，确保早供地、早开工，加快续建工程，建设收购16.2万套，竣工8.5万套。二是超额完成房地产开发投资任务。完善开发项目动态管理，市区住建部门加强项目调度，力促早开工早入市，主要由北京市住房建设委员会负责促进的保障房投资和商品房开发投资共完成2323.9亿元，同比增长13.3%。三是超额完成1000万平方米老旧小区综合整治和5万户农宅抗震节能改造任务，实际分别完成1390余万平方米、8万户。四是有序推进重点工程建设。强化调度协调，积极服务中央和部队项目，完成投资1678.3亿元，新开工程78项。

（二）进一步创新制度机制，深入推进住房保障工作

按照“十二五”住房保障规划明确的目标和任务，进一步加大保障房建设管理力度，创新完善政策和机制，住房保障工作不断取得新进展。一是改革申请审核方式，实行“四房合一”，主要以公租房满足中低收入家庭基本住房需求。加强公租房租金补贴管理，建立公租房租金补贴发放平台，在海淀区开展市场化租赁租金补贴试点工作；二是创新政策、破解难题，启动中心城区棚户区改造，建立市区棚户区改造和环境整治工作机制，出台 11 个文件，制订 5 年计划，2013 年 110 个项目全部确定实施主体并陆续启动；三是创新建设管理和融资机制。进一步简化招标投标管理流程，当年供地、当年开工；抓好配套设施建设，加快竣工交用，健全投融资机制，支持社会主体建设、运营和管理公租房，多渠道落实建设资金 290 多亿元；四是加强配租配售和租后售后管理，公开摇号配租配售保障房 4.7 万套，对不符合条件的 1 万余户家庭终止了保障房备案资格，14 个区县的保障房后期管理机构整合方案得到市编办批复，“三位一体”后期管理模式逐步推广。

（三）全力抓好房地产调控，保持市场基本稳定

严格落实中央和本市房地产调控政策，结合首都实际，强化市场监管服务工作，实现了全年工作目标。新建商品住房成交均价同比增长 3.9%，房价基本稳定，中低价位商品住房成交比重超过 6 成，较好满足刚性需求，新建商品房销售面积 1903.1 万平方米，属于近年较高水平。一是在全国率先出台“京十九条”落实中央调控政策，各项调控措施全国最严。二是加强房地产市场监管和服务，完善价格引导机制，深入开展市场监测分析；依托开发项目动态监管平台，组织市场有效供应；加强市场动态监管，联合有关部门检查项目、巡查中介 1.2 万项次；主动与社会媒体沟通，开展政策宣传和信息发布。三是适时出台“京七条”，创新推出自住型商品住房，解决“夹心层”住房需求，完善供应结构，平抑住房价格，稳定市场预期。成交自住型商品住房用地 21 宗，超额完成全年 2 万套的供地计划。启动首个“御景湾”项目网上申购工作，登记家庭超过 14.8 万个。四是切实加强存量房市场和租赁市场管理，存量房交易服务平台扩围至西城区等 11 个区县，出台出租房屋人均居住面积标准，推动建立了综治牵头、属地负责、职能部门共同参与的群租综合治理机制。

（四）高度重视工程质量安全，着力推进“两场联动”

大力加强全年工程质量安全工作，成效显著。一是从根本上做起，综合考虑行业管理和市场监督，大力加强行业立法，启动《质量条例》法规草案起草工作；二是以安全质量为核心，着力改进和完善建筑市场综合执法机制，构建“三位一体”的监督执法模式，进一步加强对保障房、轨道交通、老旧小区改造等重要工程的质量管理；三是以推进建筑市场诚信体系建设为主线，以完善评标制度为突破口，加强建筑市场与施工现场的“两场联动”，全年采用“三标制”评标项目共 1760 项，占全市总承包招标项目比重 50.3%；四是全面落实建筑施工安全生产管理制度，各区县落实属地监管责任，强化质量安全管理，全市建设系统发生生产安全事故 16 起，死亡 16 人，死亡人数同比减少 30%。

（五）大力推动建筑节能减排，加快转变发展方式

我市建筑节能工作一直走在全国前列，建筑节能在节能减排任务中也占有较大比重，是转变经济发展方式、推动绿色发展的重要着力点，是一项长期的战略性工作。2013 年节能减排取得了新的成绩。一是正式实施节能 75% 的《居住建筑节能设计标准》，制订公共建筑电耗限额管理工作方案，发布实施一批新的技术标准；二是贯彻落实 2013 年清洁空气行动计划实施方案，继续强化绿色施工管理，完成市政府下达的五环路内未治理搅拌站停产退出任务，对施工扬尘问题严重的工地严肃查处，暂停30家施工单位在京投标资格；三是制订实施绿色建筑行动实施方案及任务分解，全面通过绿色建筑评价标识认证的项目达17项、209万平方米，通过绿色建筑评价标识认证的项目达60项、641万平方米；四是稳步推进住宅产业化，确认保障房实施住宅产业化增量成本有关事项，明确参考值并计入建安成本，全年实施73个保障房项目、551万平方米的产业化住宅项目；五是大力推动行业科技进步，组织完成重点科技成果鉴定项目78项。六是扎实提高行业队伍素质，全面加强建筑施工技术考核培训，培训农房管理干部及村镇工匠5000余人。

（六）努力提高管理效能和服务水平，夯实工作基础

2013年，我们围绕社会关注的难点热点，认真履行政府职责，积极回应公众诉求，从基础工作入手，不断完善制度机制，着实提高行业管理和为民服务水平。健全权属登记制度，出台集体土地房屋登记试点工作实施意见，规范保障房房屋登记，全年共办结房屋登记85.8万件，同比增长25.7%。强化物业管理服务，出台专项维修资金使用政策，会同有关部门开展9次专项督查，拆除7889处违法建设。扎实做好城镇房屋防汛准备和落实工作，组织年度城镇房屋安全检查，有效处置房屋漏雨、地下室积水等问题。规范房屋征收拆迁工作，创新出台“征建分离”旧城区改建房屋征收政策，全市启动房屋征收拆迁项目数同比增加38%，接待信访批次同比下降13.5%。扎实推进房改工作，加强集资合作建房监管，加快房改房售房款、专项维修资金使用审核，继续认真落实各项私房政策。

2013年，我们全力推进地方性法规立法进程，重点抓好质量管理条例、住房保障条例立法，推进物业管理、装饰装修等立法调研。整合审批管理信息平台，上线企业资质审批管理系统，实现市区审批联动统一，做到“事项减、手续减、时限减”，中央电视台等主流媒体进行了报道。完成数十项重要调研课题，调研工作在市委市政府考评中取得突出成绩，完成基本住房制度研究报告并上报市政府，研究提出今后一个时期的住房工作思路。完成“十二五”六个专项规划的中期评估，大力推进规划实施，为制订“十三五”规划创造条件。高度重视新闻宣传工作，采取生动、灵活、多样的宣传方式，通过快速、精准、有效的舆情监测和危机反应机制，把握话语权，释放正能量，营造了良好舆论环境。继续加强系统信息化建设，完善政务公开长效机制，抓实抓好房屋基础信息工作。建立健全信访问题排查化解机制，开展两次矛盾纠纷大排查、大调处，处理群众来信7352件、群众来访6418批次18839人次、群众来电14万个，切实维护群众的合法利益和正常的社会秩序。

2013年，我们扎实有序推进群众路线教育实践活动，紧紧围绕解决“四风”问题，领导干部带头，边学边查、立言立行，用看得见的变化取信于民，着力解决了一批突出问题，便民措施初见成效。压缩“三公经费”支出成效显著，全年共节约41.2万元，厉行节约蔚然成风。推进“三进两促”活动深入开展，强调问需于民，增强活动的针对性。进一步加强廉政风险防控管理工作，审批系统与监察系统实时对接，利用信息技术形成廉政风险的网络防控体系。全面推进住建系统政风行风建设，各区县住建部门在政风行风建设不断创新工作方法，取得不错效果。深化干部人事制度和机构改革，选人用人公道正派，推进事业单位分类改革积极稳妥。援藏、援疆、援青各项工作进展顺利，全体同志不畏困难、无私奉献，得到市委市政府和当地政府、群众的充分肯定。

同志们，过去一年我们认真学习贯彻党的十八大和习近平总书记一系列重要讲话精神，在市委市政府的正确领导下，团结一心，攻坚克难，成绩显著。在此，我代表住建委领导班子，对全系统干部职工的辛勤付出表示崇高的敬意，对各区县、各部门的大力支持表示衷心的感谢！

二、2014 年主要工作任务

2013 年的住房城乡建设工作取得突出成绩，但我们必须清醒地看到，一些关系群众切身利益的问题亟需解决，在行业发展中还有很多不协调、不平衡、不可持续的问题，经济增速存在下行压力，房地产市场不确定性高，人口资源环境矛盾突出，绿色发展任重道远，行政效能和服务水平有待进一步改进提高，等等。2014 年全市经济社会工作目标任务已经确定，但形势非常严峻，我们工作的难度更大、任务更重。

2014 年也是全面落实十八届三中全会精神、全面深化改革的第一年，市委落实三中全会精神、全面深化改革的决定已经出台，郭金龙书记在新近召开的市委十一届四次全会上指出，要立足首都功能定位，高标准、大尺度、深层次地谋划改革。因此，全系统要认清形势、振奋精神、坚定信心，坚持问题导向，把改革贯穿于住房城乡建设的各个领域和各个环节，结合工作实际和首都发展阶段性特征，发扬啃硬骨头精神，从政策条文向法规制度深化，从政府管控向市场决定深化，从行政管理向社会治理深化，全面深化推进住房城乡建设领域改革，推动住房城乡建设事业不断迈上新台阶。

（一）加大住房保障工作力度，多措并举解决群众住房困难

认真学习习总书记在中央集体学习会上的讲话精神和市委决定，深入研究住房建设规律，构建以政府为主提供基本保障、以市场为主满足多层次需求的住房保障和供应体系。量力而行又尽力而为，全面促进住有所居目标的实现。

目前，以租为主的保障方式已经确立，2014 年保障房建设和分配计划开始实施，下一步要做到多建成、早入住，为群众办实事、办好事，做好以下几项工作：一是坚持以租为主的保障方式。全面落实廉租房、经适房、限价房、公租房“四房合一”申请审核办法，大力发展公租房。不再搞轮候制，两年内基本解决审核备案家庭的住房困难。扩大公租房房源，推动公租房覆盖扩围，加大公租房租金市场化补贴力度。结合农村“新三起来”工作，扩大集体土地建设公租房规模，争取在全市城乡结合部全面推开试点；二是要努力完成全年建设筹集各类保障房 7 万套、竣工 10 万套任务。进一步强化统筹协调，会同相关部门和机构，保障供地，支持资金，加快审批，采取新多种方式筹集房源，各区县也要结合当地实际积极推进定向安置房建设，确保完成“十二五”期间提供 100 万套的目标；三是要及时组织公开摇号配租配售，特别是要着力解决 50% 以上已审核备案家庭的住房困难；四是进一步理顺保障性住房管理体制，完善封闭运行机制，加快封闭运行平台建设；五是完善住房保障政策体系，出台公租房租金补贴制度调整、市场化租金补贴、公租房社会管理和服务、经适房和限价房上市交易、准入标准调整以及资格动态核查等方面政策；六是加强顶层设计，加快《北京市基本住房保障条例》立法步伐，

提升住房保障立法层次。住房保障立法是今年市住建委中心工作之一，住保办要配合好市人大、市政府有关方面的工作，组织得力人员，加强调查研究，力争年内有所突破。

（二）完善房地产调控长效机制，促进房地产市场健康发展

市第十四届人大第二次会议通过的《政府工作报告》提出，2014 年我市要“继续严格执行房地产调控各项政策措施，坚决保持房价基本稳定，促进房地产市场平稳健康发展。”今年我市稳控市场和房价的压力更大，

还要继续执行好房地产市场调控的各项措施，继续加强商品房市场监管，组织有效供应，综合运用多种手段强化调控、稳定房价，促进房地业平稳健康发展。一是完善市区两级共担稳定普通商品住房机制，发挥区县对保障房、自住房供地调度的属地优势，推进地价、房价联动调控；二是结合 5 万套自住型商品住房供应，研究完善商品住房从土地出让、开发建设到后期销售一系列调控措施，更多地考虑运用经济、法律手段，运用好限购、限贷政策，遏制投资投机性需求，结合存量盘活达到市场供需平衡；三是要按照政府工作报告“强化以房管人，支持制定房屋租赁条例，推广组织化管理模式，依法管理出租房屋，继续治理群租房问题”的要求，会同有关部门建立健全房屋租赁市场管理机制，加快推进房屋租赁平台建设，加大对“黑中介、二房东”等违法违规现象的整治力度；四是继续强化房地产经纪、估价行业动态监管，逐步建立完善中介机构、从业人员信用档案，有效运用信用机制分担行政监管压力，充分发挥行业自律效用；五是做好稳定房价工作，继续加强预售管理，保证有效供应，同时落实属地责任，形成齐抓共管、互通互动的良好局面。六是研究开展住房需求和存量房使用情况摸底调查。

（三）抓好棚户区和老旧小区改造，充分发挥稳增长、惠民生的双重作用

全面推进棚户区改造工作，既要认识到棚改时间紧、任务急，需要加大推动力度，力争短期见成效、有变化，同时也要制定合理目标，积极稳妥推进，切实把好事办好、实事办实，确保全年完成 3 万户改造任务，争取完成 3.5 万套左右，力争 2015 年前完成 8 万套。一是进一步加大政策创新力度，重视政策落地过程中出现的实际困难，制订完善具体操作政策。二是继续深化审批改革。去年和棚改相关的审批权已下放到区里，各区要主动服务项目，进一步简化手续、缩短时限，提高审批效率。三是继续加大统筹力度，坚持市级统筹、以区为主。一方面统筹各部门的力量，重点对规划方案审查、对接房建设和分配、市级融资平台的搭建和分配等方面加强市级统筹；一方面统筹各区的力量，同时督促各区相互借鉴好的经验，齐心协力，一个项目接一个项目地稳步推进落实。四是继续坚持分类指导。棚改工作的难题之一，就是每个项目情况都不一样，甚至可以说千差万别，需要结合每区每街每片的具体情况，尊重群众意愿，专门研究对策，实事求是地提出有针对性的工作方案，解决好资金平衡和房源对接等问题。五是切实解决资金难题，随着工作推进，资金不落实问题逐渐暴露。希望各区加大创新力度，提高资金使用效率，力求做到项目平衡、区域平衡。

同时，要努力完成 1000 万平方米老旧小区综合整治和 8 万户农宅改造任务。这两项工作是典型的民生工程，对于建筑节能减排也有重要意义，但涉及面广、情况复杂，任务十分繁重。要完善联动机制、落实属地责任，加快推动违章建筑拆除，力争抗震加固有所突破，切实落实区级配套资金，不折不扣地完成全年任务。

（四）加强质量安全监管，促进建筑市场有序健康发展

全市施工面积高达2.15亿平方米，在施轨道交通、资源环境等重大工程数百项，工程质量安全管理任务艰巨，必须重点做好重大工程项目的监管与服务，特别是要全力抓好北京新机场、铁路工程、雁栖湖生态发展示范区工程等重点工程、重点项目的质量监管。同时要着眼解决深层次问题，积极推进立法与改革工作；一是深入推进《质量条例》法规草案起草工作；二是重点修改完善《北京市工程监理企业资质及人员资格动态监督管理暂行办法》，充分发挥监理企业在工程建设当中“三控三管一协调”以及施工现场安全管理的职责作用；三是改进招投标监管与服务，以建设工程货物招标投标为试点，扎实有序地推进招标投标工作改革创新；四是研究探索逐步改进建筑业劳务用工方式，鼓励大型建筑施工企业培育发展自己的技术骨干队伍，完善建筑工人专业技能培训制度。

（五）大力推动建筑节能减排，加快转变发展方式

要重点坚持强化标准和政策引导，进一步推动建筑节能减排，促进调结构、转方式和绿色发展。全面实施公共建筑能耗限额和级差价格工作方案，将公共建筑纳入电耗限额管理，建立以信息化平台、节能目标考核、能耗公示等为支撑的公共建筑能耗限额管理体系。加快构建工程材料供应企业市场行为信用评价管理体系，发布规范性文件，建设平台系统，组织建材试点。加快住宅产业化技术研究和推广，完善技术标准体系。全面加强工地扬尘污染控制工作，落实各项污染控制措施，完成五环路内搅拌站清理工作，推动50%五环路外未通过治理整合的搅拌站停产退出。继续加强绿色建筑、住宅产业化、新农村建设等工作。

（六）巩固发展教育实践活动成果，加强自身建设

教育实践活动收尾不收场，新的一年，我们要继续抓好各项整改措施的落实，从基础工作做起，坚持问题导向，抓好改革创新。以完善住房信息系统，在现有房屋普查数据基础上择时开展详查，将历史登记档案和集体土地上房屋信息逐步纳入房屋基础数据库。配合做好不动产统一登记工作，整合登记档案资源，实行集约化管理，实现登记机构、登记簿册、登记依据和信息平台“四统一”。扩大集体建设用地范围内房屋登记试点，有关宅基地细化政策出台后积极介入。继续探索研究公房售后管理体制改革思路，建立与市场经济相适应的物业管理新体制。深化行业改革，加速推进工程质量、住房保障、房屋租赁、物业管理以及造价、装饰装修等立法进程，奠定建立长效管理机制的基础。改进社会治理方式，在住房保障、房地产市场监管、工程质量安全管理和污染控制、物业管理等方面，充分发挥社会组织、基层组织和社区管理的优势。继续加强调查研究，完善信息化系统。

同志们，2014年面临的形势更加复杂，任务更加艰巨，我们要在市委市政府的领导下，既要坚持改革创新，又要坚持稳中求进，统一思想，振奋精神，咬定目标不放松，解决问题不懈怠，努力谱写住房城乡建设事业发展的新篇章。

第二章 北京社会经济发展概况

第一节　自然环境

北京市位于北纬39°56′，东经116°20′；西北毗邻山西、内蒙古高原，南与华北大平原相接，东近渤海；市中心海拔43.71米。西、北、东三面环山，主要河流有永定河、潮白河、北运河等。北京市属暖温带半湿润季风型大陆性气候，四季分明，春季干燥多风，秋季清爽，是一年中最好的季节，冬季寒冷、少雪。2013年平均气温12.8℃。年极端最高气温为38.2℃，出现在7月24日，年极端最低气温-14.1℃，出现在1月5日。

全年降水量578.9毫米，比上年下降20.9%。

第二节　行政区划

截止到2013年，北京市共辖14个区、2个县。按功能区划分为首都功能核心区：东城区、西城区；城市功能拓展区：朝阳区、丰台区、石景山区、海淀区；城市发展新区：房山区、通州区、顺义区、昌平区、大兴区；生态涵养发展区：门头沟区、怀柔区、平谷区、密云县、延庆县。

全市共辖街道办事处143个、建制镇144个、建制乡38个、有社区居委会2838个、村民委员会3941个。

表2-1　2013年北京市行政区划表

单位：个

地区	街道办事处	建制镇	建制乡	社区居委会	村民委员会
全市	143	144	38	2838	3941

第三节　经济发展

一、经济增长

初步核算，2013年全年实现地区生产总值19500.6亿元，比上年增长7.7%。按常住人口计算，全市人均地区生产总值达到93213元（按年平均汇率折合15052美元）。

表 2-2　2009—2013 年北京市地区生产总值

年份	地区生产总值（亿元）	人均地区生产总值（元）
2009 年	12153.0	70452
2010 年	14113.6	75957
2011 年	16251.9	81658
2012 年	17801.0	87091
2013 年	19500.6	93213

二、产业结构

2013 年，第一产业增加值 161.8 亿元，比上年增长 3%；第二产业增加值 4352.3 亿元，增长 8.1%；第三产业增加值 14986.5 亿元，增长 7.6%。全年文化创意产业实现增加值 2406.7 亿元，比上年增长 9.1%；占地区生产总值的比重为 12.3%，与上年持平。高技术产业实现增加值 1327 亿元，增长 7%；占地区生产总值的比重为 6.8%，比上年下降 0.1 个百分点。生产性服务业实现增加值 9811.8 亿元，增长 10.4%；占地区生产总值的比重为 50.3%，比上年提高 0.6 个百分点。

三次产业结构由上年的 0.8:22.7:76.5 变化为 2013 年的 0.8:22.3:76.9。

表 2-3　2013 年地区生产总值

单位：亿元

指　　标	2013 年	比上年增长%
地区生产总值	19500.6	7.7
第一产业	161.8	3.0
第二产业	4352.3	8.1
工业	3536.9	7.8
建筑业	815.4	9.6
第三产业	14986.5	7.6
交通运输、仓储和邮政业	883.6	7.0
信息传输、计算机服务和软件业	1749.6	7.2
批发和零售业	2372.4	6.6
住宿和餐饮业	374.8	-3.2
金融业	2822.1	11.0
房地产业	1339.5	3.4
租赁和商务服务业	1536.6	9.5
科学研究、技术服务和地质勘查业	1444.3	11.2
水利、环境和公共设施管理业	113.0	5.2
居民服务和其他服务业	133.3	3.0
教育	758.2	6.9
卫生、社会保障和社会福利业	416.1	11.5
文化、体育和娱乐业	445.3	6.1
公共管理和社会组织	597.7	2.4

三、固定资产投资

2013 年，在市委、市政府的坚强领导下，全市投资按照“进度前移”的节奏，一方面，不断加大投资的调控力度，提前谋划、重点调度、完善机制、狠抓落实，为投资平稳增长提供动力支撑；另一方面，坚决贯彻中央关于房地产调控措施不动摇，持续加大保障性住房的供应力度。调控效果不断显现，全市投资运行平稳，结构优化，符合调控预期，呈现良好发展态势。

1. **投资规模逐步扩大**。2013 年，北京市全社会固定资产投资规模突破 7000 亿元，达到 7032.2 亿元，基本完成全年 7040 亿元任务。为全市稳增长、调结构、促改革、惠民生提供了有力支撑。

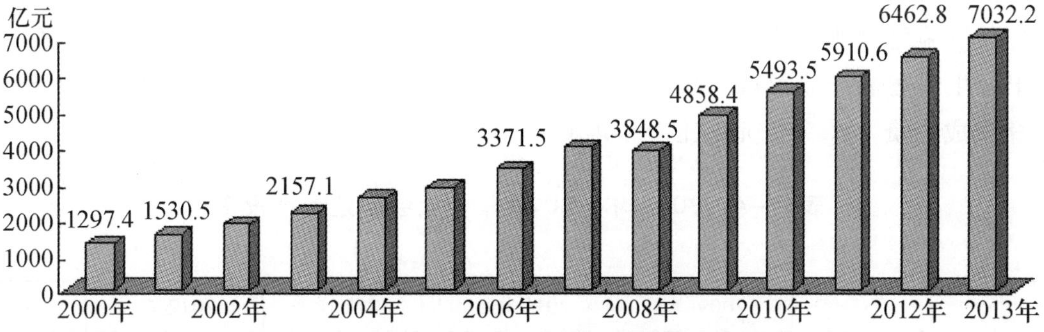

图 2－1　2000 年以来北京市投资规模情况

2. **投资增速趋于平稳**。2013 年，北京市全社会固定资产投资比上年增长 8.8%，除 1 季度达到 12.1% 的增速外，其余各月基本保持在 8% 左右，增速波幅为 4.8 个百分点，与上年相比，缩小 2.1 个百分点。

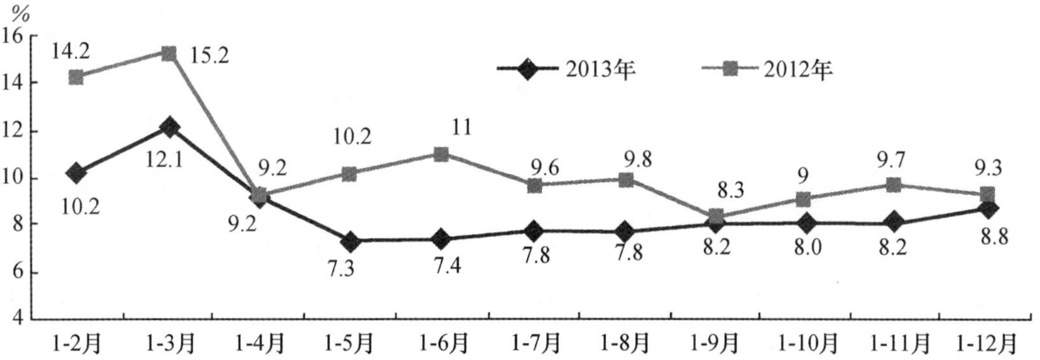

图 2－2　2012 年以来北京市投资增速情况

3. **结构继续优化**。一是投资趋向实体领域。2013 年，建安投资完成 3182.2 亿元，比上年增长 13.2%，高于全社会投资 4.4 个百分点；占全社会投资比重为 49.5%，同比提高 1.9 个百分点。二是民间投资持续向好。2013 年，民间投资完成 2419.5 亿元，比上年增长 15.9%，高于全社会投资 7.1 个百分点，占全社会投资比重为 34.4%，比上年提高 2.1 个百分点。民间投资对全社会投资的贡献率显著提高。从 1 季度末的 －2.8% 提升至全年的58.4%，民间投资拉动全社会投资增长5.1个百分点，成为带动全社会投资增长的主要因素。在促进社会资本向民间投资的各项政策出台后，民间资本向基础设施行业和新兴服务业有所倾斜。民间投资中，科学研究和技术服务业比上年增长63.3%，金融业增长43.2%，住宿和餐饮业增长33.2%，文化、体育和娱乐业增长21.8%，信息传输、软件和信息技术服务业增长20.5%，水利、环境和公共设施管理业增长10.7%。三是投资侧重于民生改善和产业承载。2013年，北京市教育完成投资142.7亿元，比上年增长31.8%；卫生完成投资60.9亿元，增长22.8%；信息传输、软件和信息技术服务业完成投资209.7亿元，增长26.8%；文化体育和娱乐业完成投资111.6亿元，增长14.7%；水利环境和公共设施完成投资515.6亿元，增长4.3%。上述5个行业完成投资占全社会投资（不含房地产开发）比重接近3成，同比提高1.7个百分点。旅游产业、文化创意产业和生产性服务业分别完成投资607.9亿元、316.9亿元和547.7亿元，占全社会投资比重为8.6%，4.5%和7.8%。

表2-4　2009年—2013年全社会固定资产投资

单位：亿元

	2009年	2010年	2011年	2012年	2013年
全社会固定资产投资合计	4858.5	5493.5	5910.6	6462.8	7032.2
城镇固定资产投资	4378.2	5002.6	5463.9	5853.1	6352.6
#房地产开发投资	2337.7	2901.1	3036.3	3153.4	3483.4
农村投资	480.2	490、9	446.7	609.8	679.6
#农村非农户投资	436.7	438、8	387.6	563.5	630.1
农户投资	43.5	52.1	59.1	46.2	49.5

表2-5　2009—2013年产业投资结构表

单位：亿元

年份	全社会固定资产投资	第一产业	第二产业	第三产业
2009	4858.4	57.4	411.4	4389.5
2010	5493.3	43.2	528.1	4922.3
2011	5910.6	47.2	762.2	5101.3
2012	6462.8	145.4	719.8	5597.5
2013	7032.2	175.5	755.0	6101.7

表 2－6　2013 年分行业固定资产投资

单位：亿元

行业名称	投资额	比上年增长%
总　　计	7032.2	8.8
农、林、牧、渔业	175.5	20.6
采矿业	9.1	47.0
制造业	467.8	－0.4
电力、热力、燃气及水的生产和供应业	270.4	16.6
建筑业	7.7	－35.6
批发和零售业	51.4	66.2
交通运输、仓储和邮政业	685.3	－6.8
住宿和餐饮业	78.2	34.9
信息传输、软件和信息技术服务业	209.7	26.8
金融业	57.4	8.5
房地产业	3906.3	11.4
租赁和商务服务业	50.5	25.7
科学研究和技术服务业	127.4	－4.2
水利、环境和公共设施管理业	515.6	4.3
居民服务、修理和其他服务业	14.7	－28.9
教育	142.7	31.8
卫生和社会工作	60.9	22.8
文化、体育和娱乐业	111.6	14.7
公共管理、社会保障和社会组织	90.0	－14.8

四、财政收支

2013 年，全市完成地方公共财政预算收入 3661.1 亿元，比上年增长 10.4%。其中，增值税 574.9 亿元，增长 83.1%；营业税 1034.8 亿元，下降 10.2%；企业所得税和个人所得税 802.1 亿元和 333.8 亿元，分别增长 6.6% 和 18.6%。地方公共财政预算支出 4170.2 亿元，增长 13.2%。其中，用于农林水事务、节能环保、科学技术、城乡社区事务的支出分别增长 33.7%、21.7%、17.4% 和 17.4%。

五、人民生活

2013 年，全年城镇居民人均可支配收入达到 40321 元，比上年增长 10.6%；扣除价格因素后，实际增长 7.1%。农村居民人均纯收入达到 18337 元，比上年增长 11.3%；扣除价格因素后，实际增长 7.7%。城镇居民人均消费性支出达到 26275 元，增长 9.3%，其中服务性消费支出 8310 元，增长 19.2%；恩格尔系数为 31.1%，比上年下降 0.2 个百分点。农村居民人均消费性支出达到 13553 元，增长 14.1%；恩格尔系数为 34.6%，比上年提高1.4个百分点。全市城镇居民人均住房建筑面积31.31平方米，农村居民人均住房面积51.35平方米。

表2－7 2013年城乡居民家庭收入情况

单位：元

指 标	城镇居民		农村居民	
	人均可支配收入	比上年增长（%）	人均纯收入	比上年增长（%）
高收入户	71914	9.0	32036	7.2
低收入户	18514	13.0	8052	14.7

六、对外经济

2013年，北京地区海关进出口总值4291亿美元，比上年增长5.1%。其中出口632.5亿美元，增长6.1%；进口3658.6亿美元，增长5%。

表2－8 2013年北京地区海关进出口总值情况统计表

单位：亿美元

指 标	2013年	比上年增长%
进出口总值	4291.0	5.1
出口	632.5	6.1
进口	3658.6	5.0

七、旅游

2013年，全年接待入境旅游者450.1万人次，比上年下降10.1%。其中，外国人387.6万人次，下降10.8%；港、澳、台同胞62.5万人次，下降5.9%。旅游外汇收入47.9亿美元，下降6.9%。全年接待国内旅游者2.5亿人次，增长9.3%。国内旅游收入3666.3亿元，增长11.1%。全年经旅行社组织的出境游人数331万人次，增长21.5%。

第四节 社会发展

一、人口及社会保障

2013年末，全市常住人口2114.8万人，比上年末增加45.5万人。其中，常住外来人口802.7万人，占常住人口的比重为38%。常住人口中，城镇人口1825.1万人，占常住人口的比重为86.3%。常住人口出生率8.93‰，死亡率4.52‰，自然增长率4.41‰。常住人口密度为每平方公里1289

人，比上年末增加 28 人。年末全市户籍人口 1316.3 万人，比上年末增加 18.8 万人。

2013 年末全市参加基本养老、基本医疗、失业、工伤和生育保险人数分别为 1311.3 万人、1354.8 万人、1025.1 万人、920.3 万人和 883.2 万人，分别比上年末增加 104.9 万人、75 万人、18.4 万人、23.1 万人和 38.5 万人。年末参加城乡居民养老保险人数 180.1 万人，其中农村居民参保人数 168.7 万人，比上年末增加 1.7 万人。2013 年末参加新型农村合作医疗的人数达到 254.3 万人，参合率为 98%。

全市享受城市居民最低生活保障的人数为 10.4 万人，享受农村居民最低生活保障的人数为 6 万人。

二、科学技术

2013 年，全年研究与试验发展（R&D）经费支出 1200.7 亿元，比上年增长 12.9%；相当于地区生产总值的 6.16%。

全市研究与试验发展（R&D）活动人员 35.1 万人，比上年增长 8.7%。专利申请量与授权量分别为 123336 件和 62671 件，分别增长 33.6% 和 24.1%；其中发明专利申请量与授权量分别为 67554 件和 20695 件，增长 28.1% 和 2.8%。全年共签订各类技术合同 62743 项，增长 4.6%；技术合同成交总额 2851.2 亿元，增长 16%。

三、文化

2013 年末全市共有公共图书馆 25 个，总藏量 5424 万册；档案馆 18 个，馆藏案卷 636 万卷件；博物馆 167 个，其中免费开放 52 个；群众艺术馆、文化馆 20 个。年末有线电视注册用户达到 520.9 万户，其中高清交互数字电视用户 380 万户。北京地区 20 条院线 150 家影院（820 块银幕，其中 3D 银幕 296 块）共放映电影 137.6 万场，观众 4247.6 万人次，票房收入 18.6 亿元。全年制作电视剧 88 部 3056 集，电视动画片 19 部 19546 分钟，故事片 222 部。

四、教育

2013 年，全市共有 56 所普通高校和 80 个科研机构培养研究生，全年研究生教育招生 9.1 万人，在学研究生 26.6 万人，毕业生 7.3 万人。全市 89 所普通高等学校全年招收本专科学生 16.3 万人，在校生 58.9 万人，毕业生 14.9 万人。全市成人本专科招生 10.2 万人，在校生 25.8 万人，毕业生 9.5 万人。

全市普通高中招生 6 万人，在校生 18.8 万人，毕业生 5.8 万人；普通初中招生 10.7 万人，在校生 31.1 万人，毕业生 9.2 万人；普通小学招生 16.6 万人，在校生 78.9 万人，毕业生 11.2 万人；幼儿园入园幼儿 12.8 万人，在园幼儿 34.9 万人。各类中等职业教育（含技工学校）招生 7.2 万人，在校生 20.9 万人，毕业生 9 万人。特殊教育招生 1156 人，在校生 8348 人，毕业生 1706 人。

五、卫生

2013 年末全市共有卫生机构 10126 个，比上年末增加 167 个；其中医院 632 个。卫生机构共有床位 10.4 万张，比上年末增加 0.4 万张；其中医院 9.6 万张。全市卫生技术人员达到 21 万人，比上年末增加 1.4 万人；其中执业（助理）医师 7.9 万人，注册护士 8.7 万人。全市医疗机构总诊疗 19895.2 万人次。全年报告甲乙类传染病发病率 168.48/10 万，死亡率 1.20/10 万。全市婴儿死亡率 2.33‰，孕产妇死亡率 9.45/10 万。

六、体育

2013 年末全市共有体育场馆 6157 个。全市共有优秀体育运动员1102人。获得国际性比赛奖牌25枚，其中金牌10枚，银牌9枚。获得全国性比赛奖牌120枚，其中金牌39枚，银牌41枚。

第五节　公共事业

2013年，全市完成基础设施投资1785.7亿元，比上年同期下降0.2%，占全社会固定资产投资的25.4%。其中，市政工程管理业完成投资318.3亿元，下降12%，城市公共交通建设完成投资310.9亿元，下降20.5%，。

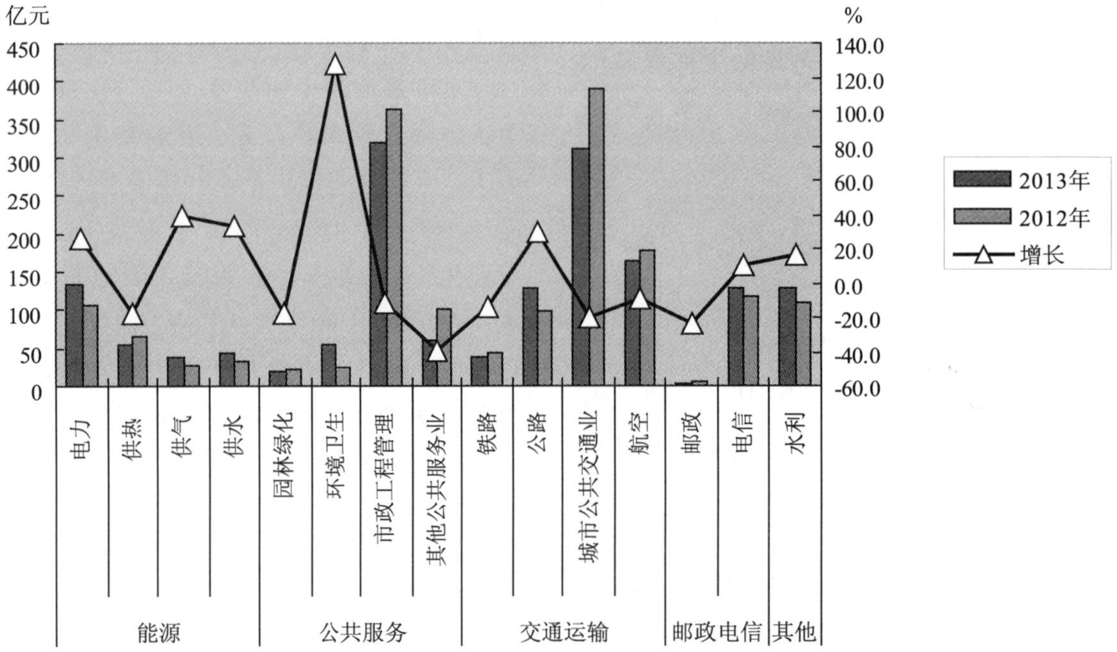

图2-3　2013年北京市基础设施投资完成情况

一、供电

2013年，北京地区用电量达到913.1亿千瓦时，比上年增长4.4%。其中城乡居民生活用电157亿千瓦时，下降3%，城乡居民生活用电占用电总量的17.2%。

表2-9　2012—2013年北京电力供应情况

单位：亿千瓦时

项目	全社会用电	第一产业	第二产业	第三产业	城乡居民生活用电	#城市	#农村
2012	874.3	18.1	320.9	373.4	161.8	137.1	24.7
2013	913.1	18.6	334.6	402.9	157.0	134.7	22.3

二、水资源及供水

2013年北京市继续加大水资源保障。利用南水北调中线工程从河北第四次应急调水4亿立方米；实施从河北、山西向密云、官厅水库集中输水8000余万立方米；通过加强联合调度，密云水库蓄水量十年来首次突破12亿立方米。完成第三水厂和第八水厂应急改扩建工程，新增日供水能力18万立方米，市区日供水能力达到318万立方米。全市万元地区生产总值水耗为18.7立方米，比上年下降5.84%。

表2－10　2012—2013年北京市城市供水情况

项目	自来水综合生产能力（万立方米/日）	供水管道长度（公里）	销售总量（万立方米）	#生产运营用（万立方米）	公共服务用（万立方米）	居民家庭用（万立方米）
2012	411	14029	93826	12045	34710	46303
2013	444	14495	98178	12161	36045	49268

三、燃气

2013年全面推进陕京四线、大唐煤制气接收管线等燃气重大工程建设。全市天然气销售量达到95.7亿立方米，同比增长8.3%。

表2－11　2012—2013年北京市城市燃气情况

项目	液化石油气供气总量（吨）	销售气量（吨）	#家庭用量（吨）	家庭用户（万户）	天然气供气总量（万立方米）	销售气量（万立方米）	#家庭用量（万立方米）	家庭用户（万户）	居民燃气用户（万户）
2012	418156	379371	190975	194.1	924763	883385	115401	519.4	713.5
2013	472980	453546	202468	190.5	994222	956852	119406	546.9	737.4

四、供热

2013年，北京市积极做好冬季供热保障，大力实施供热节能，推进供热计量改造和燃煤锅炉清洁能源改造项目工程。实施6644万平方米供热计量和2407蒸吨燃煤锅炉清洁能源任务。

全市集中供热面积为5.5亿平方米。比上年增长3.9%。

表2－12　2012—2013年北京市集中供热情况

项　目	供热面积（万平方米）	#住　宅（万平方米）	供热能力（兆瓦）	供热总量（万吉焦）	#热电厂供热（万吉焦）	#锅炉房供热（万吉焦）	供应管道长度（公里）
2012	52555	35104	38298	35222	5752	29470	11031
2013	54591	36806	38585	33960	5268	28692	11192

五、污水处理

2013年，北京市于汛前完成了中心城区20座下凹式立交桥雨水泵站升级改造工程，实现了排水调蓄功能；对34条（段）280公里中小河道进行了清淤疏浚，累计清淤清障1100余处，完成土方疏挖1700余万立方米，实现了排水畅通、安全。年处理污水13.1亿立方米，COD消减量42.70万吨；生产高品质再生水2.23亿立方米；污泥产量100万吨，无害化处置量40.64万吨。全市污水处理率为84.6%，比上年提高1.6个百分点。

表2－13　2012—2013年北京市污水处理情况

项目	污水处理能力（万立方米/日）	污水年处理量（万立方米）	污水处理率（%）	污水排放总量（万立方米）	排水管道长度（公里）	#污水管（公里）
2012	389	126411	83.0	152010	12665	5735
2013	393	131401	84.6	155317	13505	6363

六、公共交通

2013年，建成地铁14号线西段、10号线二期、8号线二期、昌八联络线4条轨道新线，打通轨道网关键节点，完善整体路网功能。地铁10号线的贯通运行，与10条既有线实现换乘，成为客运量最大的线路。8号线向两端延伸，有效分流地铁13号线高峰客流压力。1号线与9号线军博换乘站投入使用，日均换乘客流近10万人次。先后3次缩短6号线、亦庄线等线路发车间隔。轨道交通网络化运行效率进一步增强，骨干作用凸显，在公共交通中分担率上升至40%，最高日客运量突破1100万人次。

在玉泉路、京津公路通州区路段施划公交专用道10.5公里；完成新开、调整公交线路144条，方便了群芳园、康营、橡树湾等190个小区居民出行；更新淘汰老旧公交车3027辆。

完成客运量80.5亿人次，同比增长5.7%，公共交通出行比例从44%增至46%。更新老旧公交车3000辆，开通36条微循环公交线路，方便市民出行。首次开设定制公交商务班车，已有45条78班次，乘客中近6成是自驾车主。

表2－14　2012—2013年北京市公共交通情况

项目	公共交通年末营运车辆（辆）	#轨道交通（辆）	营运线路条数（条）	#轨道交通（条）	营运线路长度（公里）	#轨道交通（公里）	客运量（万人次）	#轨道交通（万人次）
2012	25831	3685	795	16	19989	442	761578	246162
2013	27590	3998	830	17	20153	465	804775	320469

七、垃圾处理

2013年，北京市垃圾处理设施建设得到有效推进。鲁家山焚烧厂投入试运行，焚烧处理能力日增加3000吨，5项渗沥液处理设施已完成建设并投入运行，南宫焚烧厂、海淀大工村焚烧厂、南宫堆肥厂等一批焚烧和生化处理设施开工建设。生活垃圾无害化处理率达到99.3%，其中城区无害化处理率达到100%。

表2－15　2012—2013年北京市垃圾处理情况

项目	清扫街道面积（万平方米/日）	生活垃圾无害化处理率（%）	粪便清运量（万吨）	生活垃圾无害化处理能力（吨/日）	环卫机械数量（辆）	公共厕所（座）
2012	14346	99.1	207.2	17530	9384	5773
2013	14234	99.3	220.7	21971	9797	5563

八、空气质量

2013年，已对东城区、西城区共4.5万户平房区实施了采暖清洁能源改造，进一步改善了群众居住环境。全市可吸入颗粒物、二氧化硫年日均值分别为108.1微克/立方米、26.5微克/立方米，分别比上年下降0.8%和5.4%；二氧化氮年日均值为56微克/立方米，比上年增长7.3%。

表2－16　2012—2013年北京市空气质量情况

项目	可吸入颗粒物年日均值（微克/立方米）	二氧化硫年日均值（微克/立方米）	二氧化氮年日均值（微克/立方米）	区域环境噪声平均值（分贝）	道路交通干线噪声平均值（分贝）
2012	109.0	28.0	52.2	54.0	69.2
2013	108.1	26.5	56.0	53.9	69.1

九、园林绿化

2013年，全市园林绿化建设深入推进，全市新增造林绿化面积44.25万亩，新增城市绿化面积1100公顷。全市林木绿化率达到57.4%，森林覆盖率达到40%；城市绿化覆盖率达到46.8%，人均公共绿地面积达到15.7平方米。

平原百万亩造林工程取得重大进展。两年来，全市已完成平原造林61.7万亩，植树3300多万株，平原地区的森林覆盖率从14.85%提高到了20.85%，取得显著的生态、经济、社会效益。城乡宜居环境实现新的提升。新建城市休闲公园27处。完成100条胡同街巷、100处老旧小区的绿化美化景观提升工程。山区生态建设扎实推进，京津风沙源治理、三北防护林建设、太行山绿化等国家级生态工程共完成人工造林10.95万亩、封山育林45万亩，彩色树种造林2.18万亩。

成功举办了第九届中国（北京）国际园林博览会。建成了永定塔、园博馆和主展馆三大标志性建筑，整个园区总面积达到513公顷，绿化面积达到349公顷。开园以来，共接待国内外游客610多万人次，受到社会各界和广大游客的广泛好评。

表 2－17　2012—2013 年北京市园林绿化情况

项目	年末公园绿地面积（公顷）	人均公园绿地面积（平方米/人）	城市绿化覆盖率（%）	林木绿化率（%）
2012	21178	15.5	46.2	55.5
2013	22215	15.7	46.8	57.4

十、道路建设

2013 年，基本建成京新高速（五环至六环段）19.6 公里；京周公路新线、大灰厂东路、梅市口路（玉泉路至地铁张郭庄站）已于 2013 年 5 月建成通车，梅市口路（地铁张郭庄站至长兴路）已于 2013 年 11 月建成通车；完成安定里中路、三里河南二巷等 15 项道路微循环工程，提高了道路通行能力。建成园博园周边的梅市口路西延、大灰厂东路、京周公路新线、莲石路立交，基本建成广渠路二期（四环至五环段）、京新高速、京良路房山段。

年末境内道路、公路总里程 28808 公里，比上年末增长 0.8%；其中，城市快速路里程 269 公里，比上年末增长 2.3%。

表 2－18　2012—2013 年北京市道路建设情况

项目	境内道路、公路总里程（公里）	#城市快速路长度（公里）	城市主干道长度（公里）	城市道路立交桥数（座）	城市过街天桥数（座）	城市地下通道（座）
2012	28585	263	865	413	512	210
2013	28808	269	953	414	520	211

注：城市道路及附属实施统计范围为城六区。

第六节　交通运输

2013 年，货物周转量 671.5 亿吨公里，比上年增长 5.2%。其中，铁路 323.2 亿吨公里，增长 5.1%；公路 146.8 亿吨公里，增长 5.0%；民航 49.2 亿吨公里，增长 0.5%。铁路、公路、民航货物周转量比重分别为 48.1%、21.9%、7.3%。

全年旅客周转量 1720.7 亿人公里，比上年增长 7.8%。其中，铁路 118 亿人公里，增长 1.4%；公路 299.1 亿人公里，下降 1.9%；民航 1303.7 亿人公里，增长 11%。铁路、公路、民航三种运输方式旅客周转量比重分别为 6.9%、17.4% 和 75.8%。

年末全市机动车拥有量 543.7 万辆，比上年末增加 23.7 万辆。其中民用汽车 518.9 万辆，增加 23.2 万辆，民用汽车中私人汽车 426.5 万辆，私人汽车中轿车 311 万辆，分别增加 19 万辆和 12.8 万辆。

* 注：本章节部分数据为初步统计数据。

第三章

城市规划与建设

北京市房地产年鉴 2014

第一节　北京城市规划综述

2013 年，首都城乡规划工作按照中央关于北京城市性质功能定位的要求和市委、市政府的工作部署，努力把握首都发展的阶段性特征，破解城乡经济社会发展中的重点难点问题，较好地发挥了城乡规划的统筹协调作用。

一、加强统筹，强化规划对城乡发展的引领作用

全面梳理北京城市总体规划的实施情况，深入分析，针对性地提出促进城市可持续发展的规划策略建议；牵头组织，会同 30 个政府部门和区县政府，深入研究，系统提出缓解首都交通拥堵的建议和措施；大力实施重点新城发展战略，对通州运河核心区、顺义新城马坡核心区、大兴新城核心区等重点新城地区的规划实施深入研究，加快推进。

二、着眼于城乡协调发展，努力推进城市规划向城乡规划转型

深入研究全市集体建设用地规划的核心问题，重点推进城乡结合部地区综合整治；不断深化村庄规划编制办法和管理机制，逐步将农村建设纳入规划管理体系，全市 114 个小城镇基本实现乡镇域规划全覆盖。

三、加大空间资源配置的统筹力度，保障重大项目、重点工程有序推进

加快推进首都新机场前期规划工作，编制完成新机场及其周边噪声区村庄搬迁选址方案和新机场外部综合交通规划以及新机场市政保障专项规划，深入论证新机场及临空区市政基础设施保障方案；大力推进中关村国家自主创新示范区规划建设，完成示范区地块坐标点确定工作，组织开展《中关村科技商务区（TBD）规划》编制，推动示范区北部研发服务和高技术产业带科技商务区规划建设；积极推动重点功能区建设，加快丽泽商务区、CBD、未来科技城、怀柔雁栖生态示范区、新首钢高端产业综合服务区、世界园艺博览会等重点功能区的规划审批。

四、积极推进重大交通、市政基础设施规划建设，提高城市运行保障能力

加快城市轨道交通规划审批，并积极推进轨道站点与周边土地开发一体化设计和地下空间利用；着力推进京石客运专线、京张城际、京沈客专等相关工程规划审批和前期工作，保障城际快轨与区域规划和交通的有效衔接；继续加强道路网系统和交通枢纽建设；加快推进北苑北、苹果园、望京西等交通枢纽方案研究；加强和推进市政基础设施规划建设。

五、完善住房与公共服务设施体系规划，服务和保障民生

积极推进保障性住房和自住型商品房规划，提高超额完成全市 2013 年 16 万套保障性住房规划任务；重点加强公共服务设施规划建设，制定《北京市居住公共服务设施配置指标》管理规定；积极组织开展基础教育、医疗卫生用地专项规划编制；梳理和落实

2015年集中建设的养老设施用地；大力推进无障碍设施建设。

六、深入推进历史文化名城保护工作，彰显首都文化魅力

开展北京西部地区历史文化资源梳理工作、《北京市“十二五”时期历史文化名城保护建设规划》中期评估，深入推进中法文化交流史迹群、天桥历史文化景观区、房山区南窖乡水峪村，平谷区仁义胡同非物质文化遗产保护等历史文化名城试点项目，组织开展“北京市优秀近现代建筑保护管理办法”研究。

七、大力推动生态城市建设，努力改善首都环境质量

深入开展清洁空气行动计划相关工作。与市环保局共同牵头组织编制《北京城市环境总体规划》；大力推进2100蒸吨燃煤锅炉改用清洁能源和旧城“煤改电”工程，保障2013年的改造任务全面完成；全面发展绿色建筑，牵头组织制定《北京市发展绿色建筑推动生态城市建设实施方案》，提出在全国实现四个率先；圆满完成35万亩平原造林相关规划任务，组织推进新能源电动汽车充电站的规划选址工作，完成四惠等六座大型充电站方案审查及审批工作。

八、坚决打击违法建设，大力加强行业管理和法制建设，推进依法行政

开展打击违法用地违法建设专项行动攻坚战，有效打击和遏制违法用地违法建设的滋生，至2013年底，全市共拆除违法建设2万余处，1200多万平方米；加强城乡规划法制建设，研究起草《北京市停车规划管理办法》，开展《北京市大中型公共建筑停车场建设管理暂行规定》和《关于郊区城镇和农村建设规划管理的若干规定》前期研究，加快编制完善《北京市建设工程规划管理技术通则》；加强测绘地理信息管理和地理国情监测，开展全市地理国情普查工作。

九、进一步创新工作机制，增强服务意识，着力提升服务水平和提高审批效率，优化行政审批机制

按照“转、减、调、并”的工作方针，做到全委审批“一图作业”、“一网办公”，实现行政许可和服务事项100%网上办理；开展协作规划管理，与海淀区政府以中关村科学城精细化城市规划管理为试点，建立综合协调合作机制和责任规划师、建筑师制度。

第二节　北京市规划研究和规划编制

一、北京低碳城市规划核算体系及技术导则研究

年内，市规划委完成《北京低碳城市规划核算体系及技术导则研究》。作为“低碳城市规划项目群”中的骨干课题，该课题包含七项专题研究，形成了北京低碳城市规划核算体系和北京低碳城市规划技术导则框架两部分成果。

二、北京城市低碳发展总体规划研究

年内，市规划委完成《北京城市低碳发展总体规划研究》。该课题通过测算2020年和2030年的能源消耗和碳排放情景，定量研究资源环境对城市发展的底线约束，前瞻性提出基于低碳发展目标的总体规划前置性要求；通过编制全市用地全覆盖的碳排放清单，从规模控制、能源、产业、建筑、交通、废弃物和碳汇七大方面提出覆盖全市各行业的低碳规划策略集成，并与相关规划、标准及规范相衔接，为政策制定提供支撑；创新性地将城市碳排放与空间规划相结合，通过趋势预测和情景分析，确定规划年不同用能部门的碳减排潜力和减碳策略，为各管理部门制定清晰的减碳路线图提供了依据。

三、北京市会展设施规划布局研究

年内，市规划委完成《北京市会展设施规划布局研究》。该课题针对全市会展资源的过度竞争、重复建设等问题，系统地研究会展业发展规律，分析了全球、区域会展设施布局情况；摸清全市会展业发展的基本情况，找出了发展的优劣条件及存在问题；提出了北京会展业发展定位、规模、结构、布局等规划要求及近期发展策略。

四、北京市人口、空间、功能及规划实施综合分析

年内，市规划委完成《北京市人口、空间、功能及规划实施综合分析报告》。该课题包括城市总体规划主要指标完成情况、发展特征与趋势、突出问题与成因、规划措施与建议四部分内容，以人口、用地、房屋为核心，综合产业、绿化、交通、水资源、能源等要素，深层次挖掘城市发展中面临的不平衡、不协调、不可持续问题及其原因，探寻应对之策。

五、城市道路空间规划设计规范

年内，市规划委会同市质监局编制完成《城市道路空间规划设计规范》。该《规范》针对北京城市道路空间的实际问题，统筹协调交通、市政、服务、绿化景观、生态环境、防灾减灾等各项功能，旨在提高道路空间的使用效率，强化城市道路空间的公共属性，实现精细化设计，提升道路空间的综合承载力和整体品质，是我国第一部包含城市道路空间各要素的综合性规划设计规范。

六、新机场规划建设保障及城市协调发展综合规划（一期）

年内，市规划委完成《新机场规划建设保障及城市协调发展综合规划（一期）》。该课题在区域发展层面提出构建北京南部自组织区域、梯度疏解城市职能、保护城南生态绿心、城乡资源统筹利用等规划策略；在新航城地区规划层面提出“亚太交通中心、国家产业新区、生态宜居城市、区域合作典范、自立性市镇群”的规划目标，通过考虑生态限建、产业协同、交通支撑、职住平衡等因素，形成新航城地区的用地布局初步方案。

七、北京市绿色生态示范区低碳生态详细规划指标应用技术导则

年内，市规划委完成《北京市绿色生态示范区低碳生态详细规划指标应用技术导则》。该课题针对“现代商务服务”、“高新科技研发”、“新型制造产业”、“综合居住服务”四种类型示范区的生态规划特点及审批执行的法规性，综合筛选出方案层面的通则性指标及地块层面的控规指标，并从成果和

过程双维度，探索面向规划编制者、审批管理者的指标应用方法，形成包括生态规划专题说明、生态控制图则、报审成果内容、条件核发形式、施工图审查要点等在内的指标应用技术细则，建立将生态内容“融入”当前规划管理的合法依规和有效且可操作的技术与管理途径。研究成果已形成《绿色生态示范区详规阶段生态指标审批管理实施建议》及《指标应用技术细则》。

八、北京市域集体建设用地基本情况分析

年内，市规划委完成《北京市域集体建设用地基本情况分析》。该课题以全市域的集体建设用地作为研究对象，准确把握北京市集体建设用地规划实施的现状与主要问题，探索集体建设用地合理利用的有效路径，提升集体建设用地规划实施管理的科学性和有效性，并为集体建设用地规划编制、审批、管理提供技术支撑。

九、北京市中心城社会公共停车场专项规划

年内，市规划委完成《北京市中心城社会公共停车场专项规划》。该课题主要包含北京市中心城社会公共停车场和换乘停车场规划两部分内容，通过分析全市现状停车问题，明确社会公共停车场的功能定位和规划原则，在差别化分区供给停车位的“调控型”停车规划理念的指导下，根据用地条件及实际需求对社会公共停车场进行布局规划，提出近期建设计划；针对现状换乘停车场运营问题，借鉴国际经验，明确其设置目的、功能定位、发展规模等，并配合全市轨道交通线网规划及公共交通枢纽规划，优化换乘停车场规划布局，提出规划对策建议。

十、北京西部地区历史文化资源梳理

年内，市规划委完成《北京西部地区历史文化资源梳理》。该课题通过分析西部地区自然地理条件和历史发展进程，梳理主要文化脉络，提炼出文化价值；按照文化价值集中体现、文化资源集中分布的原则，确定西部历史文化精华地区；提出历史文化资源保护与利用要点，为各区县开展名城保护工作提供框架和指导。

十一、北京城市紫线管理办法研究

年内，市规划委完成《北京城市紫线管理办法研究》。该课题依据《城市紫线管理办法》、《北京历史文化名城保护条例》，结合北京历史文化名城保护工作特点，系统梳理全市历史文化街区和历史建筑保护工作，借鉴国内其他城市经验，创新提出北京城市紫线分阶段、分层次划定的操作模式，确立相应的技术标准，并就北京城市紫线的执法、应用与维护、监督工作和法律效力问题提出管理对策。

十二、历史文化名镇名村申报办法研究

年内，市规划委完成《历史文化名镇名村申报办法》。该课题深入分析全市传统村镇保护与发展现状，系统梳理现行名镇名村的申报与评选情况，形成较为系统的申报指导文件，对规划管理工作提出意见建议。同时，首次理顺并明确申报工作组织机制、责任部门、申报流程和审查评定办法，提出申报条件和申报材料的具体要求。

十三、保障性住房规划实施评估及选址布局研究

年内，市规划委完成《保障性住房规划

实施评估及选址布局研究》。该课题根据保障性住房规划实施评估的有关要求，全面分析1999—2012年全市保障性住房规划建设的有关情况，具体剖析2012年保障性住房选址情况，总结规划选址建设的主要问题并提出规划建议，为各区县政府实施科学合理的保障性住房选址工作提供技术支撑。

十四、北京市中心城公共文化设施空间布局专项规划

年内，市规划委完成《北京市中心城公共文化设施空间布局专项规划》。该课题以市文化局主管的四级公共文化设施：公共图书馆、文化馆、街道（乡镇）文化服务中心、社区（行政村）文化室为对象，依据国家及北京市现行规划建设标准，在中心城33个片区为不达标准或与规划相矛盾的文化设施确定规划规模和初步选址，为完善全市公共文化服务体系提出重要建议，是指导中心城公共文化设施规划建设、公共财政投入的主要依据。

十五、北京中心城地区人民防空工程综合规划

年内，市规划委完成《北京中心城地区人民防空工程综合规划研究》。该课题借助GIS平台，全面分析评价中心城地区上万个人防工程的建设项目，明确提出中心城乃至全市人防工程规划建设面临的四个主要问题，针对性地提出规划目标、原则与策略，就构建新的建设指标，对中心城人防工程规划建设的总体规模、空间布局与功能结构提出规划要求。

十六、北京2015年轨道交通沿线地下空间与人防工程相结合规划

年内，市规划委完成《北京2015年轨道交通沿线地下空间与人防工程相结合规划》。该课题是全市人防工程规划纳入城市规划的系列工作之一，梳理了2015年之前建成的11条线路的209个站点，对确定优先发展地下空间的98个地铁站提出人防工程规划控制要求，将中心城人防工程规划研究工作的目标、原则与要求进一步在控制性详细规划层面进行深化和落实，更好地控制和引导轨道交通沿线人防工程的规划建设。

十七、北京城市近期建设规划年度实施计划（2013—2014年）

年内，市规划委完成《北京城市近期建设规划年度实施计划（2013—2014年）》。该课题分解并落实了2013—2014年全市的阶段发展目标、实施策略，通过确立城市年度主要发展方向、空间布局及重大建设工程的实施安排，实现经济、社会、人口、资源、环境的协调和可持续发展；通过制定和实践规划年度实施计划，建立共享平台，使城市建设逐步转移到规划引导项目、引导建设的轨道上来。

十八、关于综合解决北京停车问题规划研究

年内，市规划委完成《关于综合解决北京停车问题规划研究》。该课题以“宏观供需战略分析、微观解决措施示范、分阶段实施规划目标、规划实施配套法规政策”为思路，包含北京市停车现状及发展历程、国际城市停车发展经验借鉴、北京市停车发展战略研究三部分，从宏观层面分析全市现状和规划停车供需关系，提出一系列缓解当前停车矛盾和指导未来停车发展的规划对策。

十九、北京市公路客运枢纽布局规划

年内，市规划委完成《北京市公路客运

枢纽布局规划》。该课题遵循京津冀一体化和首都圈协同发展的思路，在公路客运场站层次上提出枢纽站、辅助站、配客站、配客点和落客点；在布局规划上综合考虑客运组织方式，分层次规划布局；就独立占地的场站，将其布局规划向下延伸至用地选址规划，提出场站用地控制要求和建设要求，控制和落实交通设施用地。

二十、北京市低碳交通规划研究

年内，市规划委完成《北京市低碳交通规划研究》。该课题系统梳理国内外城市交通系统碳排放的理论研究和实践经验，提出不同层次交通规划碳排放分析方法，给出具体的计算实例；提出基于碳排放视角的不同层次交通规划方案评价指标体系和评价方法，以及城市交通系统碳排放目标确定方法，对全市交通规划的编制具有指导作用。

二十一、北京换乘停车场（P＋R）专项规划

年内，市规划委完成《北京换乘停车场（P＋R）专项规划》。该课题首次明确换乘停车场定义，在《北京城市总体规划（2004—2020年）》确定的换乘停车场规划策略的指导下，依据服从城市空间发展战略、服从城市交通发展战略、有利于土地综合效益发挥等七大原则，规划布局全市换乘停车场，以实现动态、弹性、合理满足换乘需求，促进城市中心区以外和公共交通服务水平不足地区的居民，从小汽车交通方式向高效、绿色交通方式转移。

二十二、2014年度北京市规划建设用地资源综合利用规划研究

年内，市规划委完成《2014年度北京市规划建设用地资源综合利用规划研究》。该课题明确界定研究中的相关概念、内涵、数据口径及标准，规范构建年度规划建设用地综合利用的评估体系，首次对接全市土地储备机构资源情况及开发进程，强化规划对策建议的具体化和可操作性。

在用地总量上，提出区县规划建设用地综合利用的适宜储备库容规模和合理开发进度建议；在用地结构上，统筹分析规划建设用地中主要用地类别的时空演变、发展要求、资源支撑，提出未来综合利用的优化方向；在设施完善上，定量评估公共和交通设施的承载能力，明确亟待改善地区中储备供应的保障要求及机制建议；在空间区域上，评估不同区域规划建设用地资源的实施程度，在空间政策上提出需政策统筹的实施单元。

二十三、基于气象条件的北京市域空间布局研究

年内，市规划委完成《基于气象条件的北京市域空间布局研究》。该课题针对“城市空间布局与气象环境的相关性”，采用专业气象模拟工具RBLM（区域边界层模式），结合北京地区近10年平均的地面观测和高空资料，以及对TM（1984年美国的陆地资源卫星）遥感影像资料的分析，在北京地区典型天气条件背景下，对市域范围内、中心城范围内及典型地区（东南部通风走廊等）进行多种方案下的温度、热岛面积、风速、气流场等气象环境数据的全真数值模拟，用定性、定量、定位三者相结合的方法进行多方案的比较评估，提出城市整体空间结构、产业用地发展方向、绿地系统空间布局等一系列相关结论和建议，用真实的数据为科学决策提供依据。

二十四、北京市电网中长期发展空间布局规划

年内，市规划委完成《北京市电网中长期发展空间布局规划》。该课题重点对现状电网存在问题、全市2020年和2030年电力负荷发展水平、220千伏及以上等级电网结构、220千伏及以上等级站点架空线路布局等内容开展研究和规划，创新性地提出“500千伏变电站进一步深入城市核心区”、“北京220千伏电网构建12个分区格局”、“构建电网应急保障体系”等观点，对未来10—20年北京电网规划建设具有重要指导作用。

二十五、北京城市市政承载力规划研究

年内，市规划委完成《北京市市政承载力规划研究》。该课题首次系统诠释“市政承载力”概念，系统构建资源和设施评价方法，并基于控规平台搭建设施承载力评价模型，对确定北京城市合理发展规模和市政安全稳定供应等提供借鉴。

二十六、北京市天然气高压输配系统布局调整研究

年内，市规划委完成《北京市天然气高压输配系统布局调整研究》。该课题依托城市发展情景分析，着眼天然气应用领域，合理预测天然气负荷需求，并结合上游气源来向及重点建设项目，预留天然气管线廊道，优化天然气高压场站布局；通过对输配事故工况和极端天气的分析，确定天然气应急资源需求，完善天然气应急储配设施布局规划，并根据设施布局和管网架构，搭建高压输配系统水力计算模型，对高压输配系统的输配能力进行校核。

二十七、平谷区仁义胡同及平谷老城区保护规划

年内，市规划委完成《平谷区仁义胡同及平谷老城区保护规划》。作为2013年《北京历史文化名城保护试点项目》之一，该课题针对市级非物质文化遗产“仁义胡同传说”的保护与传承，落脚于其物质空间载体——仁义胡同和平谷老城区的保护与整治，并将保护与整治措施纳入控规，结合规划实施管理予以落实，进一步完善了北京历史文化名城保护体系。

二十八、海淀西山中法文化交流史迹群规划编制完成

年内，市规划委完成《海淀西山中法文化交流史迹群规划》。该课题梳理包括市级文保单位贝家花园、区级文保单位金仙庵和圣琼佩斯居所、贝大夫桥等21处中法文化交流史迹，借鉴史料并充分发动专家学者等力量，以“时间轴——事件轴——地理轴”为线索，构建开放的文化遗产保护体系，探索了历史文化资源特色保护和系统性保护的方法；完成贝家花园修缮、圣琼佩斯居所修缮方案制定、圣－琼·佩斯著诗处（金仙庵东南四角方亭）复建方案、贝大夫桥保护标志设立等工作；配合开展记录片拍摄和中法建交50周年等活动要求，扩大了文化遗产的知名度和综合效益，对加强北京历史文化名城保护具有示范效应。

二十九、北京市城市轨道交通建设规划（2014—2020年）

年内，市规划委完成《北京市城市轨道交通建设规划（2014—2020年）》。该课题在充分考虑现实需求和未来发展的诸多可能性的

情况下，提出北京2020年轨道交通建设目标和线网，开展城乡用地控制规划，涉及轨道交通的线路、车站、车辆段等主要设施。同时，按照轨道交通一体化规划原则，对轨道交通站点周边的交通接驳设施进行优化调整。

三十、慕田峪长城风景名胜区总体规划（2012—2030年）

年内，市规划委完成《慕田峪长城风景名胜区总体规划（2012—2030年）》。该课题深入分析风景名胜区的发展条件及景观资源，坚持长城遗产本体与生态环境整体保护、资源利用服从资源保护、服务功能与游赏功能相配套、发展规模与环境容量相适应的指导思想，详细划定风景名胜区的范围和外围保护地带，合理确定风景名胜区的性质与目标、空间结构和功能分区、人口容量与发展规模，制定保护培育要求与游赏规划，分类提出针对性强的环境整治策略。

三十一、北京市CBD－定福庄国际传媒走廊空间发展整体规划研究

年内，市规划委完成《北京市CBD－定福庄国际传媒走廊空间发展整体规划研究》。该课题以国际传媒走廊东四环以东47.6平方公里范围为研究区域，一是通过土地资源评估、传媒产业发展预测和各乡绿隔实施情况梳理，明确区域内易统筹利用土地资源及具有历史文化价值资源的总量及分布，以及空间资源对产业发展需求和农民安置就业的良好支撑条件。二是根据现有产业发展态势、创意产业空间发展规律和易利用土地资源分布，提出“两带四区多园”的整体空间发展结构，划定包括2个战略综合区和7个促进集聚区的特别政策区。三是分析现状交通、市政、公共服务设施的发展薄弱环节，提出打破瓶颈的规划要求。四是针对区域现状面临的突出挑战，提出与人口发展目标相对接的多层次类别、有序发展的创意产业体系。五是强调提升公共空间和生态环境品质，明确战略综合区内公共活动空间结构和绿地比重。六是明确区域内高碑店、三间房、管庄、常营4个乡城市化的具体路径和任务。

三十二、天桥历史文化景观规划

年内，市规划委完成《天桥历史文化景观规划》。该课题以秉承天桥历史文脉，延续历史轴线；传承北京地域文化，重塑天桥历史景观；融入古都风貌，塑造古朴沧桑的景观氛围为设计原则和目标。针对特定的现状条件、特定的文物特点，整合不同文保策略的优势，提出一系列创新点，主要包括：遗址原地不动，不对现状交通及十字路口地下管线造成干扰，为未来文保工作留下空间；依原址位置沿中轴线南移至规划绿化带中进行景观建设，以期与永定门绿化带在未来的建设发展中联系起来，成为永定门景观带北延部分，共同形成北京中轴线南端1.5公里的南中轴绿廊，丰富北京中轴线的空间形态。

三十三、城乡结合部地区规划实施策略研究

年内，市规划委会同市政府研究室、市国土局、市农委等部门，完成《城乡结合部地区规划实施策略研究》。该课题全面梳理第一道绿化隔离地区、50个重点村、西红门城乡结合部改造试点等已有政策的实施成效和存在问题，探索城乡结合部地区土地集约利用、产业升级、人口调控和环境改善的对策建议。

三十四、相关公共政策影响分析研究

年内，市规划委完成《相关公共政策对

北京城乡规划的影响分析研究》。该课题梳理各类公共政策与规划实施的相互关系，重点选择与规划实施密切相关的财税、产业、住房、环境改善等各类公共政策，评估其对城乡规划的功能定位、规模、布局等关键要素的影响，提出完善规划实施机制、建立政策统筹协调平台等策略建议。

三十五、北京城市规划精细化管理框架研究

年内，市规划委完成《北京城市规划精细化管理框架研究》。该课题分析城市发展建设在规划、建设、运行等阶段的主要问题，以城市规划管理为切入点，从管理机制、管理内容、管理手段等方面提出促进城市规划精细化管理的对策建议。

三十六、标本兼治缓解交通拥堵研究

年内，市规划委会同市交通委等15家单位完成市人大议案《加强城市规划管理，标本兼治缓解交通拥堵》。该课题深入剖析交通拥堵的深层次原因，从优化城市功能布局、大力发展公共交通等四个方面，提出标本兼治缓解交通拥堵的主要措施和近期开展的重点工作，形成最终的议案办理报告，并通过市十四届人大常委会第六次会议审议。

三十七、新城规划管理电子化

年内，新城地区规划成果电子化审批管理程序试运行。2007年至2011年3月、2013年1月以后，两个时段获批的新城地区规划成果已实现全部入库。

三十八、首都区域空间发展战略规划深化方案

年内，市规划委会同中规院、清华大学完成《首都区域空间发展战略规划深化方案》。该课题从城镇体系、空间及生态管制、重大基础设施和协调发展机制等方面，进一步深化区域空间规划战略方案，明确区域发展重点及发展策略。

三十九、创新开展协议规划试点

年内，市规划委与首钢总公司签署《新首钢高端产业综合服务区规划服务和实施框架协议》。根据框架协议，市规划委和首钢总公司联合成立新首钢高端产业综合服务区规划工作协调平台，对首钢老厂区向高端产业综合服务区转型进行全程跟踪服务和保障，这是政府部门与大型国有企业间签订的关于规划服务和实施的第一个框架协议。

四十、北京市文化设施薄弱地区改善研究

年内，市规划委完成《北京市文化设施薄弱地区改善研究》。该课题以城乡结合部地区、新城地区、乡镇农村地区等文化设施薄弱地区为研究对象，针对文化设施居民满意度及需求开展子课题研究，通过对昌平、海淀、丰台和大兴的8个全市文化设施薄弱地区典型社区约240人次的座谈和深访，摸清人口特征及文化需求，确定改善目标，提出规划管理及实施建议。

四十一、北京旧城历史文化街区保护规划实施评估

年内，市规划委全面展开旧城景山等10片历史文化街区保护规划实施评估，重点关注居民生活条件、公共环境、市政设施等问题，从民生改善和遗产保护等方面总结经验，为旧城保护探索新的路径和方式。

四十二、北京市中心城规划实施策略评估

年内，市规划委完成《北京市中心城规划实施策略评估》。该课题从功能定位、空间格局、支持系统等方面对中心城近年来规划实施情况系统地梳理总结，研判中心城发展的核心问题，以问题为导向，提出规划对策思路。

第三节　规划管理与城市景观

一、2013 年规划许可概况

年内，市规划委受理各类建设项目 11997 件，核发各类建设项目 11707 件。核发城镇建设规划用地许可总规模 4764.90 公顷（其中，建设用地 3106.62 公顷），规划建设许可规模 5667.58 万平方米，市政道路、管线规模 201.55 万平方米。核发乡村建设规划许可规模 74.14 万平方米，使用现状集体建设用地总规模 103.55 公顷。

二、创建无障碍环境区县启动

年内，市规划委牵头，会同全市 20 余个行业主管部门，启动为时 3 年的全国创建无障碍环境市县工作。

三、首次无障碍系统化改造试点

年内，市规划委启动王府井、车公庄、西直门、金融街、长椿街、北京南站、奥林匹克公园中心区和四惠等八个重点地区无障碍系统化改造，在全市属首次。

四、加快城市轨道交通规划审批

年内，确保在建 8 条轨道交通线路按计划有序推进，完成 5 条储备项目的初步设计评审，3 号线（中段）、12 号线和 17 号线规划方案经市政府审议通过，并积极推进轨道站点与周边土地开发一体化设计和地下空间利用。

五、保障城际快轨与区域规划和交通的有效衔接

着力推进京石客运专线、京张城际、京沈客专等相关工程规划审批和前期工作，进一步深化和完善京沈客专规划方案，对星火站、丰台火车站等重要节点落地带来的站点周边用地规划调整、交通接驳方案等深入研究。

六、继续加强道路网系统和交通枢纽建设

年内，开展北京市东南部快速走廊研究，批复京台高速的初步设计、密涿高速（北京段）规划方案，完成国道 110 二期、京石二通道高速公路等道路规划前期和阶段性审批工作，加快推进北苑北、苹果园、望京西等交通枢纽方案研究。

七、加强市政基础设施规划建设

年内，完成四大热电中心选址方案及规划审批，确定陕京四线及大唐煤制天然气工

程北京市内段方案，完成南水北调配套工程的规划审查及批复，完成东坝等再生水厂规划前期工作。大力推进海淀大工村等垃圾焚烧厂规划建设，加快研究朝阳高安屯等餐厨垃圾处理厂和海淀建筑垃圾综合处理厂等规划选址方案。

八、完善住房与公共服务设施体系规划

年内，积极推进保障性住房和自住型商品房规划，提前超额完成全市2013年16万套保障性住房规划任务，公开展览保障性住房规划设计方案，征求市民意见；精简审批环节、主动协调服务，有力推动108个棚户区改造项目的前期工作，核算拆迁建筑规模约276万平方米，涉及拆迁安置92000余户；重点加强公共服务设施规划建设，制定《北京市居住公共服务设施配置指标》管理规定，积极组织开展基础教育、医疗卫生用地专项规划编制，深入开展全市文化设施薄弱地区改善研究，梳理和落实2015年集中建设的养老设施用地，大力推进无障碍设施建设，组织编制综合防灾减灾规划、地震应急避难场所规划、公安交通管理驻地规划等。

九、公众首次参与地铁车站方案设计

年内，市规划委在官方网站和规划展览馆，组织地铁16号线17座车站的规划设计方案展示，听取公众意见，优化设计方案，这是全市首次在地铁开工前展示车站设计方案。

十、地铁17号线（原R2线）工程

年内，市规划委完成地铁17号线（原R2线）工程规划。该线路总长49.7km，为贯穿南北方向大运量等级的快线，串联城市东部重要发展区域及居住社区。

十一、地铁12号线工程

年内，市规划委完成地铁12号线工程规划。该线路位于北三环上，介于2号线和10号线之间，正线全长约29.2km，初步安排20座车站，与轨道交通线网中15条线路实现换乘，为南北向的干线客流提供重要的东西向联通服务。

十二、地铁3号线工程

年内，市规划委完成地铁3号线工程规划。该线路主要为东西走向，西段介于1号线和6号线之间，东段位于6号线以北。正线全长约35km，初步安排25座车站，与轨道交通线网中11条线路实现换乘，为东西向的干线客流提供重要联通服务。

十三、地铁房山线北延工程

年内，市规划委完成地铁房山线北延工程规划。该线路为房山线从郭公庄站向北延伸线，正线全长约5km，初步安排4座车站，与轨道交通线网中2条线路实现换乘，可有效缓解房山线北段和9号线南段的客流压力以及郭公庄站的换乘压力。

十四、地铁7号线公共艺术创作题材网上征求公众意见

年内，市规划委在网站上开展了"北京地铁7号线公共艺术创作题材征集活动"，也是首次在地铁公共艺术创意阶段征求公众意见。

十五、地铁6号线朝阳门站公共艺术品建成

年内，95岁高龄的周令钊和86岁的陈若菊两位老艺术家为地铁朝阳门站进行艺术创

作，亲笔手绘，完成《凤舞朝阳》和《京东粮道》两幅浮雕墙建设，并通过专家验收。

十六、首次开展地铁公共艺术品巡查工作

年内，市规划委会同市轨道交通建管公司，首次组织专家巡查已建成地铁公共艺术品，广泛听取市民意见，并建立定期巡查机制。

十七、8件雕塑全国获奖

年内，全国城市雕塑建设指导委员会公布2012年全国优秀城市雕塑建设项目评选结果，北京共有8件雕塑获奖。《英雄母亲邓玉芬像》雕塑获得“年度大奖”；《门头沟历史文化长廊》雕塑、地铁六号线壁画《凤舞朝阳》、八号线壁画《雕刻时光》、北京开发区建区20周年纪念雕塑《绽放》获得“优秀奖”；北京市地铁六号线、八号线和十号线公共艺术项目分别获得“公共设施艺术化项目范例奖”。北京城市雕塑建设管理办公室获得“优秀组织奖”。

十八、地铁10号线丰台站公共艺术品建成

年内，地铁10号线丰台站《彩虹长吉》艺术墙竣工并通过专家验收。艺术墙全长27米，高4.8米，工艺为不锈钢喷漆，意在传播文化信息，体现现代都市生活的美感和律动。

十九、《楼兰姑娘》雕塑落成

年内，《楼兰姑娘》雕塑在奥林匹克森林公园北园落成。美丽的姑娘微闭双眸，嫣然微笑，仿佛遥梦着罗布泊沙漠深处的故乡——楼兰古城。该座雕塑由雕塑家郭心聪2009年精心创作，北京和乌鲁木齐市各立一尊。

二十、公共环境艺术评选

年内，市规划委举办“2013年度北京优秀公共环境艺术评选”，收到45家设计单位提交的152个参评项目，共有65个项目获评“优秀奖”，其中4个项目获评“特别奖”，市轨道交通建设管理有限公司规划设计部等单位获评“优秀组织奖”。

二十一、城市雕塑维修维护工作完成

年内，市规划委组织维修维护长安街、二环路、奥林匹克中心区和森林公园等城市重要街道和节点的16座城市雕塑，其中，维修9座，清洗维护5座，拆除2座。

二十二、“第八届文化创意产业博览会”获优秀组织奖

年内，市规划委以“公共艺术融入城市生活”为主题，组织中国和印度两国艺术家的10件作品参加全市第八届文化创意产业博览会展，获优秀组织奖。

二十三、《2012北京地铁公共艺术创作历程》出版

年内，市规划委编辑出版《2012北京地铁公共艺术创作历程》。该书记录2012年地铁6号线一期、8号线二期南段、9号线北段、10号线二期共计38个站58件公共艺术品的创作和建设过程，以及参与者的体会和感受。

第四节　工程设计与标准

一、法国驻华大使馆新馆设计

该工程位于朝阳区天泽路，建筑面积2万平方米，建筑采用内向型的现代四合院落布局，通过空间围合界定自身区域的“场”，形态的“城”。传达对后现代街坊形制的怀念和实践，表现对城市的尊重和贡献。获市规划委表彰2013年度优秀工程设计建筑综合奖（公共建筑）一等奖。

二、房山世界地质公园博物馆设计

该工程位于房山区长沟镇镇区西北部，为房山世界地质公园配备的科普展示专业博物馆。分为展览、公共大厅、培训办公三部分，建筑面积1万平方米，建筑高度24米。博物馆外观造型的整体效果出色，体型丰富而有秩序，极具视觉冲击力，表皮材质使用巧妙。获市规划委表彰2013年度优秀工程设计建筑综合奖（公共建筑）一等奖。

三、清华大学人文社科图书馆设计

该工程位于清华大学校园内，建筑面积2万平方米。建筑以简洁洗练的矩形和圆形构成与地段相呼应的形体，体量穿插巧妙地运用“减法”使两个实体完美融合，实体的交接采用虚化处理，将自然光引入，符合校园建筑的身份。项目设计由外到内体现了极强的设计掌控力度，完成度很高，设计单位是中国建筑科学研究院，获2013年度优秀工程设计建筑综合奖（公共建筑）一等奖。

四、国家网球中心新馆设计

该工程位于朝阳区奥林匹克公园北区，建筑面积为5.1万平方米。设计充分考虑结构体系与建筑形象的结合，16组混凝土柱支撑看台及建筑外围护系统，同时表达体育建筑的力量，建筑立面形象与结构构件一次成型。总平面设计延续原有的总体规划设计和景观轴线，与现状周边环境较协调，设计单位是中国建筑设计研究院，获2013年度优秀工程设计建筑综合奖（公共建筑）一等奖。

五、北建工新校区经管—环能学院建筑组团设计

该工程位于北京建筑工程学院新校区，建筑面积2.3万平方米。项目设计手法比较理性与讲究逻辑关系，布局遵循高校的基本方式，平面“E”型格局，各功能楼相互独立但又有交通联络，共享的报告厅居位合理，使用方便。建筑形象简洁大气，建筑色彩沉稳，设计单位是清华大学建筑设计研究院，获2013年度优秀工程设计建筑综合奖（公共建筑）一等奖。

六、万科中粮假日风景（万恒家园二期）D地块D1、D8工业化住宅设计

该工程位于丰台区卢沟桥乡，建筑面积9.5万平方米。建筑高度45米。吸收国外成熟技术，与国内建筑构件厂相结合共同开发预制装配剪力墙结构体系，预制外墙保温层

和外装饰与墙体一并在工厂预制完成，室内全装修，达到绿色建筑设计二星标准。获市规划委表彰2013年度优秀工程设计建筑综合奖（居住建筑）一等奖。

七、西北旺新村三期南（西山一号院）设计

该工程位于海淀区西北旺乡，建筑面积40万平方米。建筑布局以“大院情结”为主线，意图打造“西郊大院”规制，是住宅设计公建化表达的一种尝试。住宅内部精装修，建筑设计、室内设计及景观设计一体化设计完成。注重细节，处理到位，体现良好的设计控制能力。获市规划委表彰2013年度优秀工程设计建筑综合奖（居住建筑）一等奖。

八、朝阳区东坝乡单店住宅小区二期（首开常青藤）设计

该工程位于朝阳区东坝乡单店，建筑面积25.6万平方米。户型设计布局紧凑、规整，体形系数较小。建筑环境优雅，尺度宜人，建筑立面新颖，变化多样，材料、色彩丰富而不失整体地协调统一。获市规划委表彰2013年度优秀工程设计建筑综合奖（居住建筑）一等奖。

九、棉花片B-3区项目设计

该工程位于城市中心区，建筑面积14.9万平方米。总平面布局为北京传统民居四合院的形式，空间组合完整，满足土地集约化使用，平面布置紧凑，立面采用北京传统民居的色调，建筑屋顶与室外小品充分体现传统建筑与现代建筑的完美结合，设计单位是中国建筑设计研究院，获2013年度优秀工程设计建筑综合奖（居住建筑）一等奖。

十、丽泽地下交通环廊工程

年内，市政总院完成丽泽地下交通环廊工程可行性研究报告。该工程位于丰台区丽泽商务核心区中部，总长度5.47公里，单向三条车道，主环廊及连接线设计车速为30公里/小时。

十一、京台高速公路（北京段）道路工程

年内，市政总院完成京台高速公路（北京段）道路工程初步设计。该道路起点位于现状104国道与南五环路相交点东侧约300米处，与蒲黄榆快速路相接，终点位于大兴区礼贤镇，全长约26.6公里，规划为高速公路。

十二、京良路（京石高速～五环）道路工程

年内，市政总院完成京良路（京石高速～五环）道路工程施工图设计。该工程西起京石高速公路西侧，东至五环路，道路全长约10.8公里。西六环路至五环路段，规划为城市快速路，道路红线宽度为80-115米；五环路至京开高速公路段，规划为城市主干路，道路红线宽度为80-95米。

十三、雁栖湖生态发展示范区环湖路二期（南环路）道路工程

年内，市政总院完成怀柔区雁栖湖生态发展示范区环湖路二期（南环路）道路工程初步设计。该工程西起红雁路，终点与京加路相接。规划为城镇干道，道路红线宽30米，参照城市次干路30公里/小时标准进行设计，双向两车道。

十四、奥体文化商务园区（奥体南区）公共区地下空间开发

年内，市政总院完成奥体文化商务园区（奥体南区）公共区地下联系通道及市政综合管沟主体工程施工图设计。地下交通联系通道主通道总长约1.72公里，设计速度30公里/小时。

十五、新华大街道路工程

年内，市政总院完成新华大街道路工程施工图设计。该工程西起新华南北路，东至北运河西滨河路，规划道路等级为城市主干路，道路全长约1.8公里。道路红线宽度60米，设计车速60公里/小时，道路横断面形式根据不同路段分别采用三幅路、四幅路及五幅路形式。

十六、新华南北路道路工程

年内，市政总院完成新华南北路道路工程施工图设计。该工程南起新华大街，向北终点位于通燕路，为城市主干路，全长1608米，红线宽度为60米。本次方案设计标准断面采用三幅路。

十七、玉带河大街（故城东路～北运河西滨河路）道路工程

年内，市政总院完成玉带河大街（故城东路～北运河西滨河路）道路工程施工图设计。该工程西起故城东路，东至北运河西滨河路，道路全长1208.61米。道路规划为城市主干路，设计车速50公里/小时，红线宽40米。道路标准横断面设计为三幅路，机动车道布置为两上两下共四条车道。

十八、安顺路（通燕路～温榆河西滨河路）道路工程

年内，市政总院完成安顺路（通燕路～温榆河西滨河路）道路工程施工图设计。该工程南起通燕路辅路与安顺路相交路口，北至温榆河西滨河路，道路全长331.11米。道路规划为城市主干路，设计车速60公里/小时，红线宽60米。道路横断面为三幅路型式。

十九、安宁庄东路（东北旺北路～规划欧德宝南路）道路工程

年内，市政总院完成安宁庄东路（东北旺北路～规划欧德宝南路）道路工程初步设计。该工程南起东北旺北路，北至规划欧德宝南路，下穿东北环线铁路和城铁十三号线，道路全长1600米。规划为城市主干路，设计车速60公里/小时，红线宽40米。道路横断面为三幅路型式，设置双向6条机动车道。

二十、张采路（通胡路～潞苑北大街）道路工程

年内，市政总院完成张采路（通胡路～潞苑北大街）道路工程初步设计。该工程南起通胡路，终点与潞苑北大街相接，道路全长约4.2公里。规划为城市主干路，设计速度为60公里/小时，道路规划红线宽50米，其中规划次干三号路至京哈高速北侧路段红线宽70米。

二十一、西三旗南路道路工程

年内，市政总院完成西三旗南路道路工程可行性研究报告。该工程西起京藏高速公路，东至中滩村路，道路全长约6.8公里。设计全长2652.08米，规划为城市主干路，设计车速为60公里/小时，规划红线宽度50米，设计标准横断面为四幅路型式。

二十二、西站南路南延（南三环路～丽泽路）道路工程

年内，市政总院完成西站南路南延（南

三环路～丽泽路）道路工程可行性研究报告。该工程南起南三环路，北至丽泽路，全线长2.1公里，道路规划等级为城市主干路，规划红线宽度50米，设计速度为60公里/小时。

二十三、邓庄南路道路工程

年内，市政总院完成邓庄南路道路工程初步设计。该工程西起邓庄西路，终点为京包高速辅路，路线全长约3公里，规划为城市主干路，设计速度60公里/小时，双向6车道，标准段道路横断面采用四幅路型式。

二十四、地铁15号线一期工程

年内，市政总院完成地铁15号线一期工程车站主体的施工图设计。该工程西起清华东路，最终到达河东地区。一期工程线路全长41.18公里，共设车站20座，其中地下车站16座，高架车站4座，其中地下线27.48公里，高架线13.7公里。

二十五、地铁十二号线工程

年内，市政总院完成地铁十二号线线路规划方案。该线西起西四环四季青桥南，在东坝北区设置终点，经过海淀区、西城区、东城区、朝阳区四个城区。正线全长约29.2公里，全部为地下线。共有20座车站，其中换乘站13座。

二十六、定福庄再生水厂工程

年内，市政总院完成定福庄再生水厂工程初步设计。该工程建设规模为30万立方米/天，设计出水水质达到《城镇污水处理厂水污染物排放标准》（DB11/890－2012）中B标准要求，出水主要用于河湖补水、绿化、市政杂用、工业冷却用水等。污水处理采用A/A/O＋砂滤池处理工艺，污泥处理采用机械浓缩脱水处理工艺。

二十七、清河第二再生水厂工程

年内，市政总院完成清河第二再生水厂工程初步设计。该工程建设规模为50万立方米/天，污水处理采用A/A/O＋砂滤池工艺，污泥处理采用热水解＋厌氧消化＋脱水工艺。

二十八、郑王坟再生水厂工程

年内，市政总院完成郑王坟再生水厂工程初步设计。该工程建设规模为60.0万立方米/天。工程再生水处理系统拟采用MBR处理工艺，出水水质达到《城镇污水处理厂水污染物排放标准》（DB11/890－2012）相关要求。

二十九、高安屯再生水厂工程

年内，市政总院完成高安屯再生水厂工程可行性研究报告。该工程建设规模为20万立方米/天，近期设计规模为10万立方米/天，设计出水水质达到《城镇污水处理厂水污染物排放标准》（DB11/890－2012）中B标准的要求，出水主要用于河湖补水、绿化、市政杂用、工业冷却用水等，处理工艺采用“A/A/O＋砂滤池”工艺。

三十、小红门再生水厂及再生水利用工程

年内，市政总院完成小红门再生水厂及再生水利用工程初步设计。该工程规模60万立方米/天，选用“两级生物滤池＋膜过滤＋臭氧氧化”的工艺深度处理技术方案，是国内大型再生水处理厂之一，设计出水水质指标优于目前国标再生水质要求。

三十一、第十水厂A厂项目

年内，市政总院完成第十水厂A厂项目施工图设计。该项目设计规模50万立方米/

天，包括输水管道和净配水厂工程。

三十二、城市雨水系统规划设计暴雨径流计算标准

年内，市规划委、市质监局联合发布《城市雨水系统规划设计暴雨径流计算标准》。该标准引进发达国家综合数值模拟的计算方法，将全市分为两个暴雨分区并分区设定暴雨强度公式，提高了设计重现期（国标未作规定）。

三十三、装配式剪力墙住宅建筑设计规程

年内，市规划委、市质监局联合发布《装配式剪力墙住宅建筑设计规程》。该《规程》对住宅设计中的模数协调、平面设计、外墙、内墙、楼面设计、内装修与设备管线设计等深入研究，提出可操作性的技术要求，填补全市在混凝土结构住宅产业化相关设计标准方面的空白，为规划管理和建筑设计提供技术依据。

三十四、标准评优

年内，在北京市第十七届优秀工程设计和第十四届优秀工程勘察评选活动中，《再生混凝土结构设计规程》DB11/T803 - 2011 获得标准综合奖一等奖，《无障碍设施》10BJ12 - 1 和《排水工程》11BS4 获得标准设计综合奖一等奖。

三十五、平战结合人民防空工程设计规范

年内，市规划委、市质监局联合发布《平战结合人民防空工程设计规范》。该规范研究人防工程的战时功能与平时功能转换等问题，遵循人防工程建设与城市功能相结合、与城市应急管理相关联、与城市居民生活相融合的原则，提出全市人防工程设计规范。

三十六、城市轨道交通工程设计规范

年内，市规划委、市质监局联合发布《城市轨道交通工程设计规范》。该规范从建筑、结构、暖通、设备、信号、车辆运行、线路设计等 7 个专业，规定 24 个方面的设计指标，适用于全市行政区域内，钢轮钢轨系统和全封闭线路条件下，设计最高运行速度不大于 100km/h 的新建城市轨道交通工程的设计。为国内首个轨道交通工程设计地方标准，达到了国际先进水平。

三十七、城乡规划用地分类标准

年内，市规划委、市质监局联合发布《城乡规划用地分类标准》。该标准与国家规划建设用地相关标准保持有效地衔接，适用于北京市域范围内各类城乡规划编制和规划管理工作。该标准实施为科学合理地利用全市城乡土地资源，规范城乡规划的土地使用分类，提供更加明确的技术保障。

三十八、城乡规划计算机辅助制图标准

年内，市规划委、市质监局联合发布《城乡规划计算机辅助制图标准》。该标准针对全市城乡规划编制、管理的各阶段需求，详细规定各项规划成果的计算机图形绘制、图层命名、图例与符号。

三十九、基础测绘成果检查验收技术规范

年内，市规划委、市质监局联合发布《基础测绘成果检查验收技术规范》。该规范明确基础测绘成果检查验收的二级检查一级验收制度；详细规定全市 GNSS、GNSS RTK

测量成果、航空、数字影像图成果等11种基础测绘成果的检查验收；采用测绘成果错漏评定法和数字测绘成果评定法进行量化分析。

四十、雨水控制与利用工程设计规范

年内，市规划委、市质监局联合发布《基础测绘成果检查验收技术规范》。该规范针对北京地区新、改、扩建的建筑小区、市政工程，提出建筑小区、市政雨水利用工程设计和计算标准，细化雨水利用工程设计指导参数。

四十一、装配式剪力墙结构设计规程

年内，市规划委、市质监局联合发布《装配式剪力墙结构设计规程》。该规程针对全市产业化住宅优势未能充分体现的现状，根据装配式剪力墙结构的研究成果、工程实践和抗震试验数据，对不同形式的装配式剪力墙结构提出具体设计要求和方法。

四十二、工程建设消防设计六项标准

年内，市规划委、市质监局联合发布《消防安全疏散标志设置规范》、《简易自动喷水灭火系统设计规程》、《吸气式烟雾探测火灾报警系统设计、施工与验收规范》、《防火玻璃框架系统设计、施工与验收规范》、《自然排烟系统设计、施工及验收规范》、《疏散用门安全控制与报警逃生门锁系统设计、施工与验收规程》。

四十三、城乡规划标准化办公室参公转制

年内，北京市城乡规划标准化办公室经批准列入参照公务员法管理范围。

四十四、标准图集发布

年内，发布《居住建筑节能设计标准》、《人行天桥及地下通道无障碍设计规程》和《建筑太阳能光伏系统设计规范》等三本标准配套图集，及指导性图集《北京市老旧小区综合改造工程实例汇编》、通用图集《建筑外保温》13BJ2－12、《轻隔墙》13BJ2－7。

四十五、首次征集重要专家文稿

年内，市城建档案馆征集到城市规划专家周永源文稿77篇，其中绝大多数为手稿，并完成整理，对首都城市规划和建设具有重要参考价值。

四十六、征集优秀工程项目声像档案

年内，市城建档案馆征集进馆2011—2012年度国家优质工程、2012—2013年度中国建筑工程鲁班奖、第十一届中国土木工程詹天佑奖的北京地区获奖工程声像档案资料，共计20个项目，包括照片589张，视频128分钟54秒。填补馆藏在重大优秀获奖工程建设项目声像档案资料方面的空白。

四十七、1949年北京城原状模型修复完成

年内，市城建档案馆完成1949年北京城原状模型修复工作。主要完成了118块模型、11.8万余间房屋、6万余株树木的拍照、清扫、修复及修复后3D扫描工作，更换整个模型的钢架底座和仿红木围裙，加设LED灯光照明和模型文字介绍，安装钢化玻璃保护围挡，定制模型薄纱防尘盖布。《北京日报》等多家媒体采访和报道了模型大修工作。

四十八、完成地下管线工程档案征集进馆

年内，市城建档案馆完成征集燃气、自来水、热力、再生水、雨污水、电力、电信工程档案1588项，清理了2003年以来的管线遗留项目，87%的项目档案已接收进馆。

四十九、纸质工程档案19464卷入库

年内，市城建档案馆完成工程档案登记1515项，档案预验收1281项；接收纸质工程档案777项，19464卷，接收市规划委档案5962件；制作缩微母片820盘，拷贝片1546盘，完成缩微扫描输出还原7508张；归档数码照片档案13709张，45.36GB；完成4219卷，52355份电子著录数据接收工作；完成工程档案数字化影像扫描238162画幅，形成影像文件311.1GB；提供利用档案6350人次，23000卷次。

第五节 勘察·设计·测绘

一、勘察设计和测绘地理信息管理办公室挂牌

年内，“北京市勘察设计和测绘地理信息管理办公室”正式挂牌，下设国土测绘处、地理信息与地图处、资质资格管理处、科技与质量处、市场监管处、综合处6个处室，主要职责进行调整，强化了测绘地理信息管理、地理国情监测等工作职能。

二、勘察设计招投标受理

年内，共受理建设工程招投标备案项目1048项，包括市政类316项、住宅类204项、公建类509项。重点服务项目包括丰台区高立庄西城区旧城保护定向安置房、地铁6号线西延、中心城区排水管网改造、国家机关及全市所属老旧小区综合整治、丰台区世界种子大会周边城市主干路路网建设等工程。

三、勘察设计资质资格受理

年内，共受理行政许可事项1591件，受理各类注册师注册事项7472件；受理建设工程招投标项目1103项；办理勘察设计测绘企业出京承接任务证明3992件；办理外埠勘察设计企业备案240项。

四、建设工程施工图设计文件审查

年内，通过施工图设计文件审查的房屋建筑工程项目总数2270项，单体建筑总栋数10603栋，总建筑面积7253.57万平方米，估算总投资额3957.17亿元，审查费用13734.394万元。通过审查的勘察项目总数1063项，审查费用1014.33万元。通过审查的市政工程项目总数625项，审查费用3197.63万元。通过审查的轨道交通工程项目总数54项，审查费用2090万元。

五、绿色建筑发展提出“四个率先”

年内，发布《北京市发展绿色建筑推动生态城市建设实施方案》，提出在全国实现四个率先：率先实现新建项目执行绿色建筑标

准，率先将绿色生态指标纳入土地招拍挂，率先要求编制和实施绿色生态专项规划，率先实现居住建筑75%节能目标。

六、第一次地理国情普查启动

年内，全市第一次地理国情普查工作启动，组织完成试点工作，编制全市第一次地理国情普查总体方案、实施方案和技术文件，构建“4+11”管理技术体系。

七、全国测绘地理信息行业职业技能竞赛获奖

年内，市规划委代表北京市参加“九成杯”第三届全国测绘地理信息行业职业技能竞赛，获得地籍测绘竞赛个人第一名，团体第二名。

八、规划勘察设计测绘年度优秀工程表彰

年内，市规划委表彰规划设计勘察测绘2013年度优秀工程项目，共评出获奖项目337项，包括综合奖276项、单项奖31项、专项奖30项。其中全市10个项目获优秀城乡规划设计综合奖一等奖、13个项目获优秀工程设计综合奖（公共建筑）一等奖、4个项目获建筑综合奖（居住建筑）一等奖、3个项目获市政综合奖（道路桥隧）一等奖、2个项目获市政综合奖（给水排水）一等奖、4个项目获市政综合奖（轨道交通）一等奖、1个项目获市政综合奖（燃气热力）一等奖、3个项目获市政综合奖（风景园林）一等奖、7个项目获优秀工程勘察一等奖、2个项目获工业设计综合奖一等奖、3个项目获工程勘察设计标准综合奖一等奖、2个项目获工程勘察设计软件综合奖一等奖。

九、测绘地理信息优秀工程表彰

年内，全市优秀测绘地理信息工程奖共评出获奖项目64项，其中一等奖15项、二等奖18项、三等奖31项。

十、1项目获国家科技奖励

年内，市测绘院参与完成的“轻小型组合宽角航空相机研制及低空UAV航测应用”获国家技术发明二等奖。

十一、8项目获省部级科技进步奖

年内，市测绘院完成的“北京东部区域地面沉降监测网络的建设与应用”获中国全球定位系统技术应用协会科技进步奖一等奖，“特大异型超高悬挑结构精密工程测量技术研究及其应用”、“数字地形图图形分发服务与管理系统”分获中国测绘地理信息学会科技进步奖二等奖和三等奖，“月坛街道三维指挥应用平台建设”、“北京市土地资源和建设用地综合决策分析平台的研究与应用”获中国地理信息产业协会科技进步奖二等奖，“中央电视台新台址CCTV主楼精密工程测量关键技术研究”获北京市科学技术奖三等奖，“《城市地理编码—道路、道路交叉口和空间单元代码》标准研制”获中国地理信息产业协会科技进步奖三等奖，“北京市网络RTK应用及管理系统”获中国全球定位系统技术应用协会科技进步奖三等奖。

十二、编制标准获国家标准创新贡献奖

年内，市测绘院完成的《基础地理信息要素分类与代码等9项标准》，获国家质监总局、国家标准化委颁发的中国标准创新贡献奖三等奖。

十三、4项工程获省部级优秀工程奖最高奖

年内，市测绘院完成的“北京市沉降区高程变化监测及应用”获中国测绘地理信息学会优秀工程奖白金奖，“北京市绿化隔离地区绿地动态监测管理系统”获中国地理信息产业协会优秀工程奖金奖，“元上都遗址申遗测绘工程”、“北京东部区域地面沉降监测网络的建设与应用”获中国城市规划协会优秀工程勘察设计行业奖工程勘察类一等奖。

十四、与七家单位签署战略合作协议

年内，市测绘院先后与黑龙江测绘地理信息局、天津中科遥感信息技术有限公司、北京天下图数据技术有限公司、北京市规划委员会通州分局、中国测绘宣传中心、北京市大兴区人民政府、北京市规划委员会西城分局签署战略合作协议。

十五、三类基础测绘工作完成

年内，市测绘院完成三类基础测绘工作。基础控制方面：完成沉降区一、二等水准复测1050千米以及中心城区1500点GPS RTK加密控制网更新工作。基本比例尺地形图测绘、更新方面：完成1:500地形图内外业一体化更新工艺的融合；完成四环范围8450幅1:500地形图的2次更新、六环内范围更新1:2000地形图3376幅、六环外平原地区1:2000地形图5540幅、平原地区更新1:10000地形图457幅。地理信息数据库建设方面:完成2013年更新的1:500地形图8450幅的数据加工、入库工作；完成2012年更新的1:2000地形图3376幅、1:10000地形图457幅的数据加工、入库工作；“城市综合地下管网信息系统”累计完成4.22万公里地下管线数据的建库管理工作。

十六、新城基础测绘

年内，市测绘院完成多个新城基础测绘任务。完成平谷区1:500比例尺地形图41.3平方公里，1:2000比例尺地形图318平方公里；完成通州区1:500比例尺地形图43平方公里；完成昌平区1:500比例尺地形图7平方公里。

十七、测绘资料信息服务

年内，市测绘院向通过审批的23家单位免费提供北京市政务版电子地形图（六环范围内1:2000和全市域1:10000）；向社会各界用户提供基本比例尺地形图13529幅，地形图数据2935幅，提供各类测绘资料借阅1.88万人次。

十八、完成三类重大专业测绘项目

年内，市测绘院完成三类重大专业测绘项目。市政测绘：北京市地铁12号、17号线、新机场线和8号线延长线市政测量，天安门地区地下管线普查，苹果园交通枢纽市政测量；地形测绘：海淀北部地区基本比例尺地形图测绘，南水北调干线保护范围内地上物占地类型测绘调查；水务普查：北京市城区排水设施核查、排水管网数据完善和水务普查要素数字化。

十九、3项地理信息系统开发完成

年内，市测绘院完成“房山区数字房山地理空间框架完成开发”、“海淀区房屋全生命周期管理系统”、“北京市勘察设计与测绘管理办公室业务系统整合项目”等3个项目的开发建设。

二十、北京人文地理杂志样书编制

年内，市测绘院完成《北京人文地理·

顺义卷》、《北京人文地理·丰台卷》、《北京人文地理·朝阳卷》、《北京人文地理·大兴卷》的样书编制工作。

二十一、北京西部地区历史文化资源梳理样书编制

年内，市测绘院完成《北京西部地区历史文化资源梳理》丰台卷、石景山卷、海淀卷、门头沟卷、房山卷的样书编制工作。

二十二、11种地图编制出版

年内，市测绘院编制出版多种地图，包括：《北京政务地图集》（2013版）、《北京市交通旅游图》（2013版）、《北京市新城地图册》、《测绘法宣传用图》（2013版）、《冀北电网图集》、《华北电网图集》、《北京市人工影响天气地图》、《北京市轨道交通建设地图册》（2013版）、《北京市国防交通系列图》（2013版）、《西城社区挂图》、《中关村科技园区工作地图》。

二十三、多项目通过评审、验收

年内，市测绘院承担的“数字东城地理空间框架”、“北京市第一次水务普查市普平原区河流流域划分”、“北京市第一次水务普查信息化建设——工作底图制作”、“北京市建筑工程规划监督测量管理机制研究”、“科技创新‘四位一体’规划测量一体化建设”、“科技创新‘四位一体’基础地理信息数据库建设（数据航母）”、“科技创新‘四位一体’1:2000一体化更新”、“数字西城地理空间框架建设扩展三维数据项目”、“2013年海淀区城市管理基础数据更新维护项目”通过专家验收；“房山区数字房山地理空间框架建设”项目、“海淀区房屋全生命周期管理系统”通过初步验收；与中国建筑股份有限公司共同承担完成的《特大异型超高悬挑结构精密工程测量技术研究及其应用》通过科技成果鉴定。

二十四、重点实验室被认定

年内，市测绘院联合中国测绘科学研究院建设的“城市空间信息工程北京市重点实验室”，获得市科委组织的北京市重点实验室认定。

二十五、获评北京市设计创新中心

年内，市测绘院通过市科委组织的评审，成为首批“北京市设计创新中心”。

二十六、4单位获评全国勘察设计先进企业

年内，市勘察院、市建院、市政总院、市城建勘测院等4家市属勘察设计单位获评住房城乡建设部全国先进工程勘察设计企业。这是自1992年来住建部再次开展此项评选活动。

二十七、3单位获批对外提供勘察试验技术服务

年内，市规划委批准市勘察院、市城建勘测院、中航勘察院等3家单位成为北京地区第一批具有对外提供勘察试验技术服务资质的企业。

二十八、城乡规划工程地质勘察规范颁布实施

年内，由住建部委托市勘察院主编的国家行业标准《城乡规划工程地质勘察规范》CJJ57－2012正式颁布实施。

二十九、入选对外援助成套项目勘察骨干企业

年内，市勘察院入选商务部首批对外援

助成套项目工程勘察骨干企业，并被指定为非洲一处和美大处两部门管辖地区工程勘察任务分包对象企业。

三十、雁栖湖国际会都项目完成勘察

年内，市勘察院完成雁栖湖国际会都工程勘察。该项目占地面积65公顷，建筑面积16万平方米，总投资31亿元，包括会展区和精品酒店区，建成后将拥有接待大型国际会议的能力。

三十一、基础协同分析技术建功中国园林博物馆

年内，市勘察院采用独有的桩基工程差异沉降分析技术，完成中国园林博物馆地基与基础协同计算，克服拟建场区地质条件复杂的难题，保障该建筑群顺利施工和安全运行。

三十二、市环境岩土工程技术研究中心成立

年内，市科委核准市勘察院设立北京市环境岩土工程技术研究中心，作为首都科技创新体系的重要组成部分，承担并组织全市的环境岩土专业工程技术研究工作。

三十三、通州浅层地下水环境研究成果通过验收

年内，市勘察院完成的《通州运河区浅层地下水环境研究及工程示范》项目通过市科委验收。该项目首次编制运河核心区工程水文地质条件分区图，进行地下水三维建模技术研究，建立35平方公里的浅层地下水渗流分析模型。

三十四、城市路基塌陷快速探测研究获成果

年内，市勘察院完成的《北京城市道路路基塌陷快速探测方法、预防对策研究及应用》项目，通过北京公路学会组织的专家鉴定，应用成效明显。

三十五、东部地区沉降监测获科技进步一等奖

年内，市勘察院参与完成的《北京东部区域地面沉降监测网络建设与应用》项目，获评国家测绘地理信息局和中国卫星导航定位协会联合颁发的2013年度卫星导航定位科技进步奖一等奖。

三十六、深层垂直位移监测点装置获国家专利

年内，市勘察院研制成功的“深层垂直位移监测点装置”获国家知识产权局实用新型专利证书。该装置可广泛应用于各种工程不同深度的垂直位移监测中，克服原有装置通用性较差、监测点无法真实反应土体变形等问题。

三十七、获评全国勘察设计行业创新型优秀企业

年内，市勘察院获评全国勘察设计行业创新型优秀企业，徐宏声总经理荣获优秀企业家称号。

三十八、4项目获评全国勘察行业一等奖

年内，中国勘察设计协会公布2013年度全国优秀工程勘察设计行业奖评选结果，市勘察院4项勘测工程获一等奖。

三十九、矿山浅层采空区地质灾害研究取得成效

年内，市勘察院承担的《浅层采空区综合探测及灾害风险评价关键技术示范研究》课题通过市科委验收。成果提出适合小窑采空区的探测技术，浅层采空区稳定性分析方法，编制了示范区的地质灾害危险性综合分区图和工程建设适宜性分区图。

四十、完成延庆等地区突发地质灾害调查工作

年内，市勘察院完成延庆、昌平、海淀和石景山山区及半山区范围内突发地质灾害1:5万比例尺区域详细调查工作。这是继二十世纪五、六十年代市勘察院完成全市城乡规划地质普查、详查工作以来规模最大的一次。

第六节　地名规划和地名变更

地名规划概况：2013年，市政府批准了《密云新城地名规划》、《怀柔新城地名规划》。

地名变更概况：2013年，本市地名命名、调整共计411个。按地名类别划分，道路和居住区名称336个，桥梁名称50个，轨道交通车站名称25个。注销名称2个。

道路和居住区命名、调整（336个）

东城区命名、调整（1个）

松林街

西城区命名、调整（8个）

大玉胡同、双旗杆路、双旗杆西路、羊房南胡同、新街口七条、东教场胡同、新街口四条、长青胡同

朝阳区命名、调整（52个）

中纺里东路、单店中路、慈云寺东路、十里堡南里中路、十里堡南里东路、十里堡南里西路、皮村北街、皮村西路、常景街、常通路、司辛庄南一街、司辛庄南二街、司辛庄南街、凤凰路、凤凰环路、茂兴西路、茂兴东路、茂兴中街、金田街、盛昌路、荣通路、宏泰东二路、远安北一路、远安南一路、远安南二路、远安北二路、望通路、望达路、高井北街、久文路、文达街、创远路、索家北路、容道路、广善东路、创远东路、创达三路、创达二路、创达一路、紫月北路、紫月路、望水前街、广善路、索家南路、创达路、电子城东路、电子城大街、广百西路、广百中路、黄草湾南街、关庄小街，朝新嘉园西里一区。

海淀区命名、调整（13个）

皇后店南路、新风路、风格支渠路、新谊路、辛店北街、辛店南街、友谊嘉园、栖云路，建材城翡丽铂庭、京泉馨苑东里、如缘居北里、莲熙嘉园、八家嘉园。

丰台区命名、调整（20个）

芦井路、射击场路、大灰厂东路、内环西路、外环西路、园博大道、北宫路、纪通东路、广场南一路、广场南街、广场南三路、广场南二路、太柏路、连杨街、吕村北街、吕村中街、吕村南街、连杨北街、太柏西路、园博园南路。

石景山区命名、调整（7个）

燕堤东路、燕堤中街、燕堤南路、燕堤西街、燕堤东街、古城村中街、石门南路。

昌平区命名、调整（32个）

黄河北街、黄河街、黄河南街、景文东路、南农路、昆仑路、太行路、能源北街、能源西路、能源东路、昆仑西路、能源南街、长江街、燕山路、爱博路、霍营东路、立信街、珠江街、踩河路、信息港北街、信息港西路、科信路、信息港南街、信息港东路、双营西路、阳坊东街、阳八路、白虎涧路、景兴街、景昌街、景昌北街、景昌南街。

大兴区命名、调整（47个）

金星西路、丰顺街、小龙庄路、海户巷、福泰巷、辅星路、清泰路、福海东路、永华南里一巷、宏康路、欣美街、欣雅街、宏业路、庆祥北路、庆祥南路、丰利街、文华街、千寻街、鹿圈路、百意街、悦海街、鹿华路、鹤翔街、德寿寺北路、德寿寺南路、德寿寺西街、忠凉路、凉水河西路、德寿寺东街、采育大街、采安路、采星路、首镇路、采凤路、邵各庄路、育进街、邵各庄南路、官沟东路、采文路、采平路、采福路、育富街、育才街、隆德路、旧忠东街、隆庆路、隆华路。

房山区命名、调整（30个）

燕都西路、燕都东路、百合路、福熙街、阜盛大街、书院北街、艺林北街、阜盛东街、阜盛西街、艺林南街、书院南街、富庄东路、文昌东路、汇商西路、于管营路、汇商东路、万紫大街、紫云路、弘安路、广茂路、普安路、久安路、怡和北路、启航街、德润街、翠林西街、丁万路，水碾屯东里、水碾屯西里、佳和家苑。

开发区命名、调整（91个）

地盛北街、康定街、科创十四街、兴海三街、融兴北四街、亦驰街、亦柏路、瑞合东三路、瑞合东二路、瑞合东一路、瑞合路、瑞合西一路、瑞合西二路、三海子东路、融兴南三街、融兴北二街、融兴街、融兴南一街、融兴南二街、融兴北一街、融兴北三街、泰河路、宝善街、千顷堂街、兴海一街、东合盛街、新凤河路、四海路、宏农路、博兴八路、四合路、三海子东路、石太街、兴海二街、兴海路、姜场街、科创十一街、科谷一街、科谷二街、科谷四街、科创十七街、经惠西路、经海九路、经惠东路、通惠干渠路、科谷五街、科谷三街、科创十二街、兴海路、文化园西路、地盛中路、荣华中路、科创二街、经海路、经海一路、经海三路、经海五路、经海六路、经海二路、经海四路、博兴六路、科创六街、兴盛街、科创十三街、文化园东路、科创四街、荣华南路、永昌中路、科创七街，南海家园一里、南海家园四里、南海家园六里、博海园一里、博海园三里、博海园五里、亦海园八里、亦海园七里、亦海园六里、亦海园五里、亦海园四里、亦海园三里、亦海园二里、亦海园一里、博海园七里、博海园六里、博海园四里、博海园二里、南海家园七里、南海家园五里、南海家园三里、南海家园二里。

门头沟区命名、调整（6个）

中门寺南路、上园路、龙兴南一路、龙兴南二路、上园北路，灰峪新村。

顺义区命名、调整（4个）

高仁路、杨镇东大街、杨镇西大街、香堤中路。

通州区命名、调整（13个）

于家务大街、于家务南街、新月西路、于府路、新月东路、新月路、于家务中街、于家务北街、寨辛庄前街、荷香东路、荷香西路，于家务西里、新月里。

延庆县命名、调整（12个）

光谷一街、光谷三街、光谷四街、光谷

六街、风谷一路、风谷三路、风谷五路、风谷四路、风谷二路、光谷九街、光谷五街、光谷二街。

桥梁名称（50 个）

1、园博园桥

2、京昆高速公路（北京段）：京昆刺猬河桥、阎河路桥、京周路桥、京昆大石河桥、下滩村桥、北拒马河桥、广禄庄南桥、广禄庄桥、广禄庄东桥、后石门村西二桥、后石门村西一桥、后石门村桥、后石门村东桥、黄元井桥、六间房村桥、西甘池村桥、北甘池村桥、龙下路桥、天开村桥、房易路西桥、房易路桥、京昆尤家坟村桥、顾郑路桥、顾郑路东桥、房琉路桥、京昆石楼桥、瓦梨路桥、京昆马刨泉河桥、万窑路桥、阎周路桥、大件路桥、马家沟桥、良坨路桥、青龙湖桥、岗上桥

3、京良路（京石高速公路—五环路）：圣水北桥、乐水桥、长政桥、立堡东桥、立堡桥、永定河右堤桥、沿堤桥、京良长阳桥、长泽桥、长于北桥、昊天北桥、广阳北桥、长兴西桥、京良京广铁路桥。

轨道交通车站名称（25 个）

潘家园站、石榴庄站、角门东站、纪家庙站、丰台站、火器营站、长春桥站、车道沟站、西钓鱼台站、莲花桥站、西局站、泥洼站、首经贸站、草桥站、大红门站、成寿寺站、十里河站、分钟寺站、大井站、郭庄子站、大瓦窑站、园博园站、张郭庄站、育知路站、平西府站。

注销名称（2 个）

燕都东路、燕都西路

第四章 土地供应与市场

北京市房地产年鉴 2014

第一节 2013年北京市土地管理综述

2013年全市国土资源系统认真学习贯彻党的十八大、十八届三中全会和习近平总书记一系列重要讲话精神，认真落实市委十一届三次全会、四次全会、北京市“两会”和全国国土资源工作精神，深入开展党的群众路线教育实践活动，落实保红线、保发展、保权益责任，按照市委、市政府的工作部署和要求，扎实开展各项工作，取得了显著成效。

一、土地供应调控成效明显

2013年安排使用新增建设用地计划指标2454公顷，农用地指标约2297公顷，耕地指标约952公顷。全年供应国有建设用地4610公顷，完成计划的81.6%，同比增长12.03%。落实房地产调控政策要求，加大住宅用地供应成效显著。住宅用地供应1783公顷，同比增长52.65%，其中商品住宅用地供应978公顷，完成全年计划指标的115%，较上年增加207%。首次推出自住型商品房用地，所供土地可建自住型商品住房约227万平方米，圆满完成市政府下达的“年内实现2万套自住型商品房用地供应”任务。供地节奏更加均衡有序，定期公布土地市场信息，正确引导市场预期和社会舆论。全年土地市场共推出土地2326公顷，成交2119公顷，成交额约1853亿元，上缴市财政专户1873.41亿元。基本完成土地储备开发2077公顷，新增土地储备开发747公顷，实现投资约977亿元，到期贷款全部按期归还。全年办理国有土地登记20378件，土地抵押权登记6345件，抵押贷款金额7305.48亿元。

二、服务群众融入工作各环节

圆满完成全年各项折子工程和为民办实事等督查任务。改革保障性安居工程供地机制，充分调动区县政府积极性，保障性安居工程供地提前完成任务，全年累计完成保障性安居工程供地805公顷，各类保障房及自住型商品房建筑规模占住宅总建筑规模的66%，确保国务院下达北京市16万套保障性安居工程建设用地需求。通过竞建和配建方式增加保障性安居工程供地283公顷，建筑规模约346万平方米（约6万套）。制定差别化供地政策，首次将养老设施用地在年度国有建设用地供应计划中单列指标，积极支持医疗、交通设施、学校等公益事业发展，研究出台相关供地政策。切实维护被征地农民合法权益和长久生计，开展维护被征地农民合法权益专项检查，整改纠正征地补偿安置不落实、违规征占土地侵害农民合法权益等问题，促进土地征收管理更加依法规范。完善集体土地建设公共租赁住房试点政策，试点项目的推进规范有序。农村集体土地所有权确权登记发证成果通过市级验收、国家级抽检，十三个区县完成集体建设用地确权登记发证试点任务。将加强地质灾害防治作为汛期工作的重中之重，局领导带队对十个山区县进行了汛前检查和汛中巡查。开展1:5万地质灾害详查，确定各类地质灾害隐患点

4496处，对地质灾害隐患点的避险路线和避险场所进行调查评价，开展应急调查51次，确定灾情40起，全年发布突发地质灾害气象风险预警24次，确保群众安全度汛。

三、依法行政工作深入推进

对新增“小产权房”零容忍，坚决严肃查处在建在售的小产权房项目。加大曝光力度，对全市农业大棚违法建设租售项目实施清理整改，配合有关部门做好高尔夫球场清理整治后续工作。认真落实公开通报和挂牌督办违法违规案件工作，初步实现新增违法建设零增长。完成2012年土地矿产卫片执法检查，查明违法占地面积比例为14.9%，违法占用耕地比例为6.2%，问责比例为4.7%，比去年下降0.55个百分点。全年立案查处违法用地案件508件，查处矿产违法案件56件。加快推进行政审批制度改革，将行政审批事项由80项精减为28项，精减比例占65%。圆满完成2013年人大建议、政协提案办理任务，办理工作得到了人大代表和政协委员的认可，得到了上级领导的好评。坚持开门接访和到区县实地接访，涉地、涉矿信访各项指标明显下降。

四、土地节约集约利用再上新台阶

完成《“十二五”土地资源保护与开发利用规划》中期评估和2012年度北京市土地利用总体规划实施评价。基本完成市区乡三级基本农田保护区专项规划和《北京市土地整治规划（2011－2015年）》编制工作。完成平原地区100万亩绿化造林工程总体规划和2013年新增35万亩林地空间落地方案编制。严格落实耕地保护责任，做好耕地保护责任目标履行情况的年度检查工作。继续加强耕地占补平衡管理工作，不断完善耕地补偿指标分配政策。积极开展在施土地整治项目清理检查工作，切实提高耕地质量。继续发挥模范县（市）创建活动典型引领和示范作用，落实“十二五”期间单位GDP建设用地下降30%目标，开展区县下降目标分解和2012年度落实情况评估。积极稳妥推进闲置土地清理处置工作，出台《北京市闲置土地处置工作方案》(试行)。

第二节　征地管理

一、征地管理工作情况

（一）优化征地审批事项工作流程

为贯彻落实国务院关于加快转变政府职能的精神和市委关于简化审批程序，下放审批权利的要求，根据市政府取消农用地转为建设用地前期工作和集体土地征收前期工作审批事项、《建设用地批准书》下放区（县）国土分局办理的决定，市国土局下发了《关于征地及农转用管理等有关问题的通知》(京国土征［2013］649号)，进一步加强了北京市征地及农转用报批管理，明确征地申报前各分局应组织完成的具体审查工作，严格规范征地结案、理顺《建设用地批准书》办理程序。

（二）规范紧急避险搬迁用地办理程序

为贯彻落实国务院和市委、市政府关于加强地质灾害防治工作的有关要求，经市政府同意，市国土局下发了《关于落实地质灾害易发区紧急避险搬迁用地有关问题的通知》（京国土征［2013］306号），就强化各区（县）政府的主体责任、加强地质灾害防治和规范紧急避险搬迁用地提出要求，明确区（县）政府确定为紧急避险急需用地的，可以先行使用土地，若作为永久性建设用地使用的，应当在先行用地后6个月内，持区（县）政府批准文件，按照国家和北京市相关规定办理用地手续，既要保障紧急用地需求，又要做到依法用地。

（三）开展征地补偿费落实情况清理

为切实保障被征地农民的合法权益，按照国家土地督察北京局、市委群众路线教育实践活动办相关工作部署，北京市在近几年进行征地补偿费集中清理的基础上，重点开展了维护被征地农民合法权益专项督察、纠正征地拆迁中损害群众利益专项整治等工作。通过在全市范围内对征地补偿费进行清理核查，相关区县政府就清理出的问题已整改到位，拖欠的征地补偿费用已全部落实。

（四）深入开展征地补偿多元化调研

2013年，北京市重点加大对“缩小征地范围，规范征地程序，完善对被征地农民合理、规范、多元化补偿机制”的研究，一方面密切关注国家相关立法动向，认真梳理和总结现行征地程序、机制，为搭建征地制度改革的总体框架思路奠定基础；另一方面积极探索在土地储备项目中采取实物补偿、留地安置等多元化补偿安置方式，多方面采取长效措施维护被征地农民权益，使农民生活水平有提高、长远生计有保障。

二、征地及农用地转用审批情况

2013年，国务院及北京市政府共审批征地及农用地转用总用地面积约3892公顷，其中国务院批准用地面积约627公顷，北京市政府批准用地面积约3265公顷。（详见本章附表一，二）

第三节　国有土地使用权出让情况

一、2013年北京市国有土地使用权出让概况

2013年北京市共出让土地556宗，出让土地总面积约2006.68公顷，合同地价款总额约为人民币1857.03亿元（表4－1）。其中出让新建项目用地328宗，出让土地面积约为1739.39公顷，占出让总土地面积的86.68%，合同地价款总额约为人民币1817.92亿元，占出让地价款总额的97.89%；以现状补办出让项目用地228宗，出让土地面积约267.30公顷，占出让总土地面积的13.32%，合同地价款总额约为人民币39.11亿元，占全市出让地价款总额的2.11%。

表4－1　按区域划分2013年北京市国有土地使用权出让情况

区县	宗数	宗地面积（公顷）	合同地价款（万元）
东城区	51	6.68	303933.19
西城区	49	12.59	50919.13
朝阳区	53	104.99	2590305.09
丰台区	47	82.94	1238482.22
石景山区	13	33.68	1208814.16
海淀区	64	188.93	1024852.68
门头沟区	17	69.36	850308.41
房山区	48	309.85	2061120.63
通州区	43	156.97	3275302.27
顺义区	31	150.24	1083213.52
昌平区	34	312.54	1845225.90
大兴区	44	257.52	1691127.27
怀柔区	6	52.26	247431.65
平谷区	21	74.62	234175.50
亦庄开发区	16	72.87	418880.31
密云县	12	89.75	366762.13
延庆县	7	30.89	79432.97
合计	556	2006.68	18570287.03

二、2001年—2013年北京市国有土地使用权出让情况

2001年—2013年北京市国土资源局共审批出让国有土地使用权8799宗，涉及土地面积约23995公顷，规划建筑面积约43008万平方米。

第四节　划拨城镇建设用地情况

2013年北京市共办理划拨城镇建设用地350.42公顷。与上一年相比，减少99.42公顷。

从用地项目来看，公共管理和公共服务类用地面积达189.55公顷，占全年划拨用地总面积的54.09%；公共管理和公共服务宗数最多，共98宗，占全年划拨用地宗数的69.01%。

表 4-2　2013 年按划拨土地用途分类统计表

项目类型	宗数（宗）	比例	面积（公顷）	比例
经济适用住房用地	33	23.24%	107.30	30.62%
廉租住房用地	4	2.82%	9.26	2.64%
公共管理和公共服务用地	98	69.01%	189.55	54.09%
特殊用地	2	1.41%	0.48	0.14%
交通运输用地	5	3.52%	43.83	12.51%
总计	142	100%	350.42	100%

审批项目涉及除石景山区和亦庄开发区以外的所有区县，从用地位置来看，丰台区、昌平区供地面积最大，两区占全年划拨供地总面积的 36.66%，海淀区、丰台区、朝阳区审批宗数位列全市前三名，分别达 19、18、17 宗。

表 4-3　2013 年按各项目用地位置分类统计表

区县	宗数（宗）	比例	用地面积（公顷）	比例
东城区	2	1.41%	3.80	1.08%
西城区	6	4.23%	2.00	0.57%
朝阳区	17	11.97%	30.76	8.78%
丰台区	18	12.68%	67.95	19.39%
海淀区	19	13.38%	29.61	8.45%
门头沟区	10	7.04%	24.04	6.86%
房山区	11	7.75%	15.28	4.36%
通州区	12	8.45%	16.29	4.65%
顺义区	8	5.63%	23.66	6.75%
昌平 区	4	2.82%	60.51	17.27%
大兴区	13	9.15%	33.10	9.45%
怀柔区	3	2.11%	16.04	4.58%
平谷区	8	5.63%	11.52	3.29%
密云县	6	4.23%	10.66	3.04%
延庆县	5	3.52%	5.20	1.49%
总计	142	100%	350.42	100%

2013 年，北京市国土资源局配合市民政局对全市养老机构建设供地政策进行了研究，出台了《北京市人民政府办公厅印发关于加快本市养老机构建设实施办法的通知》（京政办发［2013］56 号），明确提出北京市养老机构建设供地方式："政府投资建设的养老机构，依法采取划拨方式供地。社会资本投资建设的非营利性养老机构，依法采取划拨方

式供地；社会资本投资建设的营利性养老机构，应在限定地价、规定配套建设和提出管理要求的基础上，采用招拍挂等方式供地。企业单位利用自有用地建设的营利性养老机构，采取协议出让的方式供地。社会资本投资建设的养老机构属于营利性或非营利性，由民政部门会同国土、工商等部门共同认定。农村集体经济组织可采取占地方式，利用集体建设用地建设养老机构”。

2013年，北京市国土资源局配合市交通委对全市停车场建设供地政策进行了研究，出台了《北京市机动车停车管理办法》（北京市人民政府令第252号），其中明确提出“驻车换乘停车场和为改善交通管理秩序建设的公益性停车场，是城市交通基础设施，建设用地实行划拨，按照政府主导、社会参与、企业运作的方式进行建设与管理。在以划拨方式供地的医院、政府机关、博物馆、展览馆、大中小学、幼儿园及公共服务性设施用地内独立建设的停车场，建设用地实行划拨”。

表4－4　1992—2013年度划拨城镇建设用地分年度统计表

年度	宗数（宗）	比例	面积（公顷）	比例
1992	25	1.22%	204.64	1.83%
1993	36	1.76%	241.02	2.15%
1994	39	1.91%	404.8	3.61%
1995	36	1.76%	215.33	1.92%
1996	24	1.17%	55.16	0.49%
1997	33	1.61%	122.24	1.09%
1998	38	1.86%	157.76	1.41%
1999	33	1.61%	187.1	1.67%
2000	35	1.71%	67.4	0.60%
2001	72	3.52%	412.95	3.68%
2002	65	3.18%	311.21	2.78%
2003	79	3.86%	501.66	4.48%
2004	73	3.57%	447.67	3.99%
2005	123	6.01%	611.16	5.45%
2006	183	8.94%	2086.16	18.61%
2007	294	14.36%	1400.08	12.49%
2008	181	8.84%	1409.29	12.57%
2009	133	6.50%	721.62	6.44%
2010	93	4.54%	264	2.36%
2011	121	5.91%	585.88	5.23%
2012	189	9.23%	449.84	4.01%
2013	142	6.94%	350.42	3.13%
总计	2047	100%	11207.39	100%

表4－5　1992—2013年度划拨城镇建设用地分项目统计表

项目名称	宗数（宗）	比例	用地面积（公顷）	比例
公共管理和公共服务	984	48.07%	3335.65	29.76%
经济适用住房	256	12.51%	1741.38	15.54%
其他住房	368	17.98%	2809.52	25.07%
交通运输用地	319	15.58%	2501.92	22.32%
特殊用地	119	5.81%	816.54	7.29%
水域及水利设施用地	1	0.05%	2.38	0.02%
总　计	2047	100%	11207.39	100%

表4－6　1992—2013年度划拨城镇建设用地分区县统计表

区县	宗数（宗）	比例	用地面积（公顷）	比例
东城	254	12.41%	1188.38	10.60%
西城	350	17.10%	1256.32	11.21%
朝阳	302	14.75%	2196.77	19.60%
丰台	194	9.48%	866.50	7.73%
石景山	52	2.54%	154.18	1.38%
海淀	306	14.95%	1721.77	15.36%
门头沟	44	2.15%	139.31	1.24%
房山	58	2.83%	261.78	2.34%
通州	66	3.22%	190.77	1.70%
顺义	72	3.52%	1327.00	11.84%
昌平	89	4.35%	907.56	8.10%
大兴	88	4.30%	415.36	3.71%
怀柔	39	1.91%	143.79	1.28%
平谷	31	1.51%	87.08	0.78%
亦庄	7	0.34%	59.80	0.53%
密云	61	2.98%	181.78	1.62%
延庆	34	1.66%	109.25	0.97%
总计	2047	100%	11207.39	100%

第五节　土地储备和一级开发

一、土地一级开发情况

2013 年，市国土局核批土地一级开发授权批复 109 个（含延期及主体变更），土地总面积 3891.53 公顷。全市新增土地储备开发面积 1087 公顷，基本完成土地储备开发面积 1973 公顷，实现土地储备开发投资及重点区域专项投资 977 亿元。

二、政府土地储备情况

全年新增收购储备项目 1 个，土地面积约 119 公顷。全年组织办理储备土地证 93 个，土地面积约 289 公顷。

三、国有建设用地使用权入市交易情况

截至 2013 年 12 月 31 日，全市共有 1731 宗 15169.79 万平方米土地入市成交，成交价款为 7822.97 亿元，其中政府土地收益 3626.88 亿元（详见表 4－7）。其中，2013 年，市土地交易市场和 10 个远郊区县、北京经济技术开发区土地交易分市场共成交土地 223 宗，土地面积约 2118.64 万平方米，规划建筑面积约 2448.74 万平方米，成交价款 1853.15 亿元，其中，政府土地收益 846.81 亿元（详见表 4－8）。

表 4－7　2001—2013 年北京市国有建设用地使用权入市交易成交统计表

年度	成交宗数	交易类型			土地面积（万平方米）		规划建筑面积（万平方米）	成交价款（亿元）	
		招标	拍卖	挂牌	合计	其中建设用地		合计	其中政府收益
2001	1	1	0	0	13.97	13.97	14.14	3.17	0.59
2002	8	2	1	5	250.48	174.79	331.26	61.35	14.93
2003	48	3	1	44	201.7	158.7	277.87	49.14	19.05
2004	89	4	0	85	537.92	403.53	609.51	115.31	32.85
2005	50	2	0	48	357.39	242.12	451.97	117.51	39.31
2006	87	29	1	57	856.2	594.96	935.05	257.67	92.11
2007	85	41	0	44	897.92	600.63	1233.01	438.1	204.34
2008	184	26	0	158	1573.43	1110.19	1810.43	500.12	170.82
2009	250	20	1	229	1965.16	1385.27	2391.19	966.28	556.76
2010	280	81	0	199	3012.04	2070.15	3350.46	1677.27	948.05
2011	257	52	0	205	2044.54	1447.75	2481.32	1113.29	463.17
2012	169	27	0	142	1340.4	995.17	1722.22	670.61	238.09
2013	223	53	0	170	2118.64	1342.34	2448.74	1853.15	846.81
合计	1731	341	4	1386	15169.79	10539.57	18057.17	7822.97	3626.88

表4－8　2013年北京市国有建设用地使用权入市交易成交统计表

交易地点	成交宗数	土地总面积（万平方米）		规划建筑面积（万平方米）	成交价款（亿元）
		合计	其中建设用地		
市土地交易市场	138	1543.54	911.906	1839.40	1745.75
远郊区县土地交易市场	85	575.10	430.43	609.34	107.38
合计	223	2118.64	1342.34	2448.74	1853.15

第六节　地价监测

一、城市地价动态监测工作

城市地价动态监测是土地参与宏观调控的一项重要基础性工作。通过确定地价监测范围，设立标准宗地，组织土地估价师及时跟踪采集标准宗地地价信息，定期收集、汇总、整理、分析形成季度和年度监测成果，实现对地价变动情况的实时监测，及时准确把握土地市场运行态势和价格走势，为国土资源管理部门加强市场监管和参与宏观调控提供决策依据，同时为社会公众提供地价信息参考。

二、北京市地价监测基本情况

自2001年以来，我国逐步建立了城市地价动态监测体系，北京市作为国家首批地价监测城市之一，监测工作已开展了13年。2008年，根据国土资源部《关于进一步加强城市地价动态监测工作的通知》（国土资发［2008］51号）要求，进一步夯实基础性工作，重新划定监测范围和地价区段，布设标准宗地，按照“政府主导、市区联动、协会监督、专业实施”四位一体的组织管理模式开展工作。

北京市地价动态监测分国家级监测范围及市级监测范围，国家级监测范围为城市建成区及工业集聚区内的居住、商业、工业三种用途，市级监测范围为十一个规划新城内居住、商业、办公三种用途。国家级监测范围内标准宗地共257宗（居住105宗、商业91宗、工业61宗），市级监测范围内标准宗地共241宗（居住55宗、商业53宗、办公133宗）。北京市共57家土地估价机构的238名土地估价师参与了地价监测工作。标准宗地信息采集仍然采取同一宗地由两名估价师背对背分别评估的方式进行。地价监测结果客观地反映了北京市土地价格水平及地价变化情况，对于政府部门全面、系统、及时地掌握地价水平及动态变化情况，宏观调控土地市场提供了参考依据。

三、2013年北京市地价监测的主要成果

根据《城市地价动态监测技术规范》（TD/T1009—2007）及《关于进一步加强城市地价动态监测工作的通知》（国土资发［2008］51号）要求，2013年北京市国家级监测范围内地价监测结果见表4－9、表4－10。

表 4－9 国家级监测范围各用途地价环比增长率（季度）

土地用途	2013 年一季度	2013 年二季度	2013 年三季度	2013 年四季度
	环比地价增长率	环比地价增长率	环比地价增长率	环比地价增长率
居住	1.85%	2.07%	1.98%	1.97%
商业	1.31%	2.33%	1.72%	1.68%
工业	0.96%	0.69%	0.88%	0.87%
平均	1.675%	2.04%	1.86%	1.83%

表 4－10 城市地价动态监测指数（年度）

年度	2012 年	2013 年
全市平均水平	278	299
一、住宅用地	379	409
二、工业仓储用地	220	227
三、商业、旅游、娱乐用地	234	252

注：以 2000 年为基准 100。

附表一 审批建设用地情况（一）

2013 年 1—12 月　　　　计量单位：公顷

	批准建设用地合计					国务院批准建设用地					省级政府审批				
		新增建设用地					新增建设用地					新增建设用地			
			农用地转用		未利用地			农用地转用		未利用地			农用地转用		未利用地
				耕地					耕地					耕地	
甲	1	2	3	4	5	7	8	9	10	11	13	14	15	16	17
合　计	3891. 6386	2001. 9942	1912. 9065	862. 3119	89. 0877	626. 7169	130. 1656	126. 8764	40. 6970	3. 2892	3264. 9217	1871. 8286	1786. 0301	821. 6149	85. 7985
市辖区	3732. 6915	1912. 1394	1839. 7347	824. 9069	72. 4047	626. 7169	130. 1656	126. 8764	40. 6970	3. 2892	3105. 9746	1781. 9738	1712. 8583	784. 2099	69. 1155
朝阳区	221. 4501	74. 0918	73. 7791	24. 1156	0. 3127	221. 4501	74. 0918	73. 7791	24. 1156	0. 3127					
丰台区	209. 6684	68. 3972	67. 9487	45. 2142	0. 4485	82. 8476	20. 6217	20. 1732	15. 7348	0. 4485	126. 8208	47. 7755	47. 7755	29. 4794	
石景山区	70. 4761	16. 2726	15. 3733	0. 8317	0. 8993	70. 4761	16. 2726	15. 3733	0. 8317	0. 8993					
海淀区	196. 4876	116. 3981	116. 0581	13. 9123	0. 3400	34. 0768	16. 3801	16. 1278		0. 2523	162. 4108	100. 0180	99. 9303	13. 9123	0. 0877
门头沟区	277. 8470	88. 3487	86. 3833	23. 7410	1. 9654						277. 8470	88. 3487	86. 3833	23. 7410	1. 9654
房山区	113. 7260	46. 7201	39. 3675	21. 8778	7. 3526						113. 7260	46. 7201	39. 3675	21. 8778	7. 3526
通州区	911. 8423	520. 8367	505. 7590	240. 8962	15. 0777						911. 8423	520. 8367	505. 7590	240. 8962	15. 0777
顺义区	707. 8561	414. 7069	383. 9646	153. 0031	30. 7423						707. 8561	414. 7069	383. 9646	153. 0031	30. 7423
昌平区	408. 0956	177. 9743	169. 2441	72. 1573	8. 7302	201. 2577	2. 6301	1. 2537	0. 0149	1. 3764	206. 8379	175. 3442	167. 9904	72. 1424	7. 3538
大兴区	426. 8474	221. 9003	216. 6957	112. 8865	5. 2046	16. 6086	0. 1693	0. 1693			410. 2388	221. 7310	216. 5264	112. 8865	5. 2046
怀柔区	122. 9511	113. 3082	111. 9768	68. 7208	1. 3314						122. 9511	113. 3082	111. 9768	68. 7208	1. 3314
平谷区	65. 4438	53. 1845	53. 1845	47. 5504							65. 4438	53. 1845	53. 1845	47. 5504	
县	158. 9471	89. 8548	73. 1718	37. 4050	16. 6830						158. 9471	89. 8548	73. 1718	37. 4050	16. 6830
密云县	42. 7821	24. 4577	22. 2381	16. 9497	2. 2196						42. 7821	24. 4577	22. 2381	16. 9497	2. 2196
延庆县	116. 1650	65. 3971	50. 9337	20. 4553	14. 4634						116. 1650	65. 3971	50. 9337	20. 4553	14. 4634

附表二　审批建设用地情况（二）

2013 年 1—12 月

计量单位：公顷

		城镇村建设用地						单独选址建设用地				
		商服用地	工矿仓储用地	住宅用地	公用管理与公共服务用地	交通运输用地	其他		交通运输用地	水利设施用地	能源用地	其他
甲	1	2	3	4	5	6	7	8	9	10	11	12
合　计	3837. 1775	492. 5647	155. 1436	839. 4188	1499. 0507	849. 3051	1. 6946	54. 4611	9. 9854			44. 4757
市辖区	3678. 2304	479. 2045	154. 7089	820. 1767	1399. 2675	823. 1782	1. 6946	54. 4611	9. 9854			44. 4757
朝阳区	221. 4501		3. 2460	85. 6752	44. 4510	88. 0779						
丰台区	209. 6684	10. 5267		39. 7356	134. 1494	25. 2567						
石景山区	70. 4761			54. 7036	9. 5695	6. 2030						
海淀区	196. 4876			53. 7990	80. 8677	60. 1263	1. 6946					
门头沟区	277. 8470	42. 8811		93. 2866	76. 4349	65. 2444						
房山区	113. 7260	2. 6152	1. 3346	59. 5788	28. 7822	21. 4152						
通州区	907. 7986	101. 8291	35. 3914	178. 0978	396. 9596	195. 5207		4. 0437	4. 0437			
顺义区	704. 8492	259. 4675	26. 9665	59. 5592	197. 7592	161. 0968		3. 0069	3. 0069			
昌平区	362. 8928		1. 3193	64. 7210	237. 5467	59. 3058		45. 2028	2. 8988			42. 3040
大兴区	426. 8474	47. 9981	11. 9279	115. 4913	145. 3511	106. 0790						
怀柔区	122. 9511		55. 7441	13. 4160	31. 1984	22. 5926						
平谷区	63. 2361	13. 8868	18. 7791	2. 1126	16. 1978	12. 2598		2. 2077	0. 0360			2. 1717
县	158. 9471	13. 3602	0. 4347	19. 2421	99. 7832	26. 1269						
密云县	42. 7821				32. 7445	10. 0376						
延庆县	116. 1650	13. 3602	0. 4347	19. 2421	67. 0387	16. 0893						

第五章 房地产开发投资与建设

北京市房地产年鉴2014

2013 年，在政府宏观政策调控及市场自身运行特点的双重因素作用下，北京市房地产市场出现较大波动，供需矛盾突出，房价上涨压力持续加大。进入 3 季度后，受纯商品住房新开工项目增多的影响，供给市场各项指标出现好转，10 月份“京 7 条”和自住型商品住房的推出，为稳定市场预期、平抑房地产价格起到了良好促进作用。

注：（根据国家统计局提高投资统计起点的相关规定，2010 年数据为调整后数据）

第一节　房地产开发投资

2013 年，全市房地产开发投资呈低位、波动运行态势，3 季度起受销售市场持续增长及预期向好影响，开发投资逐渐回升，全年房地产开发企业完成投资 3483.4 亿元，比 2012 年增长 10.5%，高于全社会固定资产投资增速 1.7 个百分点；占全社会投资比重为 49.5%，高于 2012 年 0.7 个百分点。

民间资本进入房地产领域的速度加快，2013 年，全市房地产民间投资达 1765.2 亿元，比 2012 年增长 21.3%，占据房地产市场的半壁江山（见图 5－1）。

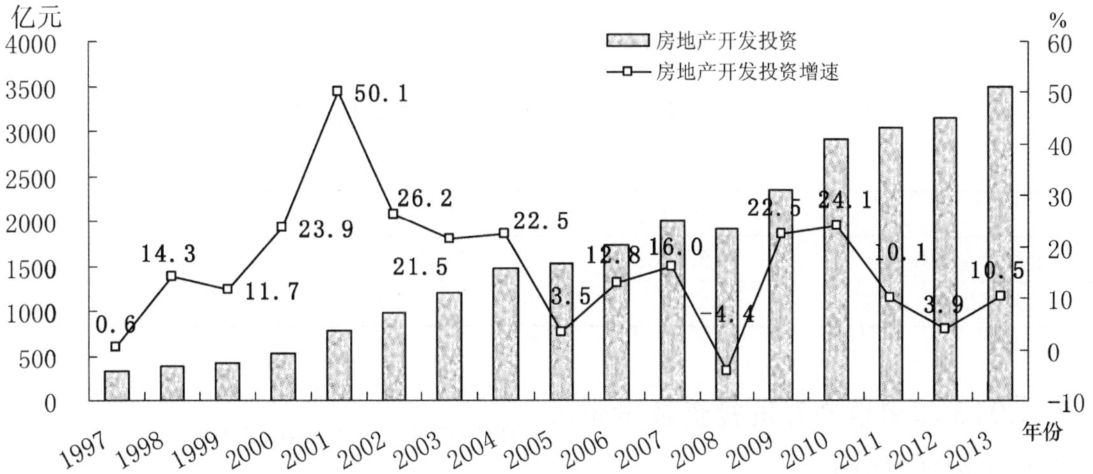

图 5－1　1997 年以来北京市房地产开发投资增速图

房地产开发投资中，住宅完成投资 1724.6 亿元，比上年增长 5.9%；写字楼完成投资 611.7 亿元，增长 59%；商业营业用房完成投资 317.5 亿元，增长 15.1%；其他完成投资 829.6 亿元，下降 4.1%。

从地区投资结构看，2013 年核心区、拓展区、发展新区和生态涵养区房地产开发投资占全市房地产开发投资的比重分别为 5.5%、44.1%、43.2% 和 7.2%。其中城市功能拓展区和生态涵养区比重分别与上年持平，核心区比上年降低 0.6 个百分点，发展新区提高了 0.6 个百分点（见图 5－2）。

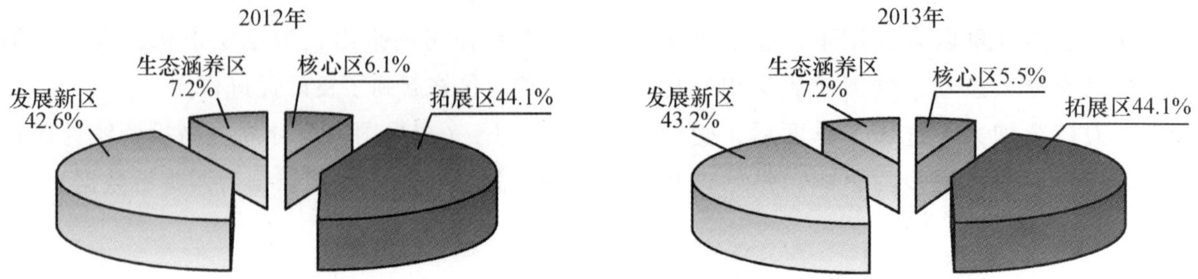

图5－2　四大功能区房地产开发投资占全市比重

2013年，全市房地产开发投资为3483.4亿元，比上年增长10.5%，占全社会固定资产投资比重为49.5%，高于上年0.7个百分点。

表5－1　2013年房地产开发投资情况统计表

单位：亿元，%

	房地产开发投资	全社会固定资产投资	所占比重
2012年	3153.4	6462.8	48.8
2013年	3483.4	7032.2	49.5

2013年，全市经济适用房建设自年初累计完成投资45.5亿元，比上年下降25.6%。其中住宅投资33亿元，下降25%（见表5－2）。

表5－2　2013年经济适用房投资额完成情况统计表

单位：亿元，%

	2013年累计完成	2012年累计完成	同比增长
自年初累计完成投资	45.5	61.1	－25.6
其中：住宅	33.0	44.0	－25

一、2013年房地产开发投资及投资完成情况（按区县分）

从完成房地产开发投资的区域分布看，朝阳区仍是投资的大户，其次是大兴区；比重分别为18.9%和12.9%（见表5－3）。

表5－3　2013年按区县划分房地产开发投资完成情况统计表

单位：亿元

	区县	完成投资合计
功能核心区	东城区	76.2
	西城区	114.8

续表 5 - 3

	区县	完成投资合计
功能拓展区	朝阳区	656.9
	丰台区	444.2
	石景山区	82.6
	海淀区	353.3
发展新区	房山区	183.3
	通州区	360.9
	顺义区	195.8
	昌平区	314.8
	大兴区	451.1
生态涵养保护区	门头沟区	96.0
	怀柔区	50.6
	平谷区	54.5
	密云县	37.5
	延庆县	10.9

二、历年房地产开发投资完成情况（按用途分）

2013 年全市房地产开发投资中，住宅完成投资 1724.6 亿元，同比增长 5.9%；写字楼完成投资 611.7 亿元，增长 59%；商业营业用房投资 317.5 亿元，同比增长 15.1%；其他完成投资 829.6 亿元，同比下降 4.1%（见图 5 - 3）。

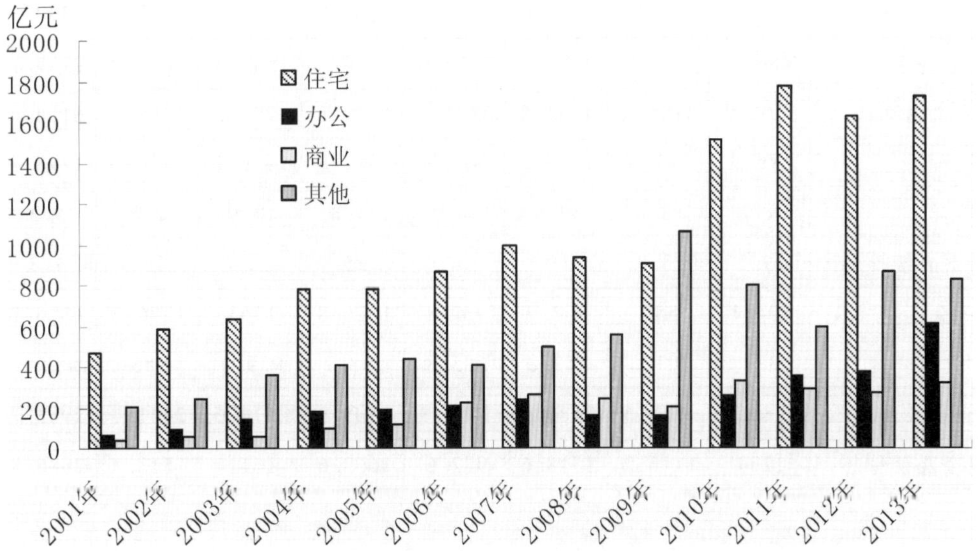

图 5 - 3　2001—2013 年按用途划分房地产开发投资完成情况

三、2013 年房地产开发投资构成及变动情况

在2013年全市房地产开发投资中，用于建筑工程投资为1467亿元，同比增长7.8%；用于安装工程的投资为43亿元，同比增长91.5%；用于设备、工器具购置的投资为53亿元，下降19.2%；用于其他费用的投资为1920.4亿元，同比增长12.7%（见表5－4）。

表5－4　2013年房地产开发投资构成及变动情况统计表

单位：亿元，%

指标	2013年	2012年	同比增长
建筑工程	1467.0	1360.6	7.8
安装工程	43.0	22.4	91.5
设备、工器具购置	53.0	65.7	－19.2
其他费用	1920.4	1704.7	12.7

四、2013 年房地产开发资金来源情况

2013年，全市房地产开发项目本年到位资金为7300.2亿元，比上年增长19.4%。其中，金融贷款为1836.9亿元，增长22.6%；自筹资金为2138.2亿元，增长31.5%；定金及预收款为2257.5亿元，增长8.2%（见表5－5）。

表5－5　2005—2013年房地产开发资金来源情况统计表

单位：亿元

	2005	2006	2007	2008	2009	2010	2011	2012	2013
自年初累计资金来源	3788	3922	5083.6	4398.4	7065.8	7334.4	7238	8399.5	9687.6
#上年末结余资金	686.1	756.5	929.1	1076.6	936	1543.8	1879.9	2287.1	2387.4
本年资金来源小计	3101.9	3165.5	4154.5	3321.8	6129.8	5790.6	5358.1	6112.4	7300.2
#金融贷款	676.9	841.4	1063.2	889.4	2367.8	1439.1	1168	1498.4	1836.9
利用外资	38.6	38.6	39.9	38.9	29.8	13.9	2.6	4.2	11.6
#外商直接投资	29.2	23.4	19	24.9	25	13.4	2.6	4.2	11.6
自筹资金	604.1	555	867.9	931.8	1026.8	1763	1746.2	1626.1	2138.2
#自有资金	337	307.5	552.8	585.8	558.7	939.9	983	483.6	624.0
其他资金来源	1782.3	1730.5	2183.5	1461.8	2705.4	2574.6	2441.4	2983.7	3313.4
#定金及预付款	1234	1116.2	1518.6	922.6	1663.6	1611	1518.1	2086.8	2257.5

第二节　房屋建设情况

一、房屋建设总体情况

截至2013年12月末，全市商品房施工面积为13886.9万平方米，比上年末增长5.8%。商品房新开工面积为3577.5万平方米，同比增长11%（见图5－4）。

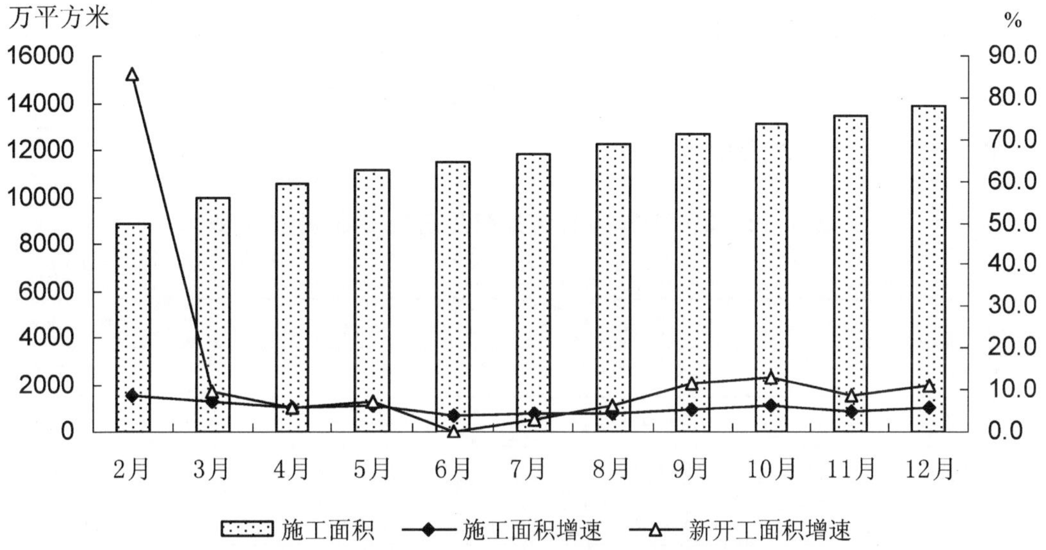

图5－4　2013年商品房开发面积及增速走势图

截至12月底，住宅施工面积为7406.9万平方米，下降1.4%；其中，住宅新开工面积为1736.5万平方米，增长6.7%。

2013年，全市完成保障性住房投资729.7亿元，同比下降14.9%。年末保障性住房施工面积4851.7万平方米，增长0.7%。全年保障性住房竣工面积1079.2万平方米，增长43.4%（见表5－6）。

表5－6　2013年保障性住房建设情况统计表

	2013年	2012年	同比增长（%）
完成投资（亿元）	729.7	857.5	－14.9
其中：住宅	561.5	631.6	－11.1
房屋施工面积（万平方米）	4857.1	4821.0	0.7
其中：住宅	3797.2	3822.9	－0.7
房屋新开工面积（万平方米）	964.9	1112.3	－13.3
其中：住宅	787.6	836.8	－5.9

二、商品房新开工及施工情况概述

截至2013年12月末，全市商品房施工面积为13886.9万平方米，比上年末增长5.8%。商品房新开工面积为3577.5万平方米，增长11%（见表5-7）。

表5-7　2013年商品房施工面积及新开工情况统计表

	2013年	2012年	同比增长（%）
施工面积（万平方米）	13886.9	13122.5	5.8
新开工面积（万平方米）	3577.5	3224.2	11

三、2013年商品房施工情况（按区县分）

从区域上看，施工面积朝阳区最多，为2693.8万平方米，大兴区位于第二，为2135.5万平方米，分别占全市商品房施工面积19.4%和15.4%（见表5-8）。

表5-8　2013年按区县分商品房施工面积统计表

单位：万平方米

区县	施工面积	区县	施工面积
东城区	151.7	通州区	1367.5
西城区	173.4	顺义区	1257.3
朝阳区	2693.8	昌平区	1524.6
丰台区	1382.5	大兴区	2135.5
石景山区	285.1	怀柔区	169.9
海淀区	1056	平谷县	252.4
门头沟区	366.1	密云县	262.2
房山区	752.4	延庆县	56.4
合计	13886.9		

四、历年商品房新开工情况（按用途分）

2013年，全市全年商品房新开工面积为3577.5万平方米，比上年增长11%。其中，住宅新开工面积为1736.5万平方米，增长6.7%；写字楼为671.4万平方米，增长25.1%；商业及服务业等经营性用房为351万平方米，增长7.8%（见图5-5）。

五、商品房竣工情况概述

2013年，全市商品房竣工面积为2666.4万平方米，比上年增长11.5%。其中，住宅竣工面积为1692万平方米，增长11.1%（见表5-9）。

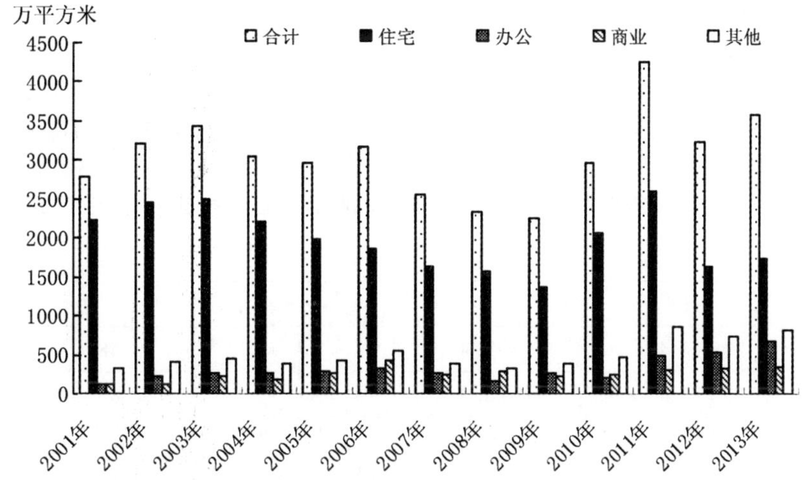

图 5－5　2001—2013 年商品房新开工面积情况

表 5－9　2013 年商品房竣工面积统计表

	2013 年	2012 年	同比增长（%）
竣工面积（万平方米）	2666.4	2390.9	11.5
其中：住宅	1692	1522.7	11.1

六、2013 年商品房竣工情况（按区县分）

从区域上看，全市商品房竣工面积为 2666.4 万平方米，朝阳区最多，昌平区位于第二，分别占 18.5% 和 15.2%（见图 5－6）。

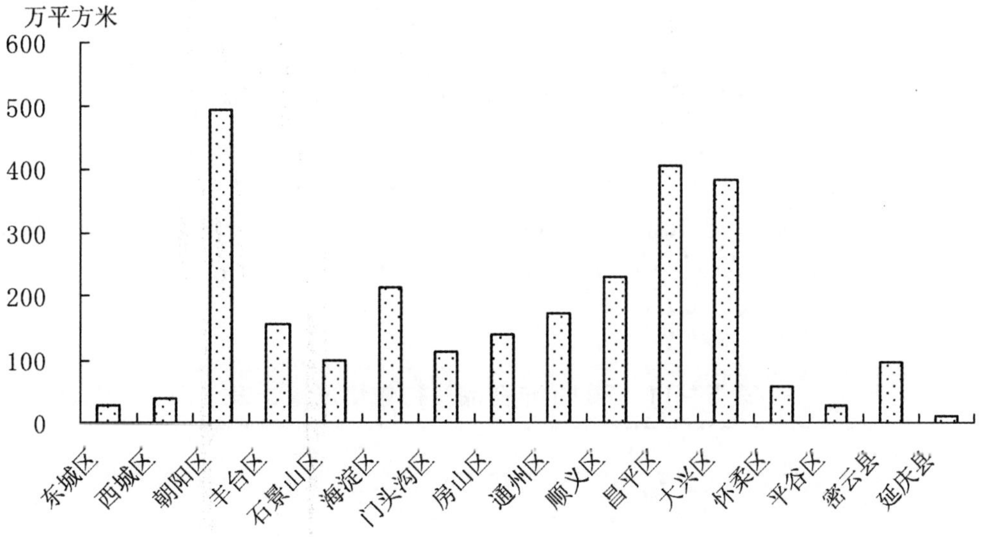

图 5－6　2013 年按区县划分商品房竣工面积统计表

七、历年商品房竣工情况（按用途分）

2013年，全市商品房竣工面积为2666.4万平方米，比上年增长11.5%。其中，住宅竣工面积为1692万平方米，增长11.1%；写字楼为273.1万平方米，增长20.4%；商业及服务业等经营性用房为178.4万平方米，下降25.7%（见表5－10）。

表5－10　2001—2013年按用途划分商品房竣工面积统计表

单位：万平方米

	合计	住宅	办公	商业	其他
2001年	1707.4	1393.4	97.9	48.2	167.8
2002年	2384.4	1926.2	97.5	83.0	277.9
2003年	2593.7	2080.8	93.6	117.5	301.8
2004年	3067.0	2344.0	153.9	225.3	343.9
2005年	3770.9	2841.4	287.8	180.9	460.8
2006年	3193.9	2193.3	304.4	289.2	407.0
2007年	2891.7	1854.0	314.8	315.1	407.8
2008年	2558.0	1399.3	364.6	313.1	481.0
2009年	2678.6	1613.2	316.6	322.4	426.3
2010年	2386.7	1498.5	198.4	271.9	417.9
2011年	2245.2	1316.1	245.2	232.4	451.5
2012年	2390.9	1522.7	226.8	240.1	401.3
2013年	2666.4	1692	273.1	178.4	522.9
合计	34534.9	23674.9	2974.6	2817.5	5067.9

第三节　商品房待售情况

截至2013年12月底，全市商品房待售面积为1861.4万平方米，比2012年末减少50.4万平方米。其中，住宅待售面积为829.3万平方米，比2012年末增加39.8万平方米（见表5－11）。

表5－11　2013年商品房待售情况统计表

	2013年	2012年	同比增长（%）
待售面积（万平方米）	1861.4	1911.8	-2.6
其中：住宅	829.3	789.5	5

一、2013年商品房待售情况（按区县分）

2013年末，全市商品房待售面积从区域分布看，朝阳区待售面积最多，达659.3万平方米，占35.4%；其次是丰台区，200.8万平方米，占10.8%；第三是通州区，166.2万平方米，占8.9%（见图5-7）。

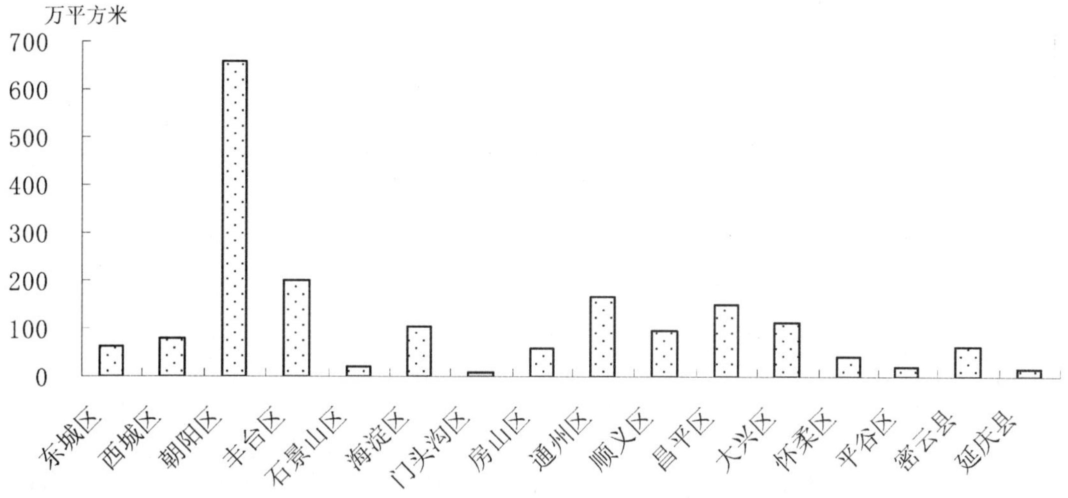

图5-7 2013年按区县划分商品房待售面积情况统计图

2013年末，全市商品房待售面积按时间划分，待售1年以内的面积为922.3万平方米，1年至3年的面积为601.4万平方米；3年以上的面积为337.7万平方米（见表5-12）。

表5-12 2001—2013年按用途分待售一年以上商品房面积

单位：万平方米

一年以上待售面积	合计	住宅	办公	商业	其他
2001年	336.0	281.4	25.5	14.1	15.0
2002年	406.3	323.0	45.2	22.8	15.3
2003年	377.9	310.7	37.5	17.8	11.8
2004年	298.8	226.7	35.4	20.2	16.6
2005年	380.1	252.6	37.5	56.6	33.4
2006年	411.4	210.0	46.5	92.3	62.6
2007年	439.0	177.0	40.5	129.2	92.4
2008年	493.2	187.4	59.4	157.1	89.4
2009年	583.4	159.8	92.3	180.0	151.3
2010年	672.3	209.6	109.8	185.1	167.8
2011年	771.1	252.2	115.4	203.0	200.5
2012年	953.1	326.9	103.7	255.7	266.8
2013年	939.1	430.1	96	193.6	219.4

二、历年商品房待售情况（按用途分）

2013 年商品房待售面积为 1861.4 万平方米，比上年末减少 50.4 万平方米。从用途上看，住宅待售面积为 829.3 万平方米，同比增长 5%；写字楼（办公楼）待售面积为 180.1 万平方米，同比下降 9.1%；商业待售面积为 399.9 万平方米，下降 9.5%；其他待售面积为 452.1 万平方米，下降 6.2%（见表 5－13）。

表 5－13　2001—2013 年商品房待售情况统计表

单位：万平方米

待售	合计	住宅	办公	商业	其他
2001 年	774.1	634.1	73.5	26.4	40.1
2002 年	919.0	763.2	73.0	49.0	33.4
2003 年	1123.4	896.9	94.2	81.2	51.1
2004 年	1044.1	723.9	110.1	123.8	86.4
2005 年	1374.2	799.7	198.9	197.8	177.8
2006 年	1039.7	494.1	175.8	227.1	142.7
2007 年	1136.2	411.8	198.1	319.8	206.5
2008 年	1438.3	522.7	244.6	379.9	291.1
2009 年	1351.4	426.8	246.5	354	324.1
2010 年	1482.7	511.9	223.9	387.6	359.3
2011 年	1792.6	699.8	250.2	422.6	420.0
2012 年	1911.8	789.5	198.2	442	482.1
2013 年	1861.4	829.3	180.1	399.9	452.1

第四节　房屋征收拆迁情况

一、房屋征收拆迁情况综述

2013 年，全市房屋征收拆迁总体运行情况良好，国有土地上房屋征收项目在城六区全面展开，与 2012 年相比，集体土地上房屋拆迁总量、司法强制执行数量大幅提高，在征在拆项目、信访量及行政裁决数量明显下降。

二、房屋征收拆迁情况统计

2013 年，全市核发房屋征收决定 8 个，征收房屋建筑面积 7.3 万平方米，其中涉及住宅建筑面积 6.2 万平方米，住宅户数 951 户。2013 年，全市核发集体土地房屋拆迁许可证39个，拆迁房屋建筑面积253.2万平方米，其中涉及住宅建筑面积200.9万平方米，住宅户数6020户，同比项目数增加105%，建筑面积增加23%，住宅建筑面积增加227%，住宅户数增加161%。

三、征收拆迁管理工作情况

（一）出台本市旧城区改建房屋征收政策文件，保障了棚户区改造等项目顺利实施

为贯彻市委、市政府关于中心城区棚户区改造和环境整治重大部署，实现人民生活改善、城市环境改善、安全隐患消除的发展目标，市住房城乡建设委依照“征建分离、依法合规、权限下放、加快办理”的原则，于2013年9月7日印发实施《北京市旧城区改建房屋征收实施意见》（京建发［2013］450号），进一步简化了棚户区改造等纳入旧城区改建范围项目征收前置审批手续，同时创新实施了房屋征收前两轮征询民意以及预签约程序，即在大多数群众同意征收且预签征收补偿协议比例达到规定比例时，区县人民政府方可作出房屋征收决定，切实保证旧城改建房屋征收符合大多数群众意愿，实现改建为民。

（二）加强调研，指导区县平稳推进征收拆迁项目

2013年，市住房城乡建设委加大到区县和征收拆迁项目现场调研力度，加强重点难点问题研究，协助区县破解项目启动及推进中遇到的难题，提供政策指导、协调服务、协助制定补偿方案等。包括协助破解密云县首个房屋征收项目启动中遇到的难题，推进十七部委联建办三里河危改等房屋征收项目实施，协调指导大兴区国际机场建设项目拆迁前期工作，推动房山区燕房线等轨道交通项目征收拆迁工作平稳开展。

（三）建立全市在征在拆项目数据库，加快清理滞留项目

为进一步化解征收拆迁矛盾纠纷、妥善处理拆迁历史遗留问题，市住房城乡建设委召开专题征收拆迁工作会，研究推进在征在拆项目清理工作。2013年5月，集中指导区县梳理总结在征在拆项目、建立项目台账、制定项目清理计划等，12月，全面检查清理完成情况。根据区县上报的数据，建立完善全市在征在拆项目数据库，实施动态管理。

（四）强化与司法、行政部门沟通协调，推进征收拆迁工作

加强与市政府法制办、市高级法院、市一中院、市二中院、市三中院、区县人民法院及市发展改革委、市规划委、市国土局等部门沟通，就北京市国有土地上房屋征收及集体土地上房屋拆迁相关法律问题、房屋征收拆迁各方当事人权利保护等进行深入研讨，共同破解难题，进一步理顺房屋征收拆迁案件的立案、审理和司法强制执行渠道，推进房屋征收拆迁工作。

（五）进一步规范国有土地上房屋征收信息公开工作

认真落实住房城乡建设部《关于进一步加强国有土地上房屋征收与补偿信息公开工作的通知》（建房［2013］133号）要求，指导区县进一步规范国有土地上房屋征收与补偿信息公开工作，加大主动公开，完善依申请公开，组织区县开展自查工作，进一步推动信息公开工作制度化、规范化，切实保障被征收群众知情权、参与权和监督权。

（六）加大社会稳定风险评估和矛盾纠纷排查力度，推动建立重大项目房屋征收拆迁现场群众接待工作制度

指导区县在作出房屋征收决定前开展社会稳定风险评估，保证房屋征收项目平稳推进；定期开展矛盾纠纷大排查，建立台账，明确属地责任，落实稳控和化解措施，圆满完成信访维稳工作。此外，结合党的群众路线教育实践活动，会同市维稳办、市联席办推动在全市重大项目房屋征收拆迁现场建立群众接待工作制度，提出“发现得早、化解得了、控制得住、处置得好”的工作目标，明确征收拆迁现场群众工作的组织领导、工作机制、接待工作要求及具体内容等，充分发挥属地政府及相关部门资源整合、信息共享、齐抓共管的工作优势，将房屋征收拆迁领域社会稳定风险稳控责任、信访矛盾化解责任落实到房屋征收拆迁现场，切实维护群众合法权益，保障房屋征收拆迁项目顺利实施。

（七）全面清查纠正损害群众利益问题

根据市党的群众路线教育实践活动专项整治工作要求，联合市国土局、市农委深入开展关于纠正征地拆迁中损害群众利益问题专项整治工作，对全市2011年以来所有核发拆迁许可证的拆迁项目进行全面清查，重点纠正房屋拆迁过程中补偿款不按标准发放、发放不及时、不足额发放和挤占、挪用、贪污拆迁补偿款等损害群众利益的问题。

第六章 房地产交易市场运行

北京市房地产年鉴2014

第一节　房地产交易市场综述

2013年，北京市从严落实中央调控精神，两次出台综合调控措施并不断强化执行机制，创新推出了符合市情的自住型商品住房，年内供地规模超额完成2万套。多措并举下，房地产业带动全市经济增长明显，商品住房成交增加，其中新建商品住房成交减少、二手住房成交明显增加，新建商品住房成交均价剔除物价因素后基本稳定，住房结构进一步优化，投机投资需求持续被遏制。

一、新建商品房市场成交情况

1. 新建商品房成交情况

2013年，北京市新建商品房成交面积1970.7万平方米，同比增加2.7%；成交金额3868.1亿元，同比增加10.9%。

其中预售成交面积1278.4万平方米，同比减少5.7%；成交金额2575.6亿元，同比减少1%；现房成交面积692.3万平方米，同比增加22.8%；成交金额1292.5亿元，同比增加46.0%。

2. 新建住房成交情况

2013年，北京市新建住房成交面积1267.4万平方米，同比减少5.2%；成交金额2546.3亿元，同比增加2.5%。

其中预售商品住房成交面积773.6万平方米（6.9万套），同比减少12.7%，成交金额1664.5亿元，同比减少9.4%；预售经济适用住房和限价房成交面积158.6万平方米（2.2万套）；现售商品住房成交面积293.2万平方米（2.2万套），同比增加23.5%，成交金额746亿元，同比增加49.6%；现售经济适用住房和限价房销售面积42万平方米（5888套）。

二、存量房成交情况

2013年，北京市存量房成交面积1631.8万平方米，同比增加37.3%，成交金额2741.8亿元，同比增加59.8%。其中存量住房成交面积1394.5万平方米，同比增加38.2%，成交金额2391.7亿元，同比增加58.4%。从成交比重来看，存量住房成交15.4万套，占87.4%；存量办公用房成交1.0万套，占6.0%；存量商业营业用房成交0.5万套，占3.1%；其他类型存量房屋成交0.6万套，占3.5%。

第二节　新建商品房批准预售情况

一、新建商品房批准预售总体情况

2013年，北京市共批准预售许可证276个，面积1174.1万平方米，同比减少14.9%；其中批准住房类房屋7.7万套，面积785.2万平方米，面积比2012年减少24.2%，批准办公用房、商业用房面积分别为251.3万平方米、80.5万平方米，比2012年分别增加8.1%、49.4%。

表6－1　2001—2013年北京市商品房批准预售面积

单位：万平方米

年份	合计	住房	商业	办公	其他
2001年	2107	2001.7	20.8	61.2	23.3
2002年	2038.4	1779.4	99.5	138.5	21
2003年	3206.5	2721.5	99.9	148.2	236.9
2004年	3434.8	2862.9	182.8	211.5	177.6
2005年	2852.5	2205	233.8	195.6	218.1
2006年	2460.6	1706	261.9	318	174.7
2007年	1928.7	1329.6	171.3	222.6	205.2
2008年	1988.7	1477	156.7	161.4	193.6
2009年	1608.5	1111	132.7	200.9	96.4
2010年	1620.8	1197.6	92.5	222.4	108.3
2011年	1554.7	1079.3	95.1	302.5	77.8
2012年	1379.2	1036.1	53.9	232.4	56.8
2013年	1174.1	785.2	80.5	251.3	57.2

从区域分布看，通、大、朝、顺、房五区商品房批准预售面积均超过100万平方米，合计达806.9万平方米，占全市批准预售总量的68.7%，其余十二个区县批准预售面积为367.3万平方米，所占比重为31.3%。

表6－2　2013年北京市新建商品房各区县批准预售情况

区县	上市套数（套/或单元）	上市面积（万平方米）
通州区	28423	234.3
大兴区	16117	171.7
朝阳区	11583	154.5
顺义区	13292	124.0
房山区	13886	122.4
昌平区	7343	71.1
丰台区	6823	64.1
石景山区	6589	57.3
门头沟区	4278	36.8
平谷区	3011	32.0
密云县	3628	30.6
西城区	2384	25.4
开发区	1978	20.8

续表 6－2

区县	上市套数（套/或单元）	上市面积（万平方米）
海淀区	1225	19.1
怀柔区	1171	7.9
东城区	33	2.1
延庆县	0	0
合计	121764	1174.1

二、不同用途商品房批准预售情况

1. 住房

2013 年，北京市住房批准预售面积为 785.2 万平方米，比 2012 年减少了 250.9 万平方米，降幅为 24.2%。从用途看，商品住房批准预售面积为 606.3 万平方米，同比减少 27.1%；经济适用住房批准预售面积为 64.0 万平米，同比增加 97.6%，限价房批准预售面积为 114.9 万平米，同比减少 33.1%。

表 6－3　2001—2013 年北京市住房分类型批准预售面积

单位：万平方米

年份	住房	其中		
		商品住房	经济适用住房	限价房
2001 年	2001.7	1437.4	564.3	–
2002 年	1779.4	1492.7	286.7	–
2003 年	2721.5	2121.8	599.6	–
2004 年	2862.9	2428.9	434	–
2005 年	2205	2092.3	112.7	–
2006 年	1706	1514	192	–
2007 年	1329.6	1241.7	87.9	–
2008 年	1477	1122.5	104.3	250.3
2009 年	1111.3	945.9	47.9	117.5
2010 年	1197.6	981.3	40.8	175.6
2011 年	1079.3	812.7	22.3	244.3
2012 年	1036.1	831.9	32.4	171.8
2013 年	785.2	606.3	64.0	114.9

从区域分布看，北京市期房住房供应集中在通、大、顺、房、朝五区，2013 年这五区住房批准预售面积为 527.6 万平方米，占全市住房批准预售面积总量的 64.6%（其中，通州批准预售面积为 133.2 万平方米，居各区县之首）。东、西城住房批准预售面积为 25.4 万平方米，占全市住房供应总量的 3.2%。其余 10 个区县住房批准预售面积为 252.3 万平方米，占全市总量的 32.2%。

表 6－4　2003—2013 年北京市各区县批准预售住房面积

单位：万平方米

区　县	2003 年	2004 年	2005 年	2006 年	2007 年	2008 年	2009 年	2010 年	2011 年	2012 年	2013 年
东城区	135.7	56.2	63.7	36.7	30.6	25.7	32	15.9	0	4.2	0.0
西城区	99.8	107	60.6	63.3	37	39	36.8	11.7	13.6	14.1	25.4
朝阳区	687.4	1019.1	841.7	630.6	481.6	447.9	221.4	275.1	207.5	181.4	77.2
海淀区	510.1	339.5	211.3	146.1	129	101.5	111.7	54.9	56.1	93.7	10.0
丰台区	280.6	432.8	359.4	217.2	98	157.5	91.5	43.2	55.7	78.9	43.3
石景山区	63.8	100.7	83	58.7	22.8	69.5	36.3	33.5	26.1	1.2	38.3
通州区	316.2	198.2	82.7	75.1	58.3	164.6	172.6	167.7	110.7	93.2	133.2
房山区	18.7	53.6	51.5	60.3	97.3	62.7	88.4	100.3	119.3	133.2	81.8
顺义区	56	56.5	74.1	56.5	108.8	158.2	81.5	128.6	68	80.5	91.2
门头沟区	24.6	12.5	26.1	6.8	12.3	3.5	0	0	14.1	52.0	28.2
大兴区	42.3	93.9	82.4	69.7	57	45.6	82.9	212.8	159	114.2	124.1
怀柔区	3.6	14	19.4	10.5	26.2	14	13.1	17.9	31.5	23.7	7.1
密云县	0	0	10.5	16.2	29.1	22.7	14.1	51.8	56.9	40.1	29.4
昌平区	482.7	379	180.7	241.1	119.5	138.2	96.9	64	148.2	98.8	58.6
延庆县	0	0	0	0	11.4	7.1	6	5.5	9.1	15.6	0.0
平谷区	0	0	23.2	10.9	7.3	12.2	20.1	10.2	0	11.3	23.7
开发区	0	0	34.5	6.4	3.5	7.2	6	4.5	3.4	0	13.7
合　计	2721.5	2862.9	2205	1706	1329.6	1477	1111.3	1197.6	1079.3	1036.1	785.2

注：2010 年北京市行政区划调整，撤销北京市东城区、崇文区，设立新的北京市东城区，以原东城区、崇文区的行政区域为东城区的行政区域；撤销北京市西城区、宣武区，设立新的北京市西城区，以原西城区、宣武区的行政区域为西城区的行政区域。

2. 办公用房

2013 年，北京市办公用房批准预售面积 251.3 万平方米，比 2012 年增加了 18.7 万平方米，增幅为 8%。办公用房供应以朝阳、通州为主，两个区的办公用房批准预售面积占全市供应总量的 50.2%，其中通州的供应量最大，为 66.4 万平方米，占全市的比重为 26.4%。西城、怀柔、密云、延庆 4 个区县批准预售面积均为 0 平方米。

表 6－5　2003—2013 年北京市办公用房分区县批准预售面积

单位：万平方米

区　县	2003 年	2004 年	2005 年	2006 年	2007 年	2008 年	2009 年	2010 年	2011 年	2012 年	2013 年
东城区	46.1	10	7.9	29.7	19.5	8.7	5.4	16.3	4.2	0	2.1
西城区	10.2	45.9	59.8	59.9	76.8	8.5	31.9	12.2	8.9	2.0	0
朝阳区	40.5	85.8	71.5	124.2	46.1	71.1	95.1	52.9	52.8	28.3	59.7
海淀区	49.1	47.2	43.6	84.2	29	23.9	24.9	15.9	9.2	7.8	4.2

续表 6－5

区 县	2003 年	2004 年	2005 年	2006 年	2007 年	2008 年	2009 年	2010 年	2011 年	2012 年	2013 年
丰台区	0.6	19.4	8.9	17.8	10.8	11.5	0.7	22.1	37.8	9.6	13.1
石景山区	0	0	0.3	0	0	8.3	3.5	17	6.9	1.9	10.0
通州区	1.6	0	2.8	0	0	5.8	5.6	0	35.2	18.3	66.4
房山区	0	0	0	0	0	1	1.9	0.4	17.8	0	31.8
顺义区	0	0	0	0	2.3	4.2	1.1	11.6	18.6	71.1	16.3
门头沟区	0	0	0	0	0	0	0	1.8	0	0.0	2.9
大兴区	0	0	0	1.8	1.8	0	3	11.6	12.1	67.0	25.2
怀柔区	0	0	0.8	0	0	0	0	1.2	0.5	14.3	0
密云县	0	0	0	0	0	0	0	0	0	0	0
昌平区	0	3.3	0	0	30.3	10.6	2.2	25.7	30.7	7.8	5.6
延庆县	0	0	0	0	0	0	0	0	0	0	0
平谷区	0	0	0	0.4	0	0.5	0	0	0	0	7.5
开发区	0	0	0	0	6	7.4	25.5	33.8	67.8	4.2	6.5
合 计	148.2	211.5	195.6	318	222.6	161.4	200.9	222.4	302.5	232.4	251.3

3. 商业用房

2013 年，北京市商业用房批准预售面积 80.5 万平方米，比 2012 增加了 26.6 万平方米，增幅为 49.4%。商业用房的供应主要分布在通州、大兴、顺义、朝阳，供应量占全市供应总量的 70.7%。

表 6－6 2003—2013 年北京市商业营业用房批准预售面积

单位：万平方米

区 县	2003 年	2004 年	2005 年	2006 年	2007 年	2008 年	2009 年	2010 年	2011 年	2012 年	2013 年
东城区	22.9	6.1	8.4	15.1	6.4	5.1	4.7	9.1	1.3	0.2	0.1
西城区	3.9	17.9	20.5	37.9	14.8	3.9	15.2	1	1	1.3	0
朝阳区	22.1	72.4	98.7	121.9	66.7	73.3	47.1	37.5	26.1	16.6	11.4
海淀区	18.3	34.1	49.1	38.1	34	17.7	20.8	7	0.7	2.0	4.4
丰台区	14.7	20.5	20.8	30.8	20.5	23.8	8	4.4	12.4	2.6	2.6
石景山区	1.5	3.3	4	3.3	0.5	12.6	3.3	9.2	9.3	3.4	7.7
通州区	13.4	17	11.5	2.4	2	0.9	4.6	21.4	2.7	3.2	16.0
房山区	0	0	1	2	2.6	1	9.9	1.4	0.5	0.8	4.9
顺义区	0	0	0	0.9	3.5	0.9	2.8	1	1.8	6.1	13.8
门头沟区	0.2	0.9	7.6	0	0.3	0	0	0	0.5	0.0	0
大兴区	0.7	5.2	1.8	2.3	4.8	1.7	4.1	0.9	6.4	8.6	15.6
怀柔区	0	2.4	2.3	0	0	0.5	2.8	1	0.9	0.4	0.7
密云县	0	0	0	0.4	0.2	0.2	2.6	0.4	0.3	0.0	0
昌平区	2.3	2.9	6.2	4.8	10.3	11.8	1.3	5.3	7.9	2.4	2.9

续表6－6

区 县	2003年	2004年	2005年	2006年	2007年	2008年	2009年	2010年	2011年	2012年	2013年
延庆县	0	0	0	0	0.4	0.4	0	0.3	5	0.0	0
平谷区	0	0	0.6	1	1.1	1.7	1.5	0	0	5.0	0.2
开发区	0	0	1.2	1	3.2	1.1	3.8	0.8	18.4	1.3	0
合 计	99.9	182.8	233.8	261.9	171.3	156.7	132.7	92.5	95.1	53.9	80.5

三、可售期房情况

截止到2013年底，北京市期房可售面积719.1万平方米；其中可售住房2.7万套，面积345.9万平方米；可售商业3795套或单元，面积80.7万平方米；可售办公2.1万套或单元，面积222.0万平方米。

表6－7 2013年底北京市可售期房按用途分类情况

用 途	可售套数（套）	可售面积（万平米）
住房	27495	345.9
商业	3795	80.7
办公	20529	222.0
其它	16224	70.5
合 计	68043	719.1

第三节 新建商品房成交情况

一、新建商品房成交情况

1. 期房成交情况

2013年，北京市商品房预售成交12.9万套，成交面积1278.4万平方米，比2012年分别减少2.6%和5.7%。其中住房成交9.1万套，成交面积932.2万平方米，比2012年分别减少5.8%和10.9%，办公、商业成交面积分别为255.1万平方米、51.3万平方米，比2012年分别增加10.5和减少3.3%。

表6－8 2013年北京市新建商品房各用途房屋期房成交情况

用 途		成交套数（套或单元）	成交面积（万平米）
住 宅		91197	932.2
其中	商品住房	68798	773.6
	经济适用住房	8010	48.3
	两限房	14389	110.3

续表 6－8

用　途	成交套数（套或单元）	成交面积（万平米）
商业	3160	51.3
办公	26662	29.4
其它	7653	265.5
合　计	128672	1278.4

从区域分布看，商品期房预售成交主要集中在朝阳区、大兴区、通州区、房山区、顺义区，成交面积均高于100万平方米。五区成交面积为876.9万平方米，占全市商品期房成交总量的68.6%（其中朝阳区成交面积214.9万平方米）。东城、西城、怀柔、平谷、延庆等五区县成交面积均低于20万平方米。

表 6－9　2003—2013 年北京市新建商品房分区县预售成交情况

单位：万平方米

区　县	2003 年	2004 年	2005 年	2006 年	2007 年	2008 年	2009 年	2010 年	2011 年	2012 年	2013 年
东城区	66.5	76.5	82.6	88.7	22.7	22.5	52.9	50	9.1	6.3	3.8
西城区	43.6	70.9	109.7	114.7	110.7	57.8	103.1	38.8	44	17.2	11.2
朝阳区	52.6	61.3	934	827	553.1	474.4	563.6	331.3	254.1	278.4	214.9
海淀区	335.2	658	286.8	260.1	198.9	129.3	217.3	117.6	70.1	78.4	32.8
丰台区	330.7	372	351.9	306.8	152.4	132.8	134.8	73.5	70.5	79.8	82.4
石景山区	202.7	397.3	72	51.1	15.5	56.7	78.1	40.7	30.9	17.1	43.9
通州区	31.3	93.5	148.5	100.4	62.1	56.8	228.9	127.6	86.2	145.6	198.3
房山区	89.4	143.8	26.9	61	72	43.8	113.2	67	100.8	121.5	139.4
顺义区	0	13.8	41.7	61.2	100.7	62.2	139.6	89.5	77.4	103.0	120.8
门头沟区	27.7	35.7	21.2	11.2	10.1	3.3	5.2	2.1	1.7	43.2	28.0
大兴区	11.2	12.8	71.7	85.8	85.2	34.7	88.9	173	147.7	195.4	203.5
怀柔区	84.7	86.9	8	12.6	25.1	10.7	17.2	15.7	21.6	19.7	16.9
密云县	8.8	10.6	0.8	5.2	19.2	12.5	24.8	41.4	35.1	45.5	43.8
昌平区	0	0	185.5	245.5	199	130.8	144.4	114.7	111.6	163.3	86.5
延庆县	282.8	449.2	0	0	10.2	5.2	6.4	2.7	9.5	13.9	2.9
平谷区	0	0	7.9	10.7	14	12.4	26.3	9.6	4.7	3.2	16.4
开发区	0	0	29	7.2	7.4	9.2	31.5	17	25.3	23.7	33.0
市权属登记中心	259.4	337	0	0	262	39.6	11.1	0	0	0	0
合　计	1826.7	2819.2	2378.1	2249.1	1920.2	1294.6	1987.3	1312.4	1100.4	1355.1	1278.4

2. 现房成交情况

2013 年，北京市新建商品房现房转移登记7.2万套，面积692.3万平方米，比2012年分别增加19.9%、22.3%，其中住房2.8

万套、335.2万平方米，比2012年分别增加7.0%、15.0%，办公用房为81.9万平方米，比2012年增加46.4%，商业用房为106.8万平方米，比2012年增加8.6%。

表6－10　2013年北京市商品房现房转让成交情况

用　途	成交套数（或单元）	成交面积（万平方米）
住房	27579	335.2
办公	6800	81.9
商业	3985	106.8
其它	33252	168.4
合　计	71616	692.3

二、住房期房成交情况

1. 成交量价情况

2013年，北京市住房期房成交9.1万套，成交面积932.2万平方米；其中商品住房成交773.6万平方米，占住房成交总量的83.0%；经济适用住房成交48.3万平方米，占5.2%；限价房成交110.3万平方米，占11.8%。从区域分布看，住房成交主要集中在朝阳、大兴、通州、房山，四区住房成交548.5万平方米，占全市住房成交总量的58.8%（其中朝阳区成交144.4万平方米，占全市住房成交总量的15.5%，居于各区县之首）。其余各区县商品住房成交面积占全市住房成交总量的41.2%，其中东城、西城、开发区、延庆等四区县成交面积均低于10万平方米，合计成交占比为1.4%。

表6－11　2013年北京市住房分区县期房成交情况

单位：万平方米

区　县	住房	其中		
		商品住房	经济适用住房	两限房
东城区	1.6	1.6	0.0	0.0
西城区	9.8	6.5	0.0	3.3
朝阳区	144.4	128.4	2.0	14.0
海淀区	25.4	25.1	0.0	0.3
丰台区	62.4	39.6	9.5	13.3
石景山区	31.1	0.1	30.7	0.2
通州区	140.0	134.4	0.0	5.6
房山区	123.8	117.7	2.4	3.7
顺义区	83.4	52.3	0.0	31.1
门头沟区	23.7	17.3	0.0	6.4
大兴区	140.3	118.6	2.3	19.4
怀柔区	12.0	8.5	0.0	3.5
密云县	43.2	42.2	0.0	1.1
昌平区	74.8	65.1	1.4	8.3

续表 6－11

区　县	住房	其中		
		商品住房	经济适用住房	两限房
延庆县	2.0	1.8	0.0	0.2
平谷区	14.4	14.4	0.0	0.0
开发区	0.0	0.0	0.0	0.0
合计	932.2	773.6	48.3	110.3

2. 购买对象情况

从购买对象分析，2013 年，北京市住房期房购买主要以本地居民购买为主。本地居民购买住房 7.5 万套，面积 745.3 万平方米，成交套数占全市住房成交总套数的 82.7%。外省市个人购买商品住房 1.2 万套，面积 137.3 万平方米，成交套数占全市的 13.6%。境外个人购买住房 119 套，面积 3.1 万平方米，成交套数占全市的 0.1%。

表 6－12　2013 年北京市住房期房购买对象情况

单位：套、万平方米

购买对象	成交套数	成交面积	住房	
			成交套数	成交面积
本市个人	90893	860.0	75429	745.3
外省市个人	31451	297.1	12422	137.3
华侨、港澳台同胞、外国人购买	140	3.2	119	3.1
境内单位	5707	109.5	3226	46.6
境外单位	481	8.7	1	0.0

表 6－13　2006 年—2013 年北京市住房期房购房对象所占比重情况表

时　间	本地居民	外省市个人	境外个人
2006 年	63.80%	33.30%	1.50%
2007 年	63.87%	33.45%	0.56%
2008 年	69.41%	27.67%	0.78%
2009 年	65.4%	32.5%	0.7%
2010 年	68.7%	29.4%	0.2%
2011 年	86.3%	10.1%	0.2%
2012 年	85.5%	12.7%	0.2%
2013 年	82.7%	13.6%	0.1%

三、办公用房期房成交情况

2013 年，北京市办公用房期房成交面积 255.1 万平方米（2.7 万套或单元），成交金额 586.8 亿元。从区域分布看，办公用房成交主要集中在大兴、朝阳、通州、顺义、开发区五个区，共成交200.2万平方米，占全市办公用房成交总量的78.5%。其中大兴区成交面积居于各区县之首，为51.3万平方米，所占比重为20.1%。

表6-14 2013年北京市分区县办公用房期房成交情况

区 县	办公		
	成交套数（或单元）	成交面积（万平方米）	成交金额（亿元）
东城区	28	2.1	7.2
西城区	1	0.0	0.0
朝阳区	3124	49.3	162.7
海淀区	708	4.3	12.5
丰台区	1727	16.2	48.5
石景山区	180	6.7	17.0
通州区	5526	40.4	85.8
房山区	1813	13.3	22.5
顺义区	4403	32.3	49.5
门头沟区	153	1.1	2.8
大兴区	5849	51.3	90.0
怀柔区	255	2.9	3.2
密云县	0	0.0	0.0
昌平区	563	7.2	15.7
延庆县	0	0.0	0.0
平谷区	100	1.2	1.6
开发区	2232	26.9	67.8
合计	26662	255.1	586.8

四、商业营业用房期房成交情况

2013年，北京市商业营业用房期房成交面积51.3万平方米（3160套或单元），成交金额160.5亿元。从区域分布看，商业营业用房成交主要集中在朝阳、通州两区，成交25.4万平方米，占全市办公用房成交总量的49.5%。

表6-15 2013年北京市分区县商业营业用房期房成交情况

区 县	商业		
	成交套数（或单元）	成交面积（万平方米）	成交金额（亿元）
东城区	12	0.2	1.5
西城区	34	0.8	3.6
朝阳区	787	12.9	54.8
海淀区	1	0.0	0.1
丰台区	87	2.2	5.2

续表 6-15

区 县	商业		
	成交套数（或单元）	成交面积（万平方米）	成交金额（亿元）
石景山区	199	5.2	12.2
通州区	1017	12.5	36.4
房山区	97	1.2	3.3
顺义区	85	2.1	5.5
门头沟区	0	0.0	0.0
大兴区	313	6.1	21.2
怀柔区	44	0.9	1.4
密云县	16	0.1	0.1
昌平区	148	2.3	6.0
延庆县	65	0.8	0.7
平谷区	11	0.9	0.6
开发区	244	3.2	7.7
合计	3160	51.3	160.5

第四节　存量房成交情况

一、存量房交易总体情况

2013 年，北京市存量房成交面积 1631.8 万平方米，同比增加 37.3%，成交金额 2741.8 亿元，同比增加 59.8%。

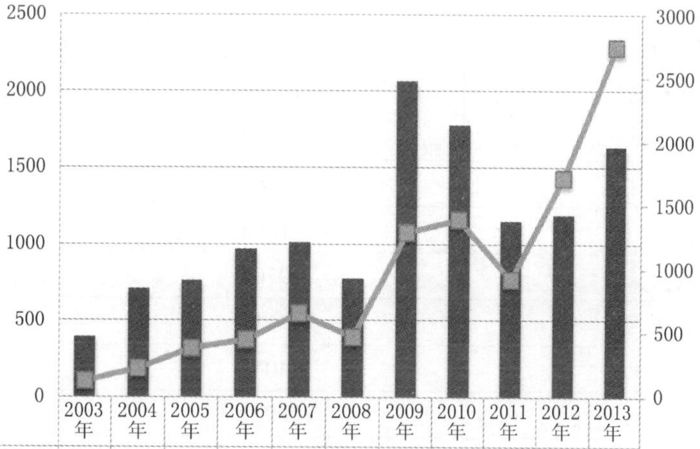

	2003年	2004年	2005年	2006年	2007年	2008年	2009年	2010年	2011年	2012年	2013年
成交面积(万平方米)	390	708.3	760.5	964.6	1011.9	773.4	2064.9	1776.6	1149.5	1188.7	1631.8
成交金额(亿元)	122.2	226.9	385.2	445.8	654.3	469.8	1292.1	1389.5	921.9	1716.3	2741.8

图 6-1　2003—2013 年度北京市存量房交易情况表

2013 年全市存量房成交 17.6 万套，其中存量住房成交 15.4 万套，占 87.4%；存量办公用房成交 1.0 万套，占 6.0%；存量商业营业用房成交 0.5 万套，占 3.1%；其他类型存量房屋成交 0.6 万套，占 3.5%。

2013 年全市存量房成交 1631.8 万平方米，存量住房 1394.5 万平方米，占 85.5%；存量办公用房成交 96.0 万平方米，占 5.9%；存量商业营业用房成交 60.6 万平方米，占 3.7%；其他类型房屋成交 80.7 万平方米，占 4.9%。

表 6－16　2013 年北京市存量房成交总体情况

类　别	成交套数（套）	成交面积（万平方米）	成交金额（亿元）
存量住房	153568	1394.5	2391.7
存量办公	10461	96.0	182.3
存量商业	5410	60.6	104.2
其　他	6209	80.7	63.6
合　计	175648	1631.8	2741.8

从区域分布上看，朝阳区、昌平区、海淀区与丰台区成交面积居于各区县前列。朝阳区成交面积 419.1 万平方米，远高于其他区县，其次是昌平区、海淀区、丰台区分别是 203.9 万平方米、193.4 万平方米、159.3 万平方米。

表 6－17　2013 年北京市各区县存量房成交情况表

	成交套数（套）	成交面积（万平方米）
东城区	6845	53.3
西城区	9328	64.0
朝阳区	45378	419.1
海淀区	20485	193.4
丰台区	17886	159.3
石景山区	5615	42.1
通州区	10207	91.1
房山区	8224	73.3
顺义区	8305	91.8
门头沟区	1363	10.3
大兴区	9708	101.3
怀柔区	2111	19.8
密云县	4085	47.5
昌平区	20015	203.9
延庆县	2160	21.8
平谷区	1295	12.5

续表 6－17

	成交套数（套）	成交面积（万平方米）
开发区	2638	27.4
合　计	175648	1631.8

二、存量商品住房成交情况

2013 年全市存量商品住房成交 103114 套，同比增加 37.5%；成交面积 1016.1 万平方米，同比增加 42.7%。

表 6－18　2004—2013 年北京市存量商品住房成交情况

年度	2004 年	2005 年	2006 年	2007 年	2008 年	2009 年	2010 年	2011 年	2012 年	2013 年
成交套数（套）	26584	38419	46373	58114	45789	149466	111645	63209	74984	103114
成交面积（万平方米）	334.1	403.7	493.8	619.7	470.7	1468.2	1088.5	630.2	712.2	1016.1

从区域分布上来看，朝阳区成交面积居于各区县之首，成交面积 266.3 万平方米，远高于其他区县，其次是昌平区、海淀区、丰台区，分别是 108.2 万平方米、97.6 万平方米、82.3 万平方米。

表 6－19　2013 年北京市各区县存量商品住房成交情况表

	成交套数（套）	成交面积（万平方米）
东城区	3869	28.3
西城区	3829	28.0
朝阳区	25012	266.3
海淀区	9236	97.6
丰台区	9230	82.3
石景山区	2399	20.5
通州区	9015	81.1
房山区	5751	54.9
顺义区	6928	78.7
门头沟区	842	6.8
大兴区	7180	71.1
怀柔区	1531	15.5
密云县	3709	35.0
昌平区	10380	108.2
延庆县	1537	14.3
平谷区	1219	11.0
开发区	1447	16.7
合　计	103114	1016.1

三、已购公房和经济适用房再上市成交情况

2013 年北京市已购公房和经济适用房再上市成交 50454 套，成交面积 378.3 万平方米。成交套数同比增加 26.3%，成交面积同比增加 27.5%。

表 6－20　2004—2013 年北京市已购公房和经济适用住房再上市情况

年度	2004 年	2005 年	2006 年	2007 年	2008 年	2009 年	2010 年	2011 年	2012 年	2013 年
成交套数（套）	30223	31033	30022	34919	23717	53364	55110	35360	39937	50454
成交面积（万平方米）	260.4	245.6	214.9	257.9	166.4	386.3	459.8	282.2	296.7	378.3

从区域分布上来看，朝阳区、昌平区、海淀区、丰台区成交面积居于各区县前列。朝阳区成交面积 87.3 万平方米，为最高，其次是昌平区、海淀区、丰台区，分别是 67.5 万平方米、55.6 万平方米、51.9 万平方米。

表 6－21　2013 年分区县已购公房和经济适用住房再上市成交情况表

区县	成交套数（套）	成交面积（万平方米）
东城区	2329	15.1
西城区	4677	30.3
朝阳区	12449	87.3
海淀区	8099	55.6
丰台区	6980	51.9
石景山区	2522	17.2
通州区	940	6.5
房山区	2036	14.6
顺义区	973	7.0
门头沟区	450	3.0
大兴区	2119	16.4
怀柔区	379	2.8
密云县	0	0.0
昌平区	6109	67.5
延庆县	389	3.1
平谷区	0	0.0
开发区	3	0.0
合　计	50454	378.3

第五节　住房租赁市场交易情况

2013 年北京住房租赁市场交易量价齐增，租赁市场总体处于较为活跃态势。

一、2013 年北京市住房租赁市场交易情况

根据我爱我家、链家、中大恒基、中原等13 家指导价格信息采集单位2013 年租赁成交数据测算，中介机构全年成交 51.2 万套，日均成交 1160 套左右，同比增加约21.0%。全市成交 157.0 万套，同比增加约11.7%。

2013 年住房平均租金为 58.7 元/建筑平方米•月，同比涨幅为 9.8%，比去年增加0.9 个百分点，其中2、3、6、7 月份季节性上涨，8 月份以后进入淡季，环比连续回落。

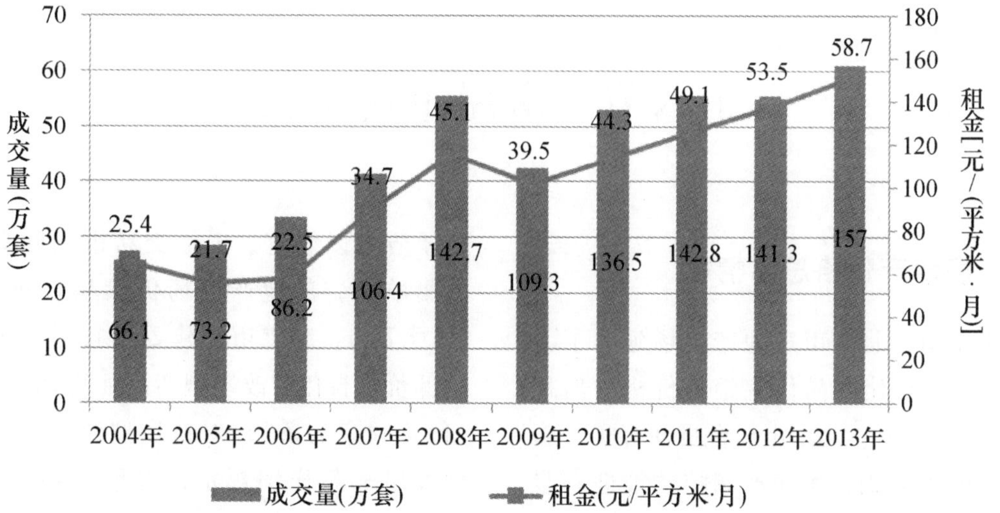

图 6 -2　2004—2013 年住房租赁市场量价情况

二、租售比情况

2013 年存量房交易价格平均月度涨幅为2.1%，而住房租赁价格平均涨幅为 0.4%。从价格月度变化可以看出 2012 年存量房交易价格基本保持波动上涨态势；住房租赁价格上半年涨幅较大，下半年环比持续下降。

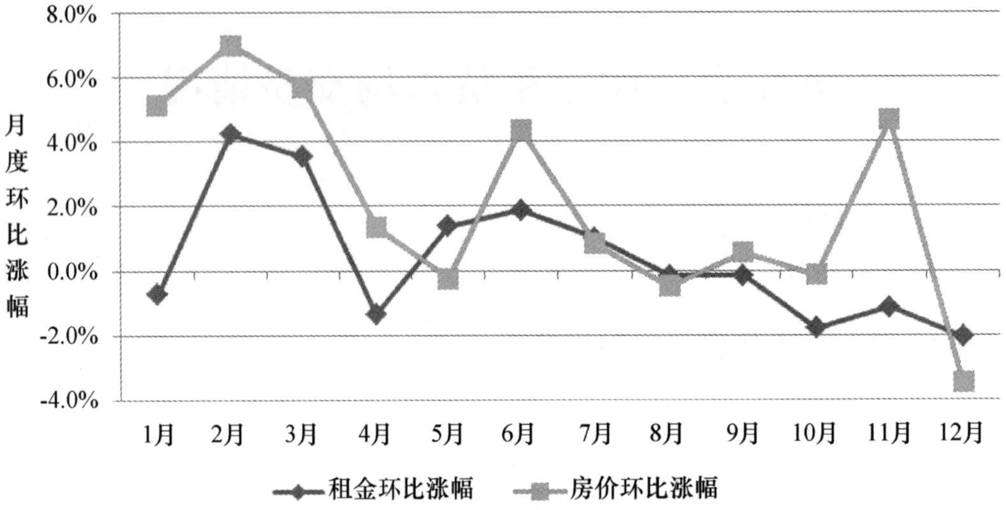

图6－3　2013 年住房租赁市场量介情况

第六节　房屋市场价格

一、房地产价格总体情况

2013 年初，北京市房地产市场延续了上年末的走势，新建商品住宅销售价格均出现较快上涨。3 月末，北京市出台贯彻落实“新国五条”调控细则，房地产调控政策进一步趋紧，对于稳定北京市房地产价格，起到了一定积极作用，房价指数逐步趋缓。但在供需矛盾难以缓解、土地交易市场回暖等因素的影响下，房地产市场仍然呈现火热局面，10 月下旬，北京市住建委发布了《关于加快中低价位自住型改善型商品住房建设的意见》（简称“京七条”）对自住型商品房销售和管理做出七条详细规定，将重点解决自住型、改善型购房需求，对稳定市场预期产生了积极作用（见表6－22）。

表6－22　2013 年12 月房地产价格指数

指　标	同比指数（%）
新建住宅销售价格指数	116.0
#新建商品住宅	120.6
90 平方米以下	121.7
90－144 平方米	120.1
144 平方米以上	120.2

续表 6－22

指　标	同比指数（%）
二手住宅销售价格指数	119.7
90 平方米以下	120.8
90－144 平方米	119.5
144 平方米以上	117.4

二、住宅销售价格指数运行情况

1. 新建商品住宅价格环比指数稳步下行

2013 年，北京市新建商品住宅销售价格走势可以分为“快速上行——逐步趋缓——稳步下行”三阶段（见图 6－4）。

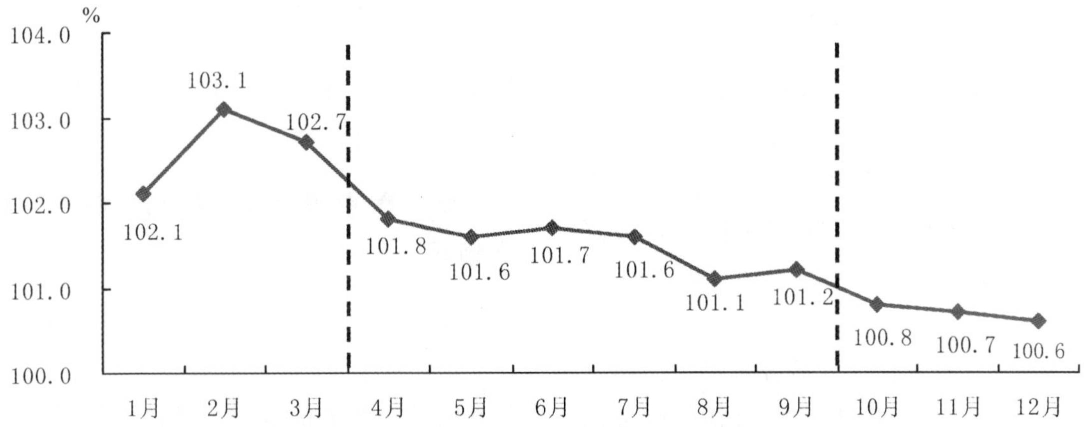

图 6－4　2013 年新建商品住宅价格环比指数

2013 年年初，北京市新建商品住宅销售价格延续了上年末的走势，环比价格持续上涨。1－3 月，新建商品住宅价格环比指数快速上涨，其中 2 月份上涨 3.1%，为 2012 年 6 月份市场回暖以来的月度环比最大涨幅。

3 月末，北京市出台调控细则，坚决抑制投机投资性购房，对于住房限购措施、购房资格审核、差别化信贷政策、税收政策等方面做出严格规定，房地产调控政策进一步趋严，对现有市场起到一定的抑制作用。4－9 月，新建商品住宅价格环比指数逐步趋稳，其中，4－7 月，环比指数涨幅平稳在 1.6% 至 1.8% 之间，8、9 月份，环比指数再次下行，9 月份较 2 月份环比涨幅累计回落 1.9 个百分点。

10 月下旬，北京市创新推出具有共有产权性质的自住型商品房，受到购房者青睐，对调节供需，改善市场预期，抑制房价过快上涨起到了积极作用。10－12 月，新建商品住宅价格环比指数稳步下行，12 月份，新建商品住宅价格环比上涨 0.6%。

2. 新建商品住宅价格同比指数涨势趋缓

2011 年 2 月份，“京 15 条”出台限购、限贷政策，受此影响，从当年 10 月份至 2012 年 5 月份，房价环比指数连续 8 个月下降。2013 年，受上年基数较低及年初以来价格上涨较快影响，同比指数逐步上升，从 9 月份开始，同比涨幅超过 20%。为此，北京市进一步加大了房价调控力度，10 月份以来价格环比涨幅收窄，全市同比价格指数涨势明显趋缓，11、12 月份连续两个月出现同比涨幅下滑（见图6－5）。

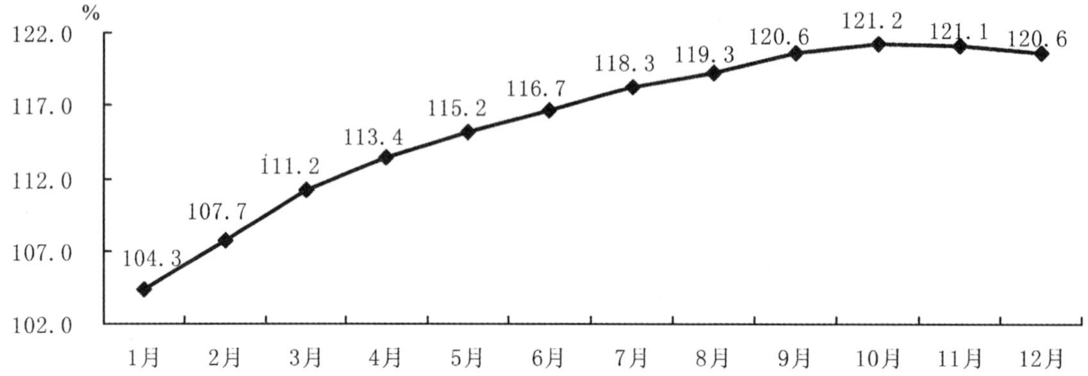

图6－5　2013 年新建商品住宅价格同比指数

3. 新建商品住宅网签数量下降

从签约套数上看，市住建委数据显示，2013 年，全市新建商品住宅销售套数约 9 万套，同比下降 3.6%。从成交项目分布区域看，通州、房山、朝阳和大兴四区的网签量超过总网签量的六成。

一方面，3 月末出台的调控细则提出更为严格的预售许可审批措施，11 月初住建部门出台“限高”措施，市场供应减少，截至 2013 年末，全市可供销售的新建商品住宅仅 3.4 万套，同比下降 33.7%。另一方面，10 月份下旬自住型商品房的推出，使市场进入观望状态，11、12 月份连续两月网签数不足 5000 套，分别比上年同期下滑 4 成和 5 成，没有出现以往的年末热销行情。

三、重点城市新建商品住宅价格变化情况

2013 年以来，北上广深四城市新建商品住宅价格指数均呈上涨趋势，特别是从 3 月份开始，四城市价格同比指数占据了 70 个大中城市前四位。

与2012 年末相比，北京新建商品住宅价格上涨 20.6%，居 70 个大中城市第 2 位，上海上涨 21.9%，居首位，广州、深圳分别上涨 20.4%、20.3%，分列第 3、4 名（见表6－23）。

表6－23　2013 年四城市新建商品住宅价格同比指数对比

单位：%

	1 月	2 月	3 月	4 月	5 月	6 月	7 月	8 月	9 月	10 月	11 月	12 月
北京	104.3	107.7	111.2	113.4	115.2	116.7	118.3	119.3	120.6	121.2	121.1	120.6
上海	101.5	104.1	107.8	110.2	112.2	114.4	116.5	118.5	120.4	121.4	121.9	121.9
广州	104.7	108.2	111.2	113.7	115.5	116.5	117.4	119.0	120.2	120.7	120.9	120.4
深圳	103.3	105.8	109.1	111.5	114.0	116.0	117.0	118.4	120.1	120.6	121.0	120.3

第七章 房地产市场监管

第一节　房地产开发市场监管

一、提升工作效能，切实加强对市场主体的监管工作

1. **始终强调资质审批管理工作的基础性、重要性**。一方面，在2013年初梳理并完善了资质审批相关工作流程后，正式启用了全新的资质审批管理系统。新系统增加了统计分析功能，简化了系统操作，优化了页面显示等。经过近一年的使用，系统基本稳定，达到了提高开发资质管理部门审批效率，防范廉政风险的目的。另一方面，为规范资质等级核定工作，提高资质审批的管理和服务水平，在2013年末的11月至12月，对各区县开发资质审批工作开展例行检查。随机抽取8－10%的纸质审批档案，共检查了157家企业的纸质档案资料及网上信息，综合日常检查和本年集中检查的情况，绝大部分区县审批内容正确、流程规范、档案完整，其中平谷、昌平、房山获得了前三名的好成绩。

此外，市城乡住房建设委还针对各区县资质管理人员的变动，适时开展了培训和指导工作。

2. **加强企业退出管理**。2013年9月份启动了资质注销工作，分别根据资质证书有效期届满后未依法申请延续、主动申请注销或工商执照已注销等情况，经市和区、县建委两级沟通核实，注销了344家企业的房地产开发资质。

3. **创新企业监管模式**。依据市城乡住房建设委2012年“企业关联度”研究课题的成果，2013年共梳理了4000余家企业的股东信息，并据此搭建了关联企业管理系统，现已初步整理出80余个集团的400余家企业，他们在北京市场有343个开发项目，占全市开发项目的三分之一。这项创新性的工作，使我们迈出了从单一企业向企业组团监管重要一步，为进一步防范开发经营风险，维护北京市房地产市场的健康稳定发展奠定了基础。

二、向全过程监管转变，着力推进项目实时监管

1. **项目监管责任到人**。年初提出了三人小组的项目监管模式，组建市、区县、企业三方的三人小组，使项目监管工作责任到人，对于工作中的疑问和发现的问题，及时沟通和掌握项目开发进度，及时纠正，把问题和矛盾化解在萌芽状态。

2. **尝试公示项目动态信息**。“3.15”期间会同北京房协推出一批阳光项目，实时公示、动态更新项目信息，为推进房地产行业诚信体系建设，实现房地产开发建设项目全过程信息公开，倡导企业诚信守法经营和强化社会监督具有重要的现实意义。

3. **尝试项目监管记分工作**。为强化项目监管的执行效果，2013年上半年出台了房地产开发项目监测记分试行办法，于7月份开始试行。目前，各区县建委动态监测工作有序开展，切实提升了工作的主动性和时效性，实现了全面、准确、及时掌握项目进展情况，项目调度能力明显增强。

4. **强化政府的服务职能**。继2012年简化项目手册备案流程后，2013年着手研究升级改造项目手册系统，目前已经取得阶段性成果。改造后的项目手册系统，以提供房地产开发服务为第一要务，有机地融合项目和企业监管，着眼于理顺政府与市场的关系。

三、夯实管理基础，注重向依约和依法监管并重转变

1. **实现建设方案执行情况智能监控**。2013年7月份全面推广“新建商品住宅小区建设方案管理信息系统”。各区县建设方案管理单位在备案后5个工作日内可完成建设方案信息的录入工作。凡是在系统中录入建设方案信息并关联施工许可证的，可根据项目建设进度自动提示50/80情况，便于及时发现不建或缓建的配套设施现象，简化监管繁复度、降低监管风险，便于统计查询，不断提升监管效率，进一步提高建设方案管理工作效能。目前，纳入系统的433个建设方案，涉及教育设施214个、总面积81.73万平方米，商业服务870个、120万平方米，社区管理1562个、29万平方米，文化体育898处、55万平方米，医疗卫生490个、9.1万平方米。

2. **继续强化依约监管，完善配套监管体制**。依约是指政府与企业就项目开发情况进行约定，企业需遵守其对政府作出的承诺。依约监管作为与依法监管并重的监管方式，可有效解决法律法规无法详细规定的个性化问题。目前，建设方案已作为企业与政府的约定之一。

依据2013年8月市教委等相关部门出台的《北京市人民政府办公厅转发市教委等部门关于加强本市居住区配套教育设施规划建设管理意见的通知》(京政办发［2013］44号）中规定，承担居住区配套教育设施项目的开发建设单位在审定规划方案后，取得建设工程规划许可前，与建设、教育行政部门签订居住区配套教育设施建设协议。2013年下半年，市城乡住房建设委认真参与了这项工作，就市教委起草建设协议的具体内容，广泛征求意见，提出了很多具体的改进建议。此外，我们也积极参与了市规划委《北京市居住公共服务设施设置指标》(［2006］384号）的修订工作。

第二节　房地产交易市场管理

2013年北京市从严落实中央精神，着力深化宏观调控，继续完善行政措施，开拓思路，创新举措，确保房价调控目标顺利实现，保持房地产市场平稳健康发展。

一、代拟出台全国最严调控措施，制定配套政策

一是代拟出台《北京市人民政府办公厅贯彻落实〈国务院办公厅关于继续做好房地产市场调控工作的通知〉精神进一步做好本市房地产市场调控工作的通知》（京政办发［2013］17号），明确年度调控目标，继续从严实施限购措施，严格税收征管，强化差别化信贷政策等方面，提出19条落实宏观调控具体意见。二是出台《北京市住房和城乡建设委员会关于落实京政办发［2013］17号文

件具体问题的通知》（京建发［2013］160号）等配套文件，对住房限购政策的细则和范围、审核时限等均予以明确规定。

二、创新推出自住型商品住房，支持居民自住性、改善性住房需求

为进一步完善本市住房供应结构，支持居民自住性、改善性住房需求，稳定市场预期，出台《关于加快中低价位自住型改善型商品住房建设的意见》（京建发［2013］510号），明确通过“限房价、竞地价”等方式，按照限定销售对象、限定销售价格的原则，满足居民自住性、改善性住房需求。自住型商品住房套型建筑面积，以90平方米以下为主，销售均价原则上按照比同地段、同品质的商品住房价格低30%左右的水平确定。《意见》中确定2013年底前完成不低于2万套自住型商品住房供地，为住宅市场提供有效需求，缓解供需矛盾。11月30日上午10点，本市启动首个自住型商品住房项目“御景湾”网上申购工作，社会反映非常积极，完成网上购房登记的家庭共14.8万户，有效分流了中端需求，市场预期有所改善。

三、差别化提高商品房预售门槛

2013年出台《北京市住房和城乡建设委员会关于进一步加强本市商品房预售许可管理有关问题的通知》（京建法［2013］12号），提出差别化提高商品房预售门槛，对2013年8月1日后新签订土地出让合同的开发项目，对商业、办公等非住宅和套均建筑面积大于140m^2的住宅楼栋，申请预售时施工进度应满足：7层（含）以下的，应达主体结构封顶；8层（含）以上的，应达地上规划层数1/2以上（且不低于7层）。

四、进一步完善预售资金监管制度

出台《北京市商品房预售资金监督管理办法》，督导商品房项目将预售资金全部存入专用账户进行监管，保障购房人资金安全。

2013年，会同人行营管部、北京银监局顺利完成《北京市商品房预售资金监督管理办法》修订工作，并实现新老政策稳步过渡。根据政策，调整完善预售资金监管系统，通过增加资金使用节点、引入余额控制监管模式提高资金使用效率，强化银行监管职责和区县监督责任，全市预售资金监管工作有序推进。2013年，全市新增预售资金监管项目276个，涉及房屋12.17万套，其中254个项目发生网签记录；全部被监管项目累计入账1643.4亿元，同比增加3.1%；出账1333.7亿元，同比增加3.6%。

五、加强定向安置住房管理，规范交易、网签程序

梳理定向安置房交易政策，配合住保办拟定《关于加强“三定三限三结合”定向安置房产权登记及上市交易管理有关问题的通知》，完善政策制度，先后解决十余个安置房项目的销售及网签问题。

六、加强项目价格指导

通过现场考察、数据测算等方式，参考项目周边和前期售价，综合考虑区位、交通、容积率、成本、楼层等因素，引导企业合理报价，通过技术手段确保签约价格不高于申报价格，对价格过高或上涨过快项目实施重点监管，避免虚高报价扰乱市场、推高预期。

2013年度累计批准商品房预售276项，共121764套、1174.1万平方米；其中商品住宅176项，51486套，606.3万平方米，同比分别下降23.7%、27%。

第三节　房屋权属登记管理

一、房屋登记业务情况

2013年，全市各区县共办理房屋登记85.8万件，同比增长25.7%，登记面积2.2亿平方米，同比增长22.8%。其中转移登记41万件，占48%；抵押登记38.5万件，占45%。业务量最大的四个区县朝阳、海淀、丰台、昌平承担了全市59.7%的业务量。

二、集体土地房屋登记试点工作顺利开展，取得初步成果

2013年1月，北京市住房和城乡建设委员会印发《关于开展北京市集体建设用地范围内房屋登记试点工作的通知》(京建发［2013］48号)后，海淀区、大兴区、平谷区三个试点区房屋登记试点工作稳妥开展，进展顺利。截至年底，海淀区房管局已颁发了11个房屋所有权证，规划用途涉及生产厂房、办公、宿舍楼，总建筑面积为7.3万平方米。

三、完善房屋登记政策

一是加强保障房制度研究。会同住保办制定了《关于公共租赁住房房屋登记有关问题的通知》(京建法［2013］6号)和《关于规范已购限价商品住房和经济适用住房等保障性住房管理工作的通知》(京建法［2013］10号)，明确了公共租赁住房房屋登记要件和流程，规范了保障房房屋登记手续。

二是针对各区县在登记工作中提出的问题，研究制定了《〈关于落实本市住房限购政策有关问题的通知〉执行中有关问题的补充说明》，及《〈关于落实本市住房限购政策有关问题的通知〉执行和认定的有关内部口径》(三)、(四)，进一步规范了在限购中办理房屋登记的有关审核标准和流程。

三是出台《北京市房屋登记档案鉴定销毁管理暂行办法》，加强房屋登记档案管理，优化馆藏资源。

四是配合设备安全处出台了《关于抗震节能综合改造房屋面积变更登记有关问题的通知》(京建法［2013］16号)，明确了综合改造工程房屋变更登记的办理要件和流程，为顺利开展城镇房屋建筑抗震节能综合改造整体工作的推进夯实基础。

五是转发最高人民法院、住房城乡建设部等15部门联合印发的《关于印发〈公安机关办理刑事案件适用查封、冻结措施有关规定〉的通知》，明确规定了公安机关办理刑事案件涉及查封等事项的程序、要求和有关部门协助办理有关事项的职责。

四、大力推进房屋登记体制建设

制定了《关于进一步完善区县房屋登记体制机制的指导意见》(京建发［2013］218号)，规范了各区县房屋登记部门的组织架构，提出了岗位设置要求及登记人数评估建议。各区县据此协调属地编办，截至2013年年底，已有半数区县登记部门实现了增加人员编制的目标，有效缓解了登记人员不足的压力，为保障工作顺利开展奠定了基础。

五、健全房屋登记机制

一是出台了《关于协助做好暂停办理房屋登记和房屋登记信息查询的通知》(京建发［2013］346号)，积极配合城管执法、规划等部门，开展冻结违法建设房屋产权登记等工作，有力支持了全市打击违法建设工作的开展。

二是配合市场处出台《关于本市住房城乡建设系统参与房屋违法出租问题治理工作有关事项的通知》(京建发［2013］595号)，做好暂停办理违法出租房屋产权登记工作。

三是与市地税局联合印发了《关于加强部门协作共同维护正常税收秩序的通知》(京地税地［2013］3号)，加强房屋登记过程中完税凭证的审核管理工作。

六、推广北京房屋登记标识和登记精神

2013年4月，下发《关于在全市推广房屋登记标识和登记精神的通知》，在全市启用统一的房屋登记标识和登记精神。出台《北京房屋登记标识和登记精神使用管理暂行规定》、《北京房屋登记标识规范应用手册》，规范登记标识和登记精神的使用。截至目前，全市大部分房屋登记大厅已悬挂和使用登记标识、登记精神，房屋登记标识和登记精神推广工作有序开展。

七、开通短信通知和登记进度查询服务

创新服务管理方式，为申请人提供更加人性化的便民服务。申请人登陆市住房城乡建设委网站“房屋登记业务办理进度查询”模块查询登记业务的实时进展。开通短信通知服务，房屋权属证书制作完成后，系统会在第一时间发送短信通知登记申请人及其委托代理人及时领取。自2013年5月16日开通服务以来，已有3000余人次通过网站查询登记业务办理进度，并为30余万件房屋登记权利人和委托代理人发送通知短信。

八、开展房屋登记规范化管理工作考核

2013年7月，市住房城乡建设委成立检查小组，对石景山区、通州区、延庆县住房城乡建设委在窗口建设、房屋交易与登记业务、信息系统、档案建设、制度建设、队伍建设等6个方面进行了考核验收。向住房城乡建设部推荐上述3家单位参加本年度全国房地产交易与登记规范化管理先进单位复检。年底通过专家组考核，3家单位被认定为全国先进单位。

九、开展房屋历史档案整理工作

以开发区、海淀区为试点，继续推动房屋历史档案整理工作开展。摸索出一条以档案记载的房屋坐落等主要信息初步建立标准楼盘表，以房屋面积、权证号等信息实现上下手业务关联，再使用检查算法查重、查漏，迭代完善整理成果的数据整理技术路线，实现了关联标准楼盘表和建立准确业务上下手关系的工作目标。目前已完成开发区6.6万卷和海淀区90万卷历史档案的整理。

十、组织房屋登记官考核培训和考试

以房屋登记官考核为契机，2013年9月和10月期间，组织全市360余名房屋登记人员参加专题培训。2013年10月，全市16个区县房屋登记部门的314人参加了房屋登记官考试，其中100人合格。至此，全市已有

473 人获得房屋登记官资格。

十一、开展房产证加密试点工作

2013 年 10 月，下发《关于开展北京市房屋所有权证加密试点工作的通知》，11 月 1 日在海淀区开展房屋所有权证加密试点工作。房屋所有权人申请办理房屋登记业务时，输入正确密码后登记部门才会受理。增加了房屋所有权人保护自身权益的能力，保障了房屋交易安全。截至年底，共办理房产证加密业务 1900 余件。

十二、房屋登记档案管理和服务

2013 年 10 月，会同中国人民解放军总后勤部基建营房部印发《关于驻京部队因清理房产查询房屋登记信息有关问题的会议纪要》，切实解决驻京部队因清理不合理住用军队住房而查询军人家庭在北京市房屋登记信息难题。制定《北京市房屋登记档案鉴定销毁管理暂行办法》，加强房屋登记档案管理，优化馆藏资源。年内，全市累计收集、整理房屋登记档案 776860 卷。累计接待查询 21.34 万人次，其中公检法和纪检监察机关查询 3.18 万人次；查询总量 37.86 万卷次。

十三、组织房屋登记相关活动

为进一步推进房屋登记文化建设，提高房屋登记行业服务水平和影响力，增强工作人员荣誉感，分别于 2013 年 1 月和 7 月组织开展“房屋登记杯”征文比赛和“房屋登记工作风采”主题摄影比赛，面向全市房屋登记系统征集稿件。2013 年 12 月，举办全市第五届“红叶杯”房屋登记岗位能手大赛，全面检验了各区县业务水平，其中朝阳区取得第一名，海淀区、丰台区并列第二名，西城区、通州区、平谷区并列第三名。2013 年年底，邀请中国青年政治学院许莉娅教授对登记大厅负责人及业务骨干进行礼仪及心理调适方面的培训，关注从业人员心理健康，提升工作礼仪素养。

第四节　房屋租赁市场管理

2013 年，不断加强住房租赁市场研究探索，创新机制措施，深化市场监测分析，推动形成满足不同需求的多层次出租房供应体系，努力解决首都居民租房难题。全年租赁成交房屋 157 万套次、同比增加 11.3%，平均月租金 58.7 元/平方米、同比增加 9.8%。

一、推动群租综合治理，确保出租房屋居住安全

7 月，出台《关于公布北京市出租房屋人均居住面积标准等有关问题的通知》，明确出租房屋人均居住最低面积标准，建立群租综合治理机制，落实属地责任，确保租住安全；11 月，综治部门牵头启动全市范围的违法出租房屋专项整治工作，我委联合市公安、工商等 7 部门出台《关于进一步规范出租房屋管理的规定》，严肃查处违法违规房屋租赁行为；12 月，联合市公安、规划、地税等部门印发《关于进一步规范出租房屋管理的通告》，明确严格落实出租房屋所有人和租赁双

方的责任、严禁违法建设出租和租赁行为、加强出租房屋综合管理等。

二、深入研究长效机制，加大租赁调控力度

开展并完成《〈北京市房屋租赁条例〉立法前期研究》课题调研，为推动房屋租赁立法做好政策储备；与市人大沟通协调，推进课题成果转化及立法进程，成功将其列入立法规划；组织专家学者、大型机构研究规模化租赁经营模式，探索对集体土地房屋、其他闲置房屋实行趸租、集中管理的方法；加强堵疏结合，关注“自如有家”、“自如寓”等运营模式，推动构建满足不同消费需求的多层次出租房供应体系。

三、大力加强宣传引导，以服务促进规范租赁

在市住房城乡建设委门户网站开设“租房，您需要知道的那些事”专栏，设置法律知识篇、出租登记篇、合同订立篇、中介机构篇、日常知识篇5个专题，全面系统介绍房屋租赁知识。同时设置“黑中介”曝光台，定期公布已查处的“黑中介”，帮助市民规避交易风险。

第五节　房地产市场秩序专项整治

一、加大执法查处力度，维护房屋交易市场秩序

及时回应社会关切，加大执法查处力度，2013年全年检查预售项目2415项（次），实施行政处罚46起、处理51起，罚款178.47万元。针对投诉及媒体报道较多的“房价暴涨”、“捂盘惜售”预售项目进行实地检查；市住房城乡建设委会同工商、规划等部门联合北京春季房地产展示交易会；根据预售资金监管系统预警情况，联合市住房城乡建设委内相关部门对开发企业预售资金入账情况进行检查。对于骗购、捂盘惜售、哄抬房价、恶意网签、逃避资金监管等行为予以严肃处理，维护市场秩序。

二、推动执法破局，提升中介行业服务水平

强执法，促管理，高度重视执法查处对确保政策落实、规范行业秩序、维护群众权益的作用。加强投诉、舆情热点监测分析，有针对性地开展执法查处。2013年，市住房城乡建设委共办理信访投诉2572件，答复网上互动1310件。检查机构（含分支）9770家（次），约谈机构420家，责令改正630家，行政处罚158家，罚金208万元，取消网上签约30家。

三、强化部门联动，齐抓共管治理中介行业乱象

2013年3月份，为“两会”召开营造良

好环境，市住房城乡建设委及区县开展经纪机构专项整治，针对投诉热点区域、机构予以重点查处。7月份，会同工商、发改部门启动全市中介行业专项整治，召开市区两级住建、工商、发改、地税部门以及经纪机构等500余人参加的部署大会，统筹部署，扎实推进。12月份，会同工商部门印发经纪机构和人员违规行为专项整治工作方案，重点整治违法出租问题，确保租住安全。

四、多措并举，综合打击违规中介

加大公示曝光力度，机构违规情况、被投诉情况及时在门户网站公示，违规行为记入信用档案。对于屡教不改、情节恶劣的，暂停网签直至注销备案，清出行业。加强案件移送，及时移送工商、税务等部门查处，涉刑的及时移送公安部门，有效提高执法威慑力。对博雅兴业等六家“黑中介”及时移送工商、公安部门查处，督促整改，惩治违法，打击犯罪。

第六节　经纪、评估行业监管

一、充实人员力量，带动区县加强日常巡查

市住房城乡建设委抽调专人强化日常巡查，带动区县执法。针对投诉反映较多的机构、问题，加大日常巡查频次、范围，针对违规问题立即责令整改，拒不配合执法的，暂停网签。经过几个月的专项整治，机构店外经营现象基本杜绝，改善了行业形象，维护了市容环境。

二、夯实基础工作，提高管理效能

加强经纪机构备案管理，目前全市备案经纪机构2477家，分支机构3355家，注册人员共35853人。强化估价机构资质及估价师注册管理，审核估价机构资质38家。通过机构现场核查、报告抽查，严把行业准入关。全市共有估价机构156家，其中一级46家（外地在京分支机构6家）、二级43家、三级及三级暂定64家，军队内部从业机构3家，从业人员近6000人，注册估价师2875人。升级房地产经纪管理系统，完善监管功能。开发估价管理信息系统，将资质申报、审批、估价报告等纳入信息化管理。将不合格中介机构及时清出行业，依法注销16家估价机构资质。

三、完善政策体系，充实行业监管依据

市住房城乡建设委起草《北京市房地产经纪机构及人员动态监管办法》、《北京市房地产估价机构及估价师动态监管办法》，强化中介行业动态监管和信用管理。积极推动《北京市房地产经纪管理办法》规章立法工作。研究制定地方标准《北京市房地产经纪服务规范》，切实规范从业行为。

四、加强沟通协调，服务与监管并重

市住房城乡建设委加强与工商、人力社保部门沟通协调，减少简化房地产经纪人注册程序，提高注册效率。与市人力社保局协调继续教育计划，增加考试次数，满足行业需要。充分调动行业协会积极性，抓好从业人员继续教育，筹建行业纠纷调解办公室、开展“真房源”倡议活动等，建立行业信用风险防范机制，引导机构诚信经营，提升行业整体素质，改善行业形象。加强与司法部门联动，探索建立司法建议与政策措施对接、司法判决与行政处罚挂钩的协调联动机制，健全中介机构及从业人员信用档案。

第八章

住房保障

北京市房地产年鉴 2014

第一节　住房保障制度建设综述

2013 年，北京市认真贯彻落实中央关于住房保障工作的统一部署，加强保障性安居工程建设和管理，创新保障性住房建设、审核、分配和后期管理各方面政策，推进保障方式向“租售并举，以租为主”转变，全面开展中心城区棚户区改造，加快改善住房困难家庭居住条件，各项工作成效显著。

一、创新管理方式，全面完成开竣工任务

为加快保障性住房建设，简化建设审批流程，针对保障房开工任务时间紧的特点，大胆创新，改革建设工程招投标程序，市住房城乡建设委印发了《关于加快保障性住房开工有关问题的通知》(京建法［2013］14 号)，简化了招投标条件，规定具备施工总承包特级资质的一级开发企业可直接进行工程施工，符合条件的项目可先行土方和监理招标，为保障房“当年供地、当年开工”赢得宝贵时间。

二、创新审核分配方式，实施四房合一

2013 年 4 月 11 日，市住房城乡建设委下发了《关于进一步完善北京市保障性住房申请、审核、分配政策有关问题的通知》(京建法［2013］5 号)，从 2013 年 4 月 19 日起，全市统一廉租、经适、限价和公租房“四房”申请为“保障房”申请，进一步简化了保障性住房申请、审核程序，住房保障方式实现了由“以售为主”向“租售并举，以租为主”的重大转变。加快解决备案家庭住房困难，实行按月倒排分配指标措施，兼顾项目属地与全市统筹需求，对老年、重病、重残家庭等优先分配，真正发挥了保障房补好位、托住底的作用，构筑起社会安全网。

三、创新房源筹集方式，推进以租为主

一是继续加大公租房建设力度。按照“三多一统筹”模式，除政府组织建设外，产业园区和社会单位建设公租房积极性日益提高，保障房供应结构不断优化，“以租为主”的保障方式正逐步形成。二是在廉租房与公租房并轨建设、审核和资金统筹使用基础上，2013 年又实现了并轨分配和运营管理，保障方式更加简洁、清晰。三是按照“市场定价、分档补贴、租补分离”原则，公租房租金补贴政策实施效果显著，截至 2013 年底发放补贴 5400 余户、总计 3400 余万元，有效提高了承租家庭租金负担能力。为充分挖掘社会存量房源，海淀区试点对保障家庭到市场租房发放租金补贴，丰富了保障方式，增加了公租房供应。

四、创新后期管理机制，打造和谐社区

创新“使用监督管理、物业管理、社会管理”三位一体的后期监管模式，全面打造保障性住房和谐宜居社区。市住房城乡建设

委先后出台《关于规范已购限价商品房和经济适用住房等保障性住房管理工作的通知》(京建法［2013］10号)，建立保障家庭再取得其他房屋的信息比对机制，明确购买经适房和限价房家庭产权登记和处置，维护共同申请人房产权益，完善保障房产权登记、登记信息联网比对等工作。印发实施《北京市公共租赁住房后期管理暂行办法》(京建法［2013］15号)，明确了管理职责，建立动态监管模式，完善社区物业服务，确保公租房依法合规使用。市住房城乡建设委、市公安局、市教委等10个委办局联合印发《关于加强本市公共租赁住房社会管理和服务的意见》(京建法［2013］19号)等公租房社会管理和服务规定，破解公租房家庭看病就医、社会保障以及子女上学等问题，使群众住得安心、住得放心。

五、积极推进保障性住房建设产业化、标准化实施

一是在保障性住房中继续推行住宅产业化。2013年，北京市确立了以市保障房投资中心以及大型骨干开发企业开发的、且规模较大的公租房项目为主要实施产业化项目的思路，积极推进2013年实施产业化方案，将规模300套以上的40个公租房项目约5.7万套列入重点实施产业化计划，并在建设协议中明确产业化任务和要求。

二是倡导试行装配式装修，效果初显。对公租房室内配置进一步作模数化、模块化、系列化的精细设计，按照标准化设计原则精选公租房优良部品库的优秀产品，并配套完善标准化装配工法，形成市保障房投资中心“十二五”公租房第一代定型标准产品的全套解决方案。方案中倡导装配式装修干法施工，并重点在市投资中心建设项目中进行试点，大大减少了装修过程中的材料损耗，降低了现场环境污染，确保了装修品质，装配式装修的优势和效益已经初步显现。

三是扩展优良部品库，积极吸纳储备绿色成套体系类技术和产品。在总结试运行公租房优良部品库制度的经验基础上，2013年将试点扩展至整个保障性住房，库内产品基本涵盖保障性住房建设所需的各类建筑材料、部品部件。部品库通过搭建由政府所属机构、项目开发建设运营单位、产品生产制造企业、行业协会、科研院所等多方组成的产业交流信息平台，建立各方沟通联系机制，为全市保障房建设提供全方位产品、技术服务，进一步降低成本，确保产品质量。通过平台，还提炼储备了一批绿色成套体系类技术，如保障房太阳能系统解决方案、中水利用与同层排水模块系统解决方案等。

四是阶段性完成标准化评价相关试点工作。2013年8月20日，全市组织亦城名苑等三个项目单位参加了住房城乡建设部召开的全国住宅性能认定工作经验交流大会，北京市三个公租房房项目获得住房城乡建设部公布的第八批A级性能住宅荣誉。为下一步建立北京市公租房性能评价地方标准并推行性能评价制度奠定了基础。

六、大力推进住房保障信息化

一是全面升级改造全市住房保障信息系统。以规划建设、审核分配、配后管理为主线，力求打造数据完整、功能齐全、实时共享的住房保障决策支持与信息服务平台，最终实现住房保障业务从房屋、保障对象到资金的全生命周期管理和科学化决策。新的住房保障管理信息系统注重打造从源头遏制骗租骗购、违规使用，确保分配公平公正公开的业务监测平台，并实现与房屋交易、权属、

住房公积金、民政、公安车管、社保、地税等系统数据的实时比对，进一步提高审核准确性，不断提升住房保障管理精细化水平。

二是加大住房保障信息公开力度。2013年进一步贯彻落实《政府信息公开条例》和《国务院办公厅关于印发当前政府信息公开重点工作安排的通知》(国办发［2013］73号)文件精神，根据住房城乡建设部和市政府要求，继续加强对各区县住房保障信息公开监督和检查工作，多次下发文件每月逐一严格检查并向区政府通报各区县信息公开完成情况。全市信息公开总体情况良好，内容较为全面，市级及十六区县在政府或建委（房管局）网站全部设立了住房保障专栏，各区县对住房保障建设、审核、分配等信息做到了信息公开。

第二节　公共租赁住房（含廉租房）建设供应情况

2013年底，全市新开工建设公共租赁住房项目35个，可提供约3.6万套房源。实现竣工项目11个，约1.1万套。

表8-1　2013年公租房（含廉租房）项目开工落实情况汇总表

序号	项目名称	项目位置	套数（套）
1	管庄北二里	朝阳区	48
2	京桥1号地	朝阳区	128
3	朝阳区孙河乡北甸西村W地块二类居住用地项目	朝阳区	47
4	高井2号地保障性住房用地项目	朝阳区	1592
5	焦化厂旧城疏解公租房	朝阳区	2200
6	八里庄电力公司	海淀区	604
7	市场租赁	海淀区	2997
8	皇后店021	海淀区	3016
9	玉渊潭F1混合公建F2公建混合住宅项目	海淀区	459
10	老古城D地块配建公租房	石景山区	100
11	台湖镇4-1-028、4-1-030、4-1-033地块居住、小学、托幼用地（配建公共租赁住房）项目	通州区	2092
12	通州区光机电一体化产业基地B-03地块	通州区	1460
13	台湖镇4-1-017、4-1-010地块居住、医疗卫生项目	通州区	640
14	台湖镇4-1-014、4-1-015、4-1-019地块居住、托幼项目	通州区	1588
15	房山区阎村镇04-0084地块R2二类居住用地项目	房山区	936
16	北京市房山区窦店镇01-0050、01-0055地块居住用地	房山区	430

续表 8－1

序号	项目名称	项目位置	套数（套）
17	北京市房山区长阳镇 01－08－03、01－11－04 等地块二类居住、商业金融用地	房山区	1120
18	亦庄新城 X1－1A 组团 B03R1－1 地块	大兴区	701
19	生物医药基地东配套 4#地项目	大兴区	200
20	生物医药基地东配套 5#地	大兴区	588
21	亦庄新城 X1－1A 组团 B03R1－2 地块	大兴区	1477
22	门头沟区龙泉镇 F1 住宅混合公建项目	门头沟区	157
23	门头沟新城 MC10－037、MC10－038、MC10－040、MC10－041、MC10－060、MC10－065 地块公共租赁住房项目	门头沟区	748
24	北京市昌平区东小口镇住宅混合公建用地（配建公共租赁住房）	昌平区	1453
25	昌平区北七家镇公建混合住宅用地（配建公共租赁住房）	昌平区	391
26	昌平区沙河高教园区住宅及配套设施二期（一）项目	昌平区	3626
27	中关村科技园昌平园东区二期 0303－04 地块住宅混合公建用地	昌平区	700
28	地理信息产业园公租房项目	顺义区	1652
29	平谷区马坊镇 B05－01、B05－02 居住及社会停车场库用地项目	平谷区	200
30	河西区 X83 地块	亦庄	297
31	河西区 X85 地块	亦庄	790
32	河西区 X86 地块	亦庄	172
33	河西区 X88 地块	亦庄	735
34	路东区 E8 地块	亦庄	820
35	路东区 E18 地块	亦庄	1926

表 8－2　2013 年公租房（含廉租房）项目竣工落实情况汇总表

序号	项目名称	项目位置	套数（套）
1	王四营限价房	朝阳区	1174
2	西大望路公租房	朝阳区	325
3	苏家坨 C－02C03	海淀区	1004
4	彩虹嘉园	丰台区	312
5	长辛店老镇西区经适房（长馨园）	丰台区	638
6	制线厂	通州区	96
7	牛栏山镇居住项目	顺义区	491
8	北京经济技术开发区路东区 E14R1、R2 地块	大兴区	3863
9	西红门公租房项目	大兴区	1685
10	旧宫东站四号地公租房	大兴区	634
11	怀柔区杨宋镇文化娱乐、商业金融及居住用地项目（配建租赁房）	怀柔区	114

第三节　经济适用住房建设供应情况

2013年底，全市新开工建设经济适用住房项目5个，可提供约0.3万套房源。实现竣工项目3个，约0.3万套。

表8－3　2013年经济适用房项目开工落实情况汇总表

序号	项目名称	项目位置	套数（套）
1	海淀区吴家场经适房	海淀区	594
2	砖厂	通州区	801
3	于家务次中心北区一期	通州区	1300
4	清水湾小区经济适用房	密云县	480
5	沈家营西王化营地块	延庆县	240

表8－4　2013年经济适用房项目竣工落实情况汇总表

序号	项目名称	项目位置	套数（套）
1	彩虹嘉园	丰台区	606
2	洪寺村经济适用住房	房山区	536
3	佰嘉经适房南区	昌平区	1647

第四节　限价商品房建设供应情况

2013年底，全市新开工建设限价商品房项目15个，可提供约1.5万套房源。实现竣工项目11个，约1.9万套。

表8－5　2013年限价商品房项目开工落实情况汇总表

序号	项目名称	项目位置	套数（套）
1	五里坨2号地B地块	石景山区	1100
2	收购限价房项目	通州区	272

续表 8－5

序号	项目名称	项目位置	套数（套）
3	砖厂	通州区	340
4	武夷花园项目	通州区	1000
5	房山区韩村河花园住宅小区三期工程	房山区	180
6	房山年新城两组团 10－01－05（理工大学 1 号地）住宅混合公建、商业金融及社会停车库用	房山区	1300
7	房山区长阳镇 18－02－13（理工大学 9 号地）住宅及体育用地项目	房山区	650
8	房山区拱辰街道办事处 05－12－02、05－13－09、05－13－02 等地块商业金融、二类居住、文化娱乐用地项目（配建限价商品住房）项目	房山区	1173
9	大兴区瀛海镇西区 C2 组团 C07－5 地块限价房项目	大兴区	1910
10	西马坡限价房项目	顺义区	2660
11	林河工业区限价房	顺义区	2428
12	沙河镇南一村二类居住项目用地	昌平区	879
13	昌平区小汤山镇 B－04、B－05、B－07 地块公建混合住宅用地（配建限价商品住房）	昌平区	77
14	北京市密云县新城 0202 街区 0901、0902、0903 地块二类居住、文化娱乐，社会停车场用地项目	密云县	226
15	沈家营西王化营地块	延庆县	500

表 8－6 2013 年限价商品房项目竣工落实情况汇总表

序号	项目名称	项目位置	套数（套）
1	东坝单店一期	朝阳区	2552
2	王四营限价房	朝阳区	4710
3	上庄 C－14	海淀区	3211
4	温泉 C07C08	海淀区	3330
5	房山区长阳镇水碾屯改造一期	房山区	436
6	乐活家园二期（D－05/6/7/8/9 地块）	房山区	198
7	罗奇营二期限价房项目	大兴区	1312
8	顺义新城 8 号地项目	顺义区	624
9	昌平区新城东区南邵回迁楼 0302－122 地块	昌平区	1338
10	回龙观 18 片区 19 街区 028 地块	昌平区	1179
11	驸马庄限价商品住房建设项目	怀柔区	488

第五节　定向安置房建设供应情况

2013 年底，全市新开工建设定向安置房项目 77 个，可提供约 11.6 万套房源。实现竣工项目 34 个，约 5.3 万套。

表 8－7　2013 年定向安置房项目开工落实情况汇总表

序号	项目名称	项目位置	套数（套）
1	姚家园新村 C	朝阳区	1614
2	王四营乡官庄农民新村	朝阳区	1002
3	小红门乡农民新村一期 A、二期 B、C	朝阳区	1860
4	十八里店乡周庄（三期）农民安置房	朝阳区	5530
5	宝成雅园	朝阳区	841
6	焦化厂旧城疏解公租房	朝阳区	2080
7	大牛坊	海淀区	2975
8	中坞村	海淀区	2286
9	辛店 A	海淀区	905
10	清河危改	海淀区	229
11	老旧小区改造	海淀区	132
12	五路居安置	海淀区	594
13	北京开关厂定向安置房项目	丰台区	664
14	石榴庄回迁安置房二期	丰台区	1744
15	小屯村农民回迁安置房	丰台区	659
16	大瓦窑农民回迁房二期	丰台区	336
17	市政服务中心拆迁安置房	丰台区	612
18	万泉寺回迁安置房项目	丰台区	2301
19	辛庄村（一期）农民回迁安置房项目	丰台区	1242
20	长辛店棚户区辛庄 D 地块安置房项目	丰台区	1052
21	亚林西居住区土地一级开发回迁安置房项目	丰台区	3834
22	青塔南里危改小区项目	丰台区	175
23	花乡羊坊村安置房项目	丰台区	1411
24	草桥村回迁安置房	丰台区	1445
25	成寿寺二期	丰台区	180

续表 8 - 7

序号	项目名称	项目位置	套数（套）
26	槐房旧村改造回迁房三期	丰台区	2400
27	东下庄定向安置房	石景山区	677
28	中关村科技园区北Ⅰ区定向安置房	石景山区	248
29	通州文化旅游区 08 片区农民安置房	通州区	1959
30	通州区台湖镇北神树村定向安置房项目	通州区	2322
31	两站一街新增定向安置房项目	通州区	5952
32	潞城镇 0602 地块	通州区	1496
33	北人集团公司职工住宅楼集资合作建房项目	通州区	1508
34	房山区阎村镇南梨园村	房山区	402
35	琉璃河三街三区	房山区	90
36	琉璃河车站前街	房山区	168
37	城关南沿里小区	房山区	158
38	城关新东关小区	房山区	120
39	窦店产业基地回迁安置用房（一期）	房山区	1668
40	房山区周口店镇云峰寺村回迁安置房	房山区	590
41	房山区拱辰街道办事处住宅、商业项目（广阳家园 C、D 区）	房山区	285
42	南广阳城村定向安置房	房山区	360
43	山区人口迁移集中定向安置房（二期）	房山区	2476
44	山区人口迁移青龙湖分散安置房	房山区	1851
45	轨道交通北广阳城站定向安置房	房山区	444
46	房山区窦店镇（沁园春景二期）（配建回迁安置房）居住项目	房山区	197
47	北京石化新材料科技产业基地定向安置房项目	房山区	2630
48	房山区城关街道洪寺村南水北调回迁定向安置房	房山区	456
49	房山区城关街道西街村南水北调回迁定向安置房	房山区	648
50	房山区城关镇北关村南水北调回迁定向安置房	房山区	246
51	青龙湖镇中心区定向安置用房项目二期	房山区	252
52	轨道交通稻田站定向安置用房	房山区	2644
53	北京市房山区长阳镇哑巴河 02 - 04 - 11 二类居住用地项目（配建限价商品房）	房山区	480
54	亦庄 12 平方公里安置房 X76	大兴区	3206
55	亦庄 12 平方公里安置房 X77	大兴区	2956
56	大兴区采育镇区四号地 01 - 0001A、B 地块回迁安置房项目	大兴区	2938
57	大兴区旧宫镇绿化隔离地区定向安置房	大兴区	3679
58	大兴区榆垡镇定向安置房项目	大兴区	3468
59	门头沟 S1 线区域组团 12 地块土地一级开发定向安置房项目	门头沟区	535

续表 8-7

序号	项目名称	项目位置	套数（套）
60	门头沟区采空棚户区改造黑山地块定向安置房项目	门头沟区	2600
61	门头沟区龙泉镇高家园地区土地储备项目（2号地块）定向安置房项目	门头沟区	1318
62	前进村安置房	顺义区	1634
63	太平村安置房	顺义区	3545
64	板桥村安置房	顺义区	2529
65	后沙峪村安置房	顺义区	1098
66	望泉寺安置房	顺义区	1196
67	西白辛庄村安置房	顺义区	1813
68	沙河镇南一村二类居住项目用地	昌平区	120
69	七里渠定向安置房	昌平区	2752
70	昌平区沙河高教园区住宅及配套设施二期（一）项目	昌平区	2408
71	兴昌佳苑	昌平区	2244
72	马连店组团重点村旧村改造项目	昌平区	1962
73	昌平区昌平镇居住项目	昌平区	297
74	东二旗村回迁安置房项目	昌平区	800
75	贺村中滩村组团A地块重点村旧村改造项目	昌平区	3245
76	中关村科技园昌平园东区二期0303-04地块住宅混合公建用地	昌平区	636
77	怀柔区新贤街定向安置房项目（西区）	怀柔区	606

表 8-8　定向安置房项目竣工落实情况汇总表

序号	项目名称	项目位置	套数（套）
1	奥运村乡住宅项目	朝阳区	200
2	翠成馨园	朝阳区	1284
3	十里堡居住项目	朝阳区	1008
4	八家村改造项目	海淀区	2337
5	彩虹嘉园	丰台区	284
6	长辛店老镇西区经适房（长馨园）	丰台区	1525
7	成寿寺二期	丰台区	1202
8	郭庄子三定三限	丰台区	503
9	丽泽C9	丰台区	2370
10	丽泽金融商务区纪家庙定向安置房	丰台区	1422
11	王佐镇西王佐村配建定向安置房	丰台区	390
12	晓月苑六组团	丰台区	882
13	新发地新村一期回迁安置房	丰台区	2229
14	刘娘府综合改造定向安置房	石景山区	999

续表 8－8

序号	项目名称	项目位置	套数（套）
15	五里坨组团项目01号地块	石景山区	1301
16	通州西上园小区（东区）二期	通州区	1510
17	榆景园	通州区	232
18	运通人和住宅项目一期	通州区	319
19	制线厂	通州区	1243
20	房山区长阳二村、篱笆房一、二村回迁定向安置房	房山区	1848
21	京煤集团房山区河北镇国有工矿棚户区改造定向安置房项目	房山区	2812
22	采育镇城镇中心区定向安置房项目	大兴区	4511
23	大兴区三合庄改造区定向安置房项目	大兴区	2116
24	大兴生物医药基地东配套区定向安置房项目	大兴区	2104
25	罗奇营二期安置房项目	大兴区	1343
26	庞各庄镇定向安置房	大兴区	3288
27	亦庄12平方公里安置房X80	大兴区	2928
28	安乐村定向安置房	顺义区	404
29	胡各庄安置房	顺义区	4705
30	火神营东庄安置房	顺义区	1166
31	现代花园定向安置房D区项目	顺义区	1584
32	于庄安置房	顺义区	1026
33	怀柔区新贤街定向安置房项目	怀柔区	598
34	格兰山水（二期）	延庆县	1365

第六节　棚户区改造和旧城房屋保护性修缮工作

一、棚户区改造及环境整治工作

（一）加大工作力度，全面启动中心城区棚户区改造和环境整治工作。为落实国务院《关于加快棚户区改造工作的意见》（国发［2013］25号）等文件精神，紧紧围绕棚户区改造“钱从哪里来、人往哪里去、旧房如何拆、项目如何批、工作如何抓”五大核心问题进行了一系列的政策和体制创新，市政府成立了全市棚户区改造和环境整治领导小组及指挥部，市长王安顺亲自担任组长。城六区也分别成立了指挥部，党政一把手亲自抓、负总责。确定了2013年包括平房院落修缮、危改、城中村边角地、新增棚户区改造等四类项目，涉及居民9万多户，估算资金约2800亿元。未来五年计划实施632个，涉及居民28万户，估算资金约5000亿元。年内，110个项目已经启动，其中51个项目开展搬迁腾退和安置房建设，并搬迁4673户，其余59个项目正在进行项目论证、规划方案调整等前期工作。

（二）出台中心城区棚户区改造及环境整治配套政策。市房城乡建设、发展改革、财政、规划、国土、文物、金融等部门，出台了中心城区棚户区改造和环境整治定向安置房公共资源及后期管理补偿标准有关问题的暂行意见等11个配套文件，对棚户区改造项目实行“一次打包、棚户兜底；集中联审、纳入绿通；拆建分离，并联审批”，进一步提高手续办理效率。

同时，建立人口输入输出区利益补偿机制。明确了在人口输入区建设的定向安置房和保障性住房，由人口输出区支付公共资源建设补偿和后期社会管理费用。有效化解人口输入区输出区利益博弈，加快安置房建设，促进人口疏解顺利实施。

（三）破解中心城区棚户区改造及环境整治资金问题。建立了由市金融局牵头的各部门工作联席会商机制。在继续加大市区财政投入的同时，加强与金融机构的沟通协调。国开行、工行、农行、中行、建行、北京银行、北京农商银行作为主要参与银行，均有专门部门与区县和项目进行对接。已争取国开行安排软贷款100亿元，中长期信贷500亿元资金支持规模。西城区百万庄作为北京市第一个新增棚户区改造项目，总投资42.1亿元，国开行承诺贷款30亿元，区政府和企业筹集12.1亿元，农行等其他银行支持资金也正在陆续安排。

（四）积极推进远郊区县和国有工矿棚户区改造。截至2013年底，三片试点棚户区已筹集安置房383万平方米、6.5万套，完成建设收购计划的108%，其中4.2万套安置房已主体竣工，累计搬迁居民4.3万户，实现居民入住约1.7万套。门头沟区新增100万平方米安置房已完成项目选址和方案设计工作。新增五片棚户区已建设筹集安置房71万平方米，约8600套。其中6000套已基本建成。京煤集团房山安置房2800户2013年11月已经入住。

同时，加快新的远郊区县和国有工矿棚户区改造项目储备。将房地涤纶厂、首农北郊农场、广电设备厂三个项目作为国有工矿项目纳入棚改范围。在密云县的十里堡镇、房山区河北镇、城关中心区和怀柔区东关下元钓鱼台开展集体土地棚户区改造试点。

（五）加快协调中心城区棚改安置房建设。2010年以来北京市共确定了中心城区棚改安置房项目18个，可提供房源约7.3万套。已开工17个项目，可提供房源6.9万套。

二、旧城人口疏解和房屋保护性修缮工作

通过危房改造、保障房配租配售、市政改造、交易腾退等多措并举，大力推进人口疏解工作，提升人居环境。2013年以来，在什刹海、西长安街、大栅栏和天桥街道共选取了西交民巷、粮食店街等10条胡同建设精品胡同；实施了“两横四纵”六条重点大街环境景观提升工程；完成了护国寺街市政管线改造、地面铺装和临街店铺修缮改造工程；启动了荷花市场、白塔寺区域业态提升策划工作，护国新天地完成业态转型开门营业；大栅栏杨梅竹斜街继续引入商家和合作伙伴，推进珠粮产业带改造提升项目。在疏解试点中，西城区继续推进大栅栏杨梅竹斜街、白塔寺鲁博南片区、什刹海烟袋—白米等文保区人口疏解，新启动了西四北地区人口疏解和住房、环境改善项目。东城区继续推动天坛东里1-8号楼，待对接焦化厂房源事宜明

确后，启动剩余172户搬迁；钟鼓楼广场周边（红线外）项目，全面启动红线内外剩余户征收工作。

旧城人口疏解取得初步成果，其中杨梅竹斜街保护修缮项目位于大栅栏及东琉璃厂历史文化街区的核心区域。项目占地面积约8.8公顷，460个门牌，2112户，4861人，单位70个，现状建筑面积7.6万平方米。2010年定为北京市历史文化街区保护修缮试点，项目运作由区政府为责任主体，成立了大栅栏琉璃厂建设指挥部，按照“协议疏解、集中腾退”的微循环模式进行改造。实施单位为区属国有企业北京大栅栏投资公司，实施过程中邀请了王世仁、边兰春等规划文保专家参与指导，人口疏解安置房源张仪村、回龙观、团河。三年来，通过货币及定向安置房对接补偿，累计腾退居民590户，约1500人，建筑面积1.25万平方米，约占总户数的35%。按照风貌保护要求，疏解旧城人口，环境面貌得到较大改善。完成了胡同的市政基础设施改造、道路建设、腾退房屋立面修缮、景观建设及标识导览体系，连续三年举办大栅栏新街景设计周，对腾退门脸进行招商，提升街区业态。

第七节 住房保障资格审核与配租配售

一、申请审核情况

2013年全市各类保障性住房申请5.3万户，市级备案通过4.7万户，其中廉租住房0.1万户，经济适用住房0.3万户，限价商品住房2.7万户，公共租赁住房1.6万户（经适房、限价房通过家庭均为统一申请审核前受理的家庭）。全年公共租赁住房申请2.7万户，其中三房轮候家庭1万户，新申请家庭1.7万户。

截至2013年底，全市保障性住房累计备案家庭34.4万户，其中廉租住房2.7万户，经济适用住房9.3万户，限价商品住房20.4万户，公共租赁住房2万户（不含“三房”轮候家庭2.9万户）。

二、配租配售情况

2013年共配租配售各类保障性住房10.7万套，其中旧城人口疏解、棚户区改造、城乡结合部整治等对接安置房源6万套，公开配租配售保障性住房4.7万套。公开配租配售保障性住房房源中，经济适用住房1.3万套、限价商品住房2.2万套、公共租赁住房（含廉租住房）1.2万套。

第九章 住房制度改革和金融

北京市房地产年鉴 2014

第一节　住房制度改革综述

一、存量公房改革

（一）公有住房出售

截至2013年年底，全市累计售房面积13941.6万平方米，占可售公房总量的92.9%。2013年本市共出售公有住房155.2万平方米，2.05万套。其中，中央单位353家，面积34.75万平方米，涉及住房0.39万套；市属单位442家，面积64.57万平方米，涉及住房1.03万套；区属单位203家，面积22.38万平方米，涉及住房0.35万套；（其余为军产售房和部级售房备案，涉密不宜公开）。针对因单位原因导致产权不清等遗留问题，采取具结方式为房改售房职工办理手续。办理过程中严格把关，积极协调各方，坚持以人为本；对于房改售房历史遗留问题，采取尊重历史、特事特办的原则，有针对性办理；支持中央单位及部分北京市单位职工腾退公有住房工作，对腾退公房方案核准工作，采取了电话联系及当面确认的方式，与住房产权人进行逐一确认，切实保证职工利益。

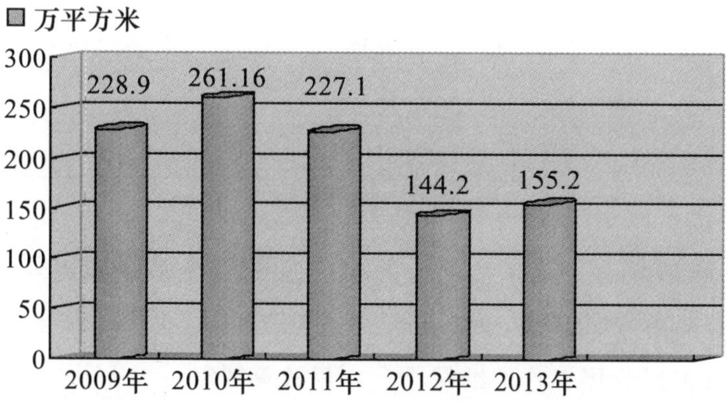

图9－1　2009—2013年北京市房改售房情况表

（二）公有住房调整

2013年各区县房改部门累计核准285家单位调整公有住房方案，涉及住房2147套，面积14.89万平方米，主要为中央单位分配职工住宅后，按经济适用住房价格为职工调整住房，共计254家，涉及住房2002套，面积13.94万平方米，占当年调房总量的93.6%；市属单位24家，涉及住房121套，面积0.785万平方米，占当年调房总量的5.3%；区属单位7家，涉及住房24套，面积0.165万平方米，占当年调房总量的1.1%。

二、住房分配货币化

市级及城六区住房补贴发放工作稳步推进。2013年全市机关事业单位为19.1万人发放住房补贴，涉及资金36.1亿元。其中市级发放10万人，涉及资金11.42亿元，城六区发放9.1万人，涉及资金24.68亿元。远郊区县中通州区已完成住房补贴发放的准备工作，四家一级试点单位已公示完毕，待审计工作结束后即可发放住房补贴。大兴区住房补贴实施方案经政府办公会和区委常务会讨论通过，已正式发文至各有关单位，住房补贴发放工作作为2014年的区级重要事项全面推进。房山区住房补贴发放实施方案已于2013年12月25日经区长专题会讨论通过，标志着住房补贴发放工作正式启动。其余区县仍在政策制定阶段。完成了住房补贴数据统计软件研发工作并已投入使用，积极推进住房补贴常态化管理的信息化建设。会同市财政局、市住房资金管理中心下发了《关于督促落实住房补贴有关问题的函》(京房改办［2013］117号）并召开了全市住房补贴工作会议，部署完成213家市属机关事业单位为3010名职工落实住房补贴工作，涉及资金9064余万元。

表9－1　2012年住房补贴发放情况统计表

	发放人数（万人）	发放金额（亿元）
市　级	10	11.42
东城区	0.92	2.7
西城区	0.22	0.23
朝阳区	3	2.47
海淀区	1.9	14.87
丰台区	2.18	2.07
石景山区	0.88	2.34
合　计	19.1	36.1

三、集资合作建房监管

按照国家和北京市的有关政策，做好集资合作建房遗留项目善后收尾工作，继续严格复核集资建房遗留项目，全年审核通过了1个遗留项目的集资建房方案。对4家达到换届年限的合作社按照市社团管理条例延期换届。指导政华、城建和广厦三家住宅合作社进行了换届选举。为13家住宅合作社办理了年检审查备案工作。进一步加强住宅合作社管理，针对北京市住宅合作社组织机构设置不统一的情况，拟写了《北京市住宅合作社组织机构设置意见》，提出了简化换届程序、规范内部机构设置要求。

四、其他住房资金管理

（一）参与公房住宅专项维修资金应急使用政策制定

针对公有住房住宅专项维修资金支取程序复杂、办理时间长等突出问题，为保证危及房屋使用安全的紧急情况下物业共用部位、共用设施设备得到及时维修，参与制定了《关于加强住宅专项维修资金应急使用管理的通知》，根据公有住房的特殊属性和管理现状，研究制定可行的政策规定，明确售后公有住房专项维修资金支取使用的条件及流程，确保公有住房专项维修资金在紧急情况下快速高效支取使用。同时筛选出资质较高、信誉较好的应急维修施工单位、预算审核单位企业各11家，建立住宅专项维修施工单位和预算审核企业名录，供有关单位和业主选择。

（二）确保房改房售房款和住宅专项维修资金便捷高效使用

截至2013年年底本市累计共有971家企业支取售房款57355.25万元。2013年全市共有85家企业支取售房款5945.25万元。其中，43家市属企业支取售房款3157.05万元，42家区属企业支取售房款2788.2万元。上述资金主要用于：更新及维修电梯116部，楼面及屋顶防水维修18.75万平方米，为235名职工建立住房公积金单位缴存部分，为141名职工发放住房补贴，以及污水管道维修、墙面粉刷、房屋共用设施维修等。

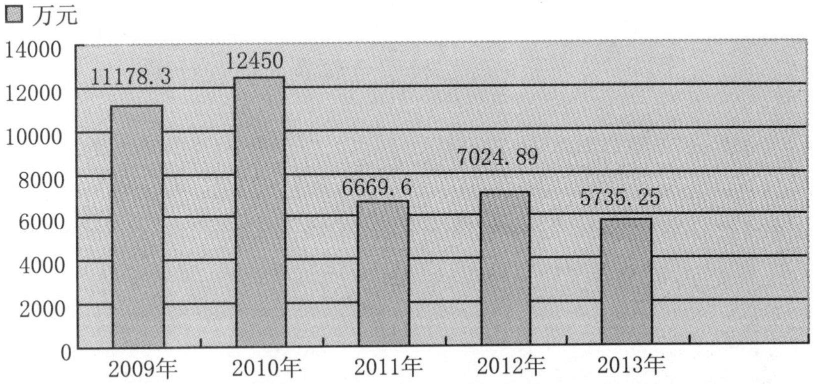

图9－2　2009—2013年北京市单位售房款支取情况对比图

2013年各区县房管部门共审核批准155家企业支取售后公房住房专项维修资金3784.56万元。主要包括80部电梯更新，涉及资金932.42万元，139部电梯维修改造资金665.44万元，25.63万平方米房屋防水维修资金1531万元，剩余部分资金用于消防设施、污水管道、上下水改造等维修事项。

（三）加强售房款归集管理工作

按照政策规定，单位出售公有住房售房款在市住房资金管理中心专户存储、专项使用。按照政策规定，单位出售公有住房售房款在市住房资金管理中心专户存储、专项使用。截至2013年年底，累计归集公有住房售房款5060525万元，支取4331131万元，余额729393万元。2013年归集公有住房售房款152521万元，支取154874万元，年内净增额－2353万元。

第二节　住房公积金与政策性住房金融

一、2013年度住房公积金归集情况

1. 住房公积金缴存人数范围

截至2013年12月底，北京地区建立住房公积金单位104515个，职工730.22万人。当年住房公积金缴存职工新增56.84万人。

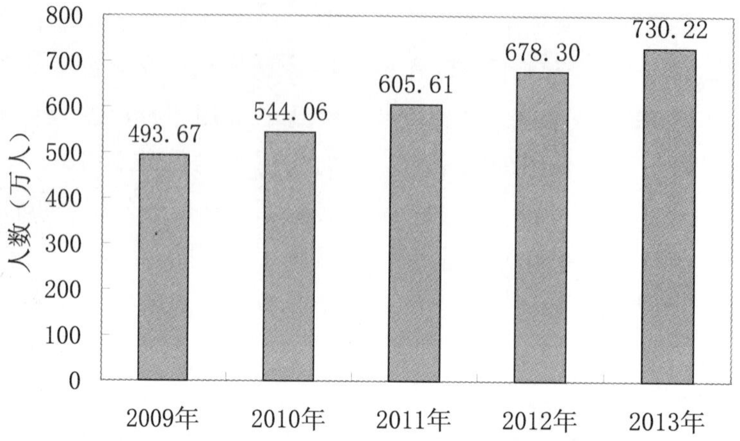

图9－3　北京住房公积金建立人数统计图

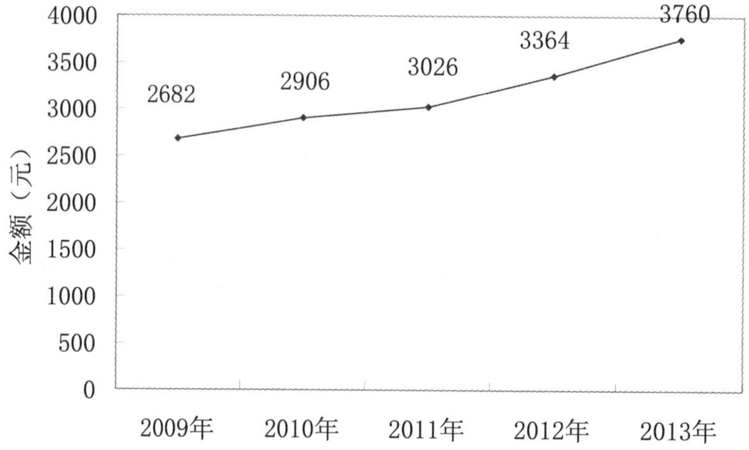

图9－4　北京住房公积金缴存额上限图

2. 住房公积金归集、提取情况

截至2013年12月底，当年归集住房公积金993.65亿元，提取719.46亿元，净增274.19亿元。累计归集住房公积金5464.79亿元，提取3313.76亿元，余额2151.03亿元。

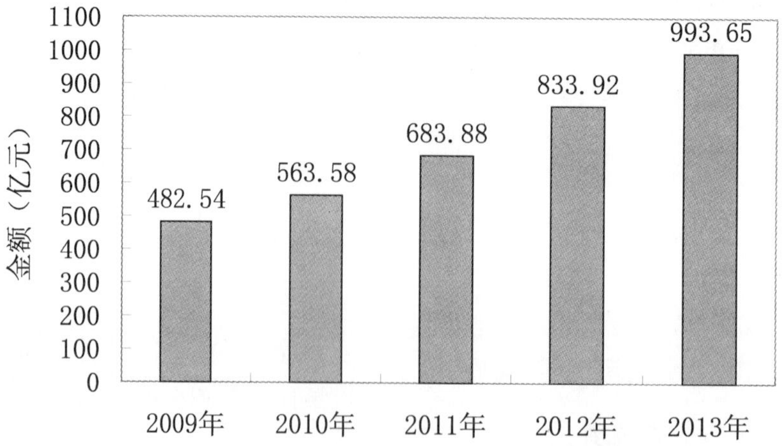

图9－5　北京住房公积金当年归集情况统计图

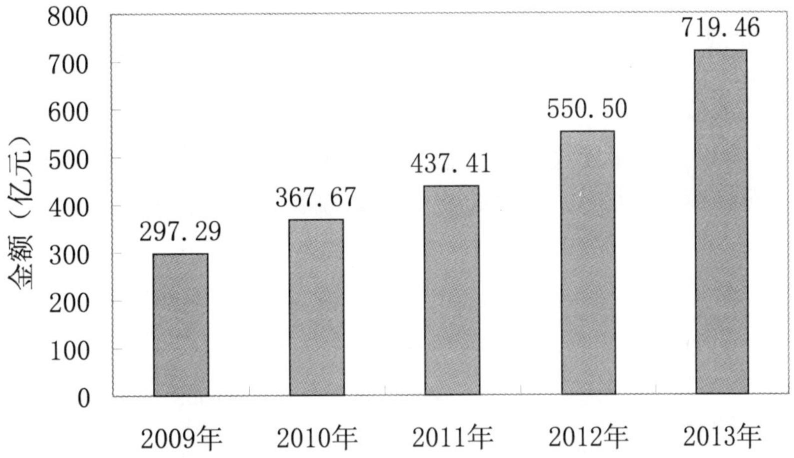

图 9 －6　北京住房公积金当年提取情况统计图

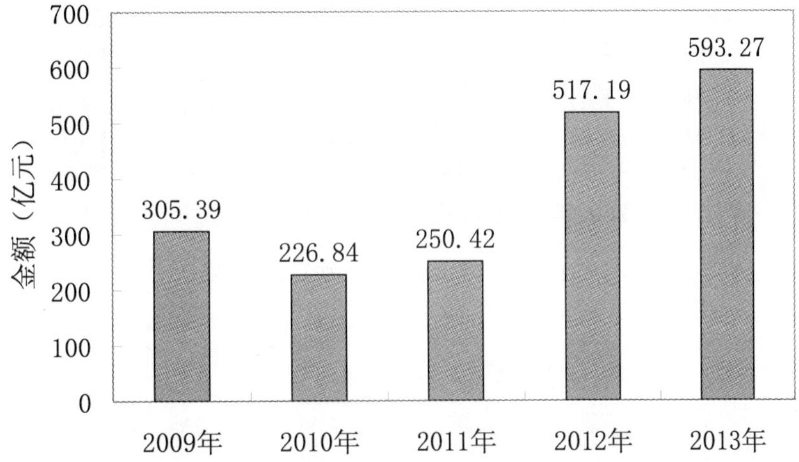

图 9 －7　北京住房公积金贷款发放金额统计图

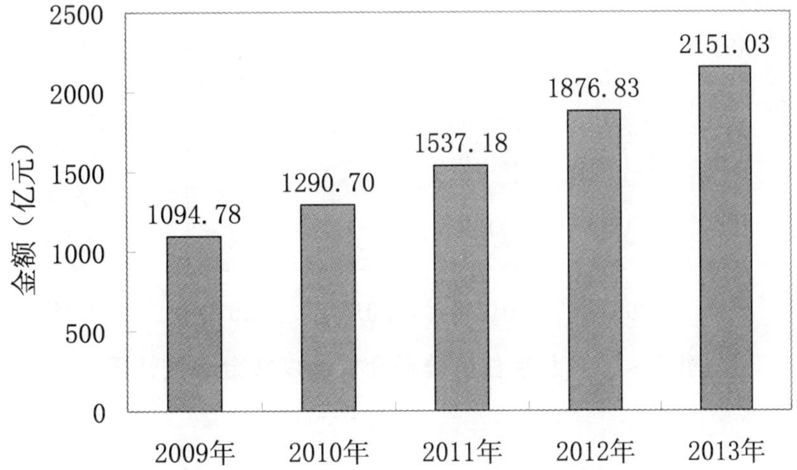

图 9 －8　北京住房公积金余额统计图

二、2013年度政策性住房金融

1. 住房公积金贷款情况

截至2013年12月底，当年发放住房公积金贷款89711笔，金额593.27亿元，回收金额150.50亿元，净增442.77亿元。累计发放住房公积金贷款704800笔，金额2761.30亿元，回收金额1048.77亿元，余额1712.53亿元。累计发放政策性贴息11，842笔，贴息额度36.91亿元。

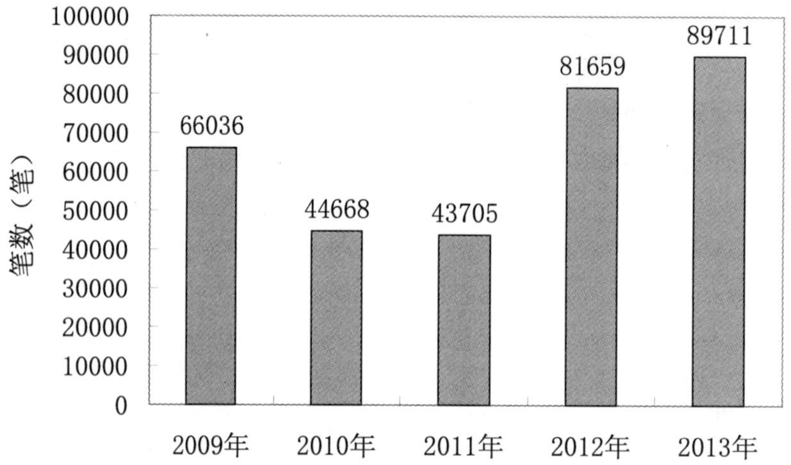

图9-9　北京住房公积金贷款发放笔数统计图

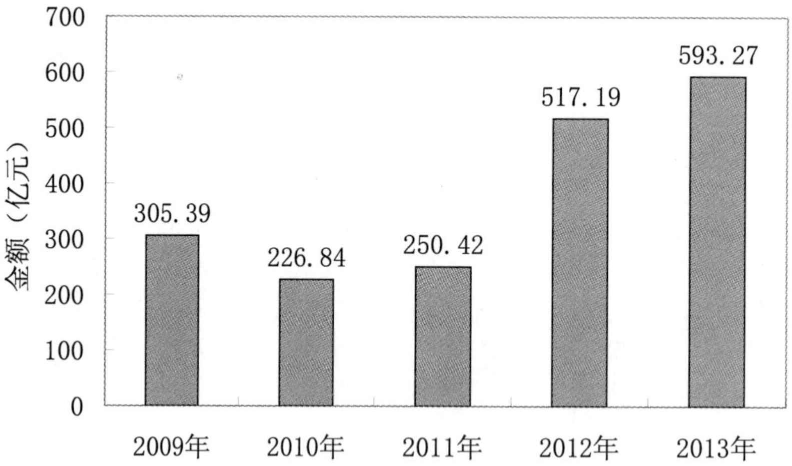

图9-10　北京住房公积金贷款发放金额统计图

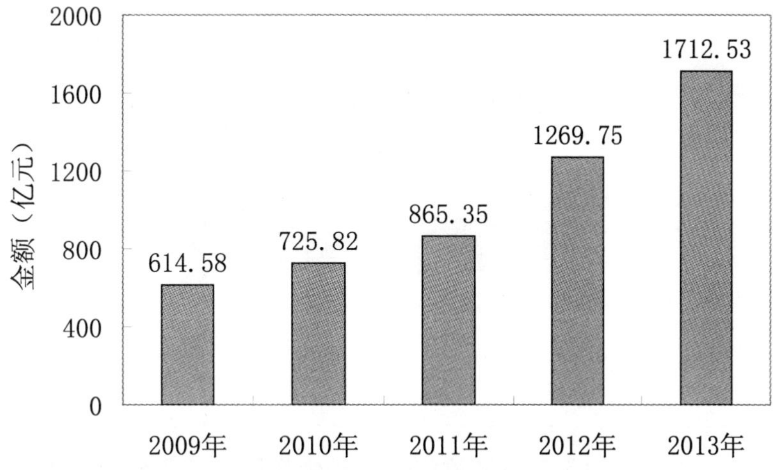

图9－11　北京住房公积金贷款发放余额统计图

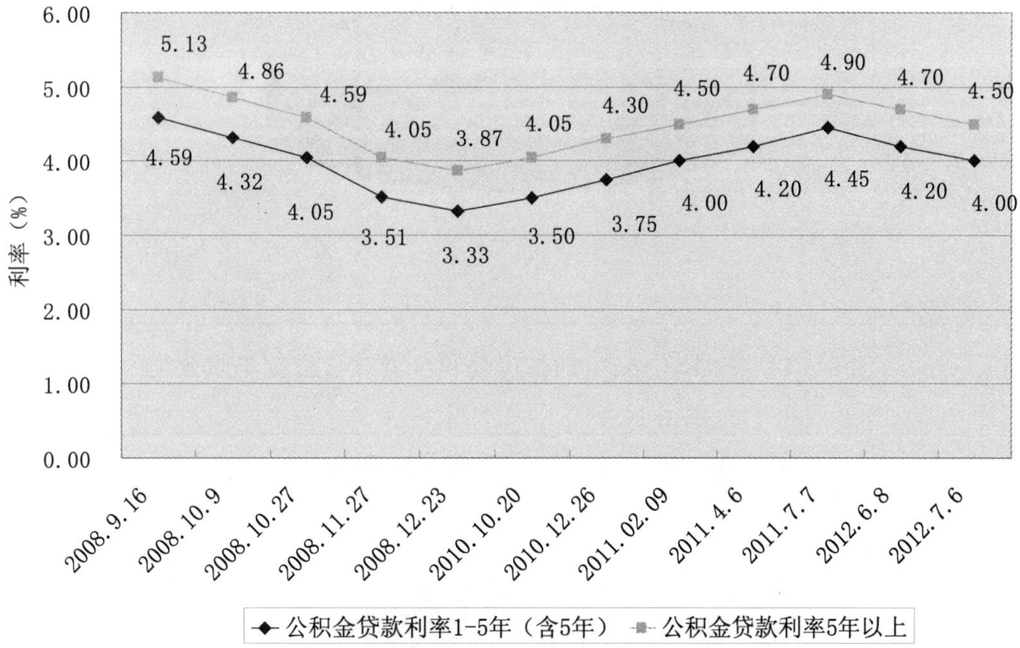

图9－12　北京住房公积金贷款利率调整图

2.2013 年发放的住房公积金贷款笔数的结构分析

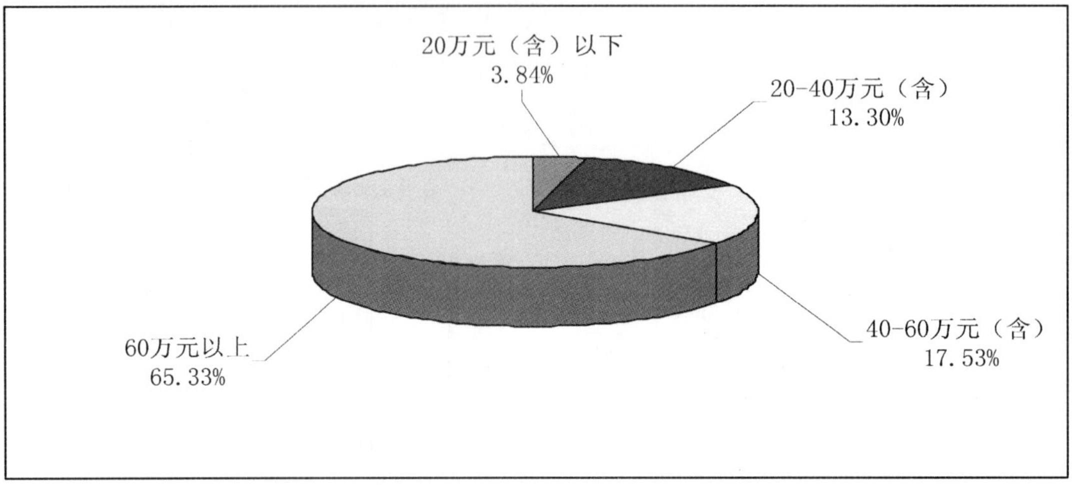

图 9-13　2013 年新发放住房公积金贷款按贷款额度分类图

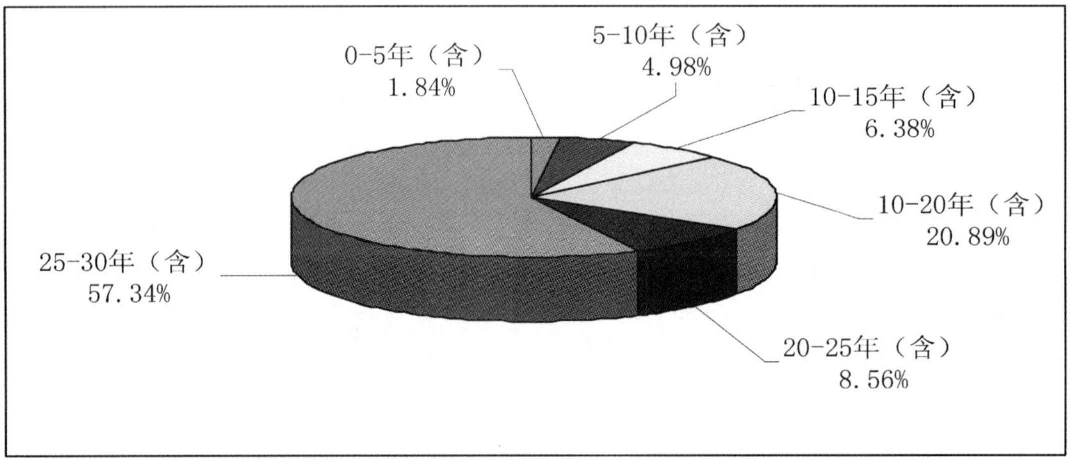

图 9-14　2013 年新发放住房公积金贷款按贷款年限分类

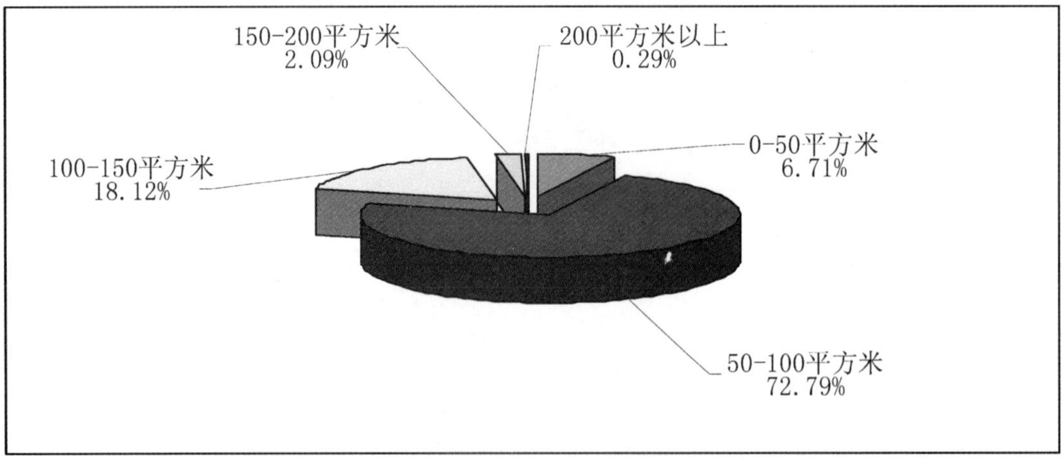

图 9-15　2013 年新发放住房公积金贷款按房屋建筑面积分类

3. **住房公积金贷款支持保障性住房建设情况**

截至2013年12月底，北京地区住房公积金贷款支持保障性住房建设试点及扩大试点项目总计41个，贷款额度308.8亿元。共向33个项目发放贷款244.28亿元，实际用款122.56亿元。

三、住房公积金和政策性住房金融的管理措施

（一）着重研究解决重点难点问题，提高归集管理工作水平

坚持把归集扩面作为管理中心的重点工作，持续对全市各单位，特别是新增私营企业情况进行排查，确保应建尽建、应缴尽缴。全面开展进城务工人员建立住房公积金工作，以引导进城务工人员较多的大型国企、事业单位为重点，努力推进住房公积金人群全覆盖和服务均等化。加大对伪造发票、证件套取住房公积金的打击力度，提高提取环节的风险防控能力。严格落实一个职工一个住房公积金账户，开展缴存单位和职工信息重新登记工作。全市当年私营企业新建职工56.84万人。新受理职工投诉案件648件，结案577件，为职工追缴住房公积金703.2万元，有力维护了缴存职工的合法权益。

（二）积极推动贷款差别化政策，体现政策公平性

严格落实房地产调控要求，从购房套数、性质、面积和借款人收入等方面细化贷款差别化政策，支持中低收入家庭购买中小户型、中低价位首套自住住房。进一步优化贷款办理流程，加强贷款资格审核，严控贷款风险。加强与商业银行合作，拓宽服务渠道。加大与商业银行合作力度，提高个人贷款业务办理效率和接待能力。2013年住房公积金贷款笔数占全市个人住房贷款（含商业银行）的比例超过50%。90平方米以下中小户型住房贷款笔数所占比例超过三分之二。

（三）利用住房公积金支持保障性住房建设贷款工作稳步推进

加快住房公积金支持保障性住房建设贷款扩大试点项目审批及发放工作，尽快实现对保障房建设的实际支持。加强项目贷后管理，按季开展贷后检查，与第三方监管机构、受托银行三方联动，及时了解借款人财务经营状况和项目进展情况，严格审核资金支付，确保资金使用清晰、准确、合规。截至12月底，北京地区18个扩大试点项目已全部完成审批手续。累计向33个项目发放贷款244.28亿元，支持保障性住房建设6.12万套、总建筑面积553.38万平方米。

（四）创新管理服务方式方法，全面提高管理服务水平

强化账户资金管理，提升资金使用效能，资金收益率显著提高、灵活性进一步增强。围绕方便缴存单位和职工办理业务，研究呼叫中心外包工作，进一步提升热线服务效率。全年受理热线电话人工咨询53.6万次，为226万人次提供自助语音服务，答复网上在线咨询留言2.18万条。新增银行柜台受理个人申办联名卡方式，同时允许“一人多卡”，方便职工办卡用卡。

（五）加快推进综合信息系统重建，各项基础工作取得阶段性成果

着眼管理中心未来发展的需要，有序推进综合信息系统研发重建工作。充分借助银行的资源和技术优势，提高新系统研发的科技水平，把握新时期信息发展趋势，打造中心信息系统管理新模式。基本梳理完成主体业务需求和功能点，涵盖300多个功能模块和5500多个具体功能点，需求文档字数达180多万字。组织完成了未来五年信息化发展

规划和信息化建设顶层设计研究报告，基本完成了新系统软件和基础设施项目具体实施方案，完成新系统项目申报工作。开展对外信息互联工作，提高信息共享能力。

第三节　商业性房地产金融

2013 年，北京市从严落实中央各项房地产市场调控政策要求，进一步强化政策力度，力促市场保持稳定。整体上看，全年北京市房地产市场供应总体偏紧，需求较为活跃，房价上行压力较大。房地产金融运行平稳，调整差别化住房信贷政策效果显著，二套房贷款占比明显回落。

一、非住宅投资带动房地产开发投资稳步增长

2013 年，北京市完成房地产开发投资 3483.4 亿元，同比增长 10.5%，增速比 2012 年提高 6.6 个百分点；占全社会固定资产投资比重为 49.5%，比 2012 年提高 0.7 个百分点。其中，住宅完成投资 1724.6 亿元，同比增长 5.9%；写字楼完成投资 611.7 亿元，同比增长 59%；商业及服务业等经营性用房完成投资 1147.1 亿元，同比增长 19.6%。房地产开发投资增速高于全社会固定资产投资增速 1.7 个百分点，对经济发展发挥较强带动作用。

二、房地产贷款同比增速总体不断下降

2013 年末，辖内金融机构本外币房地产贷款余额 9286.7 亿元，比年初增加 279.6 亿元，同比少增 141.2 亿元；同比增长 3.1%，比 2012 年下降 2.2 个百分点。从结构来看，购房贷款比年初新增 528 亿元，房地产开发贷款比年初减少 248.4 亿元，主要是政府土地储备机构贷款还款较多。房地产贷款同比增速从 2013 年 4 月的 7.9% 连续 6 个月回落至 10 月的 2.5%，11 月略有反转后 12 月继续回落。

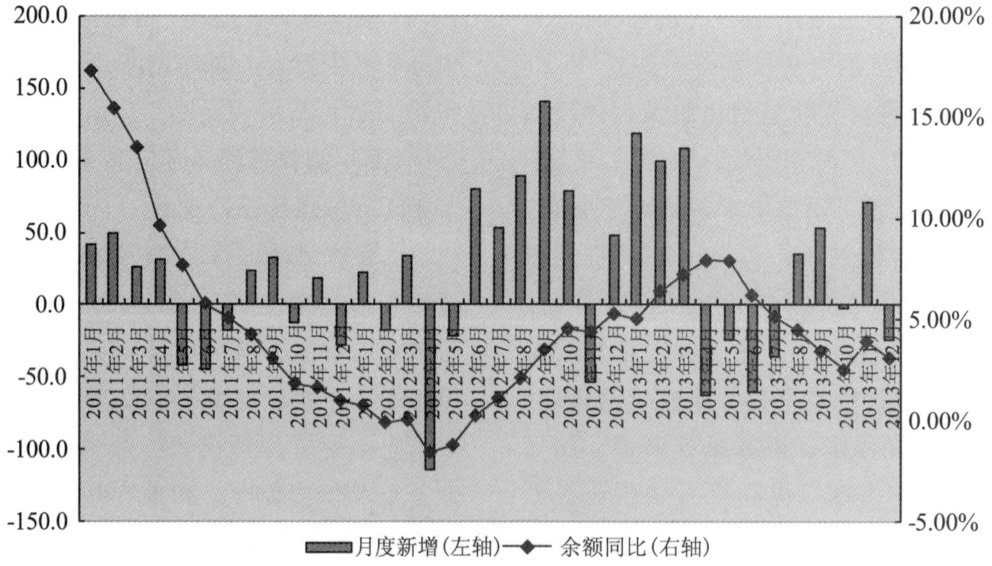

图 9－16　北京市房地产贷款月度变化情况

三、个人住房贷款增长明显

2013 年末，个人购房贷款余额 4501 亿元，比年初增加 502.3 亿元；同比增长 12.6%，比 2012 年提高 8.2 个百分点。2013 年以来，个人购房贷款月度新增额在 27.8 亿元 -57.3 亿元之间波动，第二季度以来同比增速均在 10% 以上。其中，个人住房贷款余额 4062.1 亿元，比年初增加 428.2 亿元；同比增长 11.8%，比 2012 年提高 9.4 个百分点。个人商业用房贷款余额 438.9 亿元，比年初增加 74.1 亿元；同比增长 20.3%，比 2012 年下降 9.3 个百分点。

四、新建住房贷款和二手住房贷款双增

2013 年末，辖内金融机构个人新建住房贷款余额 2555.6 亿元，比年初增加 139.6 亿元，比 2012 年多增 105.9 亿元；同比增长 5.8%，比 2012 年提高 4.2 个百分点。二手住房贷款余额 1506.5 亿元，比年初增加 288.6 亿元，同比多增 243.9 亿元；同比增长 23.7%，比 2012 年提高 19.9 个百分点。2013 年以来，在市场交易较为活跃的影响下，个人住房贷款增长较快，尤其是二手住房贷款，除 6 月以外，二手住房月度新增额均超过新建住房贷款。

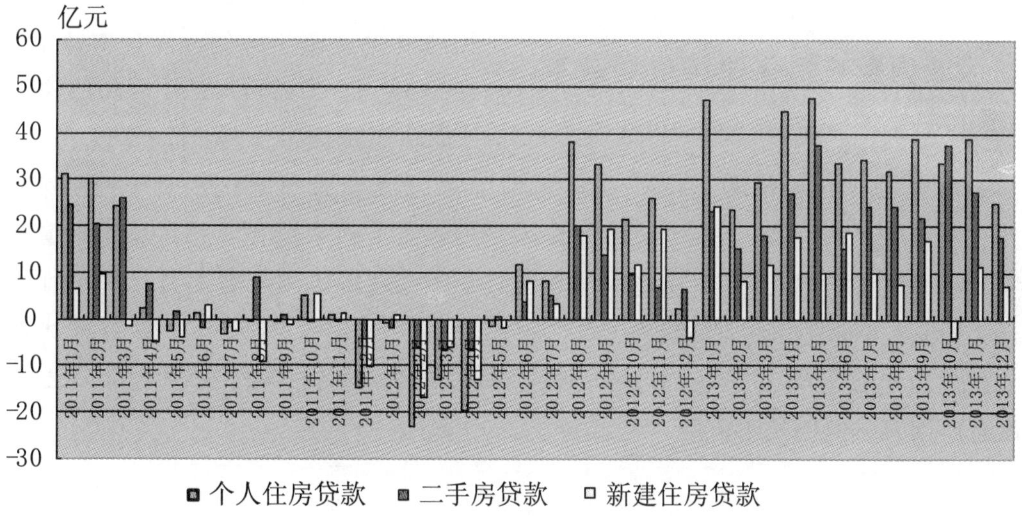

图 9-17　北京市个人住房贷款月度新增额变化情况

五、房地产开发贷款增长乏力

2013 年末，辖内金融机构房地产开发贷款余额 4436.8 亿元，比年初减少 248.4 亿元；同比下降 5.3%，2012 年增长为 6.2%。其中，政府土地储备机构贷款余额 1592.6 亿元，比年初减少 405.7 亿元。2013 年 4 月以来，土地储备机构集中还款带动政府土地储备机构贷款余额不断下降。2013 年住房开发贷款增值乏力，全年仅新增 2.7 亿元，2010—2012 年分别比年初新增 187.5 亿元、229.6 亿元、-50.6 亿元。

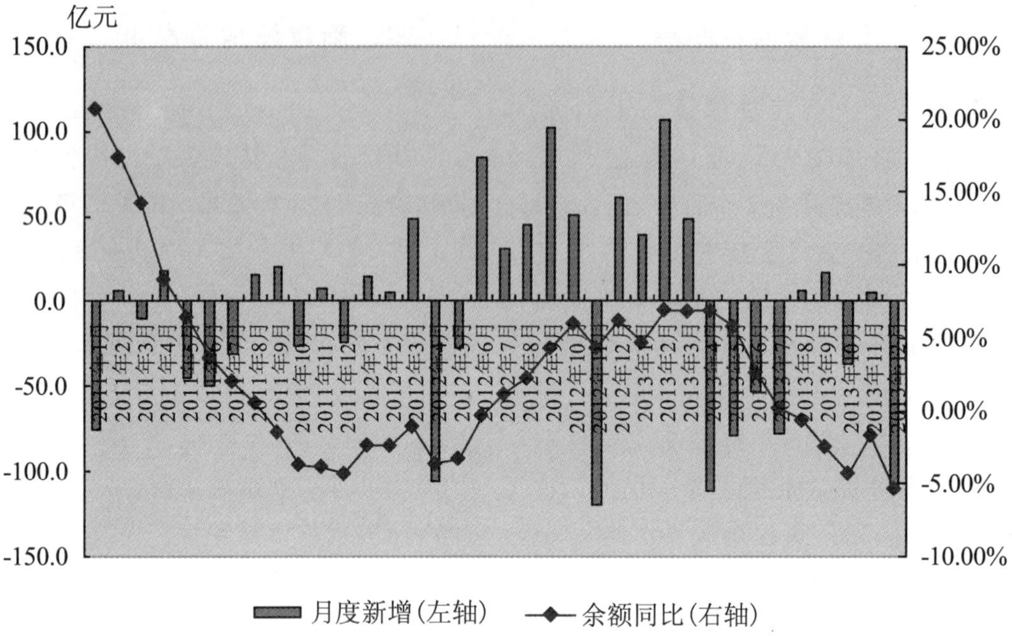

图 9-18　北京市房地产开发贷款月度新增及余额同比增速

六、区域调整差别化住房信贷政策效果显著

监测数据显示，2013 年第二套住房贷款占比持续走低。第三季度第二套住房贷款发放笔数平均占比为 12.7%，分别比第一、二季度低 6.7 个、2.4 个百分点。第四季度第二套住房贷款发放笔数平均占比为 13.2%，较第三季度有所回升，但仍处于监测以来低位。2013 年第二套住房贷款发放笔数平均占比为 15.0%，而 2012 年 11 月 - 2013 年 1 月，第二套住房贷款占比均在 20% 以上。进一步提高二套房贷首付款比例对于抑制第二套住房贷款需求效果明显。另外，第二套住房贷款平均首付款比例显著上升，从 4 月的 63% 升至 12 月的 67.8%；其中首付款比例在 7 成（含）以上的占比持续攀升，12 月达到 62.2%，为监测以来最高值。

第四节　房地产金融政策调整

一、近年来房地产金融政策调整

2003 年以前，房地产金融政策的主要目的在于支持住房体制改革，促进房地产金融产品的推出与发展。2003 年 6 月，针对局部房地产市场过热，中国人民银行出台《关于进一步加强房地产信贷业务管理的通知》(银发［2003］121 号)，加强房地产开发贷款管理、引导规范贷款投向，严格控制土地储备贷款的发放，加强个人住房贷款管理。

2004年至2007年中国人民银行先后9次上调存贷款基准利率，并取消个人住房贷款利率优惠。加息周期有效抑制了非理性住房消费需求，居民购房更侧重于自住和改善住房条件。

2007年《关于加强商业性房地产信贷管理的通知》(银发［2007］359号）及其《补充通知》(银发［2007］452号）明确了二套房的执行标准，规定二套（含）以房贷款首付款比例不得低于40%，贷款利率不得低于基准利率的1.1倍，有效约束了二套房贷杠杆比例，对降低信贷风险、打击房地产投机、保障自住性需求、平抑房价过快上涨发挥了积极作用。此外，银发［2007］359号文还进一步严格规范了房地产贷款管理、风险监测及防范工作，要求贷款使用与开发项目配套专款专用，有效避免滚动开发模式下企业挪用贷款资金用途行为，防范金融风险。

金融危机以来，随着适度宽松货币政策的实施，自2008年9月起，中国人民银行先后5次下调存贷款基准利率，先后4次下调存款准备金率，并印发了《中国人民银行关于扩大商业性个人住房贷款利率下浮等有关问题的通知》(银发［2008］302号）等文件，将商业性个人住房贷款利率的下限扩大为贷款基准利率的0.7倍，最低首付比例调整为20%，要求商业银行充分考虑各种因素按照风险原则合理确定利率水平。房贷利率下限降低使得金融机构房贷利率浮动权限进一步扩大，金融机构具有了更大的自主决策空间。同时也更好地支持了居民购买普通住房，有力促进了内需扩大和民生改善。

2010年2月，中国人民银行、中国银行业监督管理委员会联合出台《关于贯彻落实〈国务院办公厅关于促进房地产市场平稳健康发展的通知〉的通知》(银发［2010］58号），加强对房地产贷款业务的窗口指导，加大差别化信贷政策执行力度，严格抑制投资投机性购房需求。9月，又出台了《中国人民银行 中国银行业监督管理委员会关于完善差别化住房信贷政策有关问题的通知》(银发［2010］275号），明确提出“暂停发放居民家庭购买第三套及以上住房的贷款”；对贷款购买商品住房的，“首付款比例调整至30%及以上”，“对贷款购买第二套住房的家庭，严格执行首付款比例比低于50%、贷款利率不低于基准利率1.1倍的规定”。

2011年1月，根据《国务院办公厅关于进一步做好房地产市场调控工作有关问题的通知》(国办发［2011］1号）要求，贷款购买第二套住房的家庭，首付款比例不低于60%，贷款利率不低于基准利率的1.1倍。《中国人民银行关于做好差别化住房信贷政策实施工作的通知》(银发［2011］66号）明确各地实施差别化住房信贷政策的基本条件、程序和管理要求。

为发挥好金融对公共租赁住房等保障性安居工程建设的支持作用，人民银行会同银监会联合印发《关于认真做好公共租赁住房等保障性安居工程金融服务工作的通知》(银发［2011］193号），进一步完善公共租赁住房等保障性安居工程建设的信贷支持政策体系，明确贷款期限最长不超过15年。

2012年9月，住房城乡建设部、财政部、中国人民银行联合印发《关于做好扩大利用住房公积金贷款支持保障性住房建设试点范围工作的通知》(建金［2012］130号），确定石家庄等64个城市为新增试点城市，北京等18个城市为新增贷款额度城市，290个建设项目为新增利用住房公积金贷款支持保障性住房建设试点项目。

2012年11月，国土资源部、人民银行与银监会出台了《关于加强土地储备与融资管理的通知》(国土资发［2012］162号)，明确土地储备机构将实行“名录制”管理，各银行机构只能对经过资质认定的名录范围内的土地储备机构发放土地储备贷款；土地储备贷款的期限最长可延至五年。

2012年3月，北京市金融工作局、中国人民银行营业管理部、北京市住房和城乡建设委员会等五部门联合出台了《关于印发北京市金融支持保障性住房建设意见的通知》(京金融［2012］107号)，完善保障性住房相关融资管理制度，吸引各类金融机构及社会资金参与北京市保障性住房建设工作。

二、2013年房地产信贷政策调整情况

2013年2月，根据《国务院办公厅关于继续做好房地产市场调控工作的通知》(国办发［2013］17号）要求，继续严格实施差别化住房信贷政策。银行业金融机构要进一步落实好首套房贷款的首付款比例和贷款利率政策，严格执行第二套（及以上）住房信贷政策。

2013年4月，为贯彻落实各项房地产调控政策要求，按照北京市新建商品住房价格控制目标和政策要求，人行营业管理部出台了《中国人民银行营业管理部关于调整北京市差别化住房信贷政策的通知》(银管发［2013］116号)，对贷款购买第二套住房的家庭，首付款比例不低于70%；同时明确，对在北京市住房和城乡建设委员会房屋登记信息系统中显示无房、在中国人民银行个人信用信息基础数据库中有一笔住房贷款记录、第二次申请贷款购买住房的家庭，仍执行首付款比例不低于60%的政策。北京是2013年国内率先对差别化住房信贷政策进行调整的城市。

第十章 物业服务和管理

北京市房地产年鉴 2014

第一节　北京市物业管理基本情况

一、物业服务企业数量及分布

截至2013年底，全市取得《物业服务企业资质证书》的企业有2696家（见表10－1），比上年减少223家，其中一级企业126家，新增4家；二级企业350家，新增26家；三级企业2170家，减少303家；三级暂定50家，新增50家。外埠在京企业61家。

2013年比2012年企业总量减少223家，主要原因有如下两方面，一是企业申请注销资质；二是通过资质核查注销和撤回了一批逾期或不具备条件的三级企业资质。

从各区县物业服务企业数量来看，海淀区注册登记的物业服务企业居全市首位，有516家，其次为朝阳区456家、西城区296家、东城区238家、丰台区231家（见图10－1）。

表10－1　2012、2013年物业服务企业的变化情况

年份	2012年	2013年	变化情况
企业总数	2919	2696	减少223家
一级企业	122	126	增加4家
二级企业	324	350	增加26家
三级企业	2473	2170	减少303家
三级暂定企业	0	50	增加50家

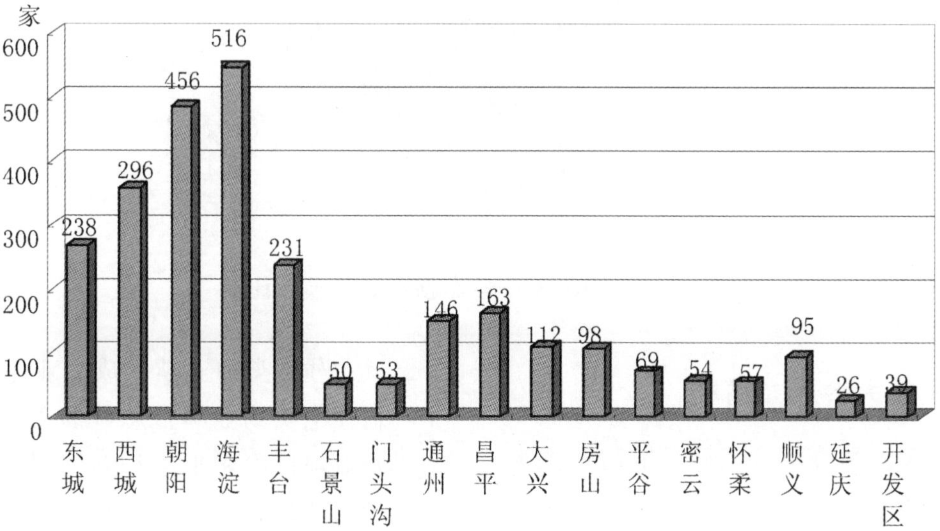

图10－1　2013年各区县物业服务企业数量

二、物业项目数量及分布

截至2013年年底，全市实施物业管理的项目6355个，建筑面积约5.8亿平方米。其中，由物业服务企业实施物业管理的项目6266个，建筑面积5.6067亿平方米；由建设单位按照《北京市物业管理办法》承担前期物业服务责任并实施物业管理的项目89个，建筑面积约0.2亿平方米（见表10－2）。

物业服务企业实施管理的项目中，住宅类项目3700个、41289万平方米，商业类项目265个，1215万平米；商住类项目146个，1231万平米；写字楼项目678个，2773万平米；行政办公楼项目600个，1724万平米；工业类项目199个，2493平米；综合类项目678个，5342万平米。与2012年相比，2013年物业管理项目总量增加了103个。（见图10－2）。

表10－2` 2013年综合区县物业服务项目数量及建筑面积

	项目数量		建筑面积	
	（个）	（%）	（万 M^2）	（%）
合计	6266	100%	56066	100%
首都功能区（东、西城）	1066	17%	6000	11%
城市功能拓展区（朝、海、丰、石）	3553	57%	31890	57%
城市发展新区（通、昌、顺、大、房、开发区）	1320	21%	16015	28%
生态涵养发展区（门、怀、平、密、延）	327	5%	2161	4%

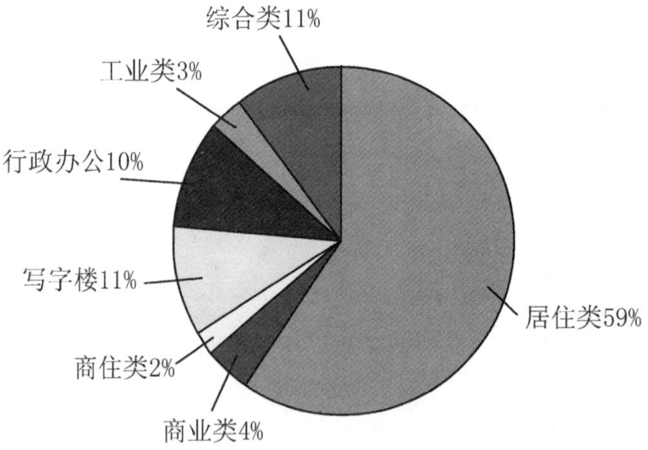

图10－2　2013年各类物业服务项目比例

三、业主大会成立情况

指导各区县结合辖区实际，推动业主大会的组建和规范运作。截至2013年底，全市共成立业主大会1107个，比2012年新增115个，其中住宅类物业项目成立业主大会1063个，占住宅类物业项目总数的27.6%，非住宅类物业项目成立业主大会44个，占非住宅物业项目总数的1.8%。（见表10－3）

表 10－3　2013 年业主大会成立情况统计表

	业委会数量	物业管理项目数量	比例
合计	1107	6266	17.7%
住宅项目	1063	3846	27.6%
非住宅项目	44	2420	1.8%

四、企业出京经营情况

鼓励企业积极出京开拓市场，出京经营的物业服务企业有所增加，2013 年全年共开具 86 份企业出京诚信证明，比 2012 年增加 15 份，企业出京经营主要集中在河北、山东、辽宁、天津、陕西、重庆、福建等地。

第二节　物业管理法律法规政策

一、出台《关于简化程序方便应急情况下使用住宅专项维修资金有关问题的通知》

为保证物业管理区域内发生危及房屋使用安全的紧急情况时，物业共用部位、共用设施设备能够得到及时维修，市住房和城乡建设委会同市财政局、市审计局、市住房资金管理中心 2013 年 11 月 28 日印发了《关于简化程序方便应急情况下使用住宅专项维修资金有关问题的通知》（京建法［2013］20 号）。该通知印发前广泛征求了社会各方意见，历经多次修改完善，在申请主体、受理部门、申请情形、程序简化等方面对住宅专项维修资金的使用做出了详细规定。

（一）明确申请主体和受理部门

《通知》明确了各种情况下应急使用维修资金的申请主体和受理部门。为了简化程序方便广大业主应急情况下使用住宅专项维修资金，《通知》规定，实施应急维修需要使用住宅专项维修资金的，无需双 2/3 业主同意，但应当事前告知业主。由业主委员会在物业管理区域内的显著位置就专项维修资金用于应急维修的相关情况告知业主；没有业主委员会的，由物业服务企业告知。业主对分摊情况提出质疑的，业主委员会或者物业服务企业应当予以答复。维修资金尚未划转至业主大会专用账户的，由物业服务企业向物业所在区县建委或房管局物业或房屋安全管理部门提出申请；维修资金已经划转至业主大会专用账户的，由业主委员会向物业所在区县建委或房管局物业或房屋安全管理部门提出申请；业主委员会不愿意提出申请，业主委员会任期届满且换届未完成名存实亡或业主委员会怠于履行职责的，由物业服务企业向物业所在区县建委或房管局物业或房屋安全管理部门提出申请；物业服务企业、业主委员会未按规定申请应急维修的，由相关业主向区县建委或房管局物业或房屋安全管理部门提出代修申请。

《通知》规定，应急使用中央国家机关在京单位售后公有住房（含职工住宅）专项维修资金的，由物业服务企业或相关业主通知原售房单位到中央国家机关住房制度改革办公室申请；使用中共中央直属机关在京单位售后公有住房（含职工住宅）专项维修资金的，由物业服务企业或相关业主通知原售房单位到中共中央直属机关住房资金管理中心申请。

（二）明确六种情形可应急使用专项维修资金

按照“确保安全、明确职责、减少交叉、规范程序、方便使用、依法追责”的原则，根据《北京市物业管理办法》相关规定，《通知》明确规定了六种可应急使用专项维修资金的情形，分别是：屋面防水损坏造成渗漏的；电梯故障危及人身安全的；高层住宅水泵损坏导致供水中断的；楼体单侧外立面五分之一以上有脱落危险的；专用排水设施因坍塌、堵塞、爆裂等造成功能障碍，危及人身财产安全的；消防系统出现功能障碍，消防管理部门要求对消防设施设备维修、更新、改造的。

（三）简化申请程序、缩短付款时间

在简化申请程序、缩短付款时间方面，《通知》规定，应急使用专项维修资金只需要3个步骤，申请、批准或备案、付款，且申请材料也大大简化。《通知》规定申请时只需提供以下材料：已填好的应急维修使用住宅专项维修资金申请表；应急维修工程预算书；住宅专项维修资金分摊明细表。

在付款时限上，《通知》规定，“申请材料符合要求的，有关行政主管部门应当在接到申请后的2个工作日内做出同意的决定；情况特别紧急的，应当场做出同意决定”，“市住房资金管理中心区县管理部、业主大会开户银行应当在接到区县住建部门同意使用的批复意见之日起2个工作日内办理支付；发生特别紧急的情况时，应当在接到区县住建部门同意使用的批复意见之日起24小时内（指工作日）办理支付”。按此计算，以后申请应急维修，可以最快实现48小时资金到账。

（四）畅通投诉渠道、确保资金正常使用

为保障规定落到实处，《通知》要求，各区县建委或房管局工作人员在受理应急维修资金申请审核过程中，不得设置障碍刁难申请人，不得故意拖延审核时限。市住房资金管理中心区县管理部在接到区县建委或房管局同意支取应急维修资金的通知后，应在规定时间内完成资金支付手续，不得无故拖延。对行政管理人员不作为、乱作为的行为要及时严肃查处。市住建委还专门公布了投诉邮箱 bjwyjb@163.com，对群众、企业举报的不按规定履行应急使用维修资金职责的行为，会同相关部门及时组织查处。

二、组织专项培训，确保政策落地

为确保《关于简化程序方便应急情况下使用住宅专项维修资金有关问题的通知》（京建法［2013］20号）尽快落地，文件印发后，市物业服务指导中心会同各区县住建委、房管局组织对物业企业开展了政策培训，详细解读文件内容，指导物业服务企业建立应急维修资金台账，16个区县的近5000名项目负责人参加了培训。

第三节　物业服务监管

一、开展物业项目收支情况公示专项执法检查

2013 年是北京市实施物业项目按年度公示收支情况的第三年。从物业企业公示收支的表现来看，物业企业按时、按要求公示项目收支情况的意识明显提高，公示内容基本规范，未公示项目较去年相比有明显减少。但其中仍然存在诸如业主反映的公示内容太专业、公示方式单一等问题，下一步将继续优化收支报告内容，并研究网上、现场“双公示”的模式，进一步规范物业服务企业的经营行为，保障业主在物业管理活动中的知情权、监督权，促进物业服务企业经营行为更透明。

按照收支公示的时间要求，在全市 3674 个实施专业化物业管理的住宅类项目中，共有 25 个项目未按期填报收支报告，涉及物业服务企业 13 家，其中，二级企业 2 家，三级企业 11 家，各区县建委、房管局已对相关企业及项目负责人给予记分处罚，并作为不良记录记入物业服务信用系统。

二、围绕查违、防汛等工作，加强物业企业培训监管

2013 年 3 月，在北京市市政府生态文明和城乡环境建设动员大会后，市住房城乡建设委对全市 2700 家多家物业企业进行了动员和培训，通报了 2012 年 10 月 22 日朝阳区东山墅业主搞违法建设引起重大伤亡事故，物业企业没有履行报告指责受到处罚的典型案例；对凯莱和北京远景方舟物业管理有限公司不报告违法建设的行为进行了处罚。根据统计，全市已及时报告了 192 个小区违法建设的情况。

2013 年 5 月，市住房城乡建设委组织召开了 16 个区县住建委、房管局分管物业工作领导专题会，布置物业管理区域防汛、查违、矛盾纠纷调处等工作。5 月底 6 月初，分 8 个工作组对 16 个区县 68 个小区物业管理区域的防汛情况进行抽查，对存在排水设施堵塞等问题的门头沟永兴嘉园、东城本家润园等 12 个物业管理项目下发了整改通知书，对 2012 年“7・21”水灾严重的碧桂园、绿城百合公寓、加州水郡、北潞园、瑞雪春堂等五个项目进行了暗访，发现碧桂园、北潞园和绿城百合公寓三个项目地下空间出入口沙袋准备不足，提出了整改要求。

第四节　物业服务评估监理

一、培育物业服务评估监理机构

物业服务评估监理机构作为独立、专业、公正的第三方，在物业服务费用测算、物业项目承接查验、物业服务质量评估监理等方面具有重要作用，对解决物业管理纠纷、构建质价相符的物业管理市场环境具有重要意义。截至2013年底，北京市已有备案物业服务评估监理机构49家，累计抽取前期物业服务费用评估项目152个，2013年共完成前期物业服务费用评估199个。

二、引导评估监理机构积极发挥作用

北京市作为物业服务评估监理的首创地，于2011年成立了北京市物业服务评估监理协会，以对本市的物业服务评估监理机构及评估项目进行指导。2013年9月，市住建委相关部门会同物业服务评估监理协会及部分评估监理机构就物业服务评估的健康发展举行会谈。物业评估监理为规范物业管理，尤其是前期物业管理和定纷止争发挥了重要作用。下一步应在四个问题上着力：一是物业服务评估要公平、公正、客观，加强物业评估工作人员的业务水平。二是要认真总结评估工作，找出规律性，对具体的物业服务项目要做精细化的测算，细化作业规范。三是要加大宣传力度，对一些评估作用较好的案例予以报道，引导公众正确认识物业管理问题。四是加强行业自律，避免无序竞争。

第五节　物业管理矛盾纠纷处置

一、加大物业管理矛盾纠纷调处力度，矛盾纠纷呈下降趋势

加大矛盾纠纷调处力度，每日对报纸、网络等媒体的舆情进行监测，督促各区县对舆情报道中反映的问题逐一调查处理。对物业服务不到位、侵害业主利益的企业，各区县予以约谈告诫，督促限期整改，依法处理和处罚；对非物业管理问题，要求企业做好解释和协调，必要时移送相关主管部门处理；对舆情反映出的部分共性问题进行汇总分析，会同相关部门研究解决措施。

2013年有10家媒体刊登物业管理纠纷共143篇，市、区、街道（乡镇）三级住建部门加大矛盾纠纷调处力度，物业管理纠纷呈逐步下降趋势，2013年媒体报道纠纷比2012年减少47件，下半年比上半年减少31件。

1至12月份媒体报道的物业管理纠纷数量如下：

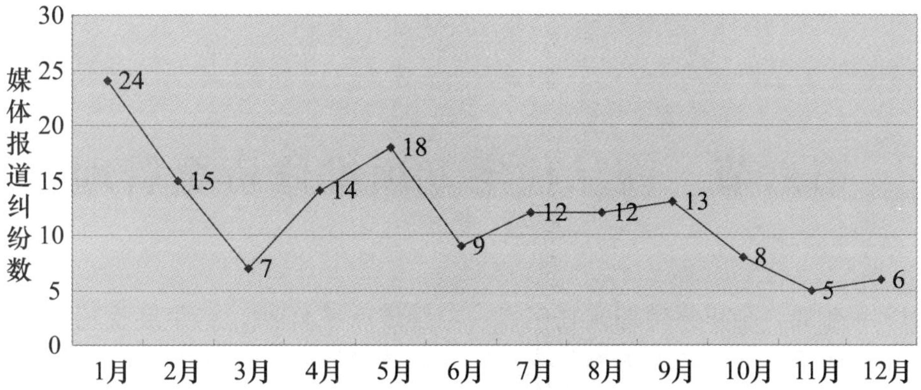

图 10－3　2013 年 1—12 月份媒体报道的物业管理纠纷数量

二、65 件舆情反映的问题均已解决

各类媒体报道的物业管理矛盾纠纷 65 件，北京市住房城乡建设委会同相关区县对舆情反映的问题均进行了调查处理，65 件矛盾纠纷体现出目前全市物业服务领域的共性和个性问题，其中具有普遍性和规律性的问题：一是维修资金支取不畅导致电梯、屋面防水等共用部位和共用设施设备得不到及时维修的问题；二是物业项目接撤管纠纷问题；三是物业服务不规范及物业服务企业违规问题；四是业主大会成立及规范运作问题。针对上述几个问题，将出台相应的管理措施，使物业服务更好的满足广大业主需求。

三、协调市、区县物业管理部门解决物业管理难题

2013 年 5 月，市住房城乡建设委会同西城区房管局对辖区内的 5 个物业管理难题进行了深入研究，并逐一化解。一是西便门西里 14 号楼，房改房无人交物业费问题；二是广安门北街 20 号楼，物业公司以产权单位欠费为由拒绝撤出问题；三是蝶翠华庭小区，小区长期拖欠电费，影响正常用电；四是车站西街 1 号院，物业公司撤离，物业无人管问题；五是三义里房改房小区改造后的后期管理问题。通过重难点问题的解决，增强了各级物业管理的联动性，积累了更多化解物业管理问题的经验。

2013 年 6 月，在朝阳区委、区政府的高度关注下，经多部门密切配合，多次协调，历时一年的大西洋新城小区物业管理交接矛盾成功化解。大西洋新城位于北京市朝阳区望京广顺北大街，1998 年起至今，由北京长庆房地产开发有限责任公司、北京信宜房地产开发有限责任公司、北京西华房地产开发有限责任公司、北京法亚房地产开发有限责任公司分期开发建设了 A、B、C、D、E、F1、F2、F3、F4 等 9 个区域，住宅 2990 户，建筑面积 80 余万平方米。自 2012 年该小区成立业主大会后，与部分区域的物业管理企业发生撤换直至交接上的矛盾。此次物业管理交接矛盾的成功处置，为提升北京市物业管理交接工作的监督指导和纠纷调处能力提供了宝贵的经验。一是在属地牵头的基础上，各部门应当积极配合，依法行政，发挥强有力的社会管理职能；二是基层机关在相互配合的基础上，深入矛盾纠纷的第一线，此次事件中即是朝阳区房管局和望京街道办事处通过多次召开协调会并到现场解决纠纷，确保了最终顺利交接；三是充分做好业委会和业主工作，及时沟通讲解政策，积极化解矛盾纠纷，为成功化解交接矛盾打下了基础。

第六节　商品住宅专项维修资金管理

截至2013年年底，全市累计归集住宅专项维修资金363.59亿元、237.7万套，其中本年度归集资金33.08亿元、18.7万套（见表10－4）。全市累计1687个小区使用住宅专项维修资金7.8亿元，涉及电梯、屋面防水等6621个维修项目。由于早期开发的住宅陆续进入维修期，本年度使用资金3.85亿元、同比增加108%；累计有225个小区将专项维修资金划转至业主委员会开户银行，涉及资金22.76亿元、17.9万套，本年度划转资金1.48亿元、同比下降24%。

表10－4　2000～2013年住宅专项维修资金归集金额统计表

单位：亿元

年份	2000	2001	2002	2003	2004	2005	2006	2007	2008	2009	2010	2011	2012	2013	合计
金额	2.29	3.7	7.77	11.87	17.72	43.18	33.92	34.26	30.66	37.08	48.6	32.26	29.09	33.08	363.59

注：本市自2000年2月13日开始对1999年1月1日以后售出的新建商品住宅（含经济适用住房）归集专项维修资金。归集金额均以2000年至2013年实际归集到“北京市住宅专项维修资金专用银行账户”的金额统计。

第七节　市级示范物业服务项目评选

2013年，经物业服务企业申报、专家评审等环节，全市共有95个项目获星级项目称号。其中，四星级示范项目78个，包括住宅项目38个，大厦项目38个，工业区项目2个；五星级示范项目17个，包括住宅项目3个，大厦项目14个（见表10－5、表10－6）。

表10－5　北京市物业管理示范（五星级）住宅小区

序号	项目	服务企业
1	远洋万和嘉园（远洋万和城）	中远酒店物业管理有限公司
2	泛海国际居住区	泛海物业管理有限公司
3	九都汇中心	北京市圣瑞物业服务有限公司

表 10－6　北京市物业管理示范（五星级）大厦

序号	项目	服务企业
1	中国农业银行农银大厦北楼	北京中际北视物业管理有限公司
2	中国人寿中心	国寿物业管理有限公司
3	中国移动创新大楼	北京信捷苑物业管理有限公司
4	金融街购物中心	北京金融街第一太平戴维斯物业管理有限公司
5	利星行广场	北京仲量联行物业管理服务有限公司
6	金泰国益大厦	北京金泰物业管理有限公司
7	金泰国际大厦	北京金泰物业管理有限公司
8	中海广场	中海物业管理有限公司
9	搜狐网络大厦	北京华清物业管理有限责任公司
10	首享科技大厦	北京蓟门首享物业管理有限公司
11	城建大厦	北京城建置业有限公司
12	中铁建设大厦	中铁建设集团物业管理有限公司
13	中石油科技园 A12 地块办公楼	北京华服高新物业管理有限责任公司
14	朝林广场 B 座	北京朝林泓泽物业管理有限公司

第八节　物业服务管理宣传指导

一、组织修改物业项目经理考试大纲和考题内容

为加强北京市物业项目经理考试的实用性和针对性，市住房城乡建设委组织修改了考试大纲和考题内容，以期提升市物业项目管理人员的整体水平。如增加了物业企业如何履行发现制止并报告违法建设的内容，使物业企业工作人员知道管理区域的违法建设不能有效制止时，应该如何向政府部门报告；小区防汛应该重点检查和预防哪些问题；电梯、消防、漏雨等问题出现后如何申请维修资金开展快速维修；对拖欠物业费如何处理，如何向法院提起诉讼；对小区养犬、乱停车、绿化、垃圾清运问题如何有效管理等。

二、组织编印北京物业管理指导手册

为加强对物业服务企业的指导，北京市物业服务指导中心组织编印了《北京物业管理指导手册》，手册包含了《北京市物业管理调研》、《北京市物业管理工作简报》、《物业管理百问百答》、《北京市物业管理政策法规选编》、《北京市物业管理相关政策法规选编》

等分册，在原有政策法规汇编的基础上新增了与物业管理密切相关的保安、绿化、消防、安全、人防、停车、邮政、养犬、垃圾管理等方面的文件选编，提高了物业企业和业委会综合管理水平。就什么是业主、什么是业主大会、什么是业主委员会、什么是物业公司、如何组建业主委员会、如何选聘物业企业等问题编写了简明通俗的解答，使广大的基层物业管理人员和业主能够快速入门，便捷了解物业方面的政策规定。

三、指导行业协会编印《北京物业管理》杂志，搭建行业交流平台

指导北京市物业管理行业协会编印《北京物业管理》杂志，定期印发，宣传行业法规政策，展示物业企业风采，剖析物业管理案例，报道外省市物业管理先进经验，搭建行业交流平台，提升行业整体服务水平。

第十一章 房地产登记

北京市房地产年鉴 2014

第一节　土地权属登记

一、2013年城镇国有土地使用权登记情况

2013年，全市城镇国有土地使用权初始登记发证1330宗，发证面积3251.72公顷；变更登记发证7277宗，发证面积2979.24公顷；注销登记152宗，注销宗地面积1043.4公顷。（详见：《2013年北京市城镇国有土地使用权登记发证统计表》）

二、2013年城镇国有土地使用权抵押权登记情况

2013年，全市抵押土地6345宗（含小业主抵押3459宗），抵押土地面积为7723.071公顷，土地抵押贷款额为73054780.36万元。主要抵押土地类别集中在住宅用地、商服用地和政府储备用地上。年内全市共注销抵押土地5426宗，注销抵押面积为5933.423公顷，注销抵押贷款为36592999.53万元。（详见：《2013年北京市城镇国有土地使用权抵押权登记发证统计表》）

三、历年城镇国有土地使用权登记情况

截止到2013年底，全市共累计办理国有土地使用权登记210506宗，累计登记土地面积231094.261公顷。其中2013年办理国有土地使用权登记8607宗，土地面积6230.961公顷，分别占历年发证总宗数的4.09%和总面积的2.70%。

四、历年城镇国有土地使用权抵押权登记情况

2013年办理抵押权登记6345宗，比上年增加15.87%，抵押面积7723.071公顷，比上年增加11.63%，抵押金额73054780.36万元，比上年增加45.09%。

表11－1　1993—2013年北京市国有土地使用权登记发证情况

年份	件数	面积（万平方米）	累计发证件数	累计发证面积（万平方米）
1993年	583	827.57	653	838.39
1994年	796	1363.22	1449	2201.61
1995年	944	1629.21	2393	3830.82
1996年	1537	2632.16	3930	6402.98
1997年	2215	4559.95	6145	10962.93
1998年	3802	14157.76	9947	25120.69
1999年	7862	11250.36	17809	36371.05
2000年	5108	8131.83	22917	44502.88

续表 11-1

年份	件数	面积（万平方米）	累计发证件数	累计发证面积（万平方米）
2001 年	7350	13494.63	30267	57997.51
2002 年	8180	9448.07	38447	67445.58
2003 年	11396	19868.16	49843	87313.74
2004 年	17201	10794.05	67044	98107.79
2005 年	17292	8924.16	84336	107031.95
2006 年	27854	53982.67	112190	161014.62
2007 年	19789	10543.95	131979	171558.57
2008 年	15873	12363.68	147852	183922.25
2009 年	19373	13750.80	167225	197673.05
2010 年	14722	9145.85	181947	206818.9
2011 年	12170	10248.88	194117	217067.78
2012 年	7782	7795.52	201899	224863.3
2013 年	8607	6230.961	210506	231094.261

表 11-2　1999—2013 年北京市国有土地使用权抵押权登记情况

年份	宗数	面积（万平方米）	抵押额（万元）
1999 年	889	948.19	1636780.54
2000 年	794	783.83	1569197.64
2001 年	1457	2913.11	3144433.55
2002 年	2141	2686.97	4953896.22
2003 年	3874	4344.28	17027192.52
2004 年	13178	5635.03	10234732.98
2005 年	6901	6335.94	13359914.3
2006 年	8174	51781.22	17728988.51
2007 年	9726	6635.89	30046700.24
2008 年	7626	6004.84	21565014.53
2009 年	6994	12159.79	48972131.41
2010 年	9232	7056.63	45691814.53
2011 年	6058	7405.64	53637971.64
2012 年	5476	6918.63	50352108.12
2013 年	6345	7723.071	73054780.36

表 11－3　2013 年北京市城镇国有土地使用权登记发证统计表

项目	合计	
	宗数（宗）	面积（万平方米）
甲	1	2
累计	8607	6230.961
东城区	673	119.06
西城区	457	31.531
朝阳区	3633	818.7
丰台区	724	413.9
石景山区	158	62.49
海淀区	1015	575.19
门头沟区	77	160.01
房山区	204	628.04
通州区	242	639.74
顺义区	453	493.1
昌平区	264	346.83
大兴区	258	611.38
怀柔区	80	128.85
平谷区	128	231.32
密云县	121	467.86
延庆县	63	155.41
北京经济技术开发区	57	347.55

表 11－4　2013 年北京市城镇国有土地使用权抵押权登记发证统计表

项目	合计		
	宗数（宗）	抵押面积（万平方米）	贷款金额（万元）
甲	1	2	3
累计	6345	7723.071	73054780.36
东城区	404	54.075	4785411.48
西城区	233	27.918	3419063.07
朝阳区	2199	757.006	24064966.33
丰台区	559	249.91	5648612.82
石景山区	107	137.665	1152042.27
海淀区	835	294.202	5745210.96
门头沟区	26	50.46	392517.74
房山区	128	526.876	2064342.22

续表 11－4

项目	合计		
	宗数（宗）	抵押面积（万平方米）	贷款金额（万元）
通州区	415	1759.77	9226468.76
顺义区	357	896.867	4240882.91
昌平区	231	587.93	3022344.44
大兴区	293	1028.974	4487397.54
怀柔区	114	276.828	1074304
平谷区	91	240.129	863917.32
密云县	141	358.615	717811.43
延庆县	41	97.755	73657.7
北京经济技术开发区	171	378.091	2075829.37

第二节 房屋登记

一、2013 年度全市各类房屋登记总体情况

2013 年全市共办结房屋登记 85.8 万件，同比增长 25.7%，登记面积 2.2 亿平方米，同比增长 22.8%。其中转移登记 41 万件，占 48%，登记面积 4316 万平方米，占 20%。抵押登记 38.5 万件，占 45%，登记面积 1 亿平方米，占 45.8%。

表 11－5 2013 年度各类房屋登记件数及面积情况表

登记种类		登记件数（件）	建筑面积（万平方米）	件数占比（%）	面积占比（%）
所有权登记	初始登记	3406	3541.69	0.40	16.08
	转移登记	411126	4316.07	47.95	19.59
	变更登记	22811	1979.07	2.66	8.98
	注销登记	672	25.71	0.08	0.12
抵押权登记		385534	10092.13	44.96%	45.81
预告登记		4126	70.81	0.48%	0.32
更正登记		3925	133.91	0.46%	0.61
异议登记		825	8.69	0.10%	0.04
补证换证登记		9522	294.14	1.11%	1.34
限制登记		15531	1569.19	1.81%	7.12
合计		857478	22031.45	100.00%	100.00

二、房屋所有权登记概况

2013年，全市共办理房屋所有权登记438015件，登记面积9861.54万平方米。2013年各区县住房城乡建设委（房管局）办理房屋所有权登记数量统计情况见下表。

表11－6　2013年度各区县房屋所有权登记情况统计

区　县	件数（件）	建筑面积（万平方米）
东城区	15126	375.62
西城区	23416	358.83
朝阳区	112405	2996.00
海淀区	55848	972.68
丰台区	43080	669.86
石景山区	14314	213.49
门头沟区	4153	73.55
房山区	19825	363.70
通州区	26162	636.93
顺义区	18913	649.84
大兴区	29207	839.43
昌平区	44553	789.59
平谷区	2067	45.79
怀柔区	5668	124.04
密云县	10492	207.91
延庆县	4820	102.74
北京经济技术开发区	7966	441.54
合计	438015	9861.54

1. 房屋所有权初始登记情况

2013年，全市共办理房屋所有权初始登记3406件，登记面积3541.69万平方米，占房屋登记总件数的0.40%和登记面积的16.08%。2013年各区县住房城乡建设委（房管局）办理房屋所有权初始登记数量统计情况见下表。

表11－7　2013年度各区县房屋所有权初始登记情况统计

区　县	件数（件）	建筑面积（万平方米）
东城区	51	116.75
西城区	41	63.08
朝阳区	834	702.83
海淀区	152	288.76
丰台区	249	242.51

续表 11－7

区　县	件数（件）	建筑面积（万平方米）
石景山区	51	80.02
门头沟区	11	20.43
房山区	223	176.82
通州区	311	328.82
顺义区	100	293.91
大兴区	420	474.35
昌平区	493	285.39
平谷区	16	10.04
怀柔区	230	45.99
密云县	42	72.15
延庆县	137	33.95
北京经济技术开发区	45	305.89
合计	3406	3541.69

2. **房屋所有权转移登记情况**

2013 年，全市共办理房屋所有权转移登记 411126 件，登记面积 4316.07 万平方米，占房屋登记总件数的 47.95% 和登记面积的 19.59%。2013 年各区县住房城乡建设委（房管局）办理房屋所有权转移登记数量统计情况见下表。

表 11－8　2013 年度各区县房屋所有权转移登记情况统计

区　县	件数（件）	建筑面积（万平方米）
东城区	14117	135.51
西城区	21990	204.40
朝阳区	102953	1107.88
海淀区	52971	569.97
丰台区	40745	385.61
石景山区	13586	123.65
门头沟区	3716	42.61
房山区	19006	175.35
通州区	24376	233.96
顺义区	18348	259.10
大兴区	27429	299.14
昌平区	42518	438.31
平谷区	1835	21.39
怀柔区	5249	59.42

续表 11－8

区　县	件数（件）	建筑面积（万平方米）
密云县	10205	124.09
延庆县	4480	49.32
北京经济技术开发区	7602	86.36
合计	411126	4316.07

3. 房屋所有权变更登记情况

2013 年，全市共办理房屋所有权变更登记 22811 件，登记面积 1979.07 万平方米，占房屋登记总件数的 2.66% 和登记面积的 8.98%。2013 年各区县住房城乡建设委（房管局）办理房屋所有权变更登记数量统计情况见下表。

表 11－9　2013 年度各区县房屋所有权变更登记情况统计

区　县	件数（件）	建筑面积（万平方米）
东城区	917	121.35
西城区	1351	91.12
朝阳区	8533	1182.43
海淀区	2633	111.01
丰台区	2020	40.30
石景山区	651	9.60
门头沟区	342	9.00
房山区	536	10.71
通州区	1441	73.78
顺义区	462	96.80
大兴区	1314	62.62
昌平区	1486	58.72
平谷区	198	13.45
怀柔区	171	17.67
密云县	240	11.63
延庆县	200	18.84
北京经济技术开发区	316	49.04
合计	22811	1979.07

三、房屋抵押权登记情况

2013 年，全市共办理房屋抵押权登记 385534 件，登记面积 10092.13 万平方米。2013 年各区县住房城乡建设委（房管局）办理房屋抵押权登记数量统计情况见下表。

表 11－10　2013 年度各区县房屋抵押权登记情况统计

区　县	件数（件）	建筑面积（万平方米）
东城区	13332	594.87
西城区	15256	396.42
朝阳区	104418	2764.87
海淀区	47918	1361.60
丰台区	42563	805.94
石景山区	10803	135.52
门头沟区	2586	68.22
房山区	12874	265.82
通州区	27128	649.02
顺义区	18271	623.65
大兴区	22987	565.50
昌平区	41412	821.94
平谷区	3844	111.09
怀柔区	4579	179.34
密云县	8230	199.28
延庆县	4606	100.24
北京经济技术开发区	4727	448.81
合计	385534	10092.13

四、房屋预告登记情况

2013 年，全市共办理房屋预告登记 4126 件，登记面积 70.81 万平方米。2013 年各区县住房城乡建设委（房管局）办理房屋预告登记数量统计情况见下表。

表 11－11　2013 年度各区县房屋预告登记情况统计

区　县	件数（件）	建筑面积（万平方米）
东城区	49	4.85
西城区	6	0.06
朝阳区	2114	25.97
海淀区	47	1.02
丰台区	7	0.63
石景山区	1	0.01
门头沟区	11	0.20
房山区	60	0.60
通州区	555	13.58

续表 11－11

区　县	件数（件）	建筑面积（万平方米）
顺义区	241	7.33
大兴区	179	2.19
昌平区	71	2.33
平谷区	0	0.00
怀柔区	0	0.00
密云县	2	0.02
延庆县	0	0.00
北京经济技术开发区	783	12.02
合计	4126	70.81

五、房屋更正登记情况

2013 年，全市共办理房屋更正登记 3925 件，登记面积 133.91 万平方米。2013 年各区县住房城乡建设委（房管局）办理房屋更正登记数量统计情况见下表。

表 11－12　2013 年度各区县房屋更正登记情况统计

区　县	件数（件）	建筑面积（万平方米）
东城区	138	4.47
西城区	223	8.03
朝阳区	1004	42.00
海淀区	430	21.09
丰台区	556	19.37
石景山区	115	1.09
门头沟区	60	1.36
房山区	189	6.02
通州区	195	2.14
顺义区	30	0.38
大兴区	249	6.84
昌平区	574	13.47
平谷区	16	0.16
怀柔区	47	2.63
密云县	62	1.33
延庆县	22	0.23
北京经济技术开发区	15	3.30
合计	3925	133.91

六、房屋异议登记情况

2013 年，全市共办理房屋异议登记 825 件，登记面积 8.69 万平方米。2013 年各区县住房城乡建设委（房管局）办理房屋异议登记数量统计情况见下表。

表 11－13　2013 年度各区县房屋异议登记情况统计

区　县	件数（件）	建筑面积（万平方米）
东城区	51	0.40
西城区	43	0.29
朝阳区	192	2.09
海淀区	101	1.05
丰台区	101	1.06
石景山区	29	0.26
门头沟区	13	0.50
房山区	15	0.16
通州区	33	0.32
顺义区	14	0.13
大兴区	61	0.59
昌平区	129	1.40
平谷区	10	0.11
怀柔区	7	0.06
密云县	10	0.10
延庆县	4	0.04
北京经济技术开发区	12	0.13
合计	825	8.69

第十二章 房屋安全管理

第一节　城镇房屋和设备安全检查

依据《关于开展2014年度城镇房屋安全检查工作的通知》(京建发［2013］519号)及《北京市房屋建筑使用安全管理办法》(北京市政府229号令)、《北京市城镇房屋建筑使用安全综合治理办法》(京政发［2010］17号)、《城市危险房屋管理规定》(建设部129号令)，为掌握本市城镇房屋安全状况，及时发现和解除危险隐患，合理制订城镇房屋修缮和改造计划，保障房屋住用安全，市住房城乡建设委于2013年11月5日召开了2014年度城镇房屋安全检查工作会。各区县住建委、房管局及各管房单位按市住房城乡建设委统一部署，组织实施城镇房屋安全检查。

一、房屋安全检查总量及其完损状况分析

从2013年11月至2014年2月，实查城镇房屋53766万平方米，为应查（不包括军产、外事用房及厂矿工业用房等）56682万平方米的94.86%，各区县查房数量详见图12－1（图中所标数值为应查房数）。

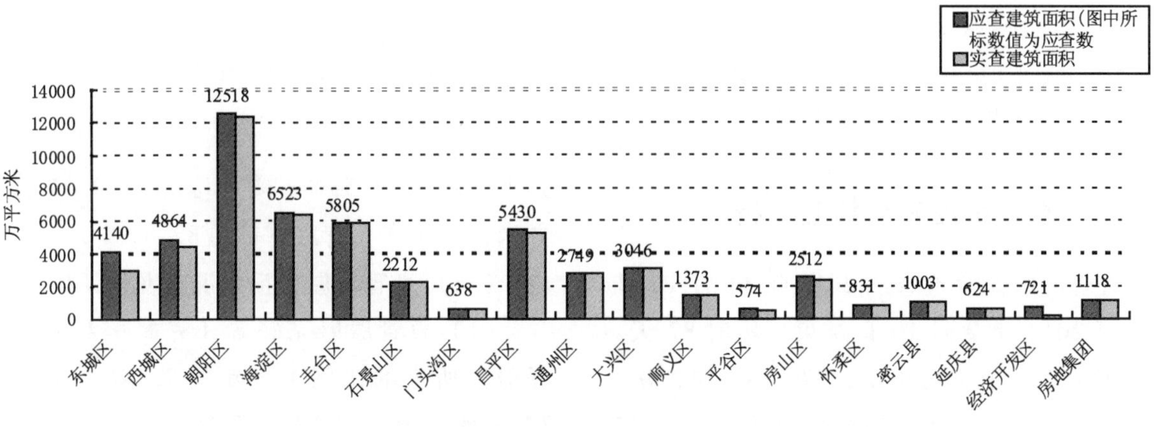

图12－1　2012年度城镇房屋安全检查中各区县应查和实查建筑面积

在实查城镇房屋53766万平方米中，查出疑似危险房屋（未鉴定，以下同）0.94万平方米，占实查房的0.002%；严重破损房屋368万平方米，占实查房屋的0.68%；一般破损房屋1654万平方米，占实查房屋的3.08%。按房屋类型划分：疑似危险房屋0.94万平方米均为平房；严重破损平房（含中式旧楼）219万平方米，占严重破损房屋总量368万平方米的59.51%；一般破损平房（含中式旧楼）363万平方米，占一般破损房屋总量1654万平方米的21.95%。严重破损楼房149万平方米，占严重破损房屋总量368万平方米的40.49%；一般破损楼房1291万平方米，占一般破损房屋总量1654万平方米

的78.05%。按房屋区域划分：核心区（东城区和西城区）查出疑似危险房屋0.41万平方米，占疑似危险房屋总量0.94万平方米的43.62%；核心区严重破损房屋181万平方米，占严重破损房屋总量368万平方米的49.18%；核心区一般破损房屋502万平方米，占一般破损房屋总量1654万平方米的30.35%（详见表12－1）。

表12－1　2014年城镇房屋完损状况分析表

		应查房屋建筑面积（万平方米）	实查房屋建筑面积												危旧房小计（三四五类）		危破房小计（四五类）	
			合计		完好房屋		基本完好房		一般破损房		严重破损房		疑似危险房					
			万平方米	占实查%	万平方米	占实查%	万平方米	占实查%	万平方米	占实查%	万平方米	占实查%	万平方米	占实查%	万平方米	占实查%	万平方米	占实查%
合计		56682	53766	94.86	41766	77.68	9977	18.56	1654	3.08	368	0.68	0.94	0.002	2023	3.76	369	0.69
按房屋类型分	楼房	53629	50887	94.89	40349	79.29	9098	17.88	1291	2.54	149	0.29			1440	2.83	149	0.29
	平房（含中式旧楼）	3053	2879	94.31	1417	49.23	879	30.53	363	12.62	219	7.59	0.94	0.033	583	20.24	220	7.62
按功能区域分	核心区	9646	8040	83.35	5028	62.54	2328	28.96	502	6.25	181	2.25	0.41	0.005	684	8.50	181	2.26
	拓展区	27535	27164	98.65	21202	78.05	5205	19.16	619	2.28	138	0.51	0.35	0.001	757	2.79	139	0.51
	发展新区	15831	14952	94.45	12686	84.84	1876	12.55	369	2.47	21	0.14	0.18	0.001	390	2.61	21	0.14
	生态涵养区	3670	3610	98.38	2851	78.97	567	15.72	164	4.55	28	0.76			192	5.32	28	0.76

表中“按功能区域划分”的依据是《北京市“十一五”规划纲要》。核心区：新东城区、新西城区；拓展区：朝阳区、海淀区、丰台区、石景山区；发展新区：昌平区、通州区、大兴区、顺义区、房山区、亦庄开发区；生态涵养区：门头沟区、平谷区、怀柔区、密云县、延庆县。（房地集团的物业管理查房数据汇总在“核心区”中，直管和自管查房数据汇总在“拓展区”中。）

二、直管房屋安全检查分析

直管房屋安全检查从2013年11月15日开始至2014年2月10日结束，历时87天。共组织了263个查房小组，970人参加查房，动员工日3.41万个，人均实际投入查房35天。实查直管房1915.03万平方米，占应查房屋1915.39万平方米的99.98%。其中：实查平房335.66万平方米（包括中式旧楼9.55万平方米），占实查直管房总量1915.03万平方米的17.53%；实查楼房1579.37万平方米，占实查直管房总量的82.47%。

（一）直管房屋完损状况（见图12－2）

（1）直管房屋完好率（完好房和基本完好房）所占的比例由上年的72.46%上升为72.63%，上升0.17个百分点，其中：平房完好率（包括中式旧楼，以下同）由上年的43.52%上升为45.53%，上升2.01个百分点；楼房完好率由上年的78. 68%下降为78.39 %，下降0.29个百分点。

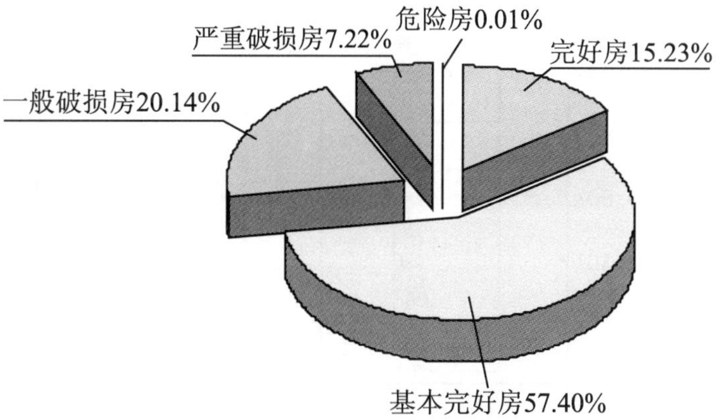

图 12－2　直管房屋完损等级比例图

（2）直管一般破损房所占的比例由上年的 19.83% 上升为 20.14%，上升 0.31 个百分点。其中：一般破损平房由上年的 30.08% 下降为 29.95%，下降 0.13 个百分点；一般破损楼房由上年的 17.62% 上升为 18.05%，下降 0.43 个百分点。

（3）直管严重破损和疑似危险房屋所占比例由上年的 7.71% 下降为 7.23 %，下降 0.48 个百分点。其中：平房由上年的 26.39% 下降为 24.52%，下降 1.87 个百分点；楼房由上年的 3. 69% 下降为 3.55 %，下降 0.14 个百分点。

（二）直管房屋应修缮情况

实查直管平房 22.80 万间（包括中式旧楼 0.59 万间），实查直管楼房 4625 幢 24.95 万套、1579.37 万平方米。应修缮项目见表 12－2。

表 12－2　直管房屋中查出的应修缮项目

	平房应修缮						楼房应修缮				
	翻挑大修（间）	木结构加固（间）	墙体整修（间）	屋面维修（间）	改善项目（间）	解除院落积水（立方米）	综合维修（万平方米）	屋面大修（万平方米）	上下水更新（万平方米）	整楼外墙板缝漏雨或外立面粉饰（万平方米）	屋面维修（万平方米）
数量	40828	778	4343	90360	3066	255	46.79	31.04	84.37	6.05	5.60
占总量%	17.91	0.34	1.90	39.63	1.34	—	2.96	1.97	5.34	0.38	0.35

三、物业和单位自管房屋安全检查分析

（一）实查物业和单位自管房 51519 万平方米，占应查面积 54381 万平方米的 94.74%。其中：完好和基本完好房占 97.46%，比上年下降 0.26 个百分点；一般破损房占 2.25%，比上年上升 0.18 个百分点；严重破损及危险房占 0.29%，比上年上升 0.07 个百分点（详见图 12－3）。

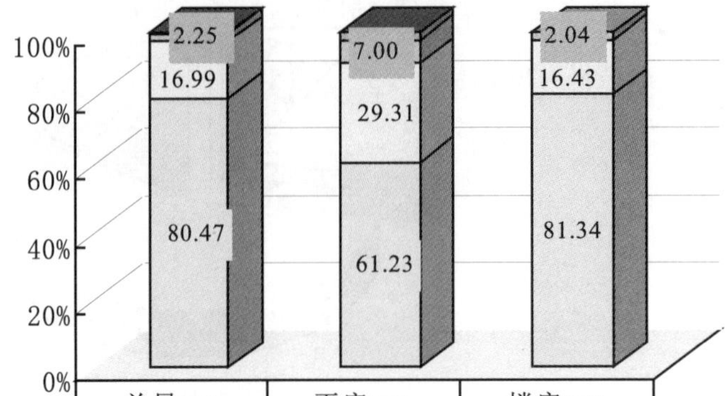

	总量(%)	平房(%)	楼房(%)
危险房	0.001	0.02	
严重破损房	0.29	2.45	0.19
一般破损房	2.25	7.00	2.04
基本完好房	16.99	29.31	16.43
完好房	80.47	61.23	81.34

图 12－3　物业和单位自管房屋完损状态（%）

（二）查出物业和单位自管平房应修 19046 间，占实查平房 55.30 万间的 3.44%。主要修缮项目：（1）应挑翻大修 3937 间；（2）木结构应加固 437 间；（3）平房屋面应补漏 8294 间；（4）应墙体整修 4826 间；（5）房屋严重阴暗、潮湿、掉土，急需做顶棚、地面、改装修 1552 间。

（三）查出物业和单位自管楼房应修 2095.54 万平方米，占实查楼房建筑面积 51519 万平方米的 4.07%。主要修缮项目：（1）楼房应综合维修 226.29 万平方米；（2）整幢楼外墙板缝漏雨应修 85.44 万平方米；（3）外立面应粉饰 145.06 万平方米；（4）楼房屋面应大修及维修 1152.22 万平方米；（5）上下水应更新 235.28 万平方米；（6）楼内墙公共部分应粉刷 251.25 万平方米。

四、城镇私有平房安全检查分析

实查城镇私有平房 21.92 万间，占应查 25.75 万间的 85.13%。其中 84.19% 为自住私有平房，按其产别分类所占比例见图 12－4。

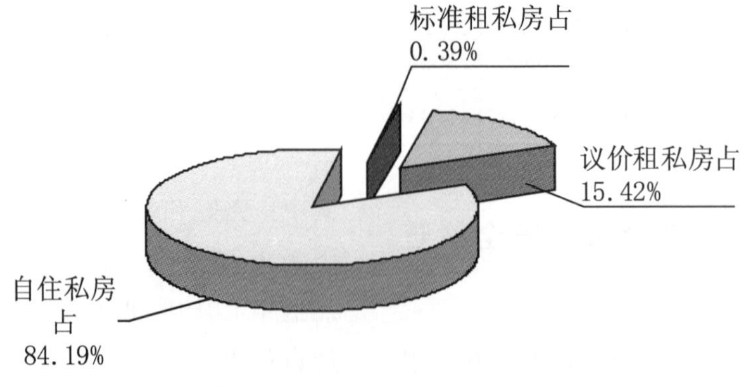

图 12－4　城镇私有平房按产别分类图

（一）标准租出租私房： 实查标准租私房1.28万平方米，占应查1.32万平方米的96.96%，其中：完好和基本完好房占6.50%，一般破损房占56.38%，严重破损房占36.34%，疑似危房占0.78%。查出应修标准租私房290间，占实查850间的34.12%。主要修缮项目：（1）应翻挑大修135间，占实查间数的15.88%；（2）木结构应抢修加固59间，占实查间数的6.94%；（3）应墙体整修28间，占实查间数的3.29%；（4）严重漏雨68间，占实查间数的8%。

（二）自住私房及议价租私房（未规定评定房屋完损等级）：共实查21.83万间，占应查25.66万间的85.07%。查出应修自住私房及议价租私房17386间，占实查21.83万间的7.96%。主要修缮项目：（1）应翻挑大修11907间，占实查间数的5.45%；（2）木结构应抢修加固791间，占实查间数的0.36%；（3）应墙体整修1770间，占实查间数的0.81%；（4）严重漏雨2918间，占实查间数的1.34%。

五、房屋设备检查总量分析

（一）2014年检查电梯57763部，电梯检查率为98.84%，比上年上升0.02个百分点。其中检查直管房屋电梯590部，检查率为100%；检查物业管理电梯44027部，检查率为99.36%；检查自管房电梯13146部，检查率为97.10%。

（二）2014年检查高层二次供水水泵30992台，检查率为98.47%，比上年上升0.05个百分点。其中直管房屋高层二次供水水泵490台，检查率为100%；物业管理高层二次供水水泵20552台，检查率为99.48%；自管房高层二次供水水泵9950台，检查率为96.37%。

（三）2014年检查避雷装置99665个系统，检查率为98.99%，比上年下降0.28个百分点。其中直管房屋2314个系统，检查率为100%；物业管理检查避雷装置66934个系统，检查率为99.25%；自管房单位检查避雷装置27717个系统，检查率为98.27%。近几年房屋设备检查数量分析见图12－5。

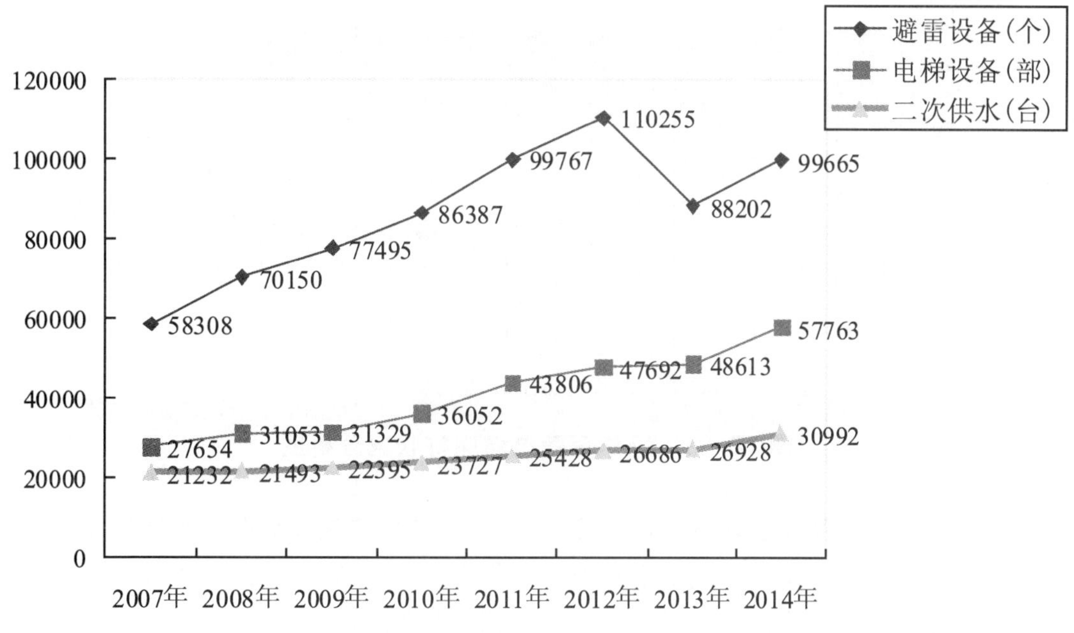

图12－5　近年房屋设备检查数量分析图

六、房屋设备完好状况分析（详见表12－3）：

表12－3　2014年城镇房屋设备完好状况

		应查	实查							
			合计		完好		一般		较差	
			数量	占应查%	数量	占实查%	数量	占实查%	数量	占实查%
甲		1	2	3＝2/1	4	5＝4/2	6	7＝6/2	8	9＝8/2
合计	电梯设备（部）	58438	57763	98.84	52102	90.20	4420	7.65	1241	2.15
	二次供水（台）	31474	30992	98.47	28177	90.92	2472	7.98	343	1.11
	避雷设备（个）	100677	99665	98.99	94427	94.74	4640	4.66	598	0.60
直管	电梯设备（部）	590	590	100	467	79.15	54	9.15	69	11.69
	二次供水（台）	490	490	100	352	71.84	86	17.55	52	10.61
	避雷设备（个）	2314	2314	100	2058	88.94	153	6.61	103	4.45
自管和物业	电梯设备（部）	57848	57173	98.83	51635	90.31	4366	7.64	1172	2.05
	二次供水（台）	30984	30502	98.44	27825	91.22	2386	7.82	291	0.95
	避雷设备（个）	98363	97351	98.97	92369	94.88	4487	4.61	495	0.51

（一）电梯设备完好状况：检查电梯57763部，其中完好电梯52102部，完好率90.20%，比上年上升0.91个百分点；电梯状况一般的4420部，占7.65%，比上年下降1.36个百分点；电梯状况较差的1241部，占2.15%，比上年上升0.45个百分点。

1. 直管电梯设备完好率79.15%，比上年81.61%下降2.46个百分点。这是近4年来，直管电梯完好状况首次下降（近年直管电梯完好状况见图12－6）。

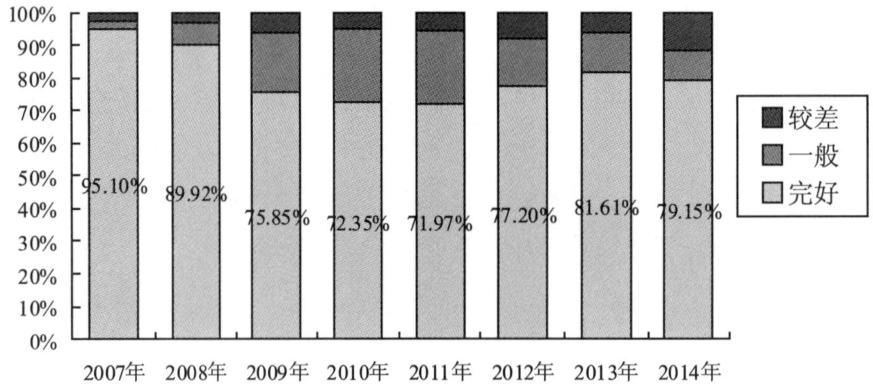

图12－6　近年直管电梯完好状况分析图

2. 2014年自管房和物业管理电梯设备完好率分别为87.05%和91.29%，均比上年有所上升。

（二）二次供水设备完好状况：检查二次供水设备30992台，其中供水设备完好的28177台，完好率为90.92%，比上年上升

0.34个百分点；供水设备状况一般的2472台，占7.98%，比上年下降0.75个百分点；供水设备状况较差的343台，占1.11%，比上年上升0.42个百分点。

（三）避雷设备完好状况：检查避雷设备99665个系统，其中避雷完好的94427个系统，完好率为94.74%，比上年上升1.28个百分点；避雷设备状况一般的4640个系统，占4.66%，比上年下降1.27个百分点；避雷设备状况较差的598个系统，占0.60%，比上年下降0.01个百分点。

第二节　城镇房屋防汛工作情况

房屋防汛工作是2013年市政府折子工程之一，也是市委市政府在加强水务改革发展工作分工中明确，由市住建委牵头负责的一项重要工作。在市政府及市防汛指挥部领导下，在区县建委房管局及各管房单位、有关单位共同努力下，我们严格按照市政府及市防汛指挥部的总体要求，精心筹划部署，科学组织实施，房屋防汛各项工作得到了有效落实，取得了较好成效。

一、汛前准备和落实工作

（一）摸清底数，明确防汛重点

2013年汛前检查出严重积水院落133处、8.7万平方米、涉及房屋5403间、居民3110户。旧城区查出危险房0.47万平方米，占总量的51.65%；旧城区查出严重破损房屋192万平方米，占总量的56.97%。旧城区查出严重积水院落和普通地下室倒灌数量约占总量的50%。

（二）督促落实危险房屋解危

市住房城乡建设委和区县建委房管局对在房屋安全检查中发现的危险房屋，及人大代表建议、政协委员提案及居民投诉涉及房屋安全的问题很重视，积极组织有关单位认真复核，提出解决意见，并组织实施。2013年3月中旬，李士祥副市长在《昨日市情》专刊第53期上批示：解决房屋漏雨问题。市住建委领导高度重视，要求主管部门迅速将市领导批示及要求传达到有关区县房屋主管部门，抓紧核实解决，并举一反三，减少类似事情发生。经核实，《昨日市情》专刊第53期上反映的西城区厂桥后铁匠胡同15号院房屋漏雨问题和朝阳区农光东路一号楼房屋漏雨问题已及时解决。3月下旬，市住建委发函给存在危险房屋的西城区、通州区政府，要求督促落实危险房屋解危责任，实施汛前解危，汛前不能修缮解危的要采取临时安全措施。

（三）建立防汛组织机构，明确落实工作分工、工作职责

上汛前，市住房城乡建设委杨斌主任分别与十六区县建设房管部门主要领导签订了《2013年安全度汛责任书》，细化了工作任务和责任。

（四）落实抢险队伍物资，组织应急演练

汛前，全市成立房屋防汛抢险队伍153支、3041人；储备房屋苫盖材料2052捆、木材180立方米、水泵4092台、发电机51台、运输车150辆。基本能满足就近准备、统一

使用的要求。区县建委、房管局以房管所、分公司为单位落实了居民避险转移地点。

2013年5月31日下午，市住房城乡建设委在海淀区苏家坨镇管家岭村，组织了危房断电、伤员抢救、房屋加固、漏雨苫盖、院落积水排除等科目的演练，海淀房地中心的5个分中心抢险队和丰台、昌平、石景山区的直管公房管理单位抢险队和房修一公司、首华公司的抢险队参加演练。区县房屋主管部门和直管公房管理单位100多人出席演习观摩会。

2013年6月8日下午，市住建委在在石景山区西山枫林小区组织了普通地下室断电、居民避险转移、建防洪挡水墙、普通地下室积水排除等科目的演练。市住建委、城区房管局及石景山区防汛办公室、属地物业公司等相关同志80多人出席演习观摩会。北京和泓物业服务有限公司西山枫林分公司50人参加演练。

（五）开展房屋防汛督察工作

上汛前后，市住房城乡建设委冯可梁副主任带领相关部门先后到16个区县建委房管局和亦庄经济技术开发区房管局检查督促指导房屋防汛工作，重点督察了中心城区危旧房屋、低洼院落的防洪和城市地下空间防汛工作。2013年6月5日上午，市住建委杨斌主任带队到西城区检查建筑施工、危旧房屋、低洼院落的防汛防洪和城市地下空间防洪工作。在督察中各单位进一步细化措施，落实责任，关口前移，重心下移，确保汛期万无一失。按全市统一部署，上汛前后各区县建委房管局和管房单位检查了400多万平方米的房屋，及时发现排除了房屋漏雨、积水等危险隐患。

（六）积极开展房屋防汛宣传组织工作

按照市政府和市防汛办的部署要求，市住房城乡建设委在深入调研和充分借鉴上年“721”及以往经验教训的基础上，2013年3月中旬制定印发了《2013年北京市城镇房屋防汛工作要点》。3月下旬，召开2013年信访应急工作会，各区县建委、房管局及市属管房单位100多人参加会议，会议部署了2013年信访应急包括房屋防汛等工作。2013年5月27日下午，市住房城乡建设委组织召开了全市房屋防汛工作电视电话动员会，对2013年城镇房屋安全检查情况进行了小结，对各区县房屋防汛准备工作进行了讲评，对2013年房屋防汛、危房解危和抗震加固工作进行了动员部署。积极房屋防汛宣传组织工作。

汛前，按全市统一部署，组织开展房屋防汛宣传周活动。在市政府网上和北京日报公示区县建委（房管局）及市属管房单位房屋防汛值班抢险电话。县建委（房管局）及市属管房单位在属地辖区公示房屋防汛值班抢险电话。在社区、居委会组织进行房屋防汛宣传活动。采取给属地的重点区域、重点房屋发放防汛安全告知书或公开信等方式，提醒房屋产权单位产权人注意房屋安全，及时解危排险。

二、汛期房屋防汛抢险抢修等工作情况

上汛后，市、区县住建委、房管局认真贯彻落实国家防汛总指挥部、市政府及市防汛指挥部的工作部署，积极开展房屋防汛检查和落实工作，采取多种措施，努力保障房屋安全。

（一）汛期房屋防汛督促落实情况

为落实汛前市政府防汛会议精神和要求，市住房城乡建设委杨斌主任、冯可梁副主任带队到西城区房管局等单位检查建筑施工和房屋防汛工作。多次陪同主管市长林克庆、市水务局聂玉藻书记等领导检查房屋防汛工

作。市领导和有关部门领导对房屋防汛准备和工作落实比较满意。从检查和各单位报送的情况看，各区县建委房管局和管房单位认真落实市区政府的防汛工作部署，认真落实房屋安全责任制，积极组织开展对重点区域、重点房屋的安全检查，及时排除了房屋漏雨、积水等危险隐患。

上汛后，本市降雨频繁，在收到降雨预警后，市区住建委、房管局各级领导带班，加强值班备勤，按预警级别及时启动房屋防汛应急预案。在每次发布降雨预警后，各区县建委、房管局组织对重点区域重点房屋的巡查，抢险人员到岗备勤，确保随时处置突发事故。在每次降雨中和雨后，市住建委对各单位值班备勤，房屋巡查和抢险抢修情况进行汇总，并报市防汛办公室。从抽查和统计汇总看，各单位参加值班、房屋巡查和抢险抢修人员达到3000多人次。

（二）房屋防汛值班电话检查情况

上汛以来，本市降雨频繁，降雨量和市主管部门发布降雨预警多于上年。居民和房屋使用单位的报险报修电话也多于上年。《市长要情》65和77期上，刊登了20多起居民反映房屋漏雨，要求尽快修缮的内容。按市领导和市住建委领导批示要求，有关区县建委、房管局及时进行了办理。

上汛以来，市住建委在首都之窗和《北京日报》等媒体刊登了区县建委、房管局防汛值班电话。上汛后，对区县建委、房管局防汛值班电话进行了检查。汛期市监察局对全市防汛值班电话进行了2次检查。在市监察局致市防汛办《对全市防汛值班电话进行第二轮检查情况的函》京监函［2013］4号中，函告了7月5日和7日两次检查情况。市监察局要求各单位对防汛值班电话要再次进行核实确认，要加强对值守人员的培训，确保电话24小时畅通，接通及时。对未接通电话的单位进行通报批评，督促整改。要加强日常监管工作。

（三）主汛前印发《进一步做好房屋防汛工作的通知》

7月8日，市住房城乡建设委印发了《关于进一步做好房屋防汛工作的通知》，通知传达了7月2日陈刚副市长检查住房和城乡建设防汛专项分指挥部工作时，针对房屋防汛提出的工作要求：房屋防汛责任到人，管理工作不留死角。在通知中提出了具体工作要求：一是各单位要加强对易存在隐患的房屋管理。二是对城镇房屋安全管理要全面覆盖。三是严格落实房屋巡查和解危制度。四是做好信息上报反馈工作。

（四）汛期降雨时值班备勤及抢险抢修情况

市住房城乡建设委对汛期12次全市降中雨以上预警后的区县房管部门、管房单位值班、抢险备勤，房屋漏雨、院落积水、普通地下室倒灌及抢修抢修情况进行了统计汇总。汛期降雨中和雨后，参加值班、抢险备勤人员33815人次，对重点区域、重点房屋进行检查，共检查平房10.1万间，楼房2.57万幢。检查发现平房漏雨5973间，楼房漏雨2408幢，院落积水165处，雨水进屋50间，地下室倒灌9处。报修数量6399次。以上问题多数及时进行抢险抢修。对未能解决的，由房屋属地区县政府督促落实，务必保障房屋安全使用。

对比分析，2013年汛期降雨次数和降雨量少于上年，参加值班、抢险备勤人员33815人次，是上年的2.5倍，雨中巡查雨后检查房屋的数量略少于上年。平房漏雨5973间，是上年11065间的53.98%；楼房楼房漏雨2408幢，是上年8881幢的27.11%。楼房地下室倒灌9幢，是上年881幢的1%。院落积水165处，是上年1054处的26%。2013年接到房屋倒塌事故报告3起，其中2起在汛期。经现场核实、鉴定，倒塌房屋均为城镇私房，不是降雨洪水造成。从以上数据情况分析看，一方面2013年降雨次数少，降雨量小，没有造成较大灾害。另一方有关部门单位对房屋防汛防洪工作重视，工作做的比较深入扎实。

三、典型事例

在2013年房屋防汛工作中各单位做了大量有效的 工作，典型性、代表性的突出事例很多，值得学习推广。简略如下；

东城房管局汛前利用报刊、网络、社区公告栏、开居民会等方式，加大房屋防汛的宣传力度。在全区17个街道办事处200多个社区公告栏张贴了《致东城区自住私房产权人、承租人、使用人一封信》；物业管理科、小区办通过互联网向全区各物业公司发放了《房屋防汛工作通知》。东城一中心汛前编制印发4万多《房地一中心汛期服务手册》。向居民公布汛期值班电话，设灯箱方便居民在夜间反映情况，与区、地区街道办事处组成条块结合联系网。东城二中心所属分中心与街道办事处、社区居委会、派出所建立了联系协调制度，想方设法对房屋修缮需要腾空转移的住户做思想工作，健全各种手续，修缮项目登记造册，签订协议，解决一处核销一处。汛期抽调防汛人员与所在街道主管部门联合办公，接待群众报修，雨中对危险房屋进行巡查，发现房屋危险隐患，及时组织抢险抢修。

西城政府很重视房屋安全防汛工作，主管区长参加房管局防汛动员会。区政府对城镇私房检查和修缮解危给予财政支持。西城房管局在《北京日报》上刊登房屋安全检查公告和房屋防汛公告，委托直管公房管理单位检查和 抢险抢修城镇私房。汛前，向私房产权人印发《防汛安全应急手册》1500余封。宣武房屋投资管理公司认真检查修缮房屋。重点房屋图表上墙，落实安全责任 ，并抄报属地街道办事处，房屋隐患及时排除。海淀区房管局汛前在属地1500个小区张贴《安全度汛通知》6000张，该局同2000多房屋管理单位签订安全责任书。委托海淀区房地中心配合抢险抢修。

上汛以来，东城、顺义和密云等区县发生的房屋漏雨、院落积水和地下室倒灌的数量少于上年。在管房数量、房屋状况与其他区县基本相同的情况下，房屋漏雨、院落积水和地下室倒灌的数量少于与其他区县。主要原因是属地政府重视房屋防汛，汛前准备工作好，特别是在去年“721”灾后，政府增加了对房屋防汛的资金支持，汛前修缮了大量漏雨和危险房屋。朝阳、门头沟、昌平、通州和房地集团也有很多经验做法值得学习推广。

第三节　抗震节能综合改造工作

2013年房屋抗震节能改造工作在2012年工作基础上积极有序开展。

一、将任务落实到项目

2013年初，市重大办确定了全市抗震节

能综合改造任务191.05万平方米，并分解到各区县。要求各区县严格落实市重大办下达的任务，并将任务落实到具体楼栋。

二、加强协调，促任务落实

要求各区县制定切实可行的工作计划并严格落实，沿用去年的分组协调机制，定期深入一线协调区县严格落实综合改造计划，推动工程实施。

三、积极解决综合改造过程中遇到的问题

从2013年抗震综合改造实践看，水、电、气、热等各专业公司工作流程与综合改造施工存在一定的不协调的地方，为此，多次组织召开协调会，协调专业公司尽可能配合改造工程，同时上报市老旧小区综合整治办，要求解决专业公司与工程施工的衔接问题。

四、推动进一步完善政策，谋划好明年的工作

从2013年抗震节能综合改造工作实践看，区县配套资金不足和一层违建拆除难两个问题严重制约了综合改造。2014年是抗震节能综合改造的攻坚期，这两个问题需要及时解决。已向市老旧小区综合整治办提出了具体建议：

一是加大市级投入。建议对确需发生的项目如拆违、周转等列入市区共担范围；如果不增加市区共担项目，则需要提高市级负担的比例。

二是做好服务。首先要畅通区县利用产权单位资金的渠道。其次要为有需要的区县提供融资方面的帮助，通过搭建融资平台，帮助区里融资，筹集的资金由区县逐步偿还。

三是明确区县资金筹集由区县长负责。

四是区县要把拆违工作与房屋建筑抗震节能综合改造工作有机结合。综合改造工程涉及的一层违建，一律列入区县拆违工作任务。

第四节 房屋安全管理工作

一、加强全市普通地下室管理

（一）组织多次普通地下室专项检查

2013年初，为确保元旦、春节两节和全国两会期间社会安全稳定，市住建委会同市相关单位多次组织的普通地下室专项执法检查。针对去年7.21汛情，2013年首次把普通地下室防雨水倒灌列入防汛工作的重点，并在石景山区，西山枫林校区组织召开普通地下室防汛演习观摩会。为落实市安委会关于餐饮场所燃气安全专项整治要求，转发了市安委会关于餐饮场所燃气使用专项整治的通知，对普通地下室餐饮场所燃气使用状况进行了全面调查摸底和自查整改工作。为深入贯彻落实党中央、国务院领导同志关于安全生产工作的重要批示指示和全国安全生产电视电话会议精神，根据地下空间综合整治方案的总体要求和普通地下室第三阶段综合整

治工作安排，市住房城乡建设委组织市公安总队、市公安消防局、市工商局、市卫生局、委执法大队，于2013年9月23日－29日对全市部分区县普通地下室安全使用情况进行联合督查对违法违规行为进行查处。

（二）调研普通地下室安全使用管理，开发调试普通地下室使用管理平台

根据（2011年第236号市政府令修订）的市政府152号令，对2006年制定的《人民防空工程和普通地下室安全使用管理规范》启动修改工作。为加强普通地下室安全使用规范管理，对部分区县的普通地下室安全使用管理和防汛工作进行了专题调研，在调查摸底的基础上，研究制定下发了第三阶段普通地下室综合整治工作的通知。5月31日，召开了城六区及昌平、大兴、通州、顺义、房山地下普通地下室工作会，梳理了各区备案难的具体原因，并对《地下空间信息统计表》征求意见。对普通地下室安全使用管理平台进行专题研究，初步确立了方案。并召开专题会议，征求执法大队、城六区、通州区、昌平区、大兴区住建委（房管局）主管科长以及使用管理人员对使用管理系统平台的意见和建议，确定了最终方案，年终投入试运行。

（三）全市普通地下室基本情况

2013年全市共有普通地下室22266处，面积4435.26万平方米。全年重点对7420处普通地下室进行了检查，发告知单1110份，发协查单101份，发出整改通知书1301份，关停95处，备案924处。

二、超限高层建筑工程抗震设防管理

2013年，依据《国务院对确需保留的行政审批项目设定行政许可的决定》（国务院令第412号）、《超限高层建筑工程抗震设防管理规定》（建设部令第111号）及《超限高层建筑工程抗震设防专项审查技术要点》（建质［2010］109号）等文件的要求，对超出国家现行规范、规程所规定的适用高度和适用结构类型的高层建筑工程，以及有关规范、规程规定应进行抗震专项审查的高层建筑工程，在初步设计阶段委托全国超限高层建筑工程抗震设防审查专家委员会，组织有关专家组成抗震设防审查组，开展超限高层建筑工程抗震设防专项审查，并将审查意见作为施工图审查阶段的依据。共对19项的超限高层建筑工程进行了抗震设防专项审查。其中包括朝阳区CBD核心区Z15地块项目，国贸三期工程B阶段，北京市朝阳区CBD核心区Z2b地块商业金融项目（三星中国总部大楼），清华大学新建光华路校区大楼，中国国学中心等项目。

三、商品住宅专项维修资金使用管理

截至2013年12月31日，全市累计使用商品住宅专项维修资金7.89亿元，维修工程涉及电梯、屋面防水等6618个项目。2013年本市维修资金申请使用量一直维持在较高水平，截至12月31日，全市商品住宅专项维修资金当年使用量为3.92亿元，同比增长110%，其中电梯维修使用1.28亿元，占当年资金使用量的32.8%；屋面防水维修使用1.75亿元，占当年资金使用量的44.6%；供水系统维修改造2164万元，占当年资金使用量的5.5%。其它还包括消防、内外墙、门禁监控、给排水管道维修等。目前，电梯和屋面防水维修工程是商品住宅专项维修资金主要支出项目，约占资金使用量的77%。从维修资金使用量增长情况来看，本市2008年以前建成的商品住宅已陆续进入维修周期，维修资金使用量还将继续保持较快增长趋势。2008—2013年商品住宅专项维修资金使用情况见下表12-4。

表12-4 2008—2013年商品住宅专项维修资金使用情况表

时间（年）	2008	2009	2010	2011	2012	2013
累使用资金（亿元）	0.3	0.6	1.13	2.1	3.97	7.89
累计维修项目（个）	157	486	1358	2155	3647	6618
当年使用资金（亿元）		0.3	0.53	0.97	1.87	3.92
同比增长		73.1%	74.23%	85%	93%	110%

2013年11月28日，市住房城乡建设委印发了《关于简化程序方便应急情况下使用住宅专项维修资金有关问题的通知》（京建法［2013］20号），该办法的制定，使北京市住宅专项维修资金的使用更加灵活、方便。

第十三章 房地产行业信息

北京市房地产年鉴 2014

第一节　房地产开发企业

一、房地产开发企业基本情况

截止2013年底，截至年底，全市资质证书有效期内的房地产开发企业共计2275家（见图13－1），其中一级企业80家、占比3.52%，二级153家、占比6.73%，三级162家、占比7.12%，四级1300家、占比57.14%，暂定企业580家、占比25.49%；2275家企业中含内资2153家、外资122家。（见图13－2）

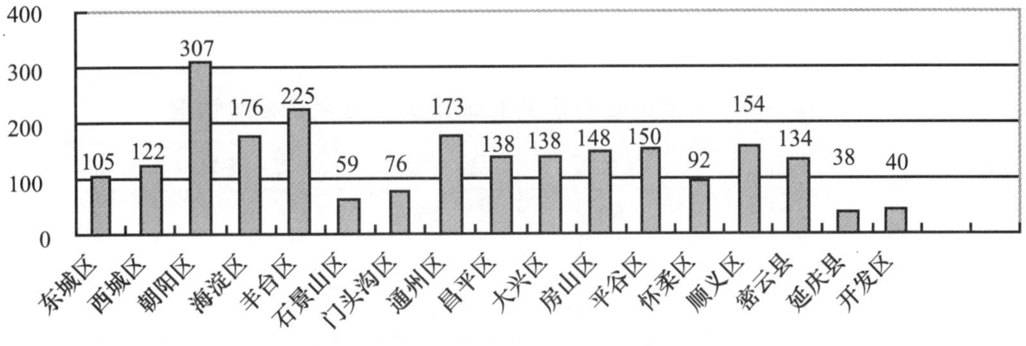

图13－1　各区县房地产开发企业注册数量分布（单位：家）

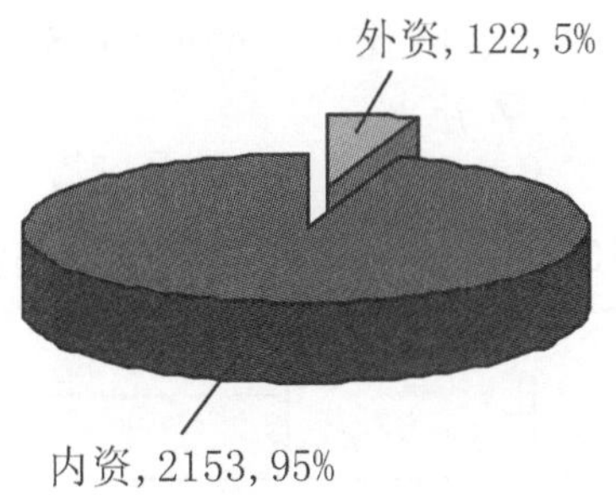

图13－2　全市房地产企业性质分类情况

二、行政许可及服务类事项办理情况

（一）房地产开发企业资质等级核定情况

年审查房地产开发企业资质等级核定1898项、同比增加34%，其中四级712项、同比增加94%，三级55项、同比增长8%，二级59项、同比增加23%，一级54项、同比增加125%，暂定资质延续254项、同比减少28%，资质变更404项、同比增长12%，新备案资质330项、同比增加69%。（见表13－1）

表 13－1　房地产开发企业资质等级核定情况

单位：家

类别	总计		四级核定		三级核定		二级核定		一级核定		暂定延续		资质变更		新备案	
	受理	审查	受理	审查	受理	审查	受理	审查	受理	审查	受理	审查	受理	审查	受理	审查
内资	1846	1775	732	712	55	45	58	52	54	52	264	254	364	355	319	305
外资	52	50	0	0	0	0	1	0	0	0	0	0	40	40	11	10
合计	1898	1825	732	712	55	45	59	52	54	52	264	254	404	395	330	315

（二）不使用政府投资的城建类投资项目核准情况

年内，审查不使用政府投资的城建类投资项目核准122项，同比增加18.45%；总建筑面积1019.67万平方米、同比增加24.2%，总投资2091.38亿元、同比增加10.8%。（见表13－2）

表 13－2　不使用政府投资的城建类投资项目核准情况

类别	总计	新立项	重新核准	立项延期	其他（变更、调整）
项目（件）	122	86	16	18	2
面积（万平方米）	1019.67	706.57	147.05	122.31	43.73
投资（亿元）	2091.38	1554.59	283.78	211.23	41.77

（三）年度投资计划办理情况

审查年度投资计划调整单168项、同比增加66.3%，总建筑面积1885.53平方米、同比增加26.2%，总投资486.20亿元、同比增加57.8%。（见表13－3）

表 13－3　投资计划调整单审查情况

类别	总计	其中	
		新建	续建
项目（件）	168	158	10
面积（万平方米）	1885.53	1694.77	190.76
投资（亿元）	486.20	458.21	27.99

（四）建设方案公示情况

公示涉及13个区县107个项目的建设方案、同比增加15%，总建筑面积2100.87万平方米、同比增加52.5%。（见表13－4）

表 13－4　项目建设方案备案情况

（单位：万平方米）

序号	所属区县	项目总数	总建筑面积	序号	所属区县	项目总数	总建筑面积
1	朝阳区	15	313.75	8	通州区	11	282.55
2	海淀区	4	50.67	9	顺义区	7	83.05
3	丰台区	8	160.22	10	大兴区	14	258.72
4	开发区	8	171.02	11	门头沟区	9	216.64
5	昌平区	7	110.43	12	密云县	5	83.82
6	平谷区	4	79.79	13	石景山区	3	73.68
7	房山区	12	216.53				

三、2013 年房地产开发企业（三级资质及以上）名录（见附录四附表 5）

第二节　房产测绘行业

2013 年，北京市房产测绘工作继续平稳发展，市场运行稳定有序。

一、房产测绘管理情况

（一）加强测绘成果审核

2013 年度，主要梳理了房产测绘成果备案的程序性规定和行政审批要点。在推进行政审批制度改革过程中，结合全市房产测绘市场现状和工作特点，协调市编办将“房产测绘成果备案”列入全市行政审批事项目录，调整名称为“房产测绘成果审核”，并针对名称变更后表单格式、审核内容、结果形式变化的情况进行了及时调整，保障了审核工作的平稳运行。

（二）房产测绘单位及人员情况

截至 2013 年底，全市共有 90 家单位（公司）及 646 名作业人员在北京市住建委办公平台申请办理并领取了测绘企业密钥及人员密钥。已领取企业密钥的测绘单位（公司）中甲级资质 12 家，乙级资质 19 家，丙级资质 28 家，丁级资质 31 家。已领取的人员密钥中硕士学历 10 人占 1.5%，本科学历 320 人占 49.5%，大专学历 211 人占 32.7%，其他学历 105 人占 16.3%。（已领取企业密钥的测绘单位名录详见附件一）

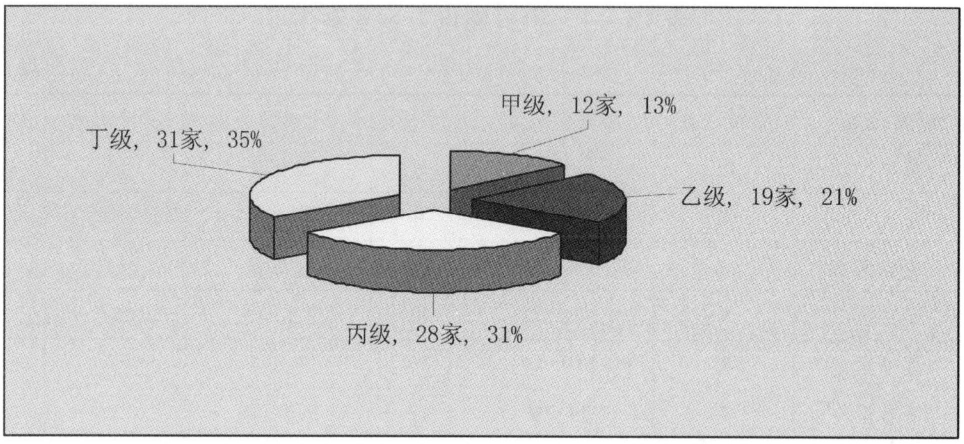

图 13－3　2013 年房产测绘单位资质等级情况表

二、房产测绘成果备案工作统计

2013 年，全市审核通过用于权属登记的实测备案业务共计 1267 笔，建筑面积 3759.1 万平方米，与 2012 年相比，备案面积增加 163.7 万平方米，同比增长 4.6%；审核通过用于预售许可的预测备案业务共计 369 笔，建筑面积 1982.4 万平方米，与 2012 年相比，备案面积减少 42.3 万平方米，同比下降 2.1%。

表 13－5　2013 年度各区县实测成果备案情况

序号	区县	业务件数（笔）	备案面积（平方米）	面积所占百分比（%）
1	东城区	22	1093449	2.91
2	西城区	27	695356	1.85
3	朝阳区	205	7248855	19.28
4	海淀区	89	2649793	7.05
5	丰台区	78	2378245	6.33
6	石景山区	27	713759	1.90
7	通州区	140	3468087	9.23
8	大兴区	141	4626101	12.31
9	昌平区	130	3574047	9.51
10	顺义区	125	3500059	9.31
11	怀柔区	38	1081464	2.88
12	密云县	49	1318555	3.51
13	延庆县	19	321432	0.86
14	门头沟区	27	624683	1.66
15	房山区	74	1711274	4.55
16	平谷区	7	100888	0.27
17	开发区	69	2485047	6.61
合计		1267	37591092	100

表 13 –6　2013 年度各区县预测成果备案情况

序号	区县	业务件数（笔）	备案面积（平方米）	面积所占百分比（%）
1	东城区	3	134003	0.68
2	西城区	0	–	–
3	朝阳区	34	2473821	12.48
4	海淀区	15	991314	5.00
5	丰台区	23	1093815	5.52
6	石景山区	3	283754	1.43
7	通州区	55	3488757	17.60
8	大兴区	46	2925191	14.76
9	昌平区	31	1299023	6.55
10	顺义区	35	1775547	8.96
11	怀柔区	8	150145	0.76
12	密云县	14	443717	2.24
13	延庆县	2	8277	0.04
14	门头沟区	14	686258	3.46
15	房山区	51	2326311	11.73
16	平谷区	14	598790	3.02
17	开发区	21	1144997	5.78
合计		369	19823720	100

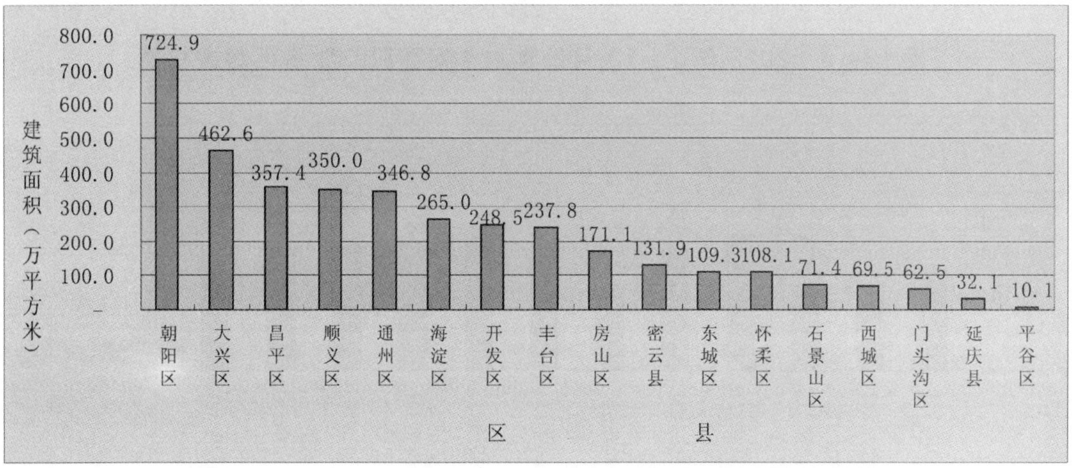

图 13 –4　2013 年度各区县实测成果备案面积柱形图

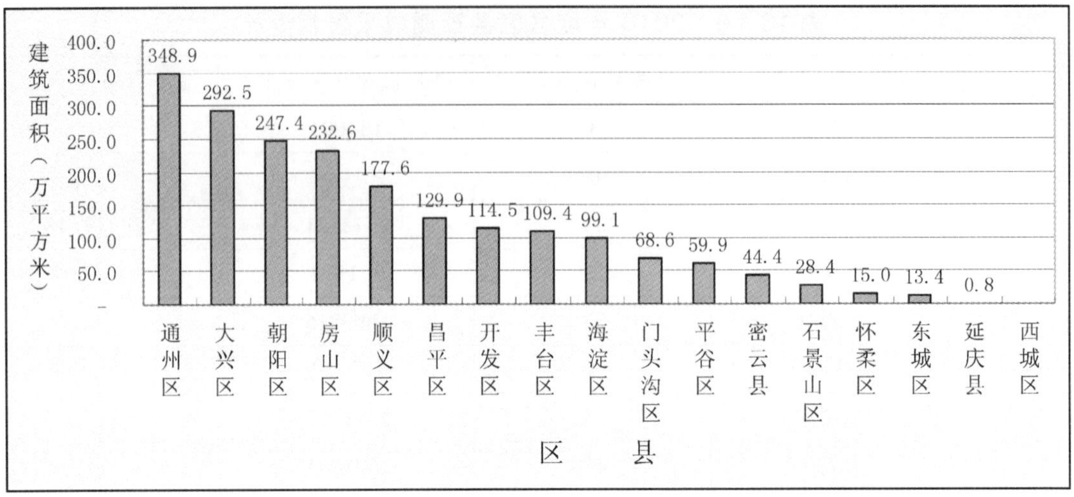

图 13－5　2013 年度各区县预测成果备案面积柱形图

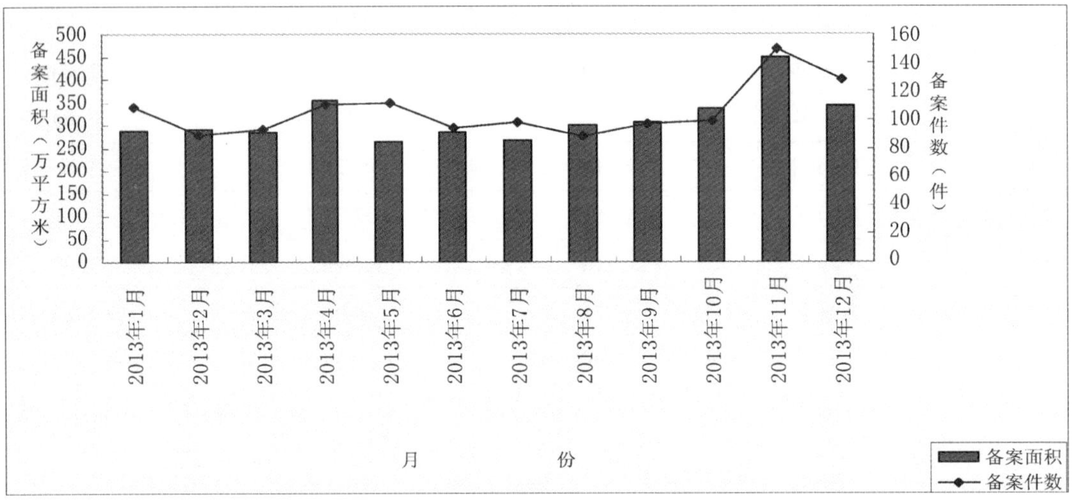

图 13－6　2013 年 1－12 月份实测备案面积及业务件数走势图

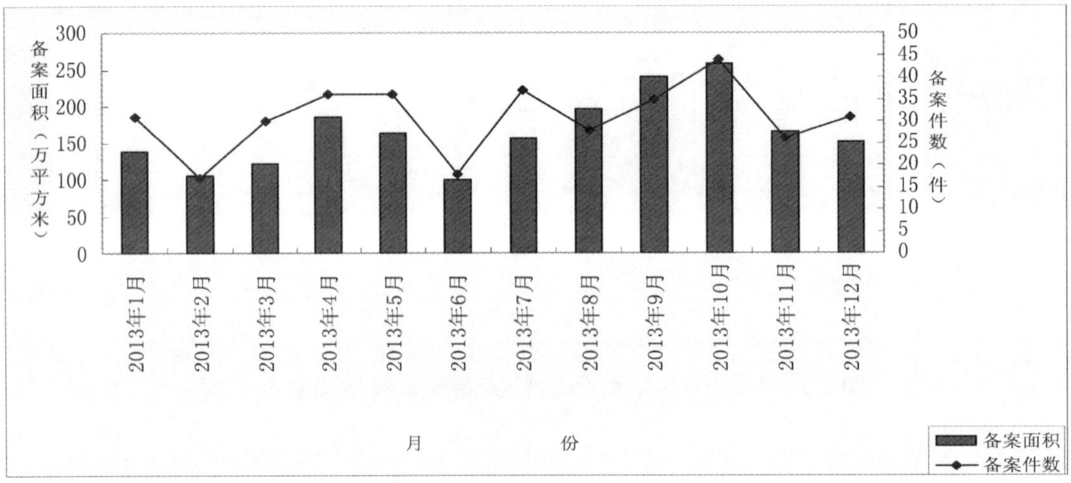

图 13－7　2013 年 1－12 月份预测备案面积及业务件数走势图

附件一　2013年度已领取企业密钥的房产测绘单位名录

序号	单位名称	资质等级	资质证书编号
1	北京市房地产勘察测绘所	甲级	甲测资字11002001
2	北京市东城区房屋管理局测绘所	丁级	丁测资字11019004
3	北京市西城区房地产测绘所	丙级	丙测资字11002001
4	北京市东城区房屋管理局测绘二所	丙级	丙测资字11004001
5	北京市宣武区房地产测绘所	丁级	丁测资字11003001
6	北京市朝阳区房屋测绘事务所	丁级	丁测资字11005001
7	北京市丰台区房屋经营管理中心测绘队	丙级	丙测资字11006001
8	北京市海淀区房屋土地经营管理中心测绘队	丙级	丙测资字11007001
9	北京市石景山区房地产测绘队	丙级	丙测资字11008001
10	北京市顺义区住房和城乡建设委员会测绘所	丙级	丙测资字11014001
11	北京市通州区住房和城乡建设委员会测绘所	乙级	乙测资字11012001
12	北京市大兴区房地产测绘所	丙级	丙测资字11011001
13	北京天地鸿图测绘有限公司	丙级	丙测资字11010001
14	北京市门头沟区房地产测绘所	丁级	丁测资字11009001
15	北京京怀信房产测绘有限公司	丙级	丙测资字11017001
16	延庆县房地产勘察测绘所	丁级	丁测资字11018012
17	北京京密鸿图测绘有限公司	乙级	乙测资字11016001
18	北京市平谷区房地产测绘队	丁级	丁测资字11015001
19	北京华夏经纬测绘技术有限公司	丙级	丙测资字11005002
20	建设综合勘察研究设计院有限公司	甲级	甲测资字11002032
21	中兵勘察设计研究院	甲级	甲测资字11001014
22	北京时正兴测绘工程技术有限公司	甲级	甲测资字11001033
23	北京鼎春德正测绘中心	乙级	乙测资字11005008
24	北京中兴兆业房屋面积测绘有限公司	丙级	丙测资字11007012
25	北京新兴华安测绘有限公司	甲级	甲测资字11001042
26	北京昌房房地产测绘技术服务有限责任公司	丙级	丙测资字11013001
27	北京京恒实测绘技术有限公司	丙级	丙测资字11011002
28	北京首益佳房地产经纪有限公司	丙级	丙测资字11019005
29	北京市房屋面积计量站	丁级	丁测资字11005004
30	北京赛博时代测绘有限公司	丙级	丙测资字11010003
31	北京赛杰新时代房屋测绘有限公司	丁级	丁测资字11005005
32	北京华星勘查新技术公司	甲级	甲测资字11001027
33	北京航天勘察设计研究院有限公司	甲级	甲测资字11002047
34	中航勘察设计研究院有限公司	甲级	甲测资字11001024
35	北京苍穹数码测绘有限公司	甲级	甲测资字11001008

续表附件一

序号	单位名称	资质等级	资质证书编号
36	北京市地质工程勘察院	甲级	甲测资字 11001022
37	北京源恒天地测绘有限公司	丁级	丁测资字 11006003
38	北京中瑞嘉业测绘有限公司	乙级	乙测资字 11005007
39	北京泰达克房地产测绘咨询有限公司	丁级	丁测资字 11013004
40	北京中鼎衡测绘事务所	丁级	丁测资字 11007008
41	北京龙泰经纬测绘有限公司	乙级	乙测资字 11005011
42	北京海天方圆测绘有限公司	丁级	丁测资字 11007020
43	北京慧智蓝图测绘有限公司	丙级	丙测资字 11017004
44	北京金房兴业测绘有限公司	乙级	乙测资字 11007017
45	北京首佳联诚房地产测量有限公司	丙级	丙测资字 11019002
46	北京威远图易数字科技有限公司	乙级	乙测资字 11007011
47	北京国勘房地产测绘有限公司	丁级	丁测资字 11007025
48	北京城建勘测设计研究院有限责任公司	甲级	甲测资字 11001019
49	北京京昌工程测绘技术有限公司	乙级	乙测资字 11013002
50	北京阳光华翰测绘有限公司	丁级	丁测资字 11004002
51	北京大地宏图勘测有限公司	乙级	乙测资字 11000009
52	北京市测绘设计研究院	甲级	甲测资字 11001010
53	北京中天路通工程勘测有限公司	乙级	乙测资字 11013005
54	北京望唐数码测绘有限公司	丙级	丙测资字 11017003
55	北京帝测科技发展有限公司	乙级	乙测资字 11013006
56	北京中海紫途测绘事务所	丁级	丁测资字 11006006
57	北京天天友联测绘有限公司	丁级	丁测资字 11015003
58	北京京海纵横测绘有限公司	丁级	丁测资字 11005016
59	北京大地万川测绘有限公司	丙级	丙测资字 11007030
60	北京荣驰测绘技术有限公司	丁级	丁测资字 11007031
61	北京鑫海厦测绘有限公司	丙级	丙测资字 11007007
62	北京永佳达测绘有限公司	丁级	丁测资字 11007042
63	北京浩宇天地测绘科技发展有限公司	丙级	丙测资字 11007028
64	北京丰华方圆测绘工程技术有限责任公司	丁级	丁测资字 11005014
65	北京欣通佳信测量有限公司	丁级	丁测资字 11012003
66	北京智环成测绘有限公司	丙级	丙测资字 11011008
67	杜鸣沐城测绘（北京）有限公司	丙级	丙测资字 11005017
68	北京富地勘察测绘有限公司	乙级	乙测资字 11012004
69	中泽嘉汇（北京）测绘中心	丙级	丙测资字 11006004
70	北京京建恒信房地产测量技术有限公司	丁级	丁测资字 11007044

续表附件一

序号	单位名称	资质等级	资质证书编号
71	北京市檀州房地产测绘中心	丁级	丁测资字 11016003
72	北京世规测量技术咨询有限公司	丁级	丁测资字 11007047
73	北京创天烨测绘有限公司	丁级	丁测资字 11011013
74	北京百星达测绘工程有限公司	丁级	丁测资字 11010005
75	北京新兴宏图测绘有限公司	丁级	丁测资字 11005026
76	北京粤富华测绘测量有限责任公司	丙级	丙测资字 11005015
77	北京经纬久度测绘有限公司	丙级	丙测资字 11005034
78	北京地矿工程建设有限责任公司	乙级	乙测资字 11007013
79	北京国政恒信测绘技术服务有限公司	丁级	丁测资字 11001002
80	北京道济测绘有限公司	乙级	乙测资字 11011003
81	北京力佳图测绘有限公司	乙级	乙测资字 11007021
82	北京同创达勘测有限公司	乙级	乙测资字 11020003
83	北京米拉测绘有限公司	丁级	丁测资字 11009005
84	北京泾渭冠宇测绘有限公司	丙级	丙测资字 11009004
85	北京三友宇天测绘有限公司	乙级	乙测资字 11009003
86	北京市勘察设计研究院有限公司	乙级	乙测资字 11005045
87	北京市怀柔测绘所	丙级	丙测资字 11017002
88	北京君仁慧智测绘有限公司	丁级	丁测资字 11007065
89	北京市房山区测绘所	乙级	乙测资质 11010002
90	北京伟泽测绘有限公司	丁级	丁测资字 11002094

第三节　房地产经纪行业

一、北京市房地产经纪行业发展状况

随着我国住房制度改革的不断推进以及国民经济的持续快速发展，我国房地产业也迅速发展起来，房地产经纪行业伴随着房地产市场的发展而不断壮大。房地产经纪行业的专业服务不仅降低了交易成本，提高了交易效率，还对繁荣房地产市场，促进房地产行业健康发展起着重要的作用。另外，房地产经纪行业掌握着市场的真实交易情况，具有一手数据资料，能够在一定程度上洞察房地产市场的发展方向，为房屋主管部门提供更为切实有效可行的管理建议。

北京市房地产经纪行业发展的主要特征表现为：房地产经纪机构数量持续增加，房地产经纪人员队伍逐步壮大，房地产经纪服务水平不断提升，房地产经纪服务配套设施日益完善，房地产经纪服务更加规范，房地产经纪行业的作用显著增强。

二、北京市房地产经纪机构

（一）房地产经纪机构备案情况

自1996年开始实施资质证书制度以来，截止到2013年12月31日，符合北京市房地产经纪机构备案条件，并经区县房屋行政管理部门备案的房地产经纪机构房地产经纪机构共有2477家，其中2013年新备案的房地产经纪机构共有552家。

（二）北京市房地产经纪机构注册资金状况

在市房屋行政管理部门备案的2477家房地产经纪机构中，注册资金100万元以上的有1053家，50－100万元的有797家，30－50万元的有202家，10－30万元的有367家，10万元以下的有58家。

（三）北京市房地产经纪机构下设分支机构

自1996年开始实施资质证书制度以来，截止到2013年12月31日，符合北京市房地产经纪机构分支机构备案条件，并经区县房屋行政管理部门备案的房地产经纪机构分支机构共有3355家，其中2013年新备案的房地产经纪机构分支机构共有799家。

（四）房地产经纪机构在各区县的分布情况

在市房屋行政管理部门备案的2477家房地产经纪机构中，在东城区备案的共有161家，在西城区备案的共有147家，在朝阳区备案的共有810家，在海淀区备案的共有305家，在丰台区备案的共有189家，在石景山区备案的共有65家，在通州区备案的共有139家，在房山区备案的共有97家，在顺义区备案的共有72家，在门头沟区备案的共有45家，在大兴区备案的共有84家，在怀柔区备案的共有67家，在密云县备案的共有63家，在昌平区备案的共有160家，在延庆县备案的共有6家，在平谷区备案的共有44家，在经济技术开发区备案的共有23家。

（五）房地产经纪机构业务类型

在市房屋行政管理部门备案的2477家房地产经纪机构中，从事商品房销售代理的共有2136家，从事存量房转让经纪业务的共有2168家，从事房屋租赁经纪的共有2200家，从事其他经纪服务的共有2225家。

（六）房地产经纪从业人员状况

2013年，在北京市取得《中华人民共和国房地产经纪人协理从业资格证书》的人员共28663人，取得《北京市房地产经纪资格考试合格证》的人员共48249人，在北京市考取《中华人民共和国房地产经纪人执业资格》的5071人。从业人员中，经注册取得《北京市房地产经纪人员注册证书》的人员共35853人，其中房地产经纪人4199人，房地产经纪人协理11867人，《北京市房地产经纪资格考试合格证》持证人19787人。

第四节　房地产评估行业

一、房地产估价机构概况

截至2013年底，北京市具备房地产价格评估资质的机构共156家（含外地在京分支机构6家），其中一级机构46家，二级机构

43家，三级及三级（暂定）机构64家，仅在军队系统内执业的机构3家，2013年新批准成立的估价机构6家。

表13-7　2013年北京市新成立的房地产评估机构列表

序号	机构名称	资质证书编号	办公地址	联系电话	联系人
1	北京国诚房地产评估有限公司	建房估证字［2013］0198号	丰台区44石榴园北里42号楼2单元406	67045657	王万秋
2	北京越扬房地产评估有限责任公司	建房估证字［2013］0199号	丰台区贾家花园15号院7号楼2A52	87897303	赵元
3	北京世华达信房地产评估有限公司	建房估证字［2013］0200号	朝阳区光华路5号院2号楼11层1201内1105室	85880551	刘蕴
4	北京金凯博雄房地产土地评估有限公司	建房估证字［2013］0201号	昌平区科技园园区创新路7号1号楼2051号	13910016230	陈红宇
5	北京中金浩房地产土地评估有限责任公司	建房估证字［2013］0202号	东城区广渠门内大街90号楼3层办公311	57272439	邵根兰
6	道成（北京）房地产估价有限公司	建房估证字［2013］0204号	西城区德胜门东滨河路3号B座401	52882717	姚湘彦

2013年，建设部批准了北京市1家房地产评估机构升级为一级资质，北京市具备建设部一级资质的房地产估价机构（含外地一级机构在京分支机构）共计46家。

表13-8　2013年批准的建设部一级房地产估价机构列表

公司名称	资质证书编号	办公地址	联系电话	联系人
北京宝业恒房地产评估有限公司	京建房估资准字（2000）第0014号	朝阳酒仙桥南路9号院2号楼201号	87757133	赵燕萍

表13-9　2013年北京市批准备案的外省市分支机构

公司名称	办公地址	联系电话	联系人
内蒙古金正房地产价格评估有限责任公司北京分公司	北京市东城区崇文门外大街5号5-1幢4层508	67086811	吕晓英

表13-10　北京市一级房地产估价机构列表

序号	机构名称	资质证书编号	办公地址	联系电话	联系人
1	北京东华天业房地产评估有限公司	建房估证字［2011］007号	宣武区右安门内大街65号弘棉商务大厦408室	51230378	王恒
2	北京华信房地产评估有限公司	建房估证字［2010］071号	北京市朝阳区建国门外永安里中街25号3幢二层	65830385	李芳

续表 13 - 10

序号	机构名称	资质证书编号	办公地址	联系电话	联系人
3	北京仁达房地产评估有限公司	建房估证字［2010］065 号	西城区车公庄大街 9 号院五栋大楼 B 座 1 - 401 室	88395886	田京京
4	北京市金利安房地产咨询评估有限责任公司	建房估证字［2010］069 号	海淀区蓝靛厂南路 25 号嘉友国际大厦 801 室	88400887	刘璐
5	北京中大行房地产评估有限公司	建房估证字［2010］068 号	北京市海淀区阜成路北三街 6 号轻苑大厦 905 号	68986215	王颖
6	北京市中恒业房地产评估有限责任公司	建房估证字［2010］066 号	西城区东煤厂胡同 24 号	66571360	陆伟俊
7	北京宝孚房地产评估事务所有限公司	建房估证字［2010］072 号	朝阳区东土城路 4 号金泰五环宾馆二层	64208402/3	杨来斌
8	北京龙泰房地产评估有限责任公司	建房估证字［2010］088 号	海淀区首体南路 22 号国兴大厦 19 层	88356600	徐冉
9	北京银房兆华房地产土地评估有限责任公司	建房估证字［2010］073 号	宣武门外大街 6 号庄胜广场北办公楼 1113 - 1116 号	63109633	张兆文
10	北京首佳房地产评估有限公司	建房估证字［2010］064 号	海淀区紫竹院路 116 号嘉豪国际中心 B 座七层	58930818	延安
11	北京银地联合房地产土地评估有限公司	建房估证字［2013］001 号	北京市海淀区西三环北路 50 号豪柏大厦 6 - 1909	69441598	门雅楠
12	北京北方房地产咨询评估有限责任公司	建房估证字［2010］087 号	西城区金融大街 27 号投资广场 A601 室	66210088	白龙吉
13	北京百成首信房地产评估有限公司	建房估证字［2010］083 号	朝阳区团结湖路甲 3 号	65821797	方满红
14	北京圣元房地产评估咨询有限公司	建房估证字［2012］071 号	海淀区彩和坊路 10 号 1 + 1 大厦 1218 室	62680160	李绍玲
15	北京国地房地产土地评估有限公司	建房估证字［2010］067 号	海淀区中关村南大街 17 号韦伯时代中心 3 号楼 1401 室	51667273	张桂云
16	杜鸣联合房地产评估（北京）有限公司	建房估证字［2010］063 号	北京市西城区西直门外大街 135 号北京展览馆宾馆 8 楼	65186610	杜鸣
17	北京康正宏基房地产评估有限公司	建房估证字［2010］070 号	朝阳区裕民路 12 号中国国际科技会展中心 B 座 1003	62372100	欧阳燕红
18	北京中资房地产土地评估有限公司	建房估证字［2012］058 号	海淀区首体南路 22 号国兴大厦 17 层 A2	88357168	张珂
19	北京建亚恒泰房地产评估有限公司	建房估证字［2012］010 号	朝阳区向军南里甲 5 号雨霖大厦 9 层	65944086	杨军

续表 13－10

序号	机构名称	资质证书编号	办公地址	联系电话	联系人
20	北京国泰大正天平行土地房地产评估顾问有限公司	建房估证字［2012］115 号	朝阳八里庄西里 100 号住邦 2000，1 号楼 A 座 705	85868816	李剑
21	北京京城捷信房地产评估有限公司	建房估证字［2012］024 号	朝阳区芍药居甲 2 号内 1 楼南楼四层	84635538	谢淑美
22	北京海创房地产土地评估有限公司	建房估证字［2012］032 号	建房估证字［2012］032 号	62487316	马晋功
23	北京高地经典房地产评估有限责任公司	建房估证字［2012］066 号	西城区太平桥大街 98 号院 5 号楼 1 门 101	58597081	吴秀梅
24	北京银通安泰房地产评估有限公司	建房估证字［2012］014 号	朝阳区朝阳北路 199 号摩码大厦 1811 室	85970326	万夫勇
25	北京中地华夏房地产评估有限公司	建房估证字［2012］047 号	西城区闹市口大街 1 号长安兴融中心 2 号楼 5A	58528303	康辉
26	北京华天通房地产评估有限公司	建房估证字［2012］005 号	海淀区甘家口 21 号楼七层	88385315	张治超
27	北京京港房地产估价有限公司	建房估证字［2011］017 号	海淀区西三环北路 100 号金玉大厦 1101 室	68727081	沈洋
28	北京中企华房地产估价有限公司	建房估证字［2012］046 号	朝阳区朝外大街 22 号泛利大厦 916 室	65883588	魏新
29	中鸿广厦房地产评估顾问（北京）有限公司		朝阳区朝外大街甲 6 号万通中心 C 座 1409 室		李中江
30	北京市国盛房地产评估有限责任公司	建房估证字［2012］019 号	东城区东直门外大街 48 号东方银座 D 座 23C	84477677	王煊
31	北京潞通房地产土地评估有限公司	建房估证字［2012］116 号	通州区漷县镇漷兴一街 610 号	80817145	于顺伟
32	北京华源房地产土地评估有限公司	建房估证字［2010］022 号	朝阳区北四环东路 108 号千鹤家园一号楼 602	84831344	侯振河
33	北京宏成房地产价格评估有限公司	建房估证字［2011］019 号	北京市大兴区礼贤镇工业区 16 号	69288666－6102	孙利
34	中财国政（北京）房地产土地评估有限公司	建房估证字［2009］101 号	北京市朝阳区新源南路 6 号 1 号楼 3408	84868118	于娟
35	北京中建华房地产土地评估有限责任公司	建房估证字［2011］024 号	海淀区广源匣路 5 号广源大厦 3 层 302. 303	51608233	刘强
36	北京大地盛业房地产土地评估有限公司	建房估证字［2011］033 号	北京市朝阳区和平里西街 3 号 1 幢平房 101 室	84285588	李荣

续表 13－10

序号	机构名称	资质证书编号	办公地址	联系电话	联系人
37	北京盛华翔伦房地产评估有限责任公司	建房估证字［2012］087 号	北京市朝阳区安立路 60 号润枫德尚苑 B 座 1303 室	64820980	陈丽名
38	深圳世联土地房地产评估有限公司北京分公司		朝阳区建国门外大街甲 6 号中环世贸 C 座 7 层	85678186	孙雪佳
39	深圳戴德梁行土地房地产评估有限公司北京分公司		东城区建国门内大街 7 号光华长安大厦 2 座 152	65101388	陈学军
40	北京申洋房地产评估有限公司	建房估证字（2014）第 006 号	顺义区建新南区甲 32 号楼	13031088068	刘媚
41	深圳市天健国众联资产评估土地房地产 估价有限公司北京分公司		北京市朝阳区建国路 29 号兴隆家园 24 号楼 803	85752002	李雲媞
42	深圳市国策房地产土地估价有限公司北京分公司		北京市朝阳区东三环中路 9 号富尔大厦 2708 室	85911588	廖凡幼
43	青岛青房房地产评估事务所有限公司北京分公司		北京市海淀区海淀中街 16 号 3 单元 1401	62680201	张建中
44	广东美佳联房地产与土地评估咨询有限公司北京分公司		朝阳区东三环中路 9 号 2304（富尔大厦）	85910351	曹向辉
45	深圳市同致诚土地房地产估价顾问有限公司北京分公司		北京市朝阳区西大望路 1 号 2 号楼 601	63068900	张方艳
46	内蒙古金正房地产价格评估有限责任公司北京分公司		北京市东城区崇文门外大街 5 号 5－1 幢 4 层 508	67086811	吕晓英

2013 年，北京市批准的三级暂定资质 6 家。

表 13－11　2013 年批准的三级暂定房地产估价机构列表

序号	机构名称	资质证书编号	办公地址	联系电话	联系人
1	北京国诚房地产评估有限公司	建房估证字［2013］0198 号	丰台区 44 石榴园北里 42 号楼 2 单元 406	67045657	王万秋
2	北京越扬房地产评估有限责任公司	建房估证字［2013］0199 号	丰台区贾家花园 15 号院 7 号楼 2A52	87897303	赵元
3	北京世华达信房地产评估有限公司	建房估证字［2013］0200 号	朝阳区光华路 5 号院 2 号楼 11 层 1201 内 1105 室	85880551	刘蕴

续表 13－11

序号	机构名称	资质证书编号	办公地址	联系电话	联系人
4	北京金凯博雄房地产土地评估有限公司	建房估证字［2013］0201 号	昌平区科技园园区创新路 7 号 1 号楼 2051 号	13910016230	陈红宇
5	北京中金浩房地产土地评估有限责任公司	建房估证字［2013］0202 号	东城区广渠门内大街 90 号楼 3 层办公 311	57272439	邵根兰
6	道成（北京）房地产估价有限公司	建房估证字［2013］0204 号	西城区德胜门东滨河路 3 号 B 座 401	52882717	姚湘彦

2013 年，北京市估价机构三级暂定资质升三级的 1 家。

表 13－12　2013 年批准的三级房地产估价机构列表

序号	机构名称	资质证书编号	办公地址	联系电话	联系人
1	北京天佳信房地产土地评估有限责任公司	建房估证字［2012］0193 号	朝阳区东土城路 8 号 A 座 18E	68400222	卢雯

2013 年，北京市估价机构三级资质升二级的 3 家。

表 13－13　2013 年批准的二级房地产估价机构列表

序号	机构名称	资质证书编号	办公地址	联系电话	联系人
1	北京新兴宏基房地产评估有限责任公司	建房估证字［2006］0151 号	朝阳区西坝河南路 1 号（4 号楼）1803 室	64403716	姜炜
2	北京明鉴永兴房地产土地评估有限公司	建房估证字［2002］0088 号	顺义区石园南区 32 号楼 3 门 101 室	89441666	段黎红
3	北京植地通诚房地产评估有限公司	建房估证字［2008］0173 号	怀柔区迎宾北路 34 号	13810089497	张彦征

二、注册房地产估价师情况

2013 年，经建设部批准予以初始注册的有 97 名房地产估价师，予以变更注册的 144 名房地产估价师，予以延续注册的 258 名房地产估价师。截止 2013 年，北京市房地产估价师考试合格共有 3012 人，注册的合计 2875 人，其中专职注册房地产估价师 1188 人。自 1993 年以来历年考试通过及注册的人数见表 13－14：

表 13－14　北京市房地产估价师历年考试通过及注册人数

年度	1993	1994	1995	1996	1998	1999	2001	2002	2003	2004	2005	2006	2007	2008	2009	2010	2011	2012	2013
考取数	16	54	275	326	334	242	206	159	294	89	169	139	77	46	84	122	123	130	127
注册数	16	54	275	321	301	250	180	197	156	245	130	139	136	69	50	58	96	105	97

第五节　房屋安全鉴定行业

一、房屋安全鉴定机构情况

截至2013年底，全市共有26个房屋安全鉴定机构按照《北京市房屋建筑安全评估与鉴定管理办法》（京建发［2011］207号）完成了备案，其中业务范围不限的鉴定机构8个，业务范围中小型的鉴定机构4个，业务范围小型的鉴定机构14个。（见表13－7）

业务范围不限的鉴定机构可以受理各种房屋建筑的安全评估与鉴定业务。

业务范围中小型的鉴定机构可以受理的业务有：（1）一般公共建筑工程，（a）单体建筑面积20000平方米及以下，不含钢结构；（b）建筑高度50米及以下。（2）住宅宿舍，20层及以下一般标准的居住建筑工程，不含钢结构。（3）地下工程，（a）总建筑面积10000平方米及以下地下空间；（b）防护等级五级及以下附建式人防工程。（4）其他类，（a）使用住宅专项维修资金鉴定；（b）变动房屋建筑主体和承重结构认定。

业务范围小型的鉴定机构可以受理的业务有：（1）使用住宅专项维修资金鉴定。（2）变动房屋建筑主体和承重结构认定。（3）平房（文物古建筑房屋除外）。（4）跨度小于12米的单层空旷砖房。（5）六层及以下砖混、砖木结构楼房。

表13－15　北京市房屋安全鉴定机构一览表

序号	备案编号	机构名称	法定代表人（机构负责人）	机构地址	业务电话	业务范围
1	京鉴字01006	北京市房屋安全鉴定总站（北京市建设工程质量检测中心第五检测所）	杨　威	朝阳区华威北里18号	67795971	不限
2	京鉴字01007	北京市朝阳区房屋安全鉴定站	张　杰	北京市朝阳区三里屯南56号	64186164	不限
3	京鉴字01008	北京市海淀区房屋安全鉴定站	张　莹	海淀区东王庄小区16甲楼	62525745	不限
4	京鉴字01012	北京市建设工程质量第三检测所有限责任公司	王晓江	西城区百万庄大街3号	68334806	不限
5	京鉴字01021	北京市建设工程质量第二检测所	何西令	西城区南礼士路62号	68048508	不限
6	京鉴字01022	国家建筑工程质量监督检验中心	王　霓	北京市北三环东路30号	64517830	不限

续表 13－15

序号	备案编号	机构名称	法定代表人（机构负责人）	机构地址	业务电话	业务范围
7	京鉴字 01023	北京市建设工程质量第一检测所有限责任公司	刘　柯	北京市海淀区复兴路 34 号	88223802	不限
8	京鉴字 01027	国家工业建构筑物质量安全监督检验中心	耿树江	北京市海淀区西土城路 33 号	82227134	不限
9	京鉴字 02001	北京首华建设经营有限公司房屋安全鉴定室	赵庆友	朝阳区芍药居 2 号院	84643383－8011	中小型
10	京鉴字 02014	北京房地集团有限公司房屋安全鉴定室	张海林	北京市朝阳区芍药居甲 2 号院 1 号楼北楼一层	84631858	中小型
11	京鉴字 02018	北京市建设工程质量第六检测所有限公司	段　恺	丰台区南苑新华路 1 号	67995531	中小型
12	京鉴字 02025	北京市丰台区房屋安全鉴定站	梁文斌	丰台区大井东里甲 2 号	63841972	中小型
13	京鉴字 03002	房山区房屋安全鉴定站	王学军	房山区苏庄东街 2 号	69376993	小型
14	京鉴字 03003	北京市门头沟区房屋安全鉴定站	池宝全	门头沟区新桥大街 48 号	69828118－221	小型
15	京鉴字 03004	北京市西城区房屋安全鉴定站	孙国强	北京市西城区羊皮市胡同乙 1 号	66026813	小型
16	京鉴字 03005	北京市顺义区房屋安全鉴定站	吴建民	顺义区光明北街 7 号	69441570	小型
17	京鉴字 03009	北京市昌平区房屋安全鉴定站	张福芝	昌平区南环东路 36 号	69704074	小型
18	京鉴字 03011	北京市怀柔区房屋安全鉴定站	赵书深	怀柔区青春路 48 号	69641817	小型
19	京鉴字 03015	石景山区房屋安全鉴定站	王文君	石景山区古城东街 103 号	68867438	小型
20	京鉴字 03016	密云县房屋安全鉴定站	李振金	密云县水源东路 339 号	69027404	小型
21	京鉴字 03017	北京市平谷区房屋安全鉴定站	张学军	平谷区平安街老武装部西院	89991590	小型
22	京鉴字 03019	北京市东城区房屋安全鉴定管理所	安宏杰	东城区长青园 1 号楼 210 房间	64023166	小型
23	京鉴字 03020	通州区房屋安全鉴定站	杨建发	通州区玉桥南里 24 号楼	81587316	小型
24	京鉴字 03024	北京市大兴区房屋安全鉴定站	苏晓冬	北京市大兴工业开发区科苑路 17 号	69242522	小型

续表 13 - 15

序号	备案编号	机构名称	法定代表人（机构负责人）	机构地址	业务电话	业务范围
25	京鉴字 03026	延庆县房屋安全鉴定站	李顺新	北京市延庆县东外大街 89 号城建大厦 11 楼 1111	69176128	小型
26	京鉴字 03037	北京市西城区房屋安全鉴定二站	芦玉华	西城区万明路 18 号院 1 号楼 103 室	83551191	小型

注：1. 原东城区、崇文区房屋安全鉴定站因北京行政区重新规划，合并为东城区房屋安全鉴定站。

2. 原宣武区房屋安全鉴定站因北京市行政区重新规划，改名为西城区房屋安全鉴定二站。

二、2013 年房屋安全鉴定和评估业务完成情况

2013 年，26 个鉴定机构均开展了房屋安全鉴定工作，全年共完成房屋安全鉴定和评估 2590.09 万平方米，其中，朝阳区、海淀区、昌平区和通州区房屋安全鉴定站完成的业务工作量较大，详细情况见表 13 - 16。

表 13 - 16　2013 年度全市房屋建筑鉴定和评估汇总表

序号	机构名称	建筑面积（万 m^2）											
		小计	安全及抗震鉴定	老旧住宅抗震专项鉴定	专项维修资金鉴定	廉租房鉴定	拆改结构鉴定	房屋安全鉴定	危改确片	房屋普查	应急鉴定	房屋安全评估	其他
1	总　站	23.54	1.00	20.00	0.48		0.93	0.13			1.00		
2	东城站	72.01			71.16	0.55					0.30		
3	西城站	8.76			5.59	0.29		2.88					
4	西城二站	34.90		2.15	28.45	0.82		3.47			0.01		
5	朝阳站	1184.52	954.29		223.43	0.12		6.68					
6	海淀站	198.67	16.94	13.56	151.08	0.05	0.17	10.78	4.35		0.27		1.47
7	丰台站	82.20		5.89	57.17	0.23	0.44	8.91	7.32		2.24		
8	石景山站	32.66			31.10	0.21		1.35					
9	门头沟站	0.83				0.29		0.28		0.26			
10	昌平站	258.96			249.00	0.27		9.69					
11	通州站	255.51			165.00	0.12		0.06					90.33
12	大兴站	8.00			7.86	0.03		0.11					
13	房山站	33.01	0.09		31.10	0.07		1.75					
14	平谷站	3.19			2.75			0.17				0.27	
15	顺义站	7.07				0.09		0.06		6.92			
16	怀柔站	3.96						3.96					
17	密云站	96.72	1.55		75.48			4.39	15.30				
18	延庆站	1.81						1.81					

续表 13-16

序号	机构名称	建筑面积（万 m^2）											
		小计	安全及抗震鉴定	老旧住宅抗震专项鉴定	专项维修资金鉴定	廉租房鉴定	拆改结构鉴定	房屋安全鉴定	危改确片	房屋普查	应急鉴定	房屋安全评估	其他
19	首　华	14.07	0.60	1.30	10.30			0.04	1.83				
20	房地集团	3.80	0.00	2.84				0.96					
21	检测一所	14.00	12.00	1.00				1.00					
22	检测二所	67.58	48.33	18.05			1.20						
23	检测三所	12.66	2.90					9.76					
24	检测六所	9.57	8.90					0.67					
25	国　检	28.59	0.00					20.00					8.59
26	中　冶	133.50	113.79	11.21				8.50					
27	合　计	2590.09	1160.39	76.00	1109.95	3.14	2.74	97.41	28.80	7.18	3.82	0.27	100.39

注：数据采自各鉴定机构报送的《2013 年鉴定业务情况统计表》。

第六节　物业服务企业

一、物业服务企业情况

截至 2013 年底，全市取得《物业服务企业资质证书》的企业有 2696 家（见表 13-17），比上年减少 223 家，其中一级企业 126 家，新增 4 家；二级企业 350 家，新增 26 家；三级企业 2170 家，减少 303 家；三级暂定 50 家，新增 50 家。外埠在京企业 61 家。

2013 年比 2012 年企业总量减少 223 家，主要原因有如下两方面，一是企业申请注销资质；二是通过资质核查注销和撤回了一批逾期或不具备条件的三级企业资质。

从各区县物业服务企业数量来看，海淀区注册登记的物业服务企业居全市首位，有 516 家，其次为朝阳区 456 家、西城区 296 家、东城区 238 家、丰台区 231 家。(见图 13-8)

表 13-17　2012、2013 年物业服务企业的变化情况

年份	2012 年	2013 年	变化情况
企业总数	2919	2696	减少 223 家
一级企业	122	126	增加 4 家
二级企业	324	350	增加 26 家
三级企业	2473	2170	减少 303 家
三级暂定企业	0	50	增加 50 家

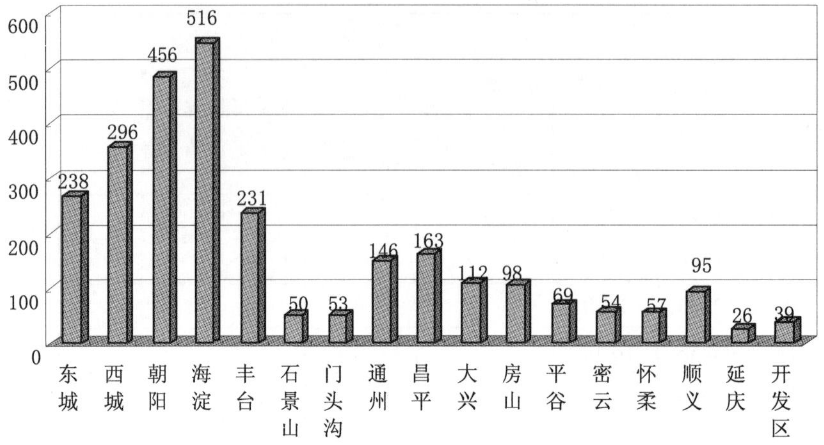

图13－8　各区县物业服务企业数量（单位：家）

二、北京市一级资质物业服务企业名录

表13－18　北京市物业服务企业（一级资质）名录

序号	物业服务企业名称	注册地区县
1	北京天鸿宝地物业管理经营有限公司	海淀区
2	北京亿方物业管理有限责任公司	西城区
3	北京方庄物业管理有限责任公司	丰台区
4	北京燕侨物业管理有限公司	朝阳区
5	北京北辰信诚物业管理有限责任公司	朝阳区
6	北京市北宇物业服务公司	朝阳区
7	北京房修一物业管理有限公司	西城区
8	北京顺天通物业管理有限公司	昌平区
9	北京首华物业管理有限公司	东城区
10	北京市望京实业总公司	朝阳区
11	北京天竺空港物业管理有限公司	顺义区
12	北京宝景物业管理有限公司	东城区
13	北京万通鼎安国际物业服务有限公司	怀柔区
14	北京银达物业管理有限责任公司	东城区
15	北京中兴物业管理有限公司	西城区
16	中房集团北京物业公司	海淀区
17	北京育新物业管理公司	海淀区
18	北京华特物业管理发展有限公司	海淀区
19	北京达文物业管理有限公司	朝阳区
20	北京金融街物业管理有限责任公司	西城区

续表 13－18

序号	物业服务企业名称	注册地区县
21	北京国兴三吉利物业管理有限责任公司	海淀区
22	北京国广物业管理有限公司	石景山
23	北京城建物业管理有限责任公司	海淀区
24	北京金隅大成物业管理有限公司	丰台区
25	北京东光物业管理有限公司	海淀区
26	北京中海物业管理有限公司	海淀区
27	北京碧水物业管理有限责任公司	昌平区
28	国贸物业酒店管理有限公司	朝阳区
29	北京鲁能物业服务有限责任公司	西城区
30	中远酒店物业管理有限公司	朝阳区
31	北京华腾世纪物业管理有限公司	顺义区
32	泛海物业管理有限公司	朝阳区
33	中建物业管理公司	海淀区
34	北京安信行物业管理有限公司	门头沟区
35	北京城承物业管理有限责任公司	海淀区
36	北京金隅物业管理有限责任公司	西城区
37	北京市均豪物业管理有限责任公司	平谷区
38	北京中际北视物业管理有限公司	海淀区
39	北京万科物业服务有限公司	顺义区
40	北京中实杰肯道夫物业管理有限公司	西城区
41	北京高腾物业管理有限公司	朝阳区
42	赛特国际物业管理有限公司	朝阳区
43	北京大唐物业管理有限公司	海淀区
44	北京世纪城物业管理有限公司	海淀区
45	北京东方容和物业管理有限责任公司	东城区
46	北京首欣物业管理有限责任公司	石景山
47	北京中移物业管理有限公司	东城区
48	北京中咨时代资产管理有限公司	海淀区
49	北京天岳恒房屋经营管理有限公司	西城区
50	北京建工物业服务有限公司	朝阳区
51	中化国际物业酒店管理有限公司	西城区
52	北京悦豪物业管理有限公司	通州区
53	北京科住物业管理有限公司	海淀区
54	北京亿展资产管理有限公司	海淀区
55	北京金罗马物业管理有限公司	朝阳区

续表 13－18

序号	物业服务企业名称	注册地区县
56	北京戴德梁行物业管理有限公司	朝阳区
57	北京裕展物业管理有限公司	朝阳区
58	北京远洋基业物业管理有限公司	怀柔区
59	北京中湾智地物业管理有限公司	海淀区
60	第一太平戴维斯物业顾问（北京）有限公司	朝阳区
61	北京盛利达物业管理有限公司	西城区
62	北京市圣瑞物业服务有限公司	西城区
63	北京燕科物业管理有限责任公司	海淀区
64	北京城建福安楼寓物业管理有限公司	西城区
65	北京达尔文酒店物业管理有限公司	海淀区
66	北京中航大北物业管理有限公司	朝阳区
67	北京市鼎泽物业管理有限责任公司	昌平区
68	北京丰汇物业管理有限责任公司	东城区
69	北京冠城酒店物业管理有限公司	海淀区
70	北京北控物业管理有限责任公司	朝阳区
71	北京瑞思特物业管理有限公司	丰台区
72	北京房地集团有限公司	朝阳区
73	北京经中太联物业管理有限公司	西城区
74	北京新龙天宇物业管理有限公司	昌平区
75	北京诚智慧中物业管理有限公司	海淀区
76	北京网信物业管理有限公司	西城区
77	北京燕山星城物业管理公司	房山区
78	北京招商局物业管理有限公司	朝阳区
79	华润置地（北京）物业管理有限责任公司	西城区
80	北京航天万源物业管理有限公司	丰台区
81	北京恒富物业服务有限公司	朝阳区
82	北京方佳物业管理有限公司	昌平区
83	北京金泰物业管理有限公司	怀柔区
84	北京世邦魏理仕物业管理服务有限公司	朝阳区
85	北京仲量联行物业管理服务有限公司	朝阳区
86	北京创新物业管理有限责任公司	朝阳区
87	北京北辰信和物业管理有限责任公司	朝阳区
88	北京盛世物业管理有限公司	朝阳区
89	北京凯莱物业管理有限公司	东城区
90	新中物业管理（中国）有限公司	西城区

续表 13－18

序号	物业服务企业名称	注册地区县
91	北京金地格林物业管理有限公司	开发区
92	北京兴邦物业管理有限责任公司	朝阳区
93	北京奥和物业管理有限公司	门头沟区
94	北京燕京都物业管理有限公司	朝阳区
95	北京中铁第一太平物业服务有限公司	丰台区
96	北京亿城物业管理有限公司	海淀区
97	北京金融街第一太平戴维斯物业管理有限公司	西城区
98	北京市嘉宝物业管理有限公司	东城区
99	北京华体世纪物业管理有限公司	东城区
100	北京航腾物业管理有限责任公司	东城区
101	北京和泓物业服务有限公司	大兴区
102	北京神舟天辰物业服务有限公司	海淀区
103	北京博宇嘉物业管理有限公司	门头沟区
104	北京利天物业管理有限公司	顺义区
105	北京国基伟业物业管理有限公司	西城区
106	北京道丰总部基地物业管理有限公司	丰台区
107	北京昊远隆基物业管理有限公司	房山
108	北京锦融物业管理有限公司	东城区
109	北京龙城兴业物业管理有限公司	朝阳区
110	北京首佳物业管理有限公司	东城区
111	北京新世界物业管理有限公司	东城区
112	光大物业管理有限公司	海淀区
113	北京博大经开置业有限公司	经济技术开发区
114	北京闻达敏斯物业管理服务有限公司	房山区
115	北京中工资产经营管理有限公司	西城区
116	第一太平融科物业管理（北京）有限公司	海淀区
117	北京金网络物业管理有限公司	怀柔区
118	勤好（北京）物业管理有限公司	海淀区
119	北京金辉锦江物业服务有限公司	朝阳区
120	北京玉渊潭物业管理集团有限公司	海淀区
121	北京城建置业有限公司	海淀区
122	北京中水物业管理有限公司	西城区
123	中油阳光物业管理有限公司	东城区
124	中化金茂物业管理有限公司	西城区
125	北京中建物业管理有限公司	朝阳区
126	中海实业公司	东城区

第七节　征收拆迁服务行业

一、拆迁单位管理情况

2013年，依据《北京市房屋拆迁单位管理办法》规定，全市开展2012年度房屋拆迁单位资质年审工作，经房屋拆迁单位网上申报、区县初审、市住房城乡建设委复审程序，确认2012年度全市共有210家房屋拆迁单位资质年审合格（其中包括自行拆迁单位23个，一级受托拆迁单位56个，二级受托拆迁单位43个，三级受托拆迁单位88个），同时撤销11家房屋拆迁单位拆迁资质。以下为年审合格的拆迁单位基本情况：

表13－19　自行拆迁单位名录

序号	拆迁公司名称	资质等级
1	北京昌泰兴业地产中心	自行
2	北京城市开发集团有限责任公司	自行
3	北京海开房地产集团有限责任公司	自行
4	北京宏城房地产开发有限公司	自行
5	北京华阳房地产发展公司	自行
6	北京京西新远房地产经营开发公司	自行
7	北京昆泰房地产开发集团有限公司	自行
8	北京市朝阳区房地产经营开发公司	自行
9	北京市华远置业有限公司	自行
10	北京市聚鑫城房地产开发有限责任公司	自行
11	北京市密云县房地产开发总公司	自行
12	北京市天桥投资开发公司	自行
13	北京檀营房地产开发有限公司	自行
14	北京檀州房地产开发有限公司	自行
15	北京天运房地产综合开发经营有限责任公司	自行
16	北京武夷房地产开发有限公司	自行
17	北京中坤锦绣房地产开发有限公司	自行
18	北京中融物产有限责任公司	自行
19	北京中信房地产有限公司	自行
20	华润置地（北京）股份有限公司	自行
21	西城旧城保护和居民住房改善工程指挥部办公室	自行
22	中国石化集团北京燕山石油化工有限公司	自行
23	中央国家机关三里河联建办公室	自行

表 13 －20　受托拆迁单位名录

序号	拆迁公司名称	资质等级
1	北京安居拆迁服务有限公司	一级
2	北京博瑞星房屋拆迁服务有限责任公司	一级
3	北京城建弘大拆迁工程有限责任公司	一级
4	北京城建弘志拆迁工程有限责任公司	一级
5	北京大龙房屋拆迁有限公司	一级
6	北京鼎盛拆迁工程有限责任公司	一级
7	北京东方康泰拆迁有限公司	一级
8	北京东方联建建设拆迁服务有限公司	一级
9	北京房地集团有限公司	一级
10	北京环地房屋拆迁有限责任公司	一级
11	北京汇盛房屋拆迁有限责任公司	一级
12	北京建鸣园拆迁服务有限公司	一级
13	北京建业成房屋拆迁有限公司	一级
14	北京金达拆迁有限公司	一级
15	北京锦辉盛泽房屋拆迁有限公司	一级
16	北京开达拆迁服务有限责任公司	一级
17	北京千禧兴业房屋拆迁有限公司	一级
18	北京迁居梦房屋拆迁有限责任公司	一级
19	北京荣盛达房屋拆迁有限责任公司	一级
20	北京胜鑫达房屋拆迁有限公司	一级
21	北京世纪朝开拆迁服务有限公司	一级
22	北京世纪广平拆迁有限公司	一级
23	北京世纪天星房屋拆迁有限责任公司	一级
24	北京市常聚房屋拆迁有限责任公司	一级
25	北京市崇文区房屋拆迁事务所	一级
26	北京市春地征地拆迁有限责任公司	一级
27	北京市东城区拆迁服务所	一级
28	北京市华辰松房屋拆迁有限责任公司	一级
29	北京市华远力诚房屋拆迁有限责任公司	一级
30	北京市建喜联征地拆迁有限公司	一级
31	北京市石景山区拆迁服务所	一级
32	北京市王开建业拆迁服务有限公司	一级
33	北京市西城区建设拆迁所	一级
34	北京顺城拆迁服务有限公司	一级
35	北京顺平拆迁有限责任公司	一级

续表 13－20

序号	拆迁公司名称	资质等级
36	北京松松房屋拆迁服务有限责任公司	一级
37	北京腾龙拆迁服务有限公司	一级
38	北京腾宇拆迁工程有限责任公司	一级
39	北京天恒国信拆迁工程有限责任公司	一级
40	北京天鸿宝威土地开发有限责任公司	一级
41	北京天健伟业拆迁服务有限公司	一级
42	北京威督拆迁服务有限责任公司	一级
43	北京先锋拆迁有限公司	一级
44	北京新开元拆迁服务有限责任公司	一级
45	北京鑫海远拆迁有限公司	一级
46	北京鑫建源诚房屋拆迁有限公司	一级
47	北京兴隆和融房屋拆迁有限公司	一级
48	北京宣房拆迁有限责任公司	一级
49	北京宣开拆迁有限责任公司	一级
50	北京燕祥顺业房屋拆迁工程有限责任公司	一级
51	北京永鑫拆迁有限公司	一级
52	北京正权房屋拆迁有限公司	一级
53	北京政源拆迁有限公司	一级
54	北京中海盛景拆迁有限责任公司	一级
55	北京住建新恒征地拆迁有限责任公司	一级
56	北京紫龙拆迁有限公司	一级
57	北京爱户众乐拆迁有限公司	二级
58	北京昌房正信拆迁服务有限公司	二级
59	北京诚合佳兴房屋拆迁服务有限责任公司	二级
60	北京东方圣奇房地产经纪服务有限公司	二级
61	北京东方兴诚拆迁有限公司	二级
62	北京东展房屋拆迁有限公司	二级
63	北京福信房屋拆迁有限责任公司	二级
64	北京拱极拆迁有限公司	二级
65	北京海地基业房屋拆迁有限公司	二级
66	北京宏发拆迁工程有限公司	二级
67	北京嘉迅拆迁服务有限责任公司	二级
68	北京锦江昊房屋拆迁服务有限责任公司	二级
69	北京京昌建设拆迁服务有限责任公司	二级
70	北京京科园拆迁服务有限责任公司	二级

续表 13－20

序号	拆迁公司名称	资质等级
71	北京科兴拆迁服务有限责任公司	二级
72	北京联兴拆迁工程有限公司	二级
73	北京龙锋拆迁有限公司	二级
74	北京鹏华房屋拆迁服务所	二级
75	北京鹏华捷房屋拆迁咨询有限公司	二级
76	北京千安泓房地产拆迁有限责任公司	二级
77	北京乾宇拆迁有限责任公司	二级
78	北京乔迁房地产信息咨询有限责任公司	二级
79	北京三程通房屋拆迁有限公司	二级
80	北京盛桥拆迁有限责任公司	二级
81	北京市成龙房地产咨询服务公司	二级
82	北京市丰开拆迁服务中心	二级
83	北京市六合拆迁有限公司	二级
84	北京市通州区城市房屋拆迁服务所	二级
85	北京市鑫淼房屋拆迁有限责任公司	二级
86	北京顺天诚房地产信息咨询服务中心	二级
87	北京天地之合拆迁有限公司	二级
88	北京祥志房屋拆迁有限公司	二级
89	北京新筑拆迁有限公司	二级
90	北京鑫鸿运拆迁服务有限公司	二级
91	北京兴恒源拆迁服务有限公司	二级
92	北京兴南物业管理拆迁有限公司	二级
93	北京兴平房屋拆迁服务中心	二级
94	北京宜轩房屋拆迁有限责任公司	二级
95	北京易佳安邦拆迁有限公司	二级
96	北京玉精诚拆迁劳务服务中心	二级
97	北京远大万贤房屋拆迁服务有限公司	二级
98	北京月达拆迁服务有限责任公司	二级
99	北京智宝拆迁拆除有限公司	二级
100	北京安华迁喜房屋拆迁有限责任公司	三级
101	北京保利民房屋拆迁有限公司	三级
102	北京北方天宇房屋拆迁服务有限公司	三级
103	北京北泰拆迁有限公司	三级
104	北京昌通建设拆迁服务有限责任公司	三级
105	北京晨理房屋拆迁有限责任公司	三级

续表 13－20

序号	拆迁公司名称	资质等级
106	北京诚安成房屋拆迁服务有限责任公司	三级
107	北京城建君恒拆迁有限责任公司	三级
108	北京创业人拆迁有限公司	三级
109	北京鼎成拆迁有限责任公司	三级
110	北京多亮多物业管理中心	三级
111	北京房修一建筑工程有限公司	三级
112	北京公达天林拆迁服务有限责任公司	三级
113	北京广厦园拆迁服务有限公司	三级
114	北京国通房屋拆迁有限公司	三级
115	北京海通基业拆迁有限公司	三级
116	北京好元通拆迁服务有限公司	三级
117	北京浩鸣拆迁有限公司	三级
118	北京弘元安拆迁服务有限公司	三级
119	北京宏业诚信拆迁有限公司	三级
120	北京厚德行房屋拆迁有限公司	三级
121	北京华成来房地产经纪有限公司	三级
122	北京华佳兴业房屋拆迁服务有限责任公司	三级
123	北京华胜达拆迁服务有限责任公司	三级
124	北京华夏亮点物业管理有限公司	三级
125	北京汇璟嘉实拆迁有限公司	三级
126	北京惠鸿盛隆房屋拆迁有限公司	三级
127	北京慧海仁和拆迁服务有限公司	三级
128	北京计新房屋拆迁服务有限责任公司	三级
129	北京嘉华伟业房屋拆迁服务有限公司	三级
130	北京建业有成房屋拆迁有限责任公司	三级
131	北京捷畅拆迁服务有限公司	三级
132	北京京密拆迁服务中心	三级
133	北京京西时尚房屋拆迁有限公司	三级
134	北京景欣拆迁服务有限公司	三级
135	北京君诚房屋拆迁有限公司	三级
136	北京开创房屋拆迁有限公司	三级
137	北京联创嘉业房屋拆迁有限公司	三级
138	北京隆宏泽拆迁服务中心	三级
139	北京茂林森房屋拆迁咨询有限责任公司	三级
140	北京明海拆迁服务咨询有限公司	三级

续表 13－20

序号	拆迁公司名称	资质等级
141	北京明锐宏拆迁服务有限公司	三级
142	北京平正拆迁服务有限责任公司	三级
143	北京荣大拆迁工程有限责任公司	三级
144	北京润安房屋拆迁有限公司	三级
145	北京盛东居拆迁服务中心	三级
146	北京盛世兴房屋拆迁服务有限公司	三级
147	北京世纪春成房屋拆迁有限公司	三级
148	北京世纪汇帮拆迁有限公司	三级
149	北京市长丰源房屋拆除有限责任公司	三级
150	北京市崇欣房屋拆迁有限公司	三级
151	北京市鸿禹超拆迁有限公司	三级
152	北京市华鼎四合院房屋经营信息网络中心	三级
153	北京市津河拆迁服务有限责任公司	三级
154	北京市康宜拆迁服务有限责任公司	三级
155	北京市煤气工程有限公司	三级
156	北京市盛德纪房屋拆迁有限公司	三级
157	北京市亦平房屋拆迁有限责任公司	三级
158	北京市银创伟宏房屋拆迁有限公司	三级
159	北京市永安建房屋拆迁服务有限责任公司	三级
160	北京市元龙拆迁有限责任公司	三级
161	北京市远航房屋拆迁有限公司	三级
162	北京首佳信房屋拆迁有限公司	三级
163	北京顺建拆迁服务中心	三级
164	北京硕方兴业房地产信息咨询有限公司	三级
165	北京天承建达房屋拆迁有限公司	三级
166	北京天福恒置业有限公司	三级
167	北京通城房屋拆迁有限公司	三级
168	北京同力源房屋拆迁有限责任公司	三级
169	北京拓荒牛拆迁有限责任公司	三级
170	北京万柳仁和房屋拆迁有限责任公司	三级
171	北京为您拆迁服务有限公司	三级
172	北京文开房屋拆迁服务有限责任公司	三级
173	北京欣徙拆迁工程有限公司	三级
174	北京鑫悦房屋拆迁服务有限公司	三级
175	北京兴达信房屋拆迁有限公司	三级

续表 13-20

序号	拆迁公司名称	资质等级
176	北京兴华恒达拆迁有限责任公司	三级
177	北京兴久诚房屋拆迁有限责任公司	三级
178	北京兴融拆迁服务有限责任公司	三级
179	北京禹嘉拆迁服务有限责任公司	三级
180	北京玉英房屋拆迁服务有限责任公司	三级
181	北京兆丰旭清拆迁有限责任公司	三级
182	北京正本房地产信息咨询有限责任公司	三级
183	北京正中置业有限责任公司	三级
184	北京中诚信房屋拆迁有限公司	三级
185	北京中江鸿运房屋拆迁有限公司	三级
186	北京中居房屋拆迁有限公司	三级
187	北京中蓬房屋拆迁有限公司	三级

二、房屋征收所涉评估机构管理情况

按照《国有土地上房屋征收与补偿条例》、《北京市国有土地上房屋征收与补偿实施意见》及《北京市国有土地上房屋征收房地产价格评估机构选定办法》等规定，2012年11月，本市建立了可以参与房屋征收评估的房地产价格评估机构名录。截至2014年3月初，全市共有105家房地产评估机构具备北京市房屋征收房地产价格评估资格（其中，一级资质等级单位35家，二级资质等级单位33家，三级资质等级单位37家）。

表 13-21　房屋征收房地产价格评估机构名录

序号	评估机构名称	资质等级
1	北京百成首信房地产评估有限公司	一级
2	北京大地盛业房地产土地评估有限公司	一级
3	北京东华天业房地产评估有限公司	一级
4	杜鸣联合房地产评估（北京）有限公司	一级
5	北京高地经典房地产评估有限责任公司	一级
6	北京国地房地产土地评估有限公司	一级
7	北京市国盛房地产评估有限责任公司	一级
8	北京国泰大正天平行土地房地产评估顾问有限公司	一级
9	北京海创房地产土地评估有限公司	一级
10	北京华天通房地产评估有限公司	一级
11	北京华信房地产评估有限公司	一级
12	北京华源国际房地产土地评估有限公司	一级

续表 13-21

序号	评估机构名称	资质等级
13	北京建亚恒泰房地产评估有限公司	一级
14	北京市金利安房地产咨询评估有限责任公司	一级
15	北京京港房地产估价有限公司	一级
16	北京康正宏基房地产评估有限公司	一级
17	北京龙泰房地产评估有限责任公司	一级
18	北京潞通房地产土地评估有限公司	一级
19	北京仁达房地产评估有限公司	一级
20	北京圣元房地产评估咨询有限公司	一级
21	北京首佳房地产评估有限公司	一级
22	北京银通安泰房地产评估有限公司	一级
23	北京中地华夏土地房地产评估有限公司	一级
24	北京市中恒业房地产评估有限责任公司	一级
25	北京中资房地产土地评估有限公司	一级
26	北京盛华翔伦房地产土地评估有限责任公司	一级
27	北京宝孚房地产评估事务所有限公司	一级
28	北京北方房地产咨询评估有限责任公司	一级
29	北京京城捷信房地产评估有限公司	一级
30	北京银地联合房地产土地评估有限公司	一级
31	北京银房兆华房地产土地评估有限责任公司	一级
32	中财宝信（北京）房地产土地评估有限公司	一级
33	北京中建华房地产土地评估有限责任公司	一级
34	北京中企华房地产估价有限公司	一级
35	北京宝业恒土地和房地产评估有限公司	一级
36	北京安泰祥土地房地产评估有限公司	二级
37	北京诚达信房地产评估有限公司	二级
38	北京鼎春德房地产土地评估有限公司	二级
39	北京海评兴业房地产土地评估有限公司	二级
40	北京华城房地产土地评估有限公司	二级
41	北京华正房地产土地评估有限公司	二级
42	北京金地房地产评估有限公司	二级
43	北京开元恒基房地产土地评估有限公司	二级
44	名洋灏正房地产土地评估（北京）有限公司	二级
45	北京明鉴华颂房地产土地评估有限公司	二级
46	北京瑞华腾房地产评估有限公司	二级
47	北京瑞欧房地产评估咨询有限责任公司	二级

续表 13 - 21

序号	评估机构名称	资质等级
48	北京申和天成房地产评估有限公司	二级
49	北京申洋房地产评估有限公司	二级
50	北京世诚嘉业房地产土地评估有限责任公司	二级
51	北京世纪方廉房地产评估事务所（普通合伙）	二级
52	北京天润房地产价格评估有限公司	二级
53	北京西域房地产价格评估有限公司	二级
54	北京兴远房地产土地评估有限公司	二级
55	北京宣房房地产评估有限公司	二级
56	北京源恒房地产估价有限公司	二级
57	北京中诚亿房地产土地评估有限责任公司	二级
58	北京中地联合房地产评估有限公司	二级
59	北京国土联房地产评估中心有限公司	二级
60	北京鸿天涉外房地产土地估价有限责任公司	二级
61	北京建正房地产评估有限责任公司	二级
62	北京建正合生房地产评估有限公司	二级
63	北京圣达恒业房地产土地评估有限公司	二级
64	北京岳华中天房地产评估有限公司	二级
65	北京中鼎联合房地产评估有限公司	二级
66	北京中恒房地产评估有限公司	二级
67	北京中锐行房地产土地评估有限公司	二级
68	北京中商房地产土地评估有限公司	二级
69	北京奥隆房地产评估有限责任公司	三级
70	北京昌房房地产评估有限责任公司	三级
71	北京崇方房地产评估有限公司	三级
72	北京房兴土地房地产评估有限公司	三级
73	北京富地宏业房地产评估有限公司	三级
74	北京海基伟业房地产评估事务所（普通合伙）	三级
75	北京浩诚业房地产评估有限公司	三级
76	北京金诚立信房地产土地评估有限公司	三级
77	北京京丰房地产评估有限公司	三级
78	北京科园诚信房地产评估有限责任公司	三级
79	北京睿达信房地产评估有限公司	三级
80	北京天兴房地产评估事务所（普通合伙）	三级
81	北京为天成房地产估价有限公司	三级
82	北京银城房地产评估有限责任公司	三级

续表 13 - 21

序号	评估机构名称	资质等级
83	北京跃泽房地产估价有限公司	三级
84	北京正平房地产评估有限公司	三级
85	北京宝鼎兴盛房地产评估事务所（普通合伙）	三级
86	北京宝伦联合房地产土地评估有限公司	三级
87	保诚联合（北京）房地产评估有限公司	三级
88	北京博达伟业房地产价格评估有限公司	三级
89	北京诚志房地产评估事务所（普通合伙）	三级
90	北京德平纵横房地产评估有限公司	三级
91	北京恒浩房地产评估有限公司	三级
92	北京汇盛信达房地产土地评估有限公司	三级
93	北京金典天平房地产评估有限责任公司	三级
94	北京普阳房地产土地评估事务所（普通合伙）	三级
95	北京瑞德联盟房地产估价有限公司	三级
96	北京拓实房地产评估有限责任公司	三级
97	沃克森（北京）国际房地产土地评估有限公司	三级
98	北京新兴宏基房地产评估有限责任公司	三级
99	北京鑫泰房地产估价有限公司	三级
100	北京植地通诚房地产评估有限公司	三级
101	北京中恒永兴房地产评估事务所有限公司	三级
102	北京中坤房地产评估有限公司	三级
103	北京中天华腾房地产评估有限公司	三级
104	北京中土源房地产评估有限公司	三级
105	北京中益信达房地产评估有限公司	三级

三、房地产价格评估收费管理

为进一步规范北京市房地产价格评估收费行为，促进房地产价格评估市场健康发展，2013 年6 月9 日，市住房城乡建设委会同市发展改革委发布《关于房地产价格评估收费有关问题的通知》（京发改［2013］1522 号），规定凡在本市依法从事房地产价格评估活动并向委托人收取费用的中介机构，应当遵守本规定；评估收费实行政府指导价管理，按照房地产的价格总额采取差额定律分档累进计收，评估专家委员会技术鉴定费收费标准按照不高于政府规定房地产价格评估收费标准的50%收取。该文自2013 年9 月1 日起实施。

附　录

附录一　业界观点

2013年北京房地产市场回顾与2014年展望

北京链家地产市场研究中心

商品住宅篇

一、概述

2010年至2012年北京市土地成交和新开工量持续下滑，受此影响，2013年商品住宅入市规模大幅降低，成交并未延续2012年全面回暖的趋势，2013年共成交量82817套，较去年下滑8.1%。但市场热度不减，购房需求积极释放，新增供应消化较快。

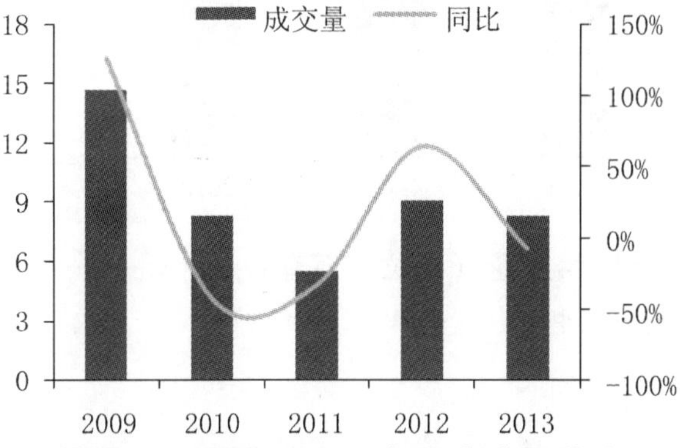

附图1　2009—2013年北京商品住宅成交量及同比变化（单位：万套）

数据来源：链家地产市场研究中心

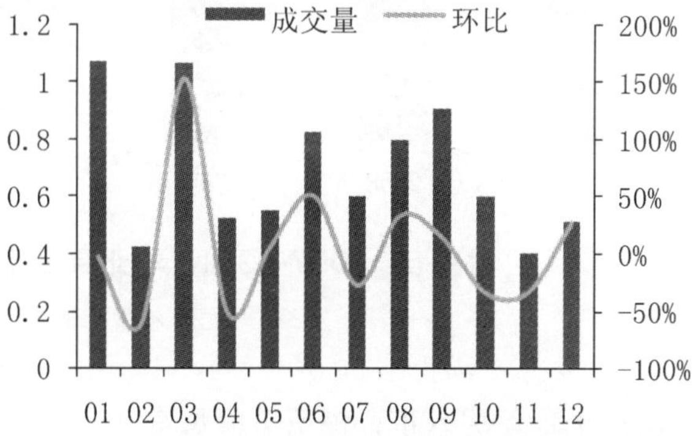

附图2　2013年北京商品住宅各月成交量及同比变化（单位：万套）

数据来源：链家地产市场研究中心

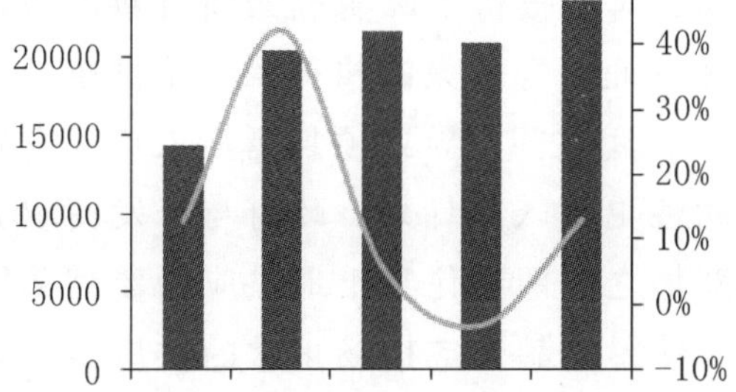

附图3　2009—2013年商品住宅成交均价及同比变化（元/平米）

数据来源：链家地产市场研究中心

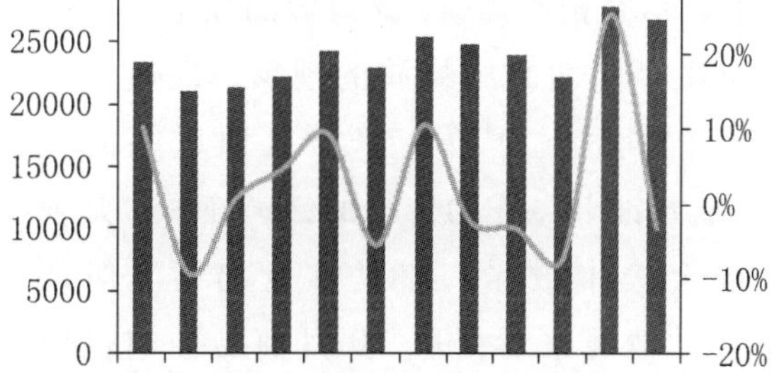

附图4　2013年商品住宅各月成交均价及同比变化（元/平米）

数据来源：链家地产市场研究中心

2013年北京市商品住宅成交价格为23612元/平方米，同比上涨13.1%。2013年房企资金充裕、市场供需矛盾较深，涨价动力明显。但受到限价政策的影响，价格上涨的空间并未完全释放。

二、市场特征

1. 受土地、限价政策共同抑制，供应持续萎缩

2013年供应量探底，明年或走出低谷

2013年北京商品住宅新增供应仅为63701套，同比下降12.7%。自2007年以来，商品住宅新增供应量呈现逐年下滑的趋势。2010年起连续三年土地供应收紧的影响在2013年集中体现。

随着2013年住宅土地成交量的大规模增加，自下半年起，商品住宅累计新开工面积同比涨幅显现出上行趋势。因此预计在2013年供应探底后，2014年楼市供应将走出低谷。

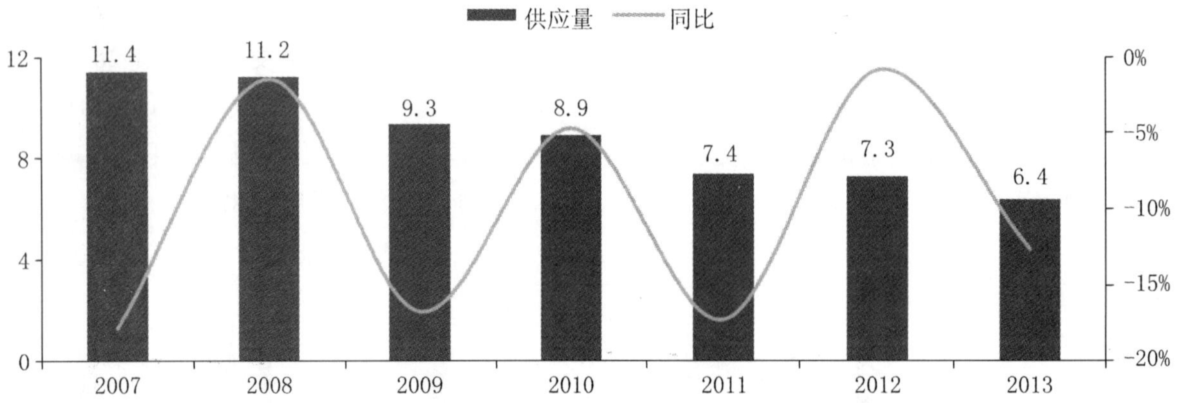

附图5 2007—2013年北京商品住宅新增供应量（单位：万套）

数据来源：链家地产市场研究中心

政府干预新房入市，供应节奏反常

受政策调控的影响，2013年北京市商品住宅供应节奏与往年相比明显不同。经历过1、2月传统的供应量低位后，在政策预期的影响下，房企推盘谨慎，3月商品住宅供应并未出现往年同期集中释放的现象，供应量与2012年同期相比下降27%。按照以往的规律，“金九银十”作为传统的销售旺季，开发商一般会集中放量，加紧推盘出货。但从2013年的情况来看，9、10月商品住宅供应量反而成为供应低谷期，且为三年以来同期最低值。

2013年初，“国五条”及其北京细则落地，其在北京商品住宅市场的核心是在预售环节采取“限价”措施。提高商品房预售许可门槛，对于报价上涨明显的项目暂不核发预售许可证书等政策的执行，明显挤压了开发商的利润空间，导致项目延后入市，个别项目索性更改入市计划。政府与开发商双方的博弈加之前两年住宅土地供应的萎缩共同作用，使得商品住宅市场正常的供应节奏受到明显影响。

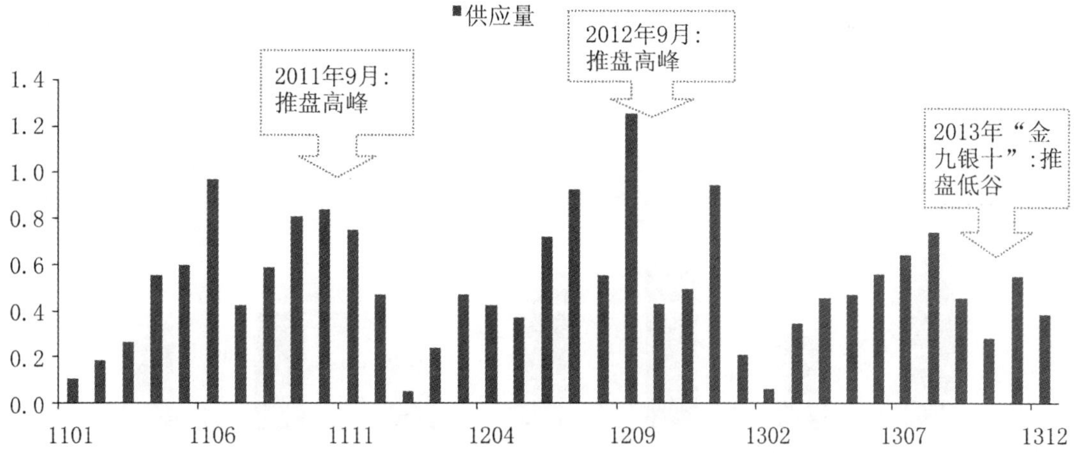

附图6　2011—2013年各月北京商品住宅新增期房项目供应量（单位：万套）

数据来源：链家地产市场研究中心

五环外住宅供应占比首超九成

从供应结构上看，受住宅土地供应影响，商品住宅在郊区、五环外的供应量占比逐年提升。数据显示，2013年，商品住宅五环外供应量占比首次超过九成，达到93%。值得关注的是，自2011年开始，商品住宅六环外供应量占比以每年5%左右的速度直线上升，到2013年，六环外供应占比已将近40%。未来北京的商品住宅供应继续外移，六环外供应占比将持续加大。

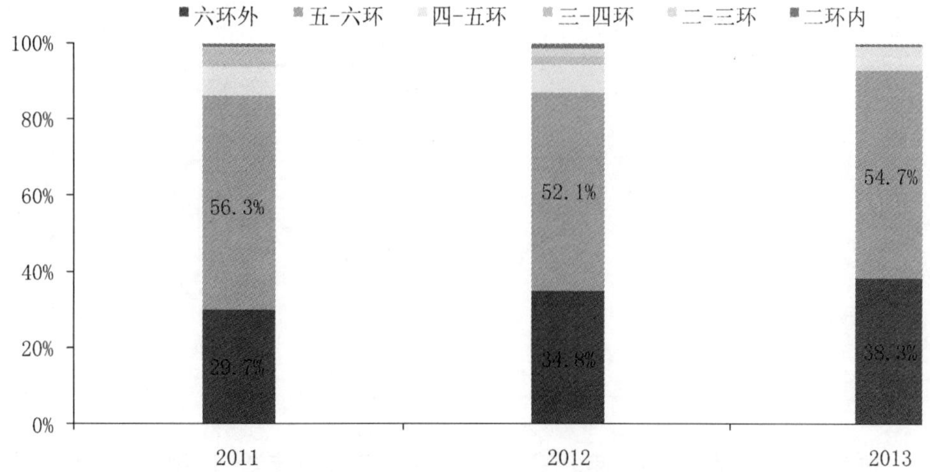

附图7　2011—2013年北京商品住宅各环线供应占比

数据来源：链家地产市场研究中心

2. 市场供需失衡，年内库存累计降三成

新增项目高速去化，年去化率达七成

2013年北京商品住宅年去化率达到70%，仅次于2009年。项目短期消化能力非常强，不仅一些刚需项目出现了“日光”或排号困难，一些高端楼盘也出现了“短期高去化”的销售状态。

2013年商品住宅持续火爆，一方面与今年的政策环境有关，“国五条”在新房市场的执行手段是在供应端控制价格上涨，这使得购房者在对房价长期看涨的预期中，又掺杂进了房价短期内难以大幅上涨，而可以相对低成本入市的心理状态；另一方面，在庞大的购房需求的基础上，项目前期蓄客时间较长也成为推动项目高速去化的重要原因。

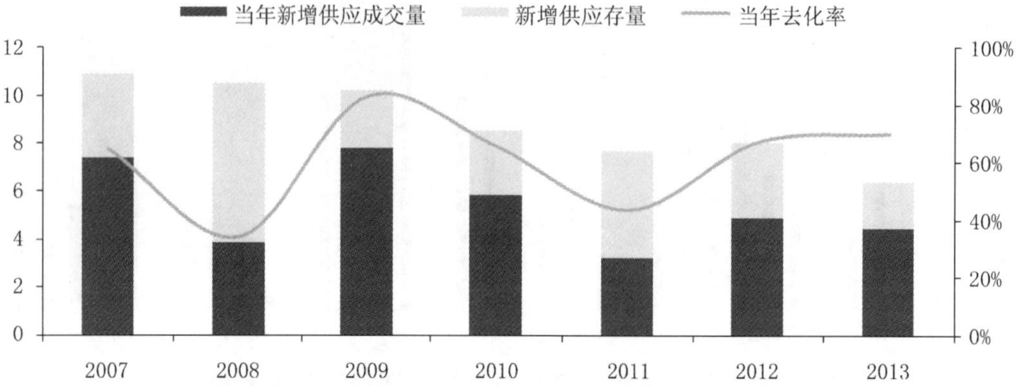

附图8　2007—2013年北京商品住宅当年新增供应量及去化率（单位：万套）

数据来源：链家地产市场研究中心

库存持续走低，降至6万套以下

从库存日线走势看，2013年库存持续回落趋势明显，由年初的8万套降至6万套以下，下降超过2成。库存水平是反映当前市场整体供应情况的指标之一，2013年商品住宅库存量出现大幅下滑，自10月起更是持续在警戒线6万套以下徘徊，这不仅表明目前市场上可售房源相对偏紧的状态，同时也反映出市场上供需矛盾的严峻程度。但从目前土地成交和新开工的表现来看，明年在商品住宅供应增加的基础上，库存量将筑底回升。

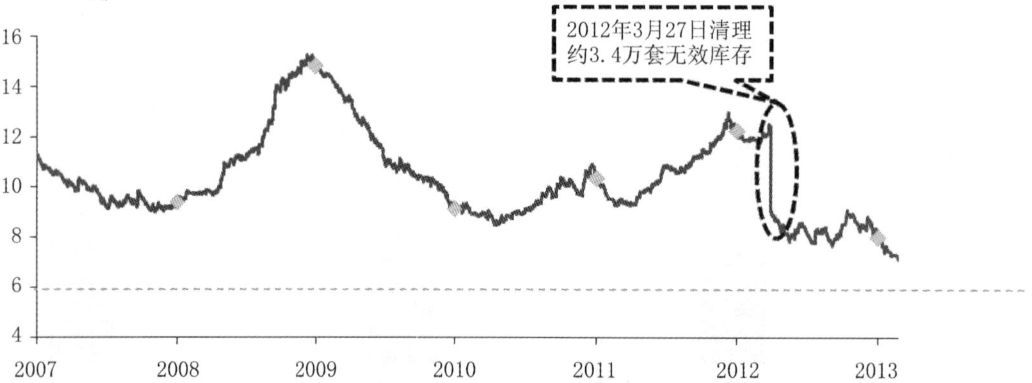

附图9　2007—2013年北京商品住宅库存日线走势（单位：万套）

数据来源：链家地产市场研究中心

改善型供应占比下降，库存加速消耗

2013年北京市商品住宅各面积段库存同比均出现明显下降，相较于刚性需求，90平米以上的大中户型库存同比下降更为明显，其中90－120平米库存同比下降最多，达到39.6%。二手住宅交易个税新政的实施，使得一部分改善性需求换房成本大增，转为购买新房。同时，限购限贷的调控政策丝毫没有放松，购房成本进一步增加，政策预期的强化，影响了刚性需求的置业计划，使一次性置业到位的需求加大。

与此同时，2013年90平米以上商品住宅供应量占比却比2012年下降4.6个百分点，使得以改善型需求为主的中大户型库存加速消耗。

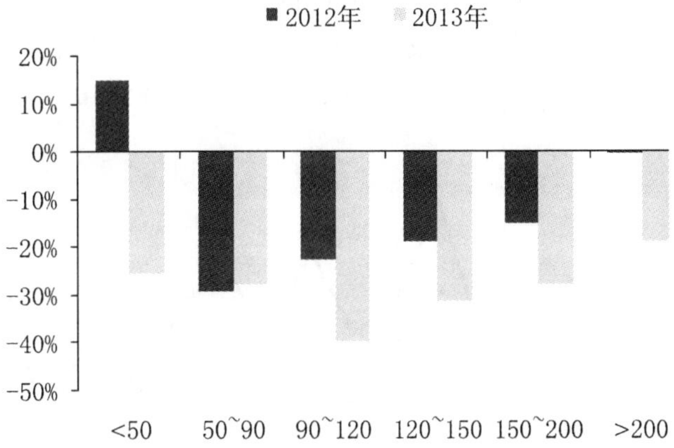

附图 10　2012—2013 年北京商品住宅各面积段库存同比

数据来源：链家地产市场研究中心

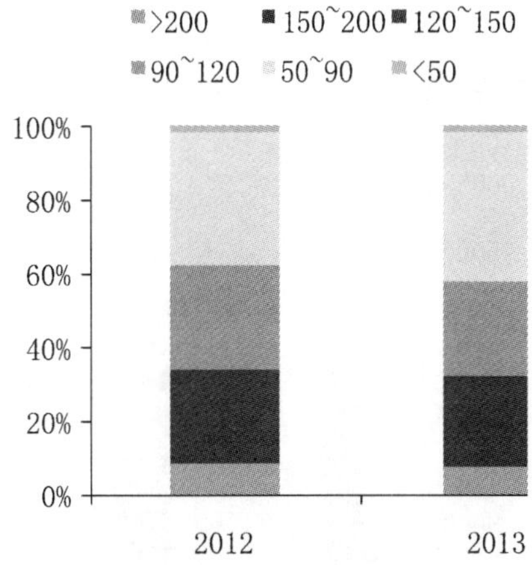

附图 11　2012—2013 年北京商品住宅各面积段供应占比

数据来源：链家地产市场研究中心

3. 行政调控措施加强，难阻房价实质上涨

上一轮调控效果逐渐消退，房价涨幅反弹

2013 年北京市各区域商品住宅成交均价涨幅较 2012 年明显呈现反弹趋势，中心城区、外城四区、近郊价格涨幅分别达到 17.4%、21.3%和 15.7%。

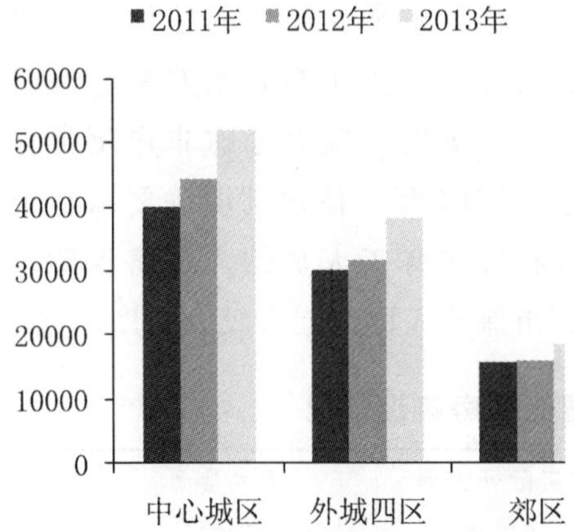

附图 12　2011—2013 年北京各区域商品住宅成交均价对比（单位：元/平米）

数据来源：链家地产市场研究中心

在 2011 年出台的限购令影响下，北京市 2012 年商品住宅成交均价涨幅出现明显回落，近郊房价甚至出现小幅下跌，同比下降 1.7%。在空前的调控力度的作用下，2011 年 - 2012 年的土地市场极度冷淡，导致 2013 年商品住宅供应低迷。供需矛盾的不断深化是造成 2013 年房价涨幅反弹的主要原因。

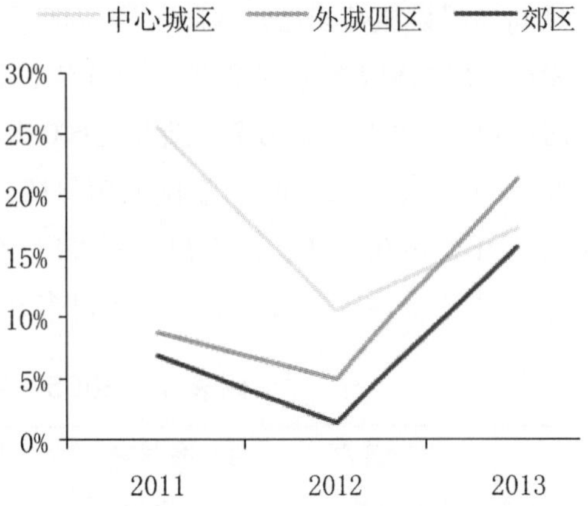

附图 13　2011—2013 年北京各区域商品住宅价格涨幅

数据来源：链家地产市场研究中心

房企涨价空间受限，上涨压力依然较大

2013 年入市项目拟售价格与成交价格差距与 2011 年和 2012 年相比明显缩小，各月拟售均价与成交均价平均差距呈现出震荡下降的趋势。

年初出台的“限价令”，使得房企涨价空间变小，利润空间下降。以往开发商通常会预留未来的涨价空间，或者给予一定价格折扣，因此拟售均价与成交均价有明显差距。但目前拟售均价被限定在一定幅度内，开发商也改变定价策略，以近乎拟售价格的价格出售。使得与前期相比，成交价格实际上也有明显上涨。

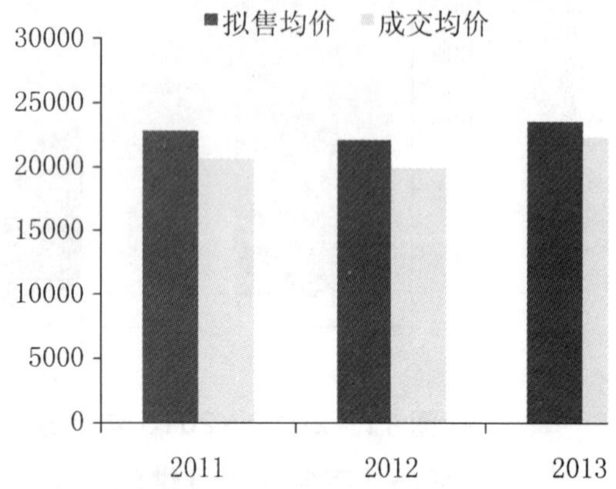

附图14　2011—2013年北京商品住宅拟售均价与成交均价对比（单位：元/平米）

数据来源：链家地产市场研究中心

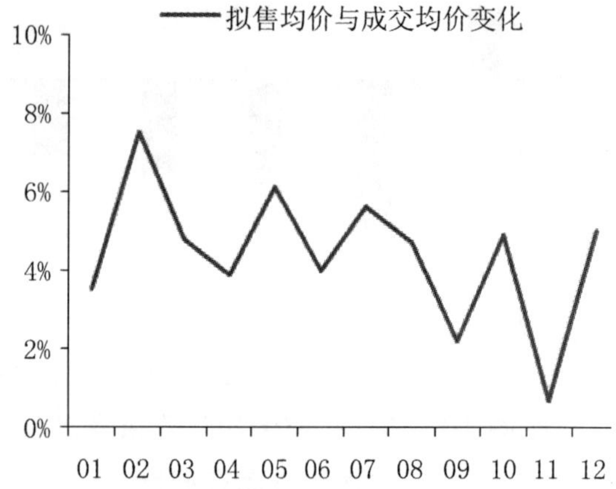

附图15　2013年各月北京商品住宅拟售均价与成交均价平均差距

数据来源：链家地产市场研究中心

三、保障性住房建设情况及影响

1. 我国保障性住房建设基本情况

2011年3月6日，在“十一届全国人大四次会议记者会”上，国家发改委明确表示，“十二五”期间要建设城镇安居性保障工程3600万套，使保障性住房的覆盖率达到20%。2013年，我国保障房计划基本建成460万套，新开工600万套。

2013年（至11月底），全国城镇保障性安居工程已开工666万套，比年初计划多出66万套，基本建成544万套，比年初计划多出84万套。截至目前，“十二五”期间，我国已经开工建设各类保障性安居工程2400多万套，建成1500万套以上，完成计划的三分之二。

2013年保障房建设规划有两点值得注意的变化：其一是加快配套设施建设的重要性更为突出，未来保障房的整体品质将会有提升；另外，以往在部分地方制定保障房建设和配置计划时，较少考虑非户籍常住人口的需求，2013年，住建部明确要求地级以上城市要将外来务工人员纳入住房保障范围，多个城市保障人群范围有较大幅度扩宽。

附表1　2008—2013年全国保障房建设情况

时间	土地供应（万公顷）	占住房用地供应比例	计划开工量（万套）	实际开工量（万套）	建成量（万套）	竣工率
2008	0.71	12.9%	63	100	——	——
2009	0.97	12.7%	387	330	215	65.2%
2010	2.4	13.3%	580	590	330	55.9%
2011	7.74	35.5%	1000	1043	432	41.4%
2012	5.01	29.1%	700 +	722	505（计划500）	69.9%
2013	4.15	27.5%	600	666	544（计划460）	81.7%

数据来源：住建部公开数据

2. 北京市保障房建设基本情况

北京市保障房建设计划与年度完成情况

“十二五”时期，北京市计划建设、收购各类保障性住房100万套，其中公开配租配售50万套，首都功能核心区人口疏散、棚户区改造等定向安置住房50万套。发放租金补贴家庭10万户。竣工各类保障房70万套。期间，公共租赁住房占到公开配租配售保障房性住房供应总量的60%以上。

2013年北京市共建设、收购各类保障房16.2万套，竣工8.5万套，超额完成了计划新开工16万套、竣工7万套的建设任务。

2013年4月19日起北京市统一廉租房、经适房、限价房和公租房“四房”申请为保障房申请，住房保障方式实现了由“以售为主”向“以租为主”的转变。截至年底，北京市保障房共公开配租配售47221套，其中公租房12118套，经适房12621套，限价房22482套，全年4万套保障房分配任务也已超额完成。

北京市经济适用房和两限房供需情况

2013年，北京经济适用房和两限房的供应面积约为154.6万平方米，同比下降24.3%。已经连续两年下调。保障房在新建住房中的成交占比约为3成。

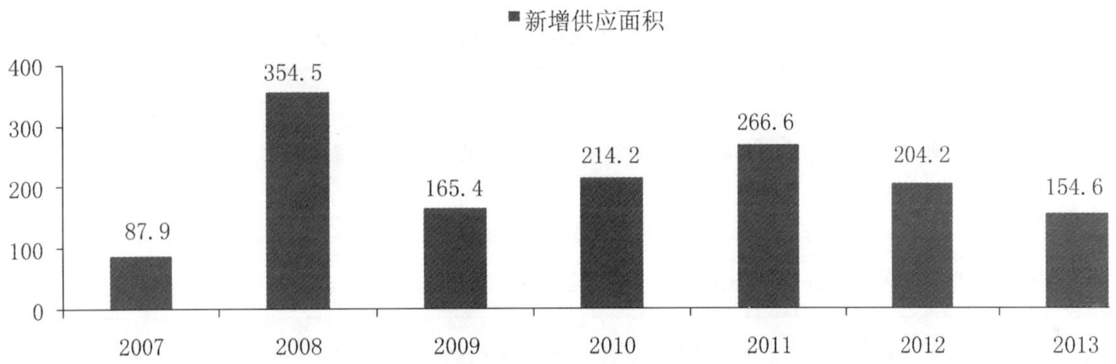

附图16　2007—2012年北京经济适用房及两限房新增供应（单位：万平米）

数据来源：链家地产市场研究中心

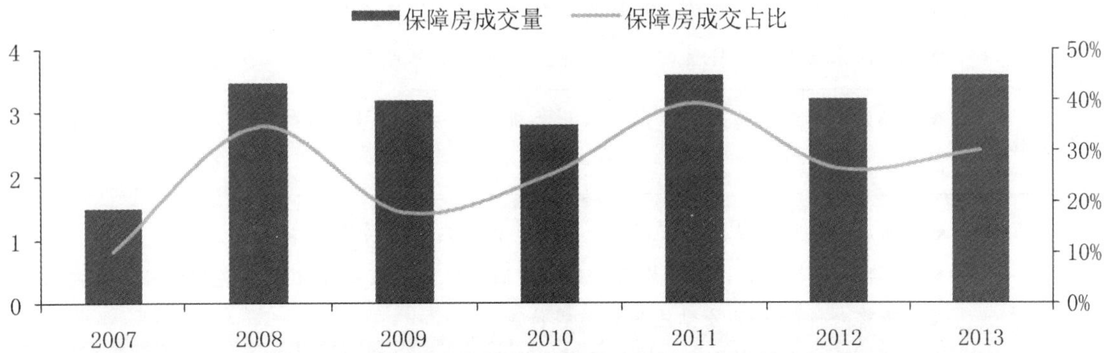

附图17　2007—2013年北京经济适用房及两限房成交占新房住宅成交比例（单位：万套）

数据来源：链家地产市场研究中心

“十二五”期间，保障房进入大量建设期，所谓的“大跃进”过程产生的问题在现阶段依然没有得到有效的避免。但值得肯定的是，保障房的体系建设在2013年具备一些亮点。比如，规定建设保障房周边配套项目要同步跟进、保障房覆盖人群延伸至外来务工人员、取消经济适用房上市、保障房并轨，突出租赁功能、年底提出对共有产权保障房模式的探索等。

短期内，保障房对于商品住宅市场房价不会产生平抑作用，而此前预期的分流作用，在一线城市庞大的需求面前也表现微弱。2013年，北京、上海都有顾及中端“夹心层”人群的政策出台，其中上海市降低保障房准入门槛，北京则是新推出一种介于保障房和商品房之间的“自住型商品住房”。虽然可以解决一部分群体的购房难题，但期望能够在短期内抑制商品房市场价格过快上涨依然不够现实。

3. 北京出台“自住型商品住房”，可解决一部分“夹心层”群体购房问题

自住型商品住房定位中端市场，保障房轮候家庭可优先申请

2013年10月22日，北京《关于加快中低价位自住型改善型商品住房建设的意见》，正式推出“自住型商品住房”。不难看出，该产品属性介于商品房和保障房之间，目的在于缓解购房“夹心层”的压力，但首先仍保证保障房轮候家庭优选申购权。

将政策分解来看：

附表2　北京自住型商品住房政策概况

	主要内容
针对人群	◆ 名下无房或仅有一套住房的北京户籍家庭以及符合购房条件且名下无房的非京籍家庭； ◆ 两类人群优先购买： 本市户籍无房家庭（单身须25周岁） 经适房、限价房轮候家庭
产品特征	◆ 套型建筑面积，以90平方米以下为主，最大套型建筑面积不得超过140平方米 ◆ 销售均价，原则上按照比同地段、同品质的商品住房价格低30%左右的水平确定
供给方式	◆ 由房企通过“限房价、竞地价”方式获取土地，集中或配建 ◆ 鼓励企业事业单位将自用地用于自住型商品住房的开发建设 ◆ 将尚未进入销售环节的房地产开发项目转化为自住型商品住房建设项目
分配流程	◆ 开发商公示→购房家庭申请→相关机构审核→摇号选房→登记（登记房屋性质为“自住型商品住房”）
退出机制	◆ 购房人取得房屋所有权证后，原则上5年内不得转让 ◆ 5年以后转让的，如有增值，应当按照届时同地段商品住房价格和该自住型商品住房购买时价格差价的30%交纳土地收益等价款 ◆ 购房人将自住型商品住房转让后，不得再次购买自住型商品住房
配合政策	◆ 《北京市自住型商品住房销售管理暂行规定（征求意见稿）》，列举了自住型商品住房分配环节的7项举措，但无明显创新内容

数据来源：链家地产市场研究中心根据市住建委相关政策统计整理

与保障性住房存在较大差异，上海共有产权模式值得借鉴

北京推出的自住型商品住房，虽然在申请人群上给予保障房轮候家庭优先权，但与保障性住房存在较大差异。在内容设计上与限价房相似，而准入门槛要低很多。具备同样目的的上海，满足“夹心层“购房需求的方式是提高收入上限、降低年龄下限，降低购买门槛，并且采用的是共有产权模式。

北京自住型商品住房的推出，针对一部分不具备申请保障房资格又无法承担商品住宅房价的“夹心层”，这种介于保障与商品房的中间市场，所覆盖的购房者与上海近年来在保障体系中放松准入的人群有共同之处，但是无论从政策设计的严密程度还是人群针对性上看，北京自住型商品住宅比上海模式还有一定差距。

附表3　北京自住型商品住房与保障房、上海模式的对比

	北京			上海
	经济适用房	两限房	自住型商品住房	共有产权模式的经济适用房
面向人群	低收入家庭，申请人需具备本市城镇户籍满3年，且年满18岁、单亲家庭需年满30岁	京籍中端收入且住房困难家庭、拆迁农民及其他政府规定人群申请人可是16岁以上具有完全民事行为能力的家庭成员、单身家庭需满30岁	满足限购政策均可购买，对收入、户籍无限制	通过提高收入、年龄等限制，由原来低收入人群覆盖到夹心层
满5年后上市交易条件	按与当时同地段普通商品住宅价格差的70%缴纳土地收益等价款；政府可优先回购	按与当时同地段普通商品住房价差缴纳土地收益等价款，比例为35%	缴纳土地收益等价款的比例是30%，政府无优先回购权	购房者与政府共有产权，5年后上市的政府有权优先回购，并按比例分配转让收入
户型面积	—	以90平米以下为主，一居室控制在60平以下，两居室控制在75平以下	以90平以下为主，最大不超过140平米	—

链家地产市场研究中心根据北京市住建委、上海市住建委资料统计整理

自住型商品住房短期或致部分需求形成观望，抑价功能暂不明朗

2013年自住型商品住房已完成2万套土地供应，2014年计划完成5万套。2014年进入预售环节的自住型商品住房将在3万套左右，而2012年、2013年全市住宅（一手及二手）成交量都在24万套左右。自住型商品住房入市量仅占当年新增需求的12.5%左右。按照保障房家庭优先申购的原则，这部分预计入市的自住型商品住房占到13万轮候家庭的23.1%。如果考虑到保障房轮候家庭中存在一定数量人群不具备购买自住型商品住房的能力，这一比例还会更高。

从绝对量和占比上看，自住型商品住房

规模性入市会对商品住宅市场产生一定冲击。一方面，短期内，部分购房符合申请条件同时具备购买商品房能力的人群，可能搁置购房计划转而申请有明显价格优势的自住型商品住房，会对供需矛盾产生一定缓解作用，但未必效果明显。这是因为北京住宅市场的供需矛盾较深，潜在需求量巨大，自住型商品住房的供应量所起到的分流作用不大。

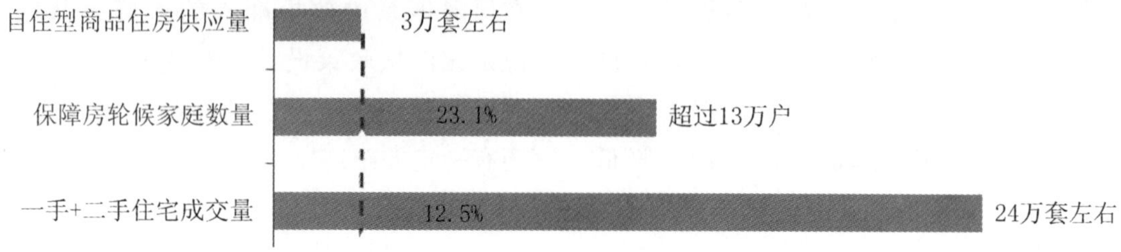

附图18　2014年自住型商品住房入市量（估算）与年度成交、保障房轮候家庭比较示意图

数据来源：链家地产市场研究中心

自住型商品住房政策尚待完善，继续降低投资空间

北京推出的自住型商品住房，能够在一定程度上增加住宅土地供给，满足一部分购房群体的基本住房需求。但当前依然不能完全排除在监管层面不够完善的情况下，出现名额错配和权力寻租等现象。

（1）政策限制较宽松，缺乏收入门槛设定

自住型商品住房虽然规定了两种优先申请的人群范围，但除此之外，具备申请资格的范围较广，且没有设定家庭收入水平限制，或致使部分高收入家庭购房申请以非正常手段流入，有悖于政策满足“夹心层”购房需求的初衷。

（2）短期难平抑房价，或倒逼商品房价格上涨

虽然从政策预期上看，未来自住型商品住房的供应量较大，但其定价不会直接对周边房价产生影响，平抑房价效果不明确。而从供应环节看，若按照供地计划，自住型商品住房用地占比需达到3成，在土地可用规模增长有限的情况下，商品住宅用地将明显受到挤压，只占到供地总量3成，且开发商拿地配建比例上涨，将使商品住宅市场出现“低供应”、“高端化”的现象，商品住宅价格会持续上涨。

（3）利润空间大，刺激购房者投资意愿及权力寻租

自住型商品住房虽然规定了转让年限，以及需要缴纳30%土地收益等价款，在短期内抑制投资购房流入，但五年后转让的综合收益也很明显。举例说明，当前商品住宅价格100为基数，假设五年累计涨幅为30%，计算非免税商品住宅与自住型商品住房五年后的收益如下表：

附表4　商品住宅与自住型商品住房五年后上市收益对比

住房类型	价格基数	五年累计涨幅	五年后价格	扣除差价的30%	收益
商品住宅	100	30%	130	/	24
自住型商品住房	70	——	130	18	42

数据来源：链家地产市场研究中心

从上表看，五年后自住型商品住房的收益甚至要比非免税的商品住宅高，这难以避免会吸引大量的购房需求参与申请，供需失衡较为突出。另外，政策本身在准入人群限制方面还不够严密，较容易滋生投资购房和权力寻租。在这一方面，上海的共有产权保障房模式，则在顾及到“夹心层“购房需要的同时，也更大程度降低了住房投资性。

四、总结与预测

1. 2014 年供应规模低位反弹

2013 年住宅土地供应量大规模增加，房地产新开工面积及房地产投资增幅都比较明显，整体市场走势向好。这将从上游改善 2011 年 -2012 年土地市场持续遇冷所造成的供应低迷的局面。按照今年成交住宅土地的新开工情况，预计 2014 年下半年开始，新建商品住宅供应量将出现上涨，供需矛盾将有望得到一定缓解。

2. 自住型商品住房入市，短期难以抑制房价上涨

2013 年底，政府推出自住型商品住房政策，并承诺 2014 年底前完成 7 万套自住型商品住房土地供应，预计将有一半左右进入预售环节。2014 年在供应大幅增加的基础上，还将有大量价格低于周边住宅价格 30% 的自住型商品住房入市，或会对购房者预期产生明显影响，但短期内难以平抑房价，甚至会倒逼商品房价格上涨。

3. 五环内新增供应泛高端化

2013 年土地市场成交火热，土地价格上涨明显，导致楼面价格大幅上涨。另外“限地价，竞保障房面积”的土地出让方式也使多数成交地块需要配建一定面积的保障性质住房（含自住型商品住房、限价商品房、公租房等其他保障性住房）。在这两方面原因的共同作用下，房企为了保证利润空间，未来推出的普通商品住宅将不得不向着“高端化”方向发展。未来未被保障性住房所覆盖的购房群体，购房难度或将加大。

二手住宅篇

一、概述

2013 年二手住宅成交 16.3 万套，价格同比涨幅超两成

2013 年北京二手住宅共成交 162762 套，同比上涨 13.3%。从 2011 年 2 月限购升级以来，近三年成交量持续回升，但尚未恢复到 2011 年调控前的平均水平。2013 年新政从限购、限贷、个税三个层面对二手住宅市场形成抑制作用，大部分投资投机需求已被挤出市场。

2013 年北京二手住宅成交均价为 29122 元/平方米，同比上涨 26.2%

从近 5 年的价格同比变化情况看，2013 年价格同比涨幅仅次于 2010 年。从年内走势看，2013 年的价格基本延续了 2012 年以来的上涨态势。但价格的上涨速度在各阶段有较大差异，快速上涨阶段主要集中在 3 月的“国五条”政策窗口期，这使得一季度价格累计涨幅高达 9.6%，而二季度到四季度累计涨幅为 14%。

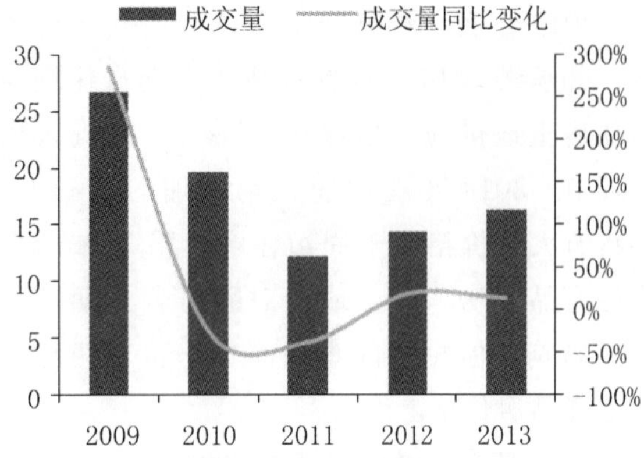

附图19 2009—2013年北京二手住宅成交量及同比变化（单位：万套）

数据来源：链家地产市场研究中心

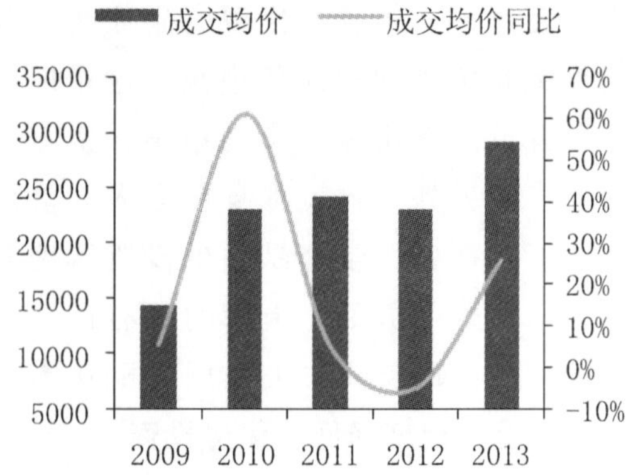

附图20 2009—2013年北京二手住宅成交均价及同比变化（单位：元/平米）

数据来源：链家地产市场研究中心

90平米以下户型仍为主力，大户型成交占比提升

从北京全市二手住宅各面积档位户型成交占比看，2013年90平米以下住宅成交占比为60.8%，以小户型为主的刚性需求依然是目前市场主要购房需求。90－140平米以及140平米以上住宅的占比分别较上年提升0.2个百分点、1.4个百分点，但仍低于2009年的水平。

2013年在个税成本增加、房产税预期增强等因素共同作用下，置换型购房者为减少未来可期的交易成本，一步到位倾向明显。

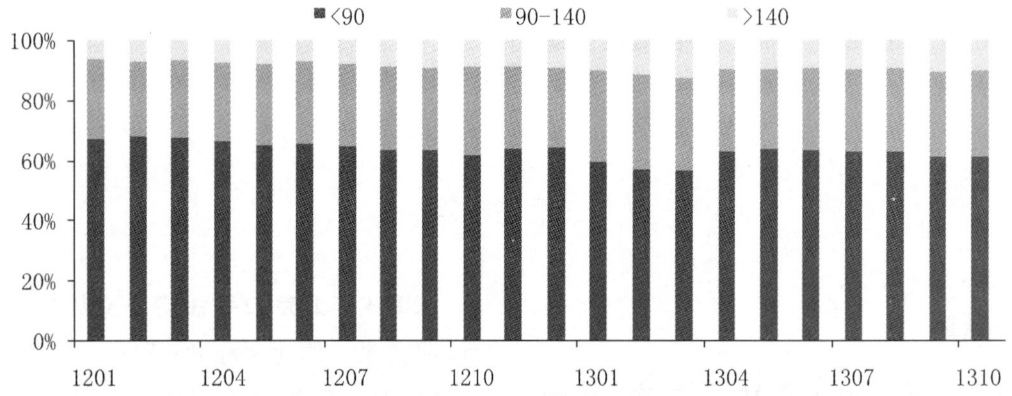

附图21 2012—2013年各月北京二手住宅各面积档位户型成交面积占比

数据来源：北京住房与城乡建设委员会、链家地产市场研究中心

房价上涨推动需求外溢，外城四区占比首次低于五成

从2009年到2013年以来各个区域的成交情况看，需求外移明显加速。外城四区的成交占比在2009－2012年连续四年保持在53%左右，但到2013年，占比降为49.4%，首次低于五成，而近郊占比则增加至34%。

外城四区的部分需求外溢到了近郊区县，而中心城区和远郊区县的成交占比基本保持稳定。这种需求的转移现象主要是受到房价上涨的影响。2013年房价涨幅为近三年最高，外城四区均价超过3万元/平方米，房价快速上涨推动需求外移。

2013年以来，传统的热门商圈如黄村、

回龙观、天通苑、望京、旧宫等持续活跃，成交量也保持前列。随着新地铁开通，周边商圈交易随之活跃，典型区域如6号线周边的石佛营，常营等，成交活跃度都有显著提升。地铁开通的利好对周边区域的带动效应逐渐显现，新的二手房热点区域正在形成。

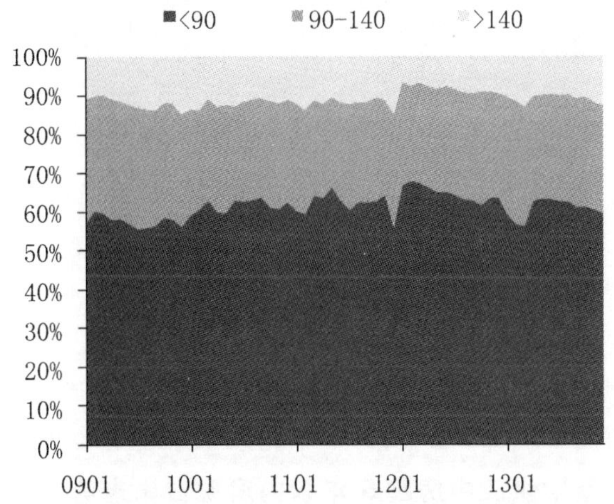

附图22　2009—2013年北京二手住宅各面积档位户型成交占比变化

数据来源：链家地产市场研究中心

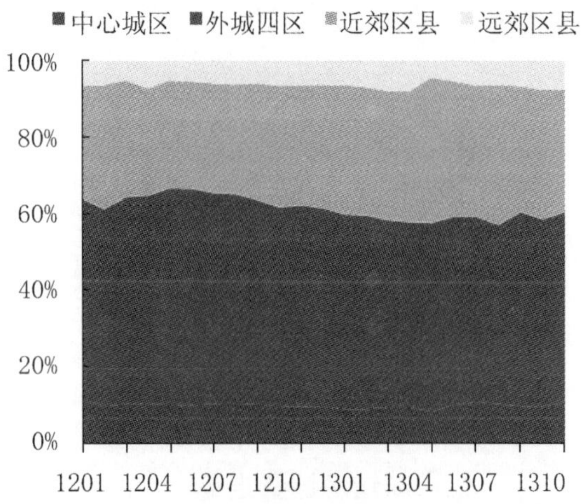

附图23　2009—2013年北京二手住宅各区域成交占比变化

数据来源：链家地产市场研究中心

注：近郊包括大兴、通州、昌平、顺义、房山；远郊包括密云、怀柔、平谷、门头沟、延庆

附表5　2013年北京二手住宅成交量前20商圈成交情况

排名	商圈	成交占比	同比变化	成交均价（元/平米）	排名	商圈	成交占比	同比变化	成交均价（元/平米）
1	黄村	4.3%	↑	22424	11	管庄	1.3%	↓	27432
2	回龙观	3.2%	↑	25802	12	苹果园	1.3%	↑	27912
3	顺义城区	2.9%	↓	19178	13	双桥	1.2%	↑	24369
4	天通苑	2.8%	↑	20564	14	清河	1.2%	↓	35418
5	望京	2.3%	↓	36238	15	广安门	1.2%	↓	41847
6	旧宫	1.8%	↑	23493	16	鲁谷	1.2%	↑	33714
7	北苑	1.7%	↑	33505	17	梨园	1.1%	↑	20746
8	马家堡	1.4%	↓	34730	18	常营	1.1%	↑	31424
9	果园	1.3%	↑	22164	19	定福庄	1.0%	↑	27681
10	石佛营	1.3%	↑	35852	20	劲松	1.0%	↑	36925

数据来源：链家地产市场研究中心

新增房源同比增长，房龄5年内房源供应占比持续减少

2013年新增房源量较2012年小幅上涨，房源供应在新政窗口期出现集中释放，3月新增房源量是2013年其他各月平均水平的2倍。从11月开始，受市场转淡的影响，新增

房源量止升下跌。

从房龄的供应结构看，2013 年房龄不足 5 年的房源供应占比继续下降。2013 年个税从严执行，这类房源必然都不满 5 年，都会面临高昂的税费成本，出售难度增加，导致占比有所下降。

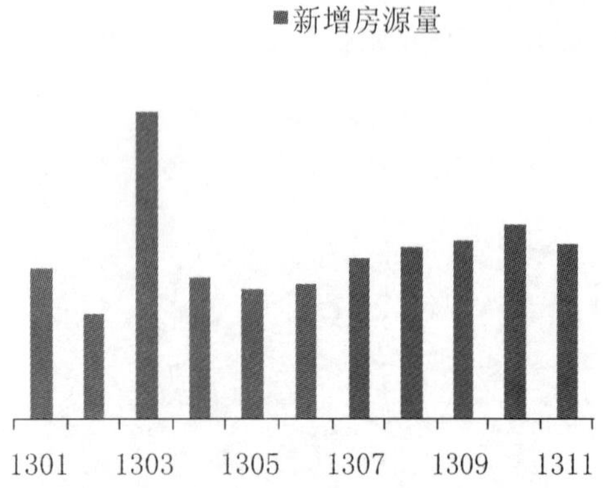

附图 24　2012—2013 年北京二手住宅新增房源量走势

数据来源：链家地产市场研究中心

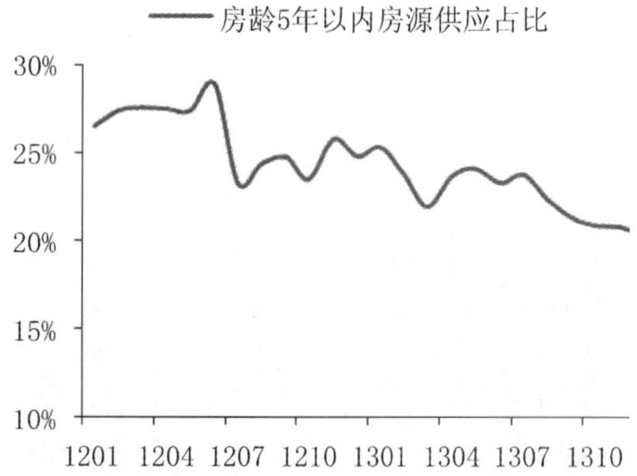

附图 25　2012—2013 年北京二手住宅各月新增供应中房龄 5 年以内房源占比走势

来源：链家地产市场研究中心

2013 年平均购房年龄 35 岁，下半年适婚年龄人群占比增长

2013 年，北京二手住宅购房者平均年龄 35 岁，较 2012 年的 34.6 岁略有上涨。从年龄档位看，购房者年龄在 30 - 39 岁的群体占比为 45.9%，与上年基本持平。平均购房年龄仍然较调控前明显增大。从年内的走势来看，刚需 25 - 29 岁适婚年龄人群的购房占比有所增长，并且主要分布在郊区，体现出刚需置业的增加。

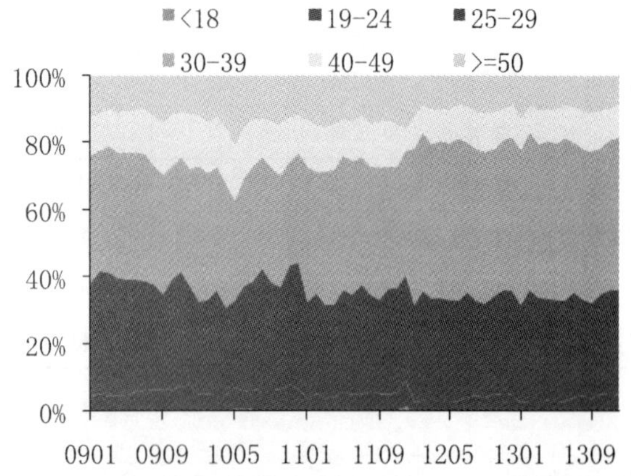

附图 26　2009—2013 年北京二手住宅购房者年龄档位占比（单位：周岁）

数据来源：链家地产市场研究中心

非京籍购房者占比持续回升，限购威力依然巨大

2013 年二手住宅市场外地人购房占比为 18%，较 2012 年上涨近 3 个百分点。从 2011 年 2 月北京实施限购政策以来，外地人购房需求被明显抑制。随着时间推移，限购对市场的冲击有所下降，满足限购条件的外地居民占比逐年增加。但从整体看，限购的威力依然巨大，非京籍购房者占比远低于调控前的 35%。

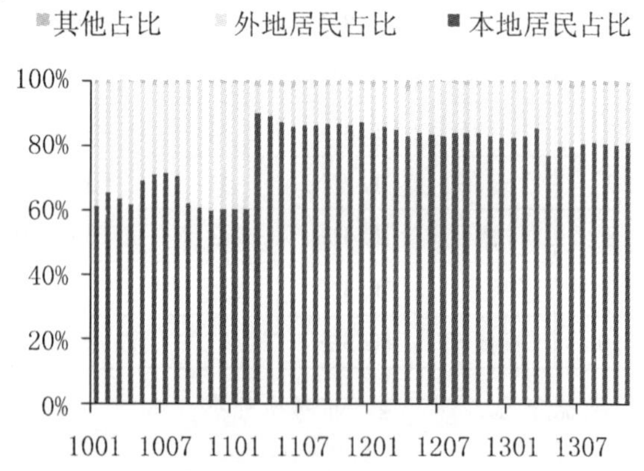

附图 27　2010—2013 年北京二手住宅购房者户籍占比

数据来源：链家地产市场研究中心

二、市场特征

1. 政策主导市场，年内波动性明显

2013年全年成交量温和上扬，成交均价持续高涨。在量价步调统一的大趋势下，年内市场的阶段性十分鲜明。造成这一现象的主要因素是政策的变化和各市场参与主体对政策预期的变化。

年初，市场延续了2012年年末的火热成交氛围，量价均较快上涨。到2月末，中央出台“国五条”，使得3月成为北京地方细则落地前的窗口期，集中网签造成成交量井喷，创北京二手房单月新高，价格也出现大幅上涨。

二至三季度，市场恢复期，量价依然保持上涨态势。由于3月成交量井喷对后市需求的透支，4月成交量跌至低位，之后逐步复苏。至9月，市场恢复到正常交易水平，月成交量达到1.2万套。价格方面，在供需矛盾仍较尖锐的基础上，个税从严后免税房源优势突显，价格坚挺，带动全市价格稳步上涨。

四季度，主要受银行利率增长、房贷放款全面收紧和房产税预期渐浓的影响，购房周期拉长，观望增多，市场转淡，成交量稳中偏冷，年末价格止涨下跌。

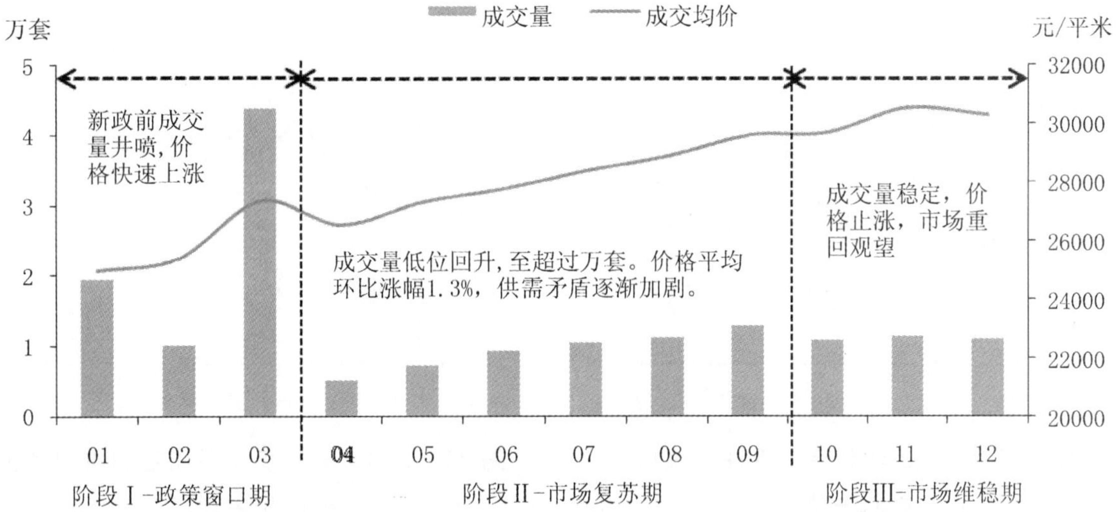

附图28　2013年北京市各月二手住宅成交量和成交均价走势

数据来源：链家地产市场研究中心

下半年政策预期变化，推动市场走势改变

从年内来看，上半年市场的走势变化是由“国五条”政策主导，而下半年则更多受到买卖双方预期以及银行商贷变化的影响。此外，价格上涨过快引发调控预期、房产税等预期明显升温，业主心态松动，进而带动年末价格调整，导致12月一反往年同期常态，价格出现小幅下跌。

年末供需情况持续缓解，需求供应比甚至降至5:1的历史低位水平以下，供需紧张的情况得到很大缓解。在这种市场背景下，购房者议价能力增加，价格出现松动。从10月开始，调价案例中，下调挂牌价的占比持续走高，到12月份，达到70%的高水平。同时，议价空间也出现反弹。

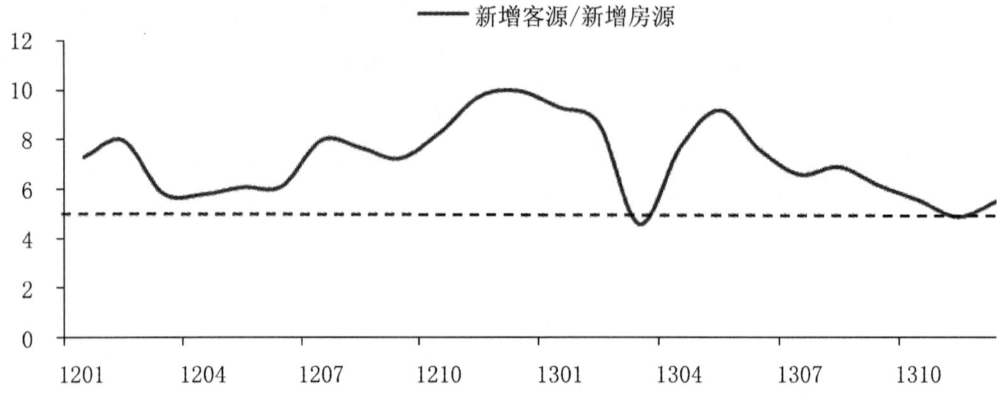

附图 29　2012—2013 年北京二手住宅各月供需比走势

数据来源：链家地产市场研究中心

附图 30　2013 年北京二手住宅议价空间走势

数据来源：链家地产市场研究中心

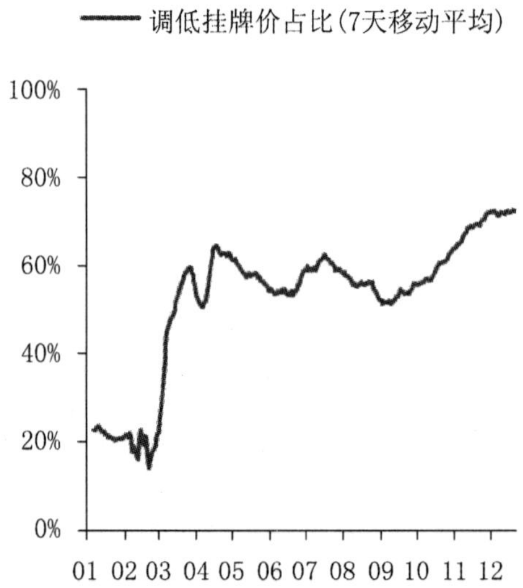

图 31　2013 年北京二手住宅调价中调低挂牌价占比

数据来源：链家地产市场研究中心

2013 年下半年以来，买卖双方不断受政策动向的影响，预期发生转变，市场观望情绪加深，主要体现在以下方面：

一是对房产税出台、新一届政府调控思路转向的预期加强。尤其是十八届三中全会的召开，市场对房产税定调的猜测较以往更加普遍，影响业主对市场持续上升预期松动。

二是年末调控再度收紧，新政的及时出台，体现出主管部门的调控立场依然坚决，也对市场预期起到降温作用。尤其是自住型商品住房的出炉，吸引了大量刚需的关注。

2013 年政策预期对于市场走势的影响比较显著，引发的关注也更多。究其原因，一方面，自 2010 年以来，楼市调控频率加大，而目前房价水平明显较高，购房者对于未来房价上涨空间的信心也有所减弱，政策对于市场预期的影响被放大。另一方面，北京自 2011 年开始实施以限购为核心的行政性调控手段，但其实质的作用只是延缓需求释放的速度，并未能真正抑制房价的上涨。虽然随着时间的推移，市场对此类调控已产生一定免疫力，但2013年调控措施逐渐向市场方向转变，长效机制出台的政策信号，对市场预期的影响会更大。

2. “免个税”房源成价格走势重要变量，带动房价上涨

2013年，“国五条”出台后个税的从严执行，使“满五年、且为业主唯一住房”的免个税房源成本优势倍增。“免个税”房源成交占比在新政前一直保持30%左右的水平，但新政出台后占比上升至近六成。4、5月占比接近7成左右。房源成交结构的变化也成为影响市场整体价格走势的重要变量。

“免个税”房源价格涨幅明显超过“不满五、非唯一”的房源，2013“免个税”房源在新政出台后（12月至4月）累计涨幅为16.4%，而不免个税的房源累计涨幅仅为10.6%。个税新政执行后，免税房税费成本较低，需求集中，导致价格上涨动力更强。也是新政后价格持续上升的主要推动力。

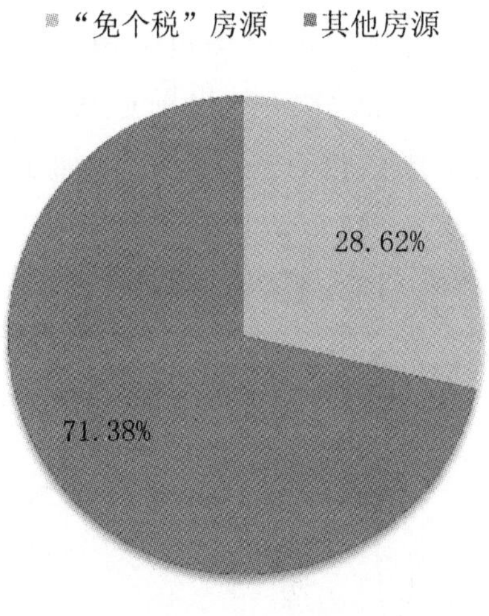

图32　2012—2013年3月免个税房源成交占比

数据来源：链家地产市场研究中心

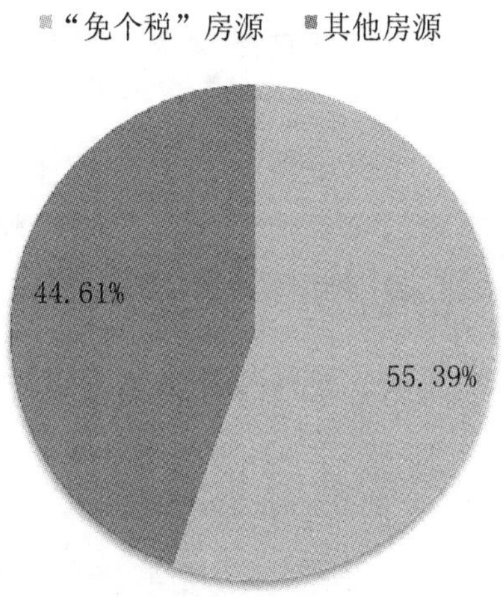

附图33　2013年4-12月免个税房源成交占比

数据来源：链家地产市场研究中心

3. 个税从严、房贷收紧影响叠加，购房压力加重

“国五条”个税易转嫁，非免个税房税费占房款比例翻番

2013年“国五条”出台，要求个税严格按差额的20%征收。北京是这项政策执行最为严格的城市。但是目前的二手住宅市场环境仍然属于典型的卖方市场，本该卖方缴纳的个税基本都转嫁给了买方，无形中加重了购房者的购房负担。

以是否满五年和是否业主唯一住房为标准，可将目前市场上的所有房源分为4大类。从表16中可看出，除同时满足“满五年”和“业主唯一住房”条件的免个税房总税费占房款比例没有变化外，其余类型的房源税费成本均明显增加，2013年新政后总税费占房款的比例均为之前的2-3倍以上，交易成本翻番。

附表6　2013年新政前后典型房源二手房税费成本变化

房源特征	房源类别	新政前总税费占房款百分比	新政后总税费占房款百分比
满五年（购房时间按2008年计算）	满五年且唯一（免个税房）	1%—6.5%	1%—6.5%
	满五年不唯一	1%—6.5%	13.6%—19.1%
不满五年（购房时间按2009年计算）	不满五年唯一	6.6%—8.6%	17.2%—19.2%
	不满五年不唯一	6.6%—8.6%	17.2%—19.2%

数据来源：链家地产市场研究中心

注：以2013年二手住宅成交的套均总价为标准，满五年房源的购买价格以2008年套均总价估算，其价格与2013年套均总价的37%相当，未满五年房源购买入价格以2009年水平估算，其价格与2013年价格的47%相当。按照是否缴纳个税的标准把所有房源分为4类，根据契税、营业税和个税的各项标准（如普通住宅和非普住宅）计算出每项最低和最高值，加总得出总税费占房款百分比的数值范围。

下半年商贷利率优惠减少，贷款成数持续下降

2012年，主流银行八五折利率优惠的全线铺开是推动市场快速回暖、价格出现反弹的因素之一。2013年下半年以来，银行房贷额度吃紧，银行间市场也出现资金面偏紧局面，导致大部分银行提前收缩利率优惠政策，贷款成数也有所下降，增加了购房者首付压力。

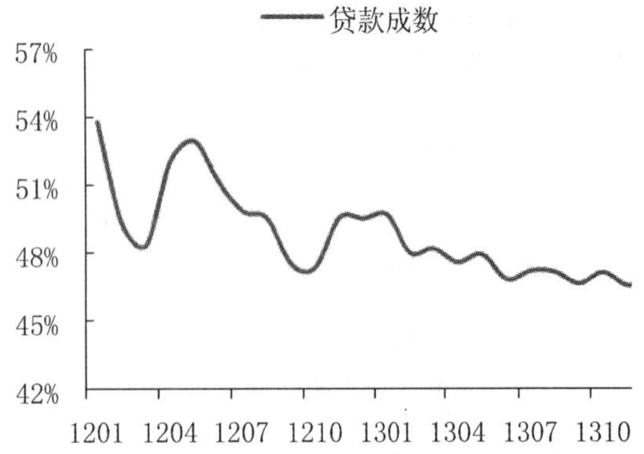

附图34　2012—2013年链家地产北京二手住宅交易商业贷款各月贷款成数走势

数据来源：链家地产市场研究中心

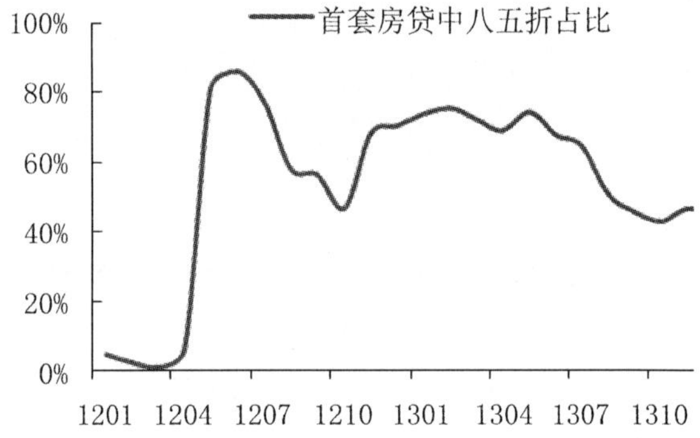

附图35　2012—2013年链家地产交易商业贷款首套房贷利率中八五折优惠占比走势

数据来源：链家地产市场研究中心

受政策收紧及贷款额度影响，贷款难度及贷款方式均改变

2013年购房者贷款难度明显加大，主要受到两方面影响。从政策层面看，2013年房贷政策再度收紧，其中二套房首付进行差异化调整，公积金贷款门槛也有所提高。此外，下半年金融机构贷款额度吃紧，商业银行提高利率，公积金贷款无法满足正常贷款需求，导致购房者被迫改变贷款方式。从购房者付款方式上看，公积金贷款占比2012年以来持续下降，从超过近50%下降至20%，边缘化迹象明显。

信贷政策的变化对购房成本的影响主要表现在以下几个方面：

1）贷款购房者的议价能力更弱，在同等条件下房屋价格较全款购房者更高。从议价空间看，贷款购房者的议价空间较全款购房者低1个百分点左右，这种差距在房贷收紧的四季度以来表现的更加明显。

2）由于近两年房价快速上涨，公积金贷款最高额度却没有出现同步上涨，部分购房者被迫转移至利率更高的商业贷款，月供压力的增长比较明显。

3）作为购房者主要信贷来源的商贷在2013年下半年，尤其是四季度以来出现明显的收紧。贷款的审批周期以及放款周期都显著拉长，进而拉长了整个成交周期，在房价上涨的情况下，增加了潜在的购房成本。购房者中很大一部分是换房群体，受银行放贷的影响较大，入市节奏被迫放缓。

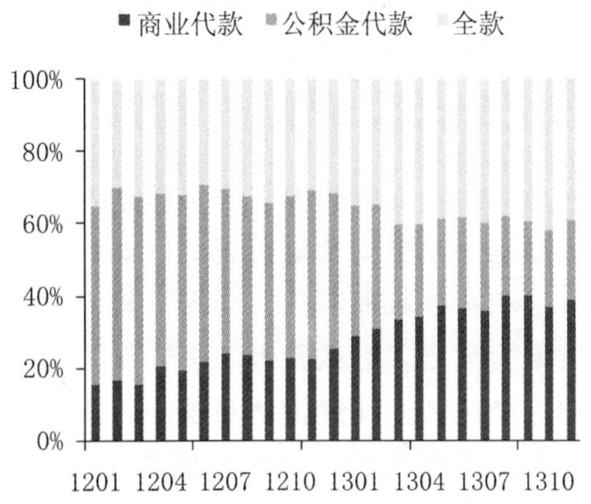

附图36　2012年—2013年北京二手住宅购房者付款方式占比变化

数据来源：链家地产市场研究中心

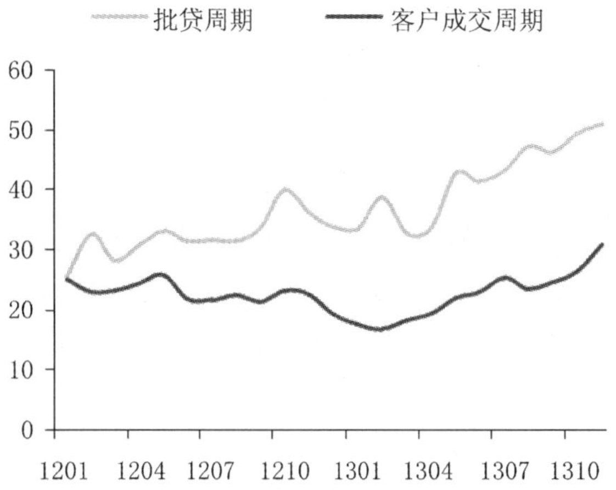

附图37　2012—2013年北京二手住宅商业贷款批贷周期、购房者成交周期走势

数据来源：链家地产市场研究中心

200万元低总价线外移，刚需受挤压

2013年全市房价快速上涨，导致200万元以下低总价房源占比迅速减少。新政后200万元以下房源占比陡降至40%以下，之后持续下降，至9月起占比跌至30%以下低水平。

结合各环线套均总价来看，五环至六环套均总价从2013年3月起升至200万元以上，此后低总价房源移至六环外。而六环外的套均价格也从2013年9月起升至200万元以上，全市总价200万元以下房源数量逐渐稀少，且所处地理位置更加边缘化。

除套均总价的不断攀高外，房贷的全面收紧等因素亦产生叠加影响，导致支付能力有限的刚需购房者购房成本快速增加，在市场中受到明显挤压。

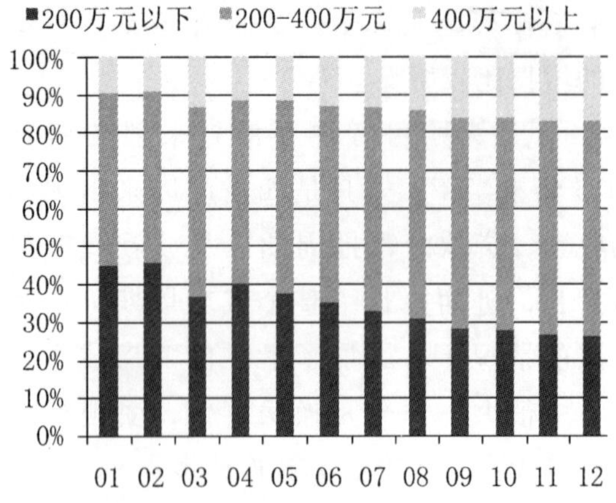

附图 38　2013 年北京二手住宅各总价档位房源成交占比走势

数据来源：链家地产市场研究中心

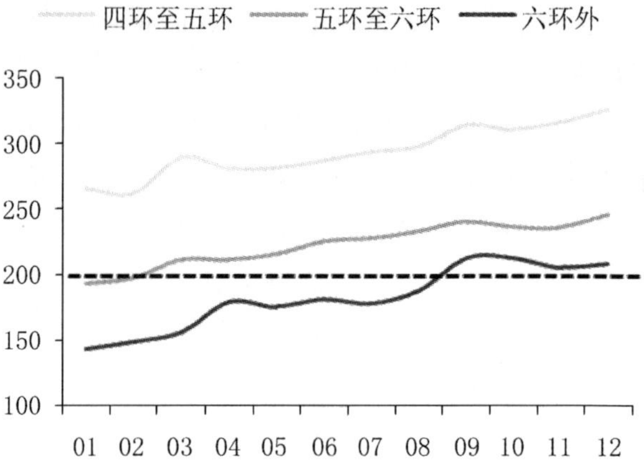

附图 39　2013 年北京四环外各环线二手住宅套均总价格走势（单位：万元）

数据来源：链家地产市场研究中心

4. 学区房价格坚挺，成交稳定

根据监测的900余个楼盘成交情况看，2013年北京市学区房成交量环比上升1.4%。其中重点小学学区房成交量环比下降4.7%，而普通小学的划片学区房成交量则环比上升8.5%。

从整体成交均价情况来看，2013年北京市学区房成交均价上涨31.4%，高于全市平均涨幅5.5个百分点。其中重点小学学区房涨幅达到33.5%。

近两年来，北京适龄入学人数持续上升，学区房需求依然高温。尤其当前入学政策收紧，跨区流动要建立控制审核制度，要跨区进入具备优质资源的学区房，拥有该学校的学区房是一个重要的通行证。因此，重点小学数量和招生数额有限，而需求较大，供需矛盾最为突出。不难看出，住宅附属的教育资源等级越高，其价格增幅越高。即便是在20%个税新政执行后，税费成本大幅上涨，也并未对市场造成压力，涨幅明显超过全市平均水平。

另外，与普通二手住宅相比，学区房也多了一层保值、增值的保障，市场上行期，价格上涨明显，市场出现下行，价格抗跌性也优于普通二手住宅。

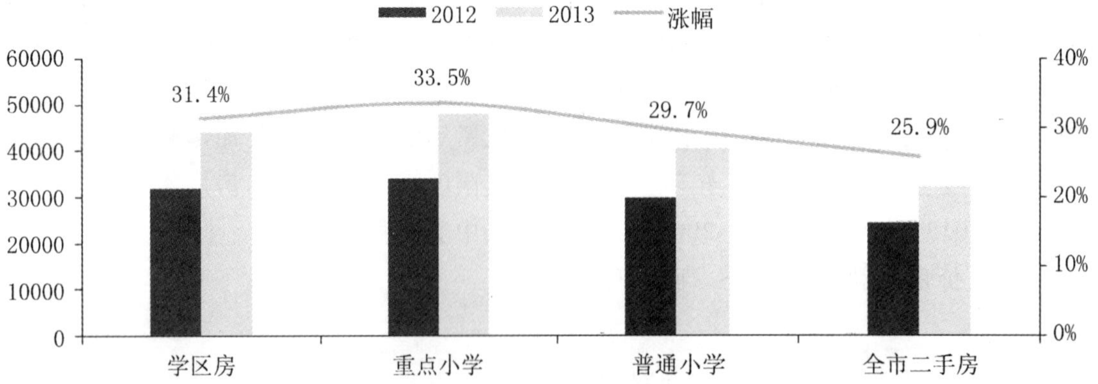

附图 40　2012—2013 年北京市学区房成交价格情况（单位：元/平米）

数据来源：链家地产市场研究中心

从成交价格方面来看，大部分重点小学的学区房价格都比周边非学区房楼盘高出30%以上。尤其是海淀区，个别楼盘甚至高出周边50%。

从学区房成交区域情况来看，海淀区由于重点小学数量多、质量好，仍为学区房成交最热门的地区，2013年重点小学学区房成交量排名前20名的项目中有近一半位于海淀区。而学区房成交排名前10的重点小学也有一半多为海淀区的学校。

附表7 学区房热门商圈项目价格范围

区域	商圈	学区房价格范围（万元）	非学区房价格范围（万元）
海淀区	中关村	6.7－7.5	4.4－6.5
	二里庄	4.6－5.5	4.0－5.1
	苏州桥	5.1－6.0	3.2－5.2
	五道口	5.3－7.1	3.6－5.2
	公主坟	5.2－5.5	3.0－5.3
西城区	德胜门	5.4－6.9	3.4－5.3
	阜成门	5.4－6.0	5.6－5.8
	木樨地	5.5－6.7	5.0－6.0
朝阳区	望京	3.3－4.1	3.1－4.1
石景山区	八角	3.0－3.4	3.1－3.5

数据来源：链家地产市场研究中心

附表8 2013年北京市重点小学热点学区房

序号	学区房楼盘	区县	商圈	成交均价（元/平米）	对应学校
1	东南小区	海淀区	中关村	76144	北京市海淀区中关村第一小学
2	古城南路	石景山区	古城	30551	石景山区古城第二小学
3	二里庄小区	海淀区	二里庄	54523	北京石油学院附属小学
4	融景城	石景山区	八角	33861	北京市石景山京源学校
5	小南庄社区	海淀区	苏州桥	52482	北京市海淀区万泉小学
6	皂君东里	海淀区	皂君庙	51492	中国农业科学院附属小学
7	八角中里	石景山区	八角	30104	石景山实验小学
8	马甸南村	西城区	德胜门	66431	北京市西城区育翔小学
9	牡丹园	通州区	武夷花园	19924	北京石油学院附属小学
10	华清嘉园	海淀区	五道口	59748	北京市海淀区中关村第二小学
11	望京西园一区	朝阳区	望京	32874	白家庄小学望京分校
12	建外SOHO	朝阳区	CBD	41400	北京市朝阳区永安里小学
13	当代城市家园	海淀区	西二旗	41972	北京市海淀区第二实验小学
14	翠微南里	海淀区	公主坟	53638	北京市海淀区翠微小学

续表附表 8

序号	学区房楼盘	区县	商圈	成交均价（元/平米）	对应学校
15	展览路	西城区	阜成门	53798	北京市西城区阜成门外第一小学
16	宣武门西大街	西城区	长椿街	54506	北京小学
17	七星园	石景山区	鲁谷	32526	北京市石景山京源学校
18	复兴门外大街	西城区	木樨地	67491	北京市西城区三里河第三小学
19	翠微北里	海淀区	公主坟	52843	北京市海淀区翠微小学
20	海淀南路	海淀区	苏州桥	50798	北京市海淀区万泉小学

数据来源：链家地产市场研究中心

附表 9　2013 年北京市热门重点小学学区房项目情况

序号	重点小学	主要学区项目	均价范围（万元）
1	北京市海淀区第二实验小学	安宁里南区、上第 MOMA、清上园、当代城市家园、安宁里	3.3－4.2
2	北京市海淀区翠微小学	普惠南里、柳林馆、翠微南里、翠微北里、翠微中里、翠微东里、翠微路 2 号院	5.3－5.5
3	北京市朝阳区花家地实验小学	花家地西里一区、花家地南里、花家地西里二区、方舟苑二期、金隅丽港城、花家地小区、方舟苑一期、花家地北里	3.2－4.1
4	北京市海淀区万泉小学	小南庄社区、万泉庄小区、小南庄怡秀园、海淀南路	5.1－5.4
5	北京石油学院附属小学	二里庄小区、志新村、志新北里、健翔园、太极小区、竹溪园、牡丹园	4.6－5.5
6	北京市海淀区人民大学附属小学	晨月园、垂虹园、春荫园、翠叠园、时雨园、金夕园、晴雪园、烟树园、晴波园	4.6－7.2
7	中国农业科学院附属小学	农科院、皂君东里、皂君西里	5.1－5.8
8	北京市西城区育翔小学	马甸南村、新风南里、新外大街 6 号院、新外大街甲 8 号院、新风北里、新风北街	6.1－6.9
9	北京市西城区阜成门外第一小学	北营房东里、阜成门外大街、展览路、北营房西里、月坛北街	5.4－6.6
10	石景山区古城第二小学	地铁古城家园、八角南路、古城南路	2.7－3.1

数据来源：链家地产市场研究中心

5. 商住房销售火热，自住比例提高

商住房成交火热，量价齐涨

根据监测的北京市 60 个典型商住楼盘统计，2013 年，其总体成交量同比增长达到 120.9%，成交均价为 29959 元/平方米，同比上涨 36%，高于全市非商住项目涨幅 10.2 个百分点。

商住市场大幅升温，与当前政策调控有很大关系。北京五年限购的调控政策短期还不会出现放松的迹象，不受户口和社保缴存期限限制的商住产品受到首套购房者与投资者青睐。而3月份限购再次收紧，刺激了需求进一步集中释放。

北京典型的商住楼盘，基本都有几个共同特征：户型偏小、总价偏低、绝大多数都位于地铁沿线。因此，不仅可以满足刚需购房者的过渡需求，也具备较高的投资收益。

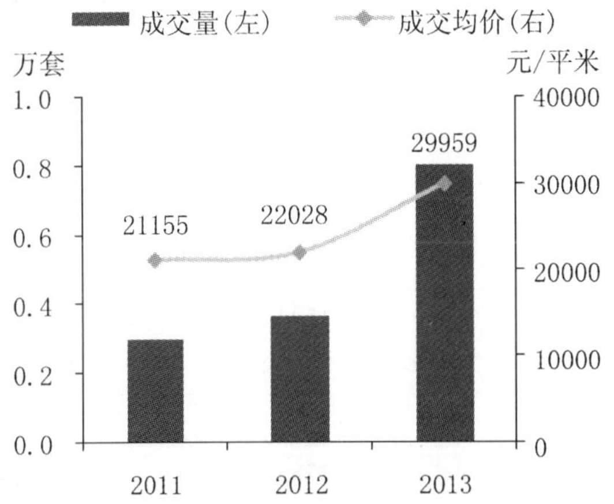

附图41　2011—2013年北京市商住项目成交量、成交均价（左轴单位：套；右轴单位：元/平米）

数据来源：链家地产市场研究中心

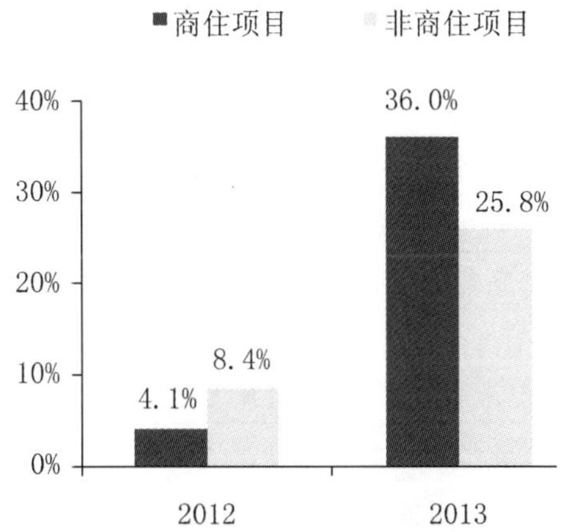

附图42　2013年北京市商住项目价及非商住项目成交均价涨幅

数据来源：链家地产市场研究中心

调控政策推升商住房自住比例

以往，购房者购买商住房主要以投资为目的，而2013年购房者购买商住房自住的比例大幅提高，部分商住项目自住比例甚至超过七成。究其原因，与当前房地产市场形势、政策变动关系密切。3月底，北京"国五条"细则落地，限购、限贷再次升级，再加上市场持续回暖，住宅价格大幅回升，购房成本会持续攀高。对于暂时不具备购房资格的首套刚需来说，商住房成为其自住过渡的不错选择。

从投资收益的角度看，商住项目区域、交通位置较好，需求旺盛，同样具有较高的增值、保值性。而且在过渡期后，刚需购房者再次购买商品住宅或二手住宅，依然可以享受首套购房政策。从后期的租金收益看，多数商住项目的租金收益率都在2.5%以上，部分位置优越的项目能够达到3%以上。

附表10　2013年北京市商住项目成交量前20名基本情况

项目	区县	商圈	成交量（套）	成交均价（元/平方米）	租金收益率
北京像素北区	朝阳区	常营	681	35901	2.62%
林肯公园	大兴区	亦庄	636	28965	2.91%
东亚上北中心	昌平区	回龙观	491	30400	2.41%
茶贸国际中心	西城区	马连道	280	22966	3.87%
恋日绿岛	朝阳区	十八里店	275	27995	——
7克拉	丰台区	马家堡	227	34841	3.17%
西山国际城	海淀区	田村	221	46514	2.80%

续表附表 10

项目	区县	商圈	成交量（套）	成交均价（元/平方米）	租金收益率
旭辉奥都	朝阳区	北苑	217	29656	2.30%
美立方	朝阳区	北苑	213	35277	2.51%
东亚三环	丰台区	马家堡	196	30198	3.00%
中海城紫鑫阁	朝阳区	十里河	187	29940	3.04%
悠乐汇	朝阳区	望京	185	30538	3.87%
首开智慧社	昌平区	西二旗	183	29479	2.48%
明天第一城7号院	朝阳区	立水桥	164	26975	2.62%
东亚望京中心	朝阳区	望京	156	33009	3.12%
卡夫卡公社	朝阳区	定福庄	149	45412	3.01%
智地香蜜湾	顺义区	后沙峪	146	25068	3.42%
东亚奥北中心北区	昌平区	天通苑	138	28714	2.86%
奥北南区	朝阳区	立水桥	138	27855	2.94%
辉煌国际	海淀区	上地	136	29471	2.50%

数据来源：链家地产市场研究中心

三、市场回暖带动经纪行业复苏，北京经纪管理加强

1. 北京二手住宅交易规模持续增长，消费者对于经纪行业依赖度加大

2013 年楼市再迎调控升级，新政之后的二手住宅市场虽然有所降温，但得益于 3 月份的政策末班车效应，以及后期恢复明显，全年二手住宅市场量价出现较大幅度上涨，全市二手住宅交易金额突破 3000 亿元，而随着消费者对于经纪服务的依赖度增强，2013 年经纪行业佣金规模也达到 60 亿元左右。2013 年，全市主要成交区域（城六区与通州、昌平、大兴、顺义）的中介住宅委托占比达到 90.35%，处于较高水平。

从市场的角度看，在房价走高，需求不断释放的大背景下，经纪行业逐渐走出调控后的低迷状态。2013 年一、二手住宅成交占比恢复到 1:2，随着存量房规模的不断扩大、可利用土地规模的必然减少，存量房时代不可逆转。从发达国家成熟市场来看，二手住宅市场份额占比达到 70－80%，意味着经纪行业未来的发展前景依然巨大。

从购房者的角度来看，房屋交易数额较大，且随着房地产市场持续推进的限购政策和税费调整，二手住宅买卖流程日益专业化、标准化和精细化。要求交易参与人有较为专业的政策掌握能力、一定的相关法律素养。在北京二手住宅市场经纪服务日臻完善的情况下，绝大多数购房人更愿意委托中介，以节省自身时间成本，管控交易风险，从而顺利完成住宅交易。

2. 行业竞争模式升级，经纪机构压力未减

截至 2013 年 12 月，北京中介门店数量大约有 4916 家，比年初只增加了 98 家，但比 2011 年深度调整前依然明显减少了一千余家。分阶段看，3 月份又一轮收紧性调控开始，门店数量出现明显下滑，环比下降了 17.1%，7 月份门店数量才再次出现相对明显的增长，达到 4600 家以上，年底则稳定在 4900 多家。

虽然经纪行业的佣金持续增长，但从门店数量来看，经纪行业依然处于调控后的调整当中。这主要因为：

第一，市场不稳、成本压力增大，北京中介门店规模难快速增长

2011 年严格限购使市场迅速降温且持续了一年之久，由此引发了北京中介较大规模的关店潮。尽管当前市场持续升温，全市二手住宅成交量逐年上涨，但两年时间，门店数量基本没有出现增长。一方面是由于房地产市场仍处在调控周期内，且北京仍是继续从严的趋势，各大中介本市扩张都趋于保守；另一方面是近两年来门店租金、人力成本等经营成本大幅提高，挤压中介机构盈利空间，也成为增加店面的掣肘因素。

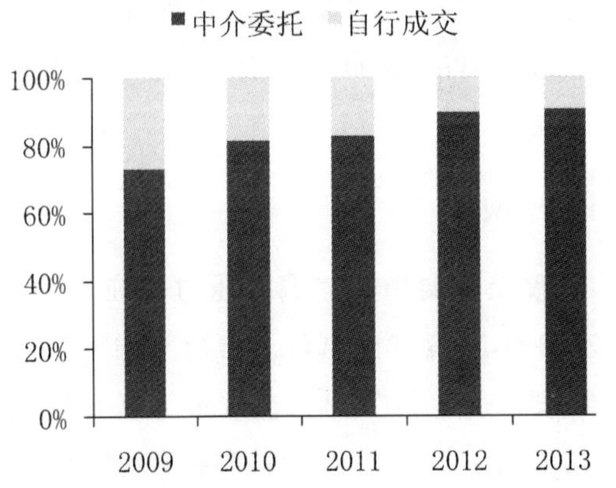

附图 43　2009—2013 北京二手住宅中介委托占比

数据来源：链家地产市场研究中心

统计范围：城六区、通州、大兴、昌平、顺义

第二，行业竞争模式的升级，企业不再一味追求规模效应

由于市场及政策环境的不断变化，二手房交易流程更为复杂，对买卖双方、房源本身的交易门槛也不断提高。消费者对于中介机构的服务要求也产生很大变化。以往主要看重的是成交效率、议价能力，如今则需要经纪机构在各个环节进行协助，把控整个交易进度和交易风险。

由此也导致目前中介机构的竞争模式不断升级，以往主要通过规模的扩张来占据市场份额，而如今则以消费者需求为导向，尤其是在品牌中介业务能力差距缩小的情况下，转为通过服务品质的提高来增强竞争力，不再一味追求规模效应。

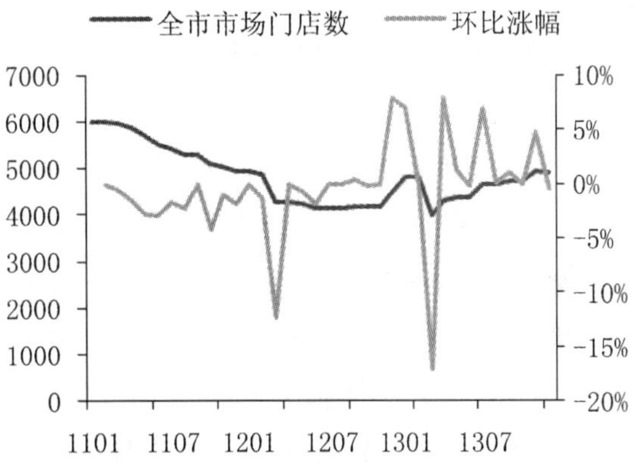

附图 44　2011—2013 年北京市房地产经纪行业店面数量

数据来源：链家地产市场研究中心

3. 行业监管加强，促进行业行为规范升级

2013 年北京出台了多项针对经纪行业的管理措施，主管部门对于行业整治的决心和力度都非常明显，虽然部分政策还未最终出台，但很多措施直指要害，对经纪行业将产生极大的影响，促进行业规范发展。

影响较大的措施主要有：一、经纪人执业资格认证制度，经纪从业人员将逐渐实现全部持证上岗，必须考取经纪人协理资格或者房地产经纪人。就业门槛提高。二、采用计分方式实行动态监管制度，量化管理房地产中介机构和经纪人员的违规的行为，并且首次涉及到经纪人、中介机构的准出标准。

三是，对既有的行业诟病行为或业务进行针对性的整治，如7月25日北京市建委、发改委、工商局联合发布的《关于印发开展房地产经纪行业专项治理活动实施方案的通知》，针对了包括炒卖房号、扰乱市场价格秩序，发布虚假房源、改变房屋结构出租以及诱导购房人违反住房限购政策、骗购等21项行为。

2013年主管部门对于经纪机构、经纪人、经纪行为等不同角度进行规范，从内容上看都以限制性政策为主，但从促进行业可持续发展的角度看，不仅需要政府主管部门承担管理、监督的责任，还应在一定程度上出台鼓励性和引导性政策，通过建立公平、良好的制度平台，给予企业更好的自我提升的空间。

4. 标杆企业带动行业服务升级，行业自律性提升

随着经纪行业不断发展成熟，成交向大型经纪机构集中的特点日益明显。但与此同时，大型经纪机构所引导的服务升级，也逐渐推动这一行业进入“良币驱逐劣币”的轨道，行业自律性加强。而对于消费者来说，二手住宅交易所享受的经纪服务，近年来也有了一些质的提升。概括为三个方面：第一，交易产品的真实性得到保障。从2012年开始，链家地产将“真房源行动”升级到全渠道，发布房源均需达到“真实存在、真实委托、真实价格”的要求，较大地降低了市场虚假信息对购房者造成的不良影响，也带动整个行业房源真实性的提升；第二，产品与市场信息趋于透明。长期以来，二手住宅市场由于信息不对称所引起的纠纷和消费者损失情况较多，链家地产所主导的嫌恶设施以及真实成交价格信息披露，较大地维护了消费者的知情权，提高了其交易的自主选择性；第三，标杆企业承担责任的意识和行动都在加强，本身也建立起一套能够把控风险的制度体系。例如链家地产建立的第三方资金监管制度，对于把控交易风险、保障客户资金安全起到了极大的作用。而在交易纠纷的解决上，标杆企业也更加着眼于将消费者的利益损失在合理范围内最小化。如链家在2013年提出的“四项安心承诺”，承诺将对凶宅、高压辐射等房屋最高原价收购，对查封、抵押或物业欠费等房屋先行垫付。2013年，北京中介市场的另一大事件——涉及9位业主、11套房产、尾款多达2000多万的诈骗案，涉事中介机构我爱我家在短期内启动客户交易保障机制，出资先行支付全部尾款，在最大程度上降低了消费者的损失。

标杆企业在行业和消费者中的影响力，不仅表现在其规模大，覆盖范围广，还表现在其优质的服务，吸引更多消费者进入并且依赖经纪行业，从而形成行业持续发展最重要的原动力。

四、预测

1. 政策基调稳定，调控压力仍在

2013年政策密集出台，年初“国五条”落地，年末“京七条”出台，政策力度和影响都超过2012年。2014年政策基调将会稳定。

首先，2014年年初市场环境稳定。从近几年的市场情况看，上一年市场持续过热，则上半年出台调控政策的概率较大，如2011年、2013年。从2013年年末市场来看，出现明显降温迹象，价格开始松动，在无明显利好政策的影响下，2014年年初市场环境平稳，甚至偏冷。上半年出台房地产政策的可能性较低。从市场成交情况，价格走势等各方面看，2014年初的市场与2012年接近，所以上半年政策压力将会明显降低。

其次，调控思路转变。从2010年限购、限贷政策的执行效果看，确实起到稳定房价上涨的作用。但是也应该看到，这种抑制需求的做法，存在误伤刚需，房价反弹，加重购房负担等诸多弊端。在这种情况下，调控思路从抑需求向促供应转变。同时，在北京调控政策执行最为严格的背景下，进一步升级的空间有限。

但是也应该看到，北京的供需矛盾较深，房价具备持续上涨的动力，调控压力依然存在。短期内，限购、限贷等限制性政策无放松的可能。如果价格上涨过快，仍不排除政策层面继续收紧，以适时为市场降温，稳定预期。

2. 2014 年需求稳定释放，成交量或保持在 16 万套

2012－2013 年北京二手住宅成交量在2011 年探底后连续两年上涨，在限购条件严格执行的背景下，目前的成交结构合理，需求释放适度。目前，购房需求中纯投资的占比低于 10%，绝大部分的需求都是首次置业及换房等自住需求。

长期来看，住宅需求依然强烈。一方面人口的增长推动整体住房需求，从 2007－2012 年的数据看，人均住宅居住面积甚至出现了下降的趋势。另一方面，从目前北京城镇住宅存量看，2000 年及以前建设的住宅约占整个存量的 60%，这部分住房的居住舒适度整体较低，这样的居住结构也会衍生出大量置换需求。

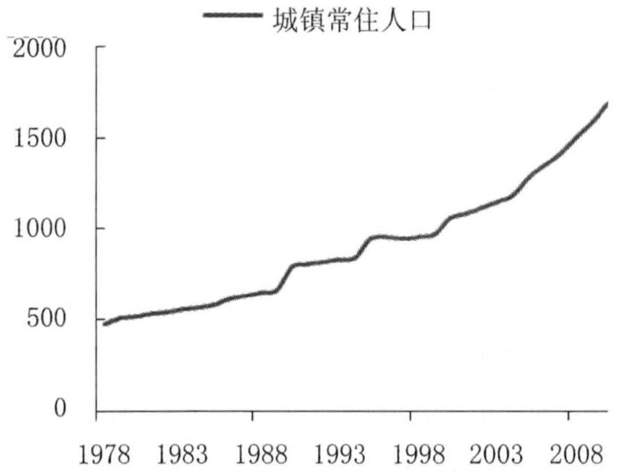

附图 45　北京常住城镇人口变化
（单位：万人）
数据来源：链家地产市场研究中心

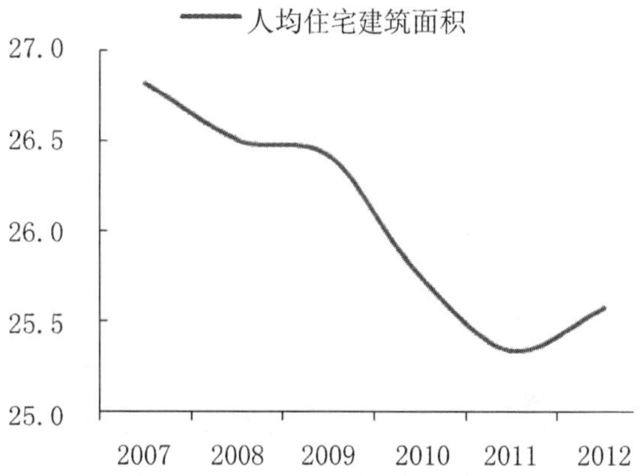

附图 46　北京常住人口人均住宅建筑面积
（单位：平米/人）
数据来源：链家地产市场研究中心

短期来看，从链家的新增客源情况估算，由于上半年“国五条”、下半年京七条以及房产税预期变化，需求的释放受到明显影响，如果按照 2012 年需求正常释放的程度衡量，新增需求转化为成交的比例约为 50：1，则 2013 年新政出台后的 4－12 月，约有 2.25 万套潜在的需求没有释放。一旦政策预期明朗，如果这部分需求中有 50% 成交，2013 年成交量将会增加 1.1 万套。

综合来看，北京二手房市场的需求强烈。保守估计，如果以政策稳定的 2012 年为合理的成交水平，考虑到 2013 年的观望入市以及外地居民购房增长，2014 年的成交量将会达到 16 万套，基本与 2013 年持平。

从区域和商圈情况看，2014 年，中心城区疏散人口力度加大，也将推动需求转向近郊区，近郊区成交占比有望再次出现明显提升。同时 2014 年北京 4 条地铁线路通车，地铁开通后，望京、马连道、新华大街等商圈的价值将会进一步凸显。

3. 房价涨幅或放缓，预计在15%－20%之间

2014年北京二手住宅价格上涨压力依然较大，但涨幅或逐步放缓。在政府明确未来继续限购限贷的背景下，需求仍将以刚性为主，需求结构相对稳定。房价高速增长后的疲软态势，在年末已经得到体现。在政策难有利好、新增需求难大幅增加的情况下，2014年房价涨幅或低于2013年。

此外，自住型商品住房对二手房市场的也会产生一定影响。按照计划，2014年，自住型商品住房土地的供应规模将会增长1.5倍，2013年拿地的自住型商品住房项目将有望大规模进入蓄客阶段，将在一定程度上抑制周边二手市场的购买积极性，短期内能起到一定降温作用。

整体来看，供需关系有望在2014年有所缓解，虽然价格上涨的预期依然较强，但是价格涨幅或会低于2013年，累计涨幅保持在15%左右。

住宅租赁篇

一、概述

2013年租赁成交走势稳定

2013年租赁成交规模小幅上涨。市场淡旺季依旧鲜明，春节后新增租赁需求以及换租需求同时爆发，3月形成成交高峰。6－8月，受大学毕业生租房需求以及上班族正常的换租需求影响，又导致成交量处于高位。整体来看，租赁市场成交走势逐渐稳定，除了春节成交高峰错后一个月外，环比变化与2012年基本相同。

2013年租赁市场走势平稳，而在2010年、2011年期间，由于北京实施限购政策，物价也持续上涨，对于租赁市场来说都造成一定影响，租金进入快速上涨的阶段，租赁双方的心态也产生较大变化，错峰租房、由普租转为合租等现象时有发生，导致市场走势出现很大的波动，出现高峰期延长等状况。但随着近两年来物价的逐步稳定，限购政策的稳定执行，租赁市场受到的外部干扰明显减轻。

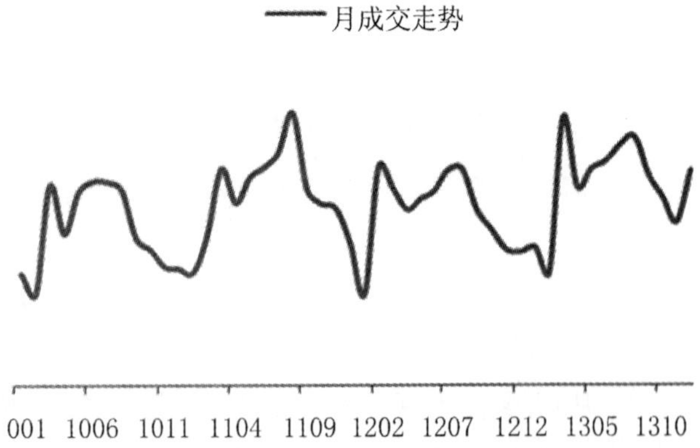

附图47　2010—2013各月租赁成交趋势图

数据来源：链家地产市场研究中心

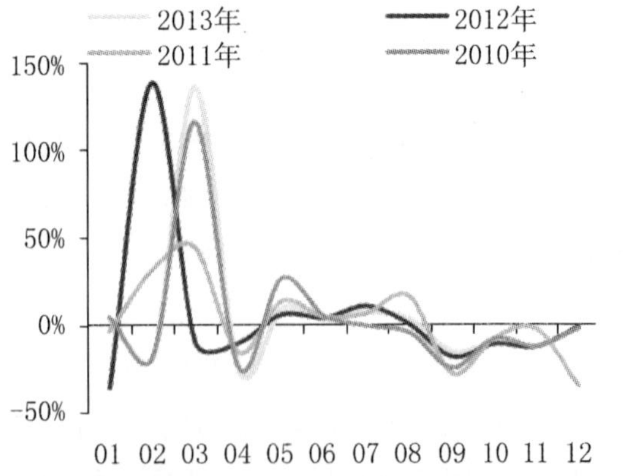

附图48　2010—2013各月成交量环比变化

数据来源：链家地产市场研究中心

年末租金明显回落，2013 年租金累计涨幅三年内最低

2013 年北京住宅单位平均租金为 58 元/平米，年均租金同比上涨 12%，涨势依然不减。累计涨幅为 2.6%。虽然租金整体水平明显上涨，但上涨趋势为近三年来最弱。

从年内走势上看，今年租金累计涨幅下降的一个主要原因，是年末租赁淡季租金回落趋势更为明显。一方面是四季度需求都会明显减少，另一方面，四季度买卖市场也出现转淡，业主由售转租的情况较为明显，导致出租房源量有较大幅度增长。

此外，2013 年物价相对稳定，尤其是影响较大的食品类价格同比指数明显处于近两年来的较低水平，有效缓解了业主上涨租金的冲动。

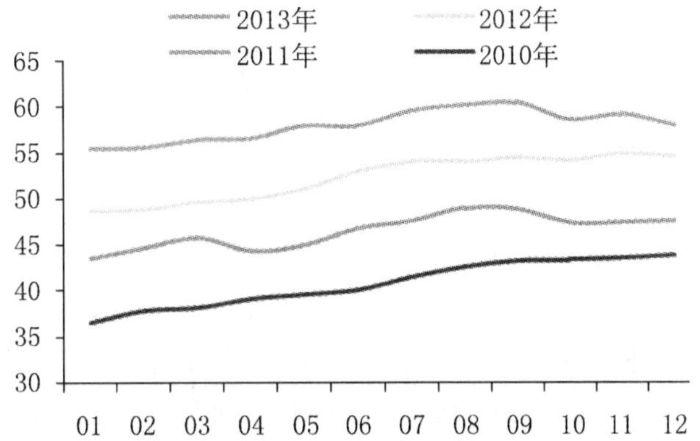

附图 49　2010—2013 各月单位租金趋势图（单位：元/平米）

数据来源：链家地产市场研究中心

附表 11　2010 -2013 年内累计涨幅

	平均租金（元/平米）	同比	年内累计涨幅
2010 年	40.9	18.3%	19.9%
2011 年	47.0	15.0%	9.0%
2012 年	52.0	10.7%	12.0%
2013 年	58.6	12.7%	2.6%

数据来源：链家地产市场研究中心

二、市场特征

1. 业主租赁意愿加大，供需关系持续缓和

2013 年北京租赁日均新增房客源比为 1:1.55，相较 2012 年的 1:2.95，供需关系明显缓和。下半年来，新增客源与房源的比例也出现明显走低。受到这种供需关系的影响，今年租金上涨幅度也明显降低。其中一个重要的原因是，买卖市场受到调控影响，业主心态出现变化，由售转租现象增多。

2013 年二手住宅买数据中，由租转售的房屋占比为 31.56%，新政之后该比值明显降低。一方面，受到 20% 个税新政的影响，多套房业主的出售难度加大。另一方面，下半年来二手住宅市场逐渐转淡，年末房价现回落苗头，业主出售意愿降低。因此在出售难度加大、房价预期受抑的情况下，由租转售现象减少。影响到租赁市场，则出现了房源增多的现象。

附图 50　2012—2013 年新增客源/房源走势

数据来源：链家地产市场研究中心

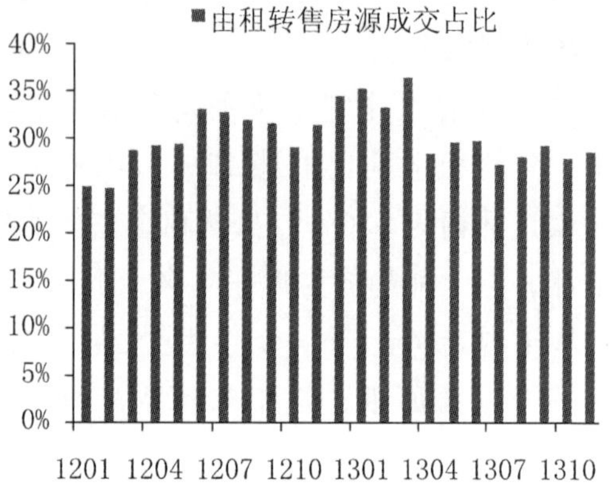

附图 51　买卖市场由租转售房源成交占比

数据来源：链家地产市场研究中心

2. 郊区化持续，五环外租房逐渐成为租客大众选择

2013 年，中心城区、外城四区、近郊区租赁成交占比分别为 13.8%、65.4%、20.8%，其中近郊区租赁占比较 2012 年小幅增长 0.5 个百分点。从环线分布看，2013 年五环外成交占比为 32.2%，较 2012 年增长 1 个百分点。郊区及五环外区域成交占比均出现回落，但得益于 2013 年整体租金水平的温和上涨，区域间的成交结构相对稳定，并未造成大量租客从城区向外围迁移。

租赁市场需求向低租金区域外移的趋势仍然持续，目前“五环外”租房已经成为租客的大众选择。近郊主要租赁地区通常都集中在地铁沿线周边，随着交通的日益发达，未来也还有很大的活跃空间。

此外，2012 年年底六号线和十号线二期的开通，也使得沿线一些地区的租赁市场逐渐活跃，在一定程度上也分散需求。例如六号线沿线的常营地区、十号线沿线的草桥、六里桥、花乡等区域，成交占比都有所提高。

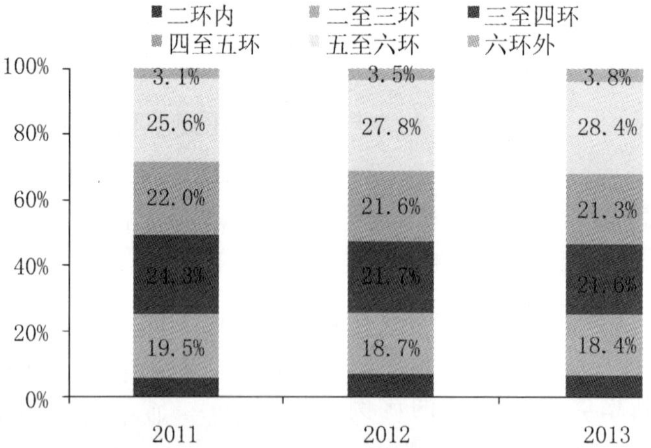

附图 52　2011—2013 年环形成交占比

数据来源：链家地产市场研究中心

附表 12　典型商圈占所在区县成交占比变化

典型商圈	2012 年占比	2013 年占比
常营	1.8%	3.2%
草桥	1.76%	2.75%
西罗园	2.09%	3.02%
花乡	2.35%	3.05%
角门	0.07%	0.58%
六里桥	5.71%	6.21%

数据来源：链家地产市场研究中心

3. 郊区租金涨幅收窄，但低端租赁需求压力仍将大增

从区域租金累计涨幅情况看，2013 年中心城区、外城四区以及近郊的租金累计涨幅分别为 5.8%、4% 和 2%，郊区租金涨幅明显低于城区，与 2012 年趋势相反。主要原因是，2013 年郊区供需关系缓和更为明显，近郊新增房源的占比较 2012 年增加近 2 个百分点，尤其是有部分回迁房入市出租，分散周边租赁需求。

虽然郊区租金涨幅减缓，但郊区和城区租金的差距有所减小，再加上未来地铁票价的调整，郊区的居住成本会明显加大。

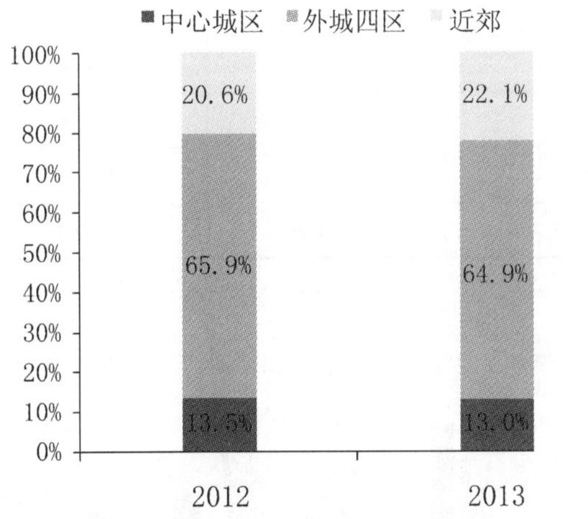

附图 53　2012 年—2013 年各区域新增房源占比

数据来源：链家地产市场研究中心

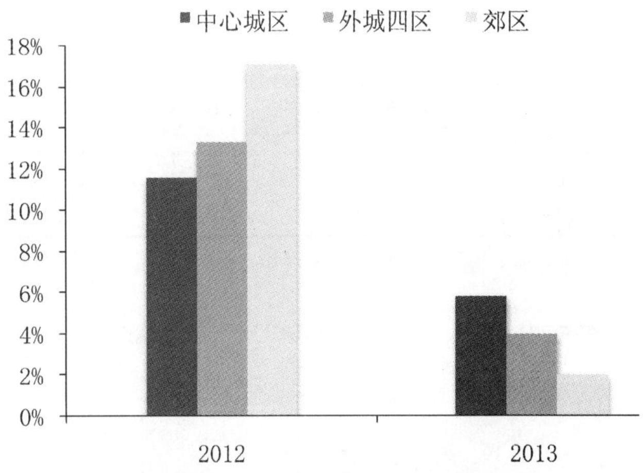

附图 54　2012 年—2013 年各区域租金累计涨幅

数据来源：链家地产市场研究中心

4. 大户型租金涨幅显著，合租成本不断增大

从各面积段租赁房源成交占比来看，2013 年 60－90 平方米、40－60 平方米房源成交占比分别为 35.6%、29.8%，仍是热点成交户型。40－60 平方米占比较上年增加 1.8 个百分点，中心城区、外城四区、近郊的 40－60 平方米小户型房源的成交占比均出现增长，此外，90 平方米以上的户型成交占比共较上年增加 1 个百分点。

从价格情况看，城区、郊区基本上都出现了户型面积越大、租金涨幅越高的趋势。

大户型涨幅的提高，主要是受到合租需求的支撑。由于租金水平不断提高，合租比例也在不断加大。但这种趋势也在一定程度上导致合租成本的提高，租金优势或有所减弱。

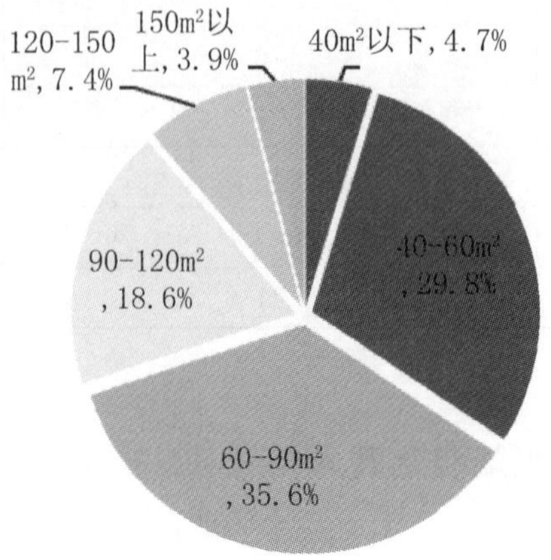

附图 55　2013 年各面积段新增租赁房源占比

数据来源：链家地产市场研究中心

附表 13　2011—2013 年各面积段房源单位租金

年份	40 平方米以下	40－60 平方米	60－90 平方米	90－120 平方米	120－150 平方米
	（元/平米）				
2011 年	77.7	57.0	45.3	38.9	39.9
2012 年	84.5	63.3	50.2	43.8	45.4
2013 年	89.0	70.7	56.6	49.3	51.8
同比涨幅	6.2%	10.6%	12.4%	11.1%	13.2%

数据来源：链家地产市场研究中心

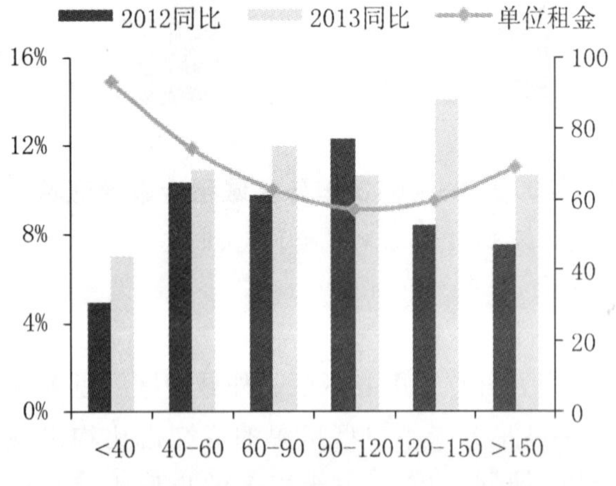

附图 56　2012 年—2013 年城八区各面积段租金同比

数据来源：链家地产市场研究中心

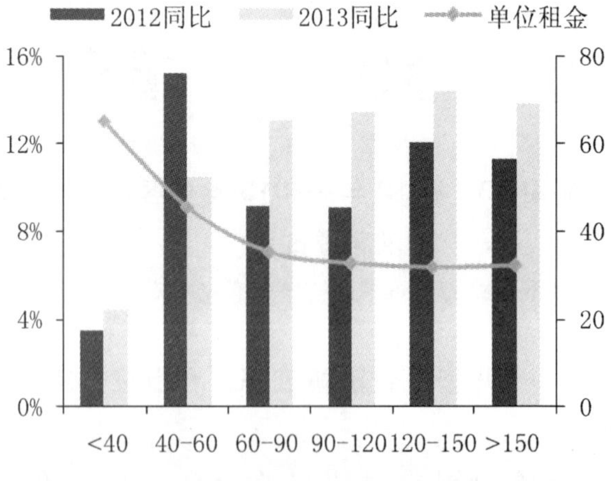

附图 57　2012 年—2013 年近郊各面积段租金同比

数据来源：链家地产市场研究中心

三、租赁市场未来发展趋势

人口增速放缓，租赁市场需求规模增量有限

2013 年租金累计涨幅为近 5 年最低值，楼市限购、限贷的开启对于租赁市场的刺激作用已经逐渐减弱。从宏观层面看，近几年北京市常住人口数据显示，新增常住人口以及其中的新增外来常住人口都呈现下滑趋势。近来北京人口控制方案也被提上日程，人口疏散措施逐渐加大力度。因此未来新增租赁需求的规模也会随之有所减少，再加上地铁新线路的开通，区域间需求极不均衡的状况也将逐渐缓解。

附表 14　历年常住人口数据

	常住人口（万人）	常住外来人口（万人）	新增常住外来人口（万人）	新增常住人口（万人）
2008 年	1771	541.1	--	--
2009 年	1860	614.2	73.1	89
2010 年	1961.9	704.7	90.5	101.9
2011 年	2018.6	742.2	37.5	56.7
2012 年	2069.3	773.8	31.6	50.7

数据来源：北京统计局、链家地产市场研究中心

市场难再现租金高涨幅，租金或难达业主预期

根据北京统计局公布的数据，自 2011 年开始人均家庭可支配收入增速持续回落，2012 年为 10.2%，再现租金同比涨幅大于收入涨幅的情况。大部分中低收入者的租金承受能力十分有限。即便是存在供需不平衡的状态，也会减弱租金上涨的空间。同时，受到上述需求规模及需求外移的影响，未来很难再现租金 15% 以上的高涨幅。

从业主出租收益的角度看，2012 年以来的市场回暖，导致业主平均出租收益率逐渐走低，房价租金比也重新回到500以上。以租养贷更是难以实现。虽然租金在持续上涨，但对于业主来说获利程度有限。业主对于租金的预期仍然很高。而对于租客来说，租金收入比也在逐渐走高。此外，受到人口规模和分散的影响，市场供需关系或持续缓和。租金上涨空间有限，或难达业主预期。

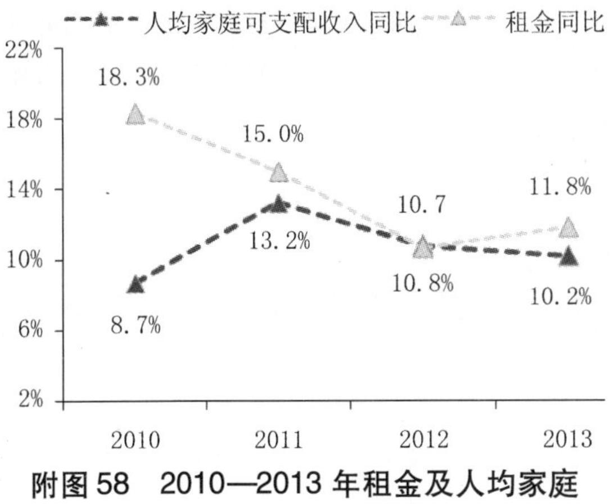

附图 58　2010—2013 年租金及人均家庭可支配收入同比变化

数据来源：链家地产市场研究中心

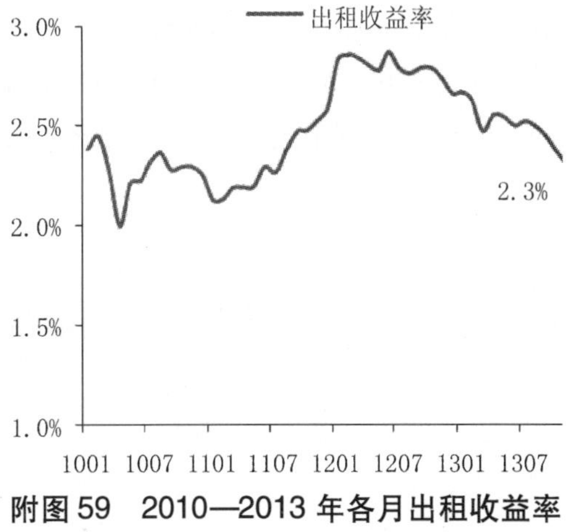

附图 59　2010—2013 年各月出租收益率

数据来源：链家地产市场研究中心

租赁市场规范化进程加速，租赁代理业务面临变革

租赁市场规模较大，租客地位被动，再加上部分中介违规操作，规范程度不高。其中一个原因是监管不到位。但2013年以来，主管部门对于租赁市场监管力度明显加大，未来租赁市场规范进程将逐渐加速。尤其是，违规现象最多的租赁代理业务未来或将得到极大的规范。

2013年5月，北京市出台《北京房地产经纪管理办法（征求意见稿）》，其中提到，从事租赁代理业务的房地产经纪机构，将停止接受新的代收代付委托，要将租金支付方式全部调整为租赁双方自行划转。这意味着租赁代理业务未来或面临较大的行业变革。

目前租赁代理业务在整个租赁市场中，也占据了较大的份额，市场需求庞大。部分业主由于长期居住在外埠或国外等原因，接受中介公司居间服务或者个人出租都极为不便，需要租赁代理机构协助其收取租金、维护房屋设施等。在帮助业主实现了收益的同时，也向市场提供了大量稳定的房源，缓解市场的供需压力。若采取一刀切的方式，完全禁止租赁代理业务，也不利于租赁市场的平稳。

在以往的租赁代理业务中，不规范的现象较多。一是由于有大量租赁代理机构未经许可经营，不进行租赁备案，导致政府监管难度较大，造成监管不到位。同时，这些未经许可的代理机构，由于不受资金划转制度的约束，也导致市场乱象丛生，出现很多黑中介。二是租赁代理机构的整体服务水平较低，缺乏专业的代理机构，很多房屋租赁机构在服务水平、住房安全性、流程管控方面仍有较大的欠缺，规范程度较低。即便是有专业的租赁代理机构出现，也面临较差的生态环境，以及恶性竞争。

因此，从行业规范以及市场需求两方面结合来看，主管部门应通过制度上的不断完善来规范租赁代理业务。应对租赁代理业务设定特许经营制度，提高经营门槛，明确操作此类业务需具备的资质以及相关的考核淘汰制度，这样既可以清理一批违规操作的企业，又可以加强对行业的规范管理。目前我国租赁市场的发展程度，与当前多元化的租赁需求并不匹配。因此对于租赁代理业务的创新，政策上也应给与一定的支持。

除了租赁代理业务未来能够得到较大规范外，主管部门监管力度也有所加强。2013年以来，集中清理群租房、地下室出租等违规现象，严查房地产中介机构和经纪人员的违法违规行为。未来伴随北京经纪管理办法，以及动态监管制度的实施，监管力度将明显加大，租赁市场乱象丛生的状况或得到一定改善。但同时，依靠政府的监管只能起到一定的辅助作用。从市场的角度看，这种不规范现象与供需关系紧张、租金持续上涨密切相关，因此仍需要从盘活空置房、增加供给的角度出发，才能够缓解当前租金上涨的压力，降低低端需求的租房压力。

2013全国重点城市存量房市场三大特征&2014市场预测

伟业我爱我家市场研究部

2013全国重点城市存量房市场三大特征

特征一：二手交易量的涨幅要明显高于新房市场，多数城市正进入二手市场爆发期

2013年初“国五条”新个税政策的推出，在各地细则出台之前，政策末班车效应凸显，这使得部分购房需求提前释放；另外，由于过往的限购、限贷政策作用正逐渐被时间锐化，刚性需求、改善类需求的逐渐释放，绝大部分城市全年住房市场交易再创新高。

这其中，二手交易量的涨幅要明显高于新房市场。据伟业我爱我家市场研究院监测数据显示，北京、天津、上海、杭州、南京、苏州、太原、成都等8城市中，所有8城市二手房交易量涨幅均超过新房交易量；另外，除了北京、太原之外，其余6城市二手房交易套数同比涨幅都超过30%。

另外，一线城市迈进二手房时代，部分城市二手市场即将迎来爆发期。据伟业我爱我家市场研究院监测数据显示，2013年北京、上海、广州、深圳二手房交易量将分别突破16万套、31万套、9万套、9万套，表明一线城市二手房交易量全面超过新房交易量；另据伟业我爱我家城市二手市场发展模型判断，杭州、天津、南京、苏州、南昌、成都、厦门、东莞、济南、无锡、郑州、佛山、长沙、武汉、常州、青岛、太原等17城市已经达到爆发临界点，未来3－5年内二手市场即将迎来爆发期，部分城市也将因此迈进二手房时代。

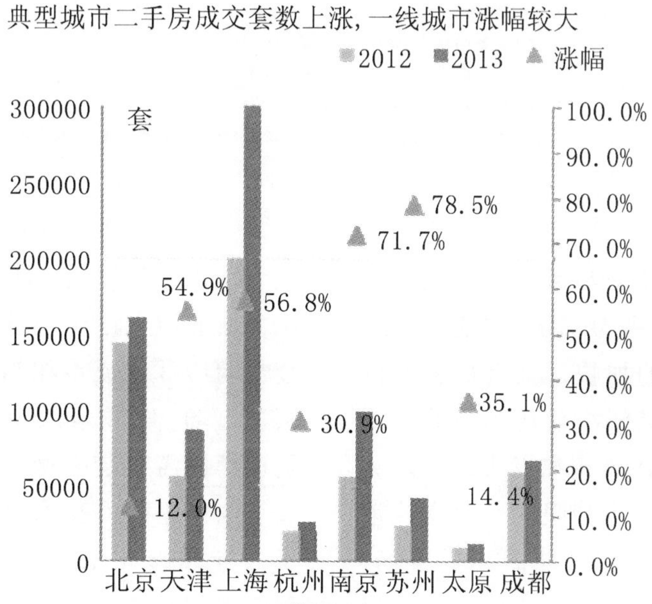

附图60

特征二：全年多地二手房价实质性涨幅超过20%

从供需角度来看，随着年初需求的过度释放，整体市场成交量回涨；而多年来供地不足带来的市场效应得以兑现，部分城市、局部区域的供不应求形势依然存在。另一方面，从金融角度来看，货币超发带来的资产价格增长，依然还在住宅市场不断兑现，加上各地"地王"频现，市场预期看好，多城市房价继续上涨，多数城市房价涨幅已经创历史新高。

据伟业我爱我家市场研究院监测数据显示，与2012年相比，2013年全国主要城市的二手房价涨幅明显增加，涨幅普遍在10%以上，一二线城市的房价涨幅甚至达到20%。剔除区位及其他因素干扰，多数城市实际涨幅已经超过20%，其中，主要发生在城市核心区的二手房房价，北京、天津、上海二手房均价年度同比涨幅分别为25.9%、32.2%；另外，北京市半数以上新房发生在5-6环之间，该区域年均价格涨幅为24.3%。

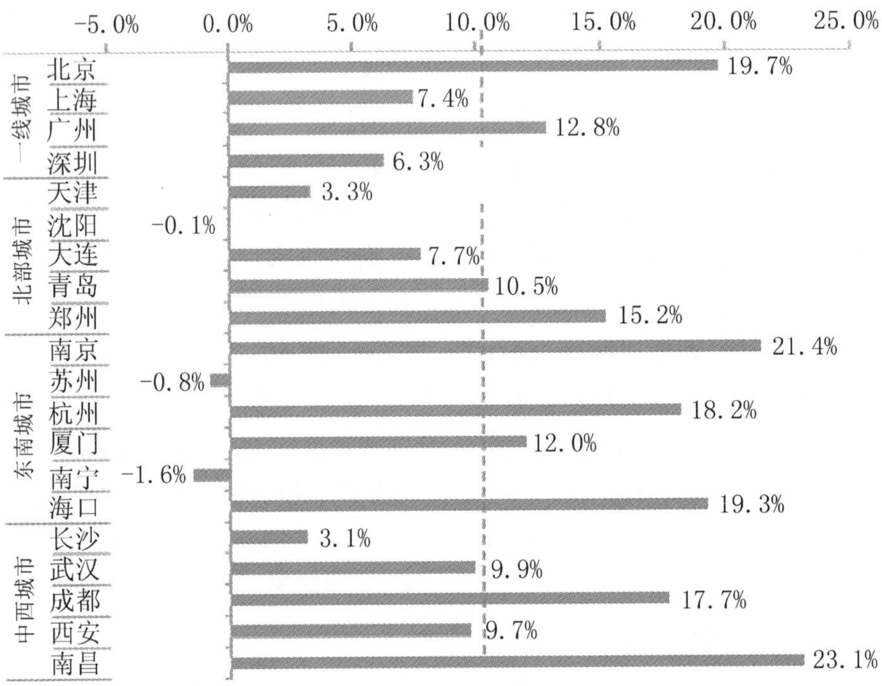

附图61

特征三：买卖市场交易活跃致使租赁市场供需日趋平衡，年度租金涨幅逐渐趋缓

随着城市化进程的加快，城市常住人口增长迅速，租房成为其解决住房问题的主要途径，2010年新一轮政策调控以来，住房买卖收到各种政策限制，尤其限购、限贷政策的作用，使得部分置业需求转向租赁市场，带动2010-2012年租金的逐年上涨。

而进入2013年以后，受到各种政策的干扰，加上租金已经上涨至一定的高位，月租金与购房月供成本相当，部分租赁客群重回买卖市场，在买卖交易量创新高的同时，租赁市场供需日趋平衡，年度租金涨幅逐渐趋缓。据伟业我爱我家市场研究院监测数据显示，与2012年相比，2013年全国主要城市的租金涨幅趋缓，北京、上海年度租金涨幅分别为 16.2%、15.4%，天津、南京、杭州等二线城市租赁涨幅重回 10% 以内。

2014 全国重点城市住房市场走势预测

预测一：长效机制 VS 行政干预：长效机制短期内落地难，近期延续限贷限购政策

2013 年 11 月，中央十八届三中全会召开，肯定市场再资源配置中的决定性作用的同时，也为未来房地产调控的长效机制构建指明了方向；而与此同时，深圳、北京、上海、广州、厦门、沈阳、南昌等城市出台政策，继续加大限购力度、调高首付成数、加强价格监管（预售证发放与自住商品房比重）。字面上看，中央的长效机制似乎与地方的行政干预存在矛盾。

对此，伟业我爱我家集团副总裁胡景晖认为，长效机制的构建需要时间，可能需还需要立法或者走复杂的流程，在长效机制还未形成之前，短期内以限制管控为主的调控政策依然还将继续作用，因此，2014 年房地产总体调控基调趋向于“长效机制“与”行政干预”并存，限购、限贷、限价等政策很难退出。

预测二：城市分化 VS 市场分化：各地不仅存在城市差异，成交量将呈“四象限”格局

2013 年市场现状表明，一线城市迈进二手房时代，部分城市二手市场即将迎来爆发期。那么，往常通过各线城市来区分市场特征的做法略显笼统，还需要兼顾到新房与二手房的市场差距。为此，结合未来城市发展、政策走势、土地供应等方面的变化，伟业我爱我家副总裁胡景晖预计 2014 年各地成交量将呈“四象限”格局：

(1)一线城市：北京、上海、广州、深圳；
(2)发达的二线城市(1.5线)：沈阳、大连、天津、南京、苏州、杭州、武汉、重庆、成都；
(3)其他城市：除了1.5线之外的二线城市，三、四线城市

	一线及1.5线城市	其他城市
新房 不含保障房	-5~0%	5~15%
二手房	-15~5%	0~5%

附图 62

（一）一线城市与发达的二线城市（交易量 -15% ~0%）

胡景晖认为，理由有三：首先，12 月 12 日至 13 日中央城镇化工作会议精神表明，大城市及特大城市人口规模将受到限制，潜在需求总量变少；其次，严厉的限购、限贷政策的限制之下，潜在购房需求也无法爆发式的兑现购房计划；尤为重要的是，2013 年部分需求提前释放，2013 年数据基数偏大，2014 年交易量超越去年的可能性不大。

（二）其余二线城市及三四线城市（交易量 0% ~15% ）

胡景晖认为，理由有三：首先，12月12日至13日中央城镇化工作会议精神表明，该类城市落户政策的倾斜将吸引更多城镇化人口；其次，该类城市限购政策相对宽松，购房置业入市条件限制不多；最后，该类城市过去5年总体土地供应相对充裕。

（三）新房与二手房走势趋同，二手房市场活跃的城市交易量小幅回落

胡景晖认为，相比新房市场，2013年二手房市场受政策的影响较大，致使2013年二手房交易量涨幅比新房涨幅大，因此，2014年交易量超越2013年的可能性不大，这其中二手房市场活跃的城市交易量小幅回落。

预测三：区域分化VS市场分化：交易价格出现多层分化，新房放量区域涨幅回落

随着各城市发展阶段的不一样，城市不同区域的房地产开发程度也不一样，尤其类似北京、上海等城市中心城区的新房交易量不足全市的20%，城区与郊区的市场差异在同一城市中凸显，不可混为一谈。

今年至明年，我国M2的增速有望保持稳定的增长状态，约14%的水平，由此，伟业我爱我家副总裁胡景晖预计，货币超发的资产价格膨胀将难以重现，未来房价大幅上涨不再。结合未来不同城市、区域的市场供需格局，2014年各地成交量将呈“八个层面”分化：

城区	一线及1.5线城市	其他城市
新房 不含保障房	10-15%	5～10%
二手房	5～10%	0～5%

郊区	一线及1.5线城市	其他城市
新房 不含保障房	5～10%	0～5%
二手房	0～5%	0%

附图63

（一）新房、三四线城市、郊区（价格0%～10%）

胡景晖认为，理由有二，首先，区域市场成熟度不高，新房市场占主导；其次，潜在土地供应量大，整体市场整体供需平衡。

（二）二手房、一二线城市、市区（价格5%～15%）

胡景晖认为，理由有二，首先，该地域新增市场供应量有限，存量市场占主导；其次，区位优势明显，吸引更多购房者关注，市场供不应求状态还将持续。

2013年北京市商办用房市场分析

首佳地产顾问机构研究中心

商业地产市场——供需均回升，价格呈上涨态势

一、新建商业用房——供需均上涨、供需矛盾减缓、中心城区为成交主力

1. 供销比涨幅明显，北京商业用房后续供应乏力态势缓解。

2013年，商业用房新增供应量为118.08万平方米，与2012年53.95万平方米相比，同比涨幅高达119%；2013年成交量为158.06万平方米，与2012年上半年151.39万平方米相比，同比微涨4%。供销趋势方面，相比2012年供销比多低于0.3的水平，2013年的供销比由1季度的0.46一直涨到4季度的两年内最高值0.98。综合看来，2013年供销比涨幅明显，北京商业用房后续供应乏力态势缓解。

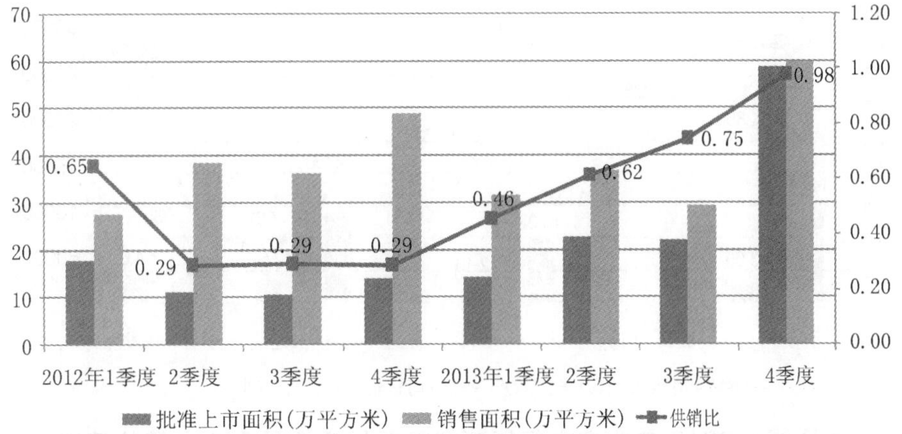

附图64　2012.1季度—2013.4季度北京市商业用房供销情况

2. 中心城区仍为成交主力区域，大兴商业用房价格居规划新城之首，全市第四

（1）中心城区成交占比为61%，为北京市成交主力，西城区成交均价最高

2013年上半年，中心城区商业用房成交面积合计为96.41万平方米，占比为61%，其中，朝阳区成交量达47.36万平方米，占比为30%，为各区县之首，其次是海淀区，成交占比为17%。成交价格方面，西城、东城区仍引领全市，成交价格均超过36000元/平方米。

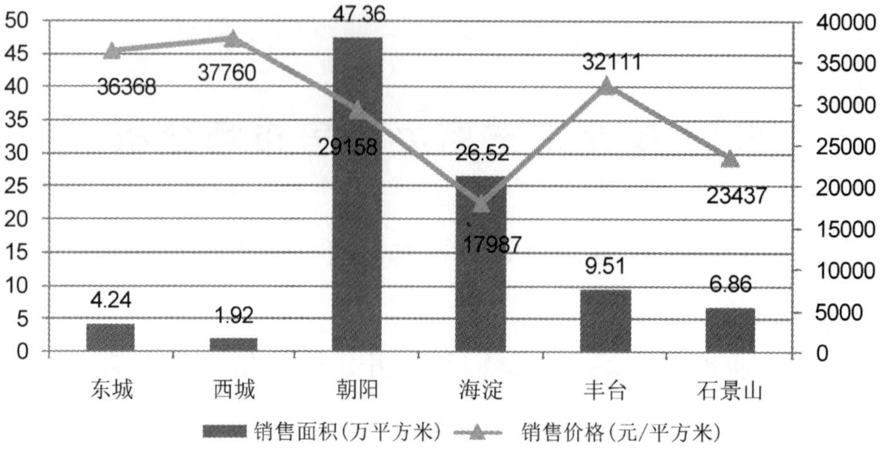

附图 65　2013 年北京市中心城区各区县商业用房量价情况

（2）规划新城成交占比为 39%，大兴区成交均价最高

2013 年，规划新城商业用房成交面积合计为 61.05 万平方米，占比为 39%，其中，通州、昌平和大兴区成交量最大，占比分别为 9%、9% 和 7%。成交价格方面，大兴区成为一枝独秀，为规划新城唯一成交价格超过 30000 元/平方米的区县，成交价格最低的区县为密云县，成交价格为 5431 元/平方米。

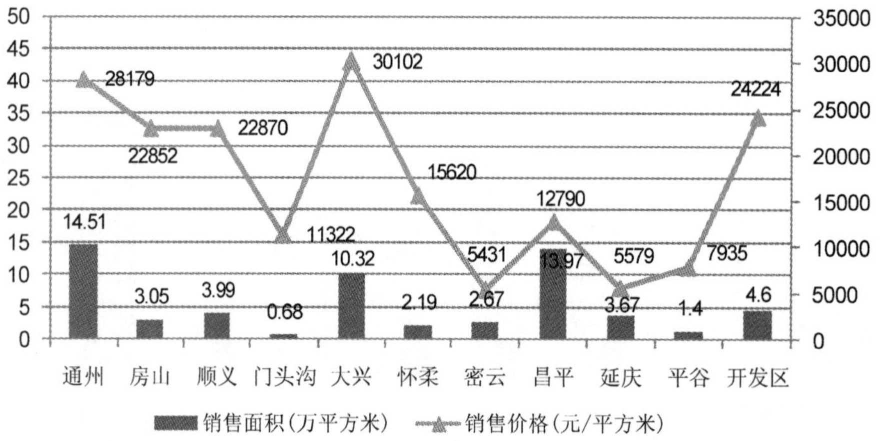

附图 66　2013 年北京市规划新城各区县商业用房成交量价情况

二、商业用房成交价格整体呈上涨态势

2013 年，商业用房成交价格全面超过 2012 年的水平，2 季度更是达到了近两年来的新高，成交价格达到 27525 元/平方米。受区域结构性成交影响，3、4 季度成交价格有所回落，但仍高于其他季度水平。整体来看，相比 2012 年，北京市商业用房成交价格呈明显上涨态势。

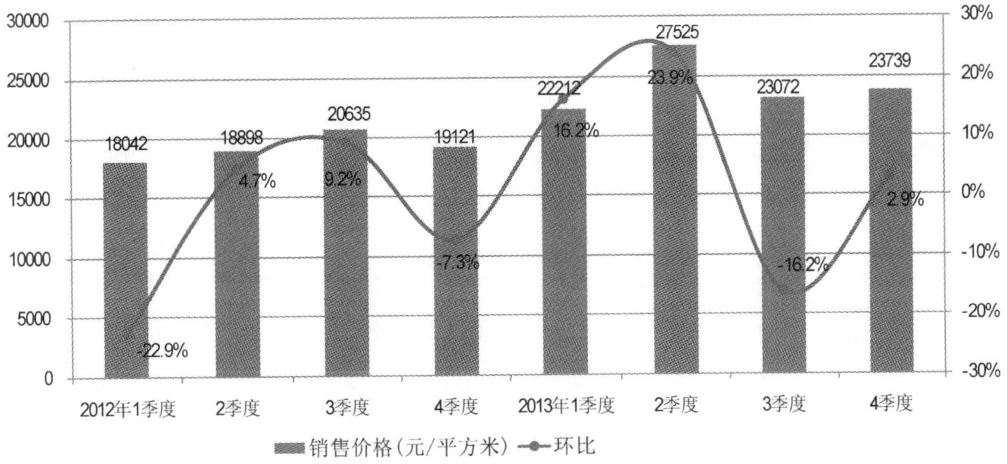

附图67 2012—2013年北京市商业用房成交均价及环比走势图

三、2014年商业地产走势预测

综合看来，2014年，商业用房的成交量仍将保持稳定态势。首先，商业用房购房需求虽然依旧旺盛，但新增供应多集中在远郊区县，受地理位置限制，成交量不会大幅增加；其次，在销售转自持的经营模式优势愈加明显的当下，资金实力雄厚的开发商可能会考虑选择自持经营的模式。基于以上影响，商业用房成交量将维持稳定态势。

价格方面，中心城区商业用房自身供应紧张及交通便利等利好因素影响，成交价格将继续保持稳中有升的态势；规划新城方面，随着人口规模持续扩张，交通条件、基础设施的进一步完善，商业氛围将越来越浓厚，因此，预计2014年郊区县商业用房成交价格继续保持稳中上涨态势。

写字楼地产——供需均上涨，价格呈稳中上涨态势

一、新建写字楼市场——供需均上涨、规划新城为成交主力

1. 供销比季度变化较大，总体供销比较去年呈下降态势

2013年，写字楼成交量336.85万平方米，与2012年105.29万平方米相比，同比上涨17%，2013年供应量264.62万平方米，与2012年232.39万平方米相比，同比上涨14%。综合看来，2013年，写字楼成交量各季度较为平稳，受开发商供地节奏影响，供应量变化幅度较大。2013年写字楼供销比为0.79，与去年2季度相比，下降了0.05点。综合看来，2013年供销比仍呈下降态势，供销比偏低。

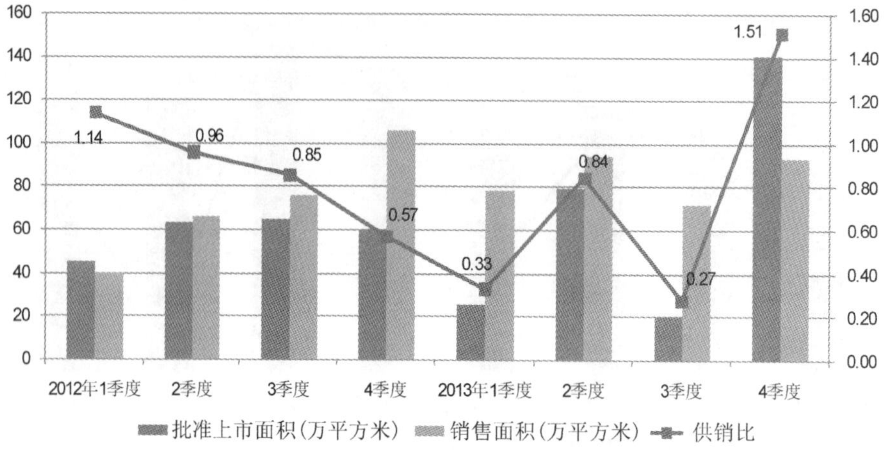

附图68　2011—2012年北京市写字楼成交量走势

2. 规划新城为成交主力，朝阳区成交价格居各区县之首

（1）中心城区成交占比为37%，朝阳区量价居各区县首位

2013年，中心城区写字楼成交面积合计为123.72万平方米，占比为37%，其中，朝阳区成交量达58.38万平方米，占比为17%，为各区县之首，其次是丰台区，成交占比为8%。成交价格方面，朝阳仍引领全市最高价，成交价格为32195元/平方米，为全市唯一超过30000元/平方米的区县。

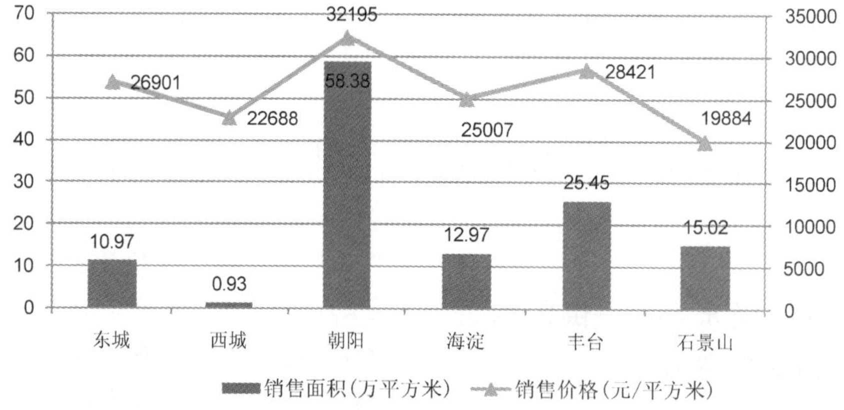

附图69　2013年北京市中心城区各区县写字楼量价情况

（2）规划新城成交占比为67%，大兴区为成交主力

2013年，规划新城写字楼成交面积合计为213.14万平方米，占比为67%，其中，排名前三的为大兴、通州和开发区，成交量占比分别为16%、13%和12%。成交价格方面，开发区最高，成交价格为23722元/平方米，最低的区县为延庆县，成交价格仅为4508元/平方米。

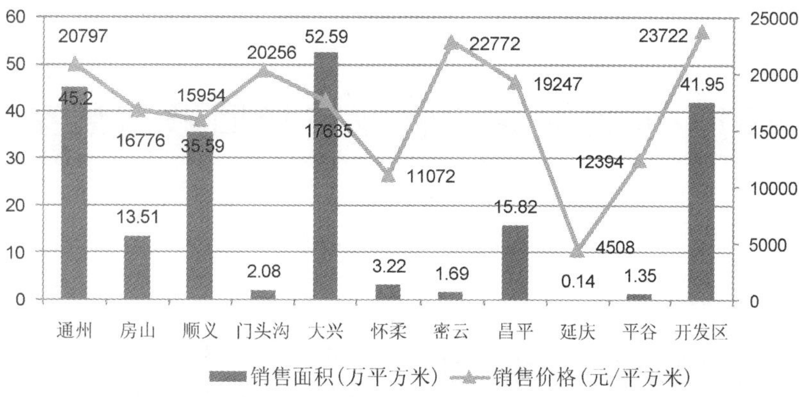

附图 70　2013 年北京市规划新城各区县写字楼成交量价情况

二、价格呈稳中上涨态势

2013 年 1 季度，受房地产市场严厉调控影响，价格创近两年新低，成交价格为 20565 元/m^2，之后的 2、3、4 季度，成交价格一路上涨，4 季度，写字楼成交价格为 24155 元/平方米，达到近两年的峰值。整体看来，北京写字楼成交价格涨跌幅度均较小，价格较为稳定，且呈稳重有升的态势。

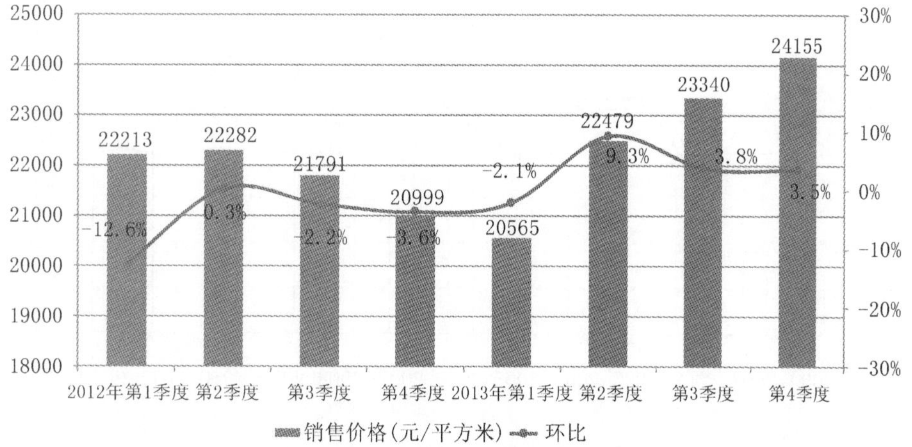

附图 71　2012—2013 年北京市写字楼成交价格走势

三、2014 年写字楼市场预测

综合看来，2013 年写字楼成交量呈上涨态势，供应则略显不足，但整体供销比仍较为合理，预计 2014 年成交量将维持稳中有升的态势；成交价格方面，1 季度成交价格明显偏低，随后则稳步上涨，预计 2014 年写字楼成交价格仍呈稳中有升的态势。成交区域方面，受城区核心商圈租金价格上涨影响，更多的企业愿意搬离主城区，并选择交通较为便利的规划新城商圈，基于此，规划新城将进一步取代中心城区，呈现量价齐升的发展态势。

2013 年北京商业物业市场回顾与展望

盈石集团研究中心

一、2013 年北京商业物业市场回顾

1. 宏观经济平稳增长，消费需求维稳

2013 年面对错综复杂的国内外形势，北京实现地区生产总值 19，500.6 亿元，同比增长 7.7%，增幅与上年持平。同时，实现社会消费品零售额 8，375.1 亿元，增长 8.7%，受整体宏观经济增速放缓等因素影响，社会消费品零售总额增速较 2012 年放缓 2.9 个百分点。其中政府反腐力度的持续加大对高端消费领域尤其是餐饮领域产生了明显的影响。

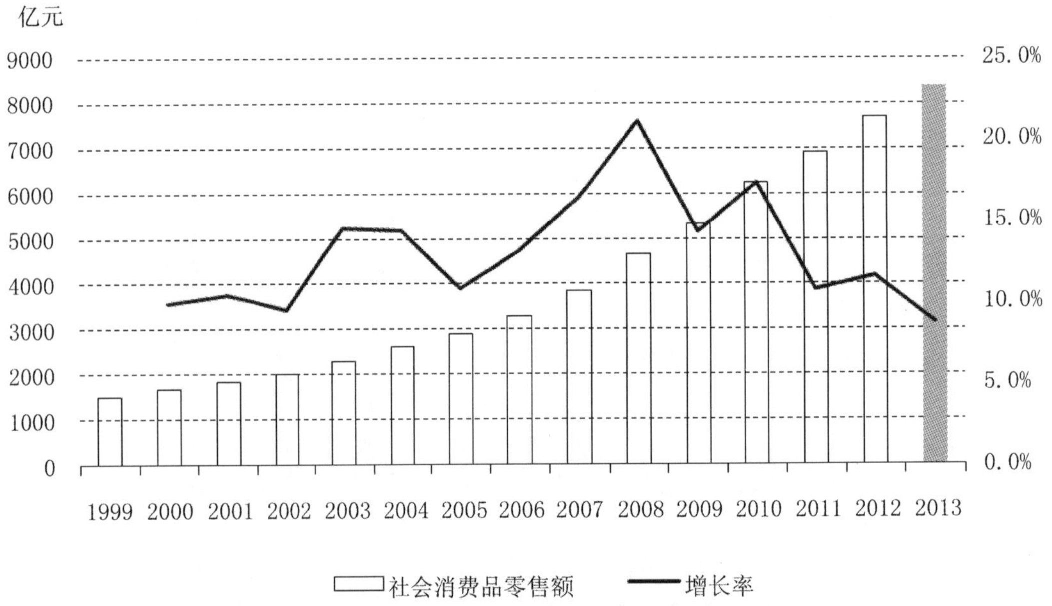

附图 72　北京社会消费品零售总额及增长率

数据来源：国家统计局、盈石集团研究中心

可见，2013 年北京总体经济实现了平稳增长，2013 年消费者信心指数呈高开稳走态势。四季度信心指数 104.6，虽较上季度小幅回落 0.9 个百分点，但仍维持较高的水平，并且城镇居民人均消费性支出为 23，917 元，同比增长 9.1%。在此背景下，北京的经济环境未来虽存在一定不确定性，但整体趋稳向好，同时居民收入的增加及政府鼓励消费政策的出台，将促使消费基础逐渐稳固，这为北京中短期内商业物业及市场发展提供了较为乐观的宏观环境。

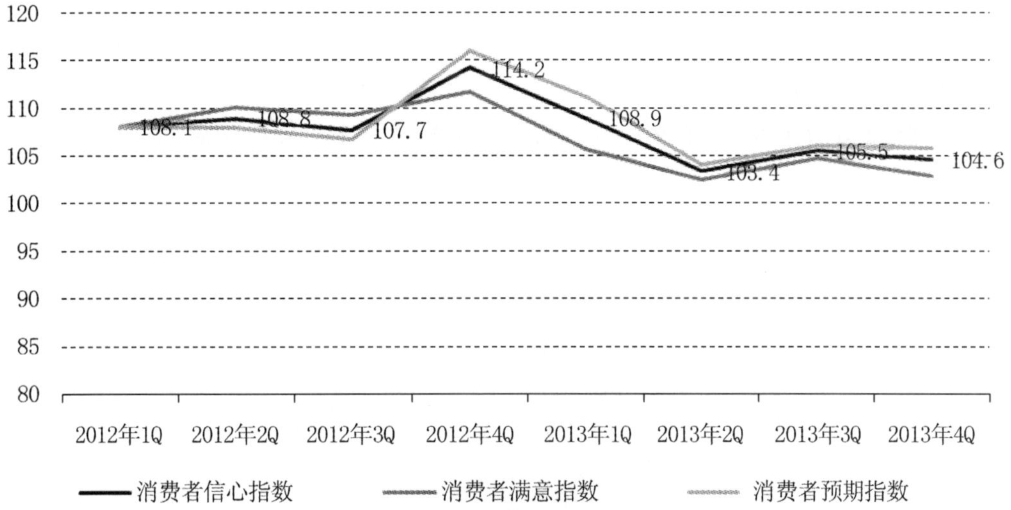

附图 73　北京消费者信心指数走势

数据来源：国家统计局、盈石集团研究中心

2. 2013 年北京核心商圈商业物业接近 900 万平方米，购物中心仍占主导

截至 2013 年末，北京核心商圈优质商业物业存量达 166 个，接近 900 万平方米，占全国 20 大城市核心商圈总存量的 14%，总存量稳居各城市首位。随着北京城区中心土地供应逐渐减少，核心商圈商业物业的增速也逐年放缓，2012 至 2013 年优质商业物业数量仅保持了个位数的增长。从商圈分布上来看，北京以亚奥、望京、CBD 商业存量最大，比重分别为 12.0%、11.3% 和 10.4%。

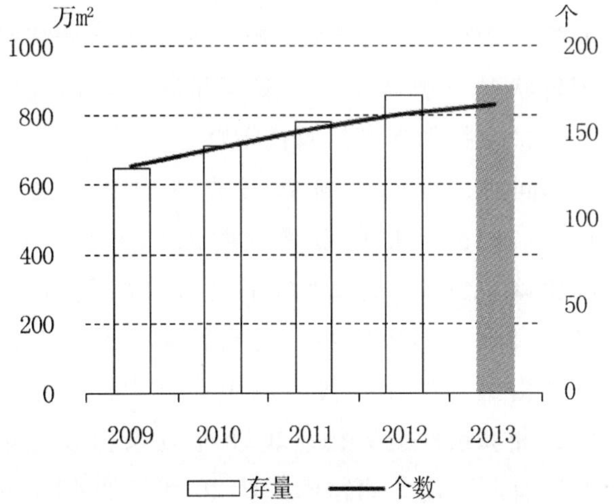

附图 74　2013 年北京核心商圈商业物业存量

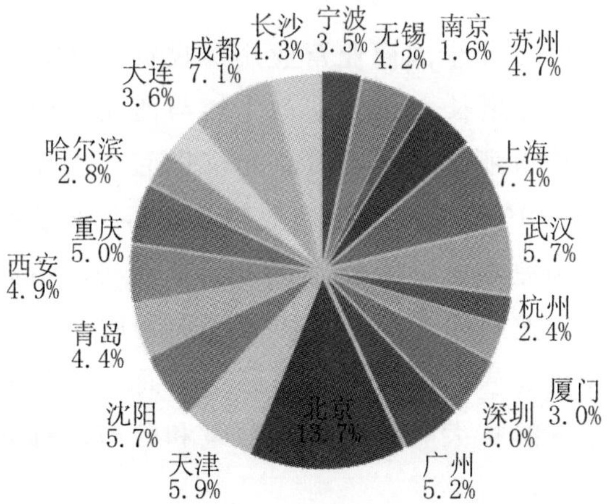

附图 75　20 大城市核心商圈；商业物业存量分布

数据来源：盈石集团研究中心

从业态类型来看，截止2013年购物中心体量达550.9万平方米，占四大业态的54.6%；其次为百货，存量240.4万平方米，占比27.0%；商业街与奥特莱斯存量相对较少，比重分别为16.6%和1.8%。从近几年走势来看，购物中心存量保持了平稳的增长态势，而受零售市场去百货化趋势影响，百货新增基本呈停滞状态。

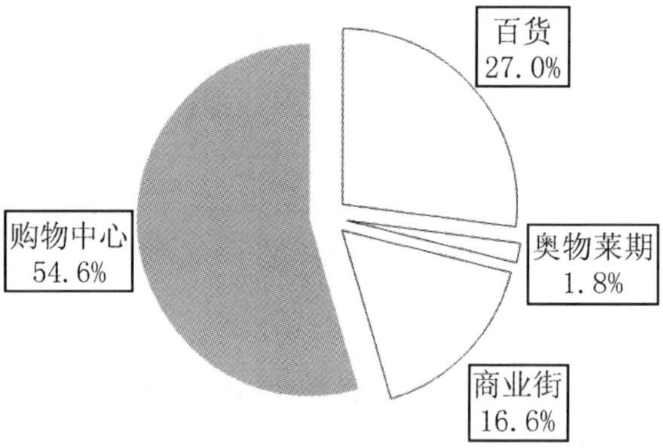

附图76　2013年北京现存商业物业业态分布

数据来源：盈石集团研究中心

3. 2013年北京商业物业市场特征解析

（1）开发商加大商业物业投入比重

政府延续住宅市场的调控政策，同时明确了加速土地流转和提高城镇化率发展方向。受此推动，开发商们也加快了战略转型的步伐。

2013年全国商业营业用房投资11945亿元，同比增长28.3%。写字楼与商业物业投资额均有所加大。同时，北京住宅完成投资增长5.9%；写字楼、商业物业及其他非公益用房则完成投资增长近60%。如万科、招商地产、龙湖地产等传统房企都加码商业地产的投资比重。同时万达、苏宁等商业地产领头羊继续扩大其购物中心数量和分布，巩固市场份额。

（2）奢侈品领域发展受阻，餐饮行业遭遇滑铁卢

2013年十八届三中全会控制“三公”消费等政策，是对2012年底“八项规定”和“六项禁令”的持续性坚持，是反腐力度的进一步加强。同年全国高端奢侈品消费同比增速降至2%。受大环境影响，北京地区奢侈品销售状况也遭遇寒冬，多家品牌专卖店陆续开始采取折扣促销的营销策略。

同时，近几年餐饮行业也遭遇“滑铁卢”。2013年北京市餐饮收入783.1亿元，同比降低5%。是2006年以来首次负增长。受反腐宏观形势影响，高端餐饮行业盈利遭受冲击最为突出。代表品牌唐宫中国、小南国、湘鄂情、全聚德，2011年以来营业额增速均有所下滑，唐宫中国从2010年的40%降低至11.7%，减速近三十个百分点。

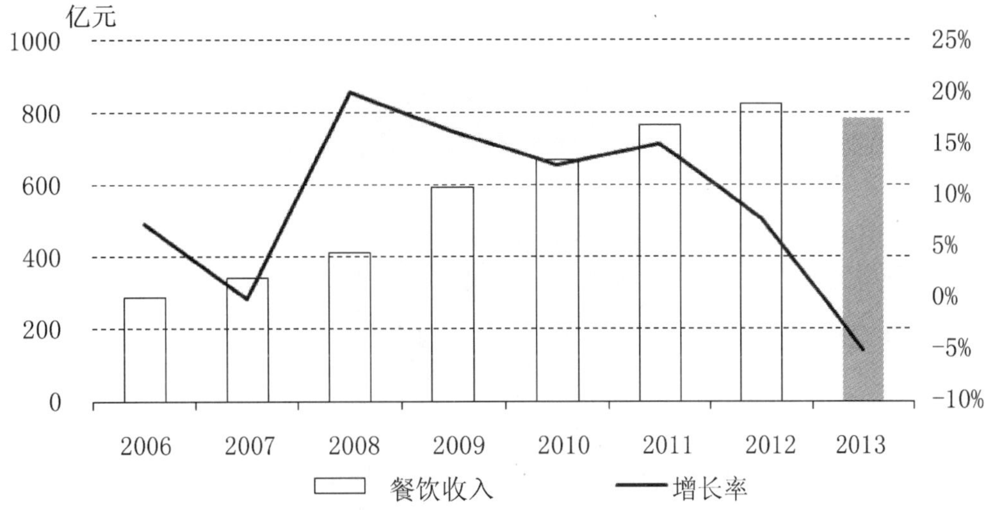

附图 77 2006—2013 年北京餐饮收入及增长率

数据来源：盈石集团研究中心

（3）电商冲击强度加大，实体零售业面临持续挑战

在传统零售业整体表现低迷的情况下，电商发展依然保持活力。2013 年双十一当日，淘宝成交金额达到创纪录的 350.19 亿元，相比去年同日增长了 83.35%。而包括淘宝、天猫、京东、苏宁等十大网络电商双十一当日销售额预计达 800 亿，超过 2012 连锁百强排名第五位的大润发全年销售额。

2013 年北京限额以上批发零售企业实现网络销售总额 926.8 亿元，同比增长 44.3%。截止 10 月份实现网上零售额 716.6 亿元，同比增长 44.9%，首次超过传统百货业，拉动全市社会消费品零售额增长 3.6 个百分点。随着移动互联网的不断发展，零售市场的未来将很长时间处于“电商”与“实体零售”博弈的状态，在两者加快融合与互补过程中，实体零售探寻出适合自己发展的新路径将成为必然。

二、商业物业市场展望

1. 预计 2014 年北京将再次迎来放量小高峰，外拓趋势明显

依据商业物业原定入市计划，未来 3 年北京将有约 350 万平方米的新增商业物业入市，其中核心商圈将新增 188 万平方米，占 20 大城市未来同期新增供应量的 5.4%，在全国背景下处于中等水平。

2014 年北京预计将有 157 万平方米新增入市，北京商业物业将迎来又一次供应高峰。其中，预计核心商圈新增 52 万平方米，新兴商圈新增 105 万平方米，占总量的 67.1%，大北京区域发展的加速以及新兴商圈的逐步成型与发展促使新增商业物业外拓趋势日益明显。

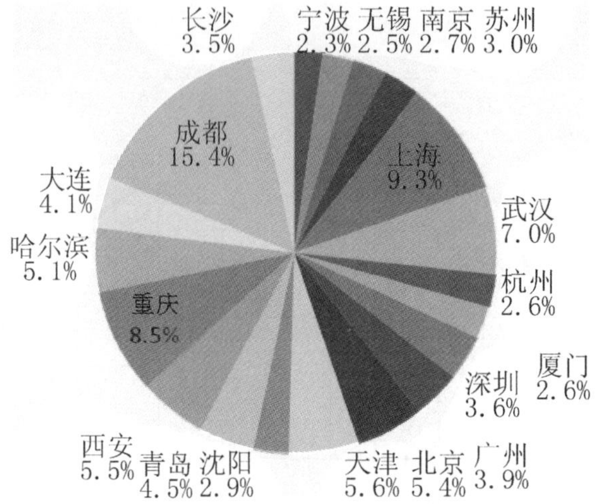

附图78　未来3年20大城市新增供应分布

数据来源：盈石集团研究中心

2. 未来零售市场将呈现四大发展趋势

趋势一：后三中全会时期——商业市场几家欢喜几家愁

十八届三中全会会议政策影响下，商业资源必会重新流动整合，形成新格局。民生息息相关的商业市场领域也必将引发变革。受高端消费被抑制、城镇化进程、收入分配改革政策影响，轻奢侈品、三四线城市大众潮流服饰与大众餐饮将被间接促进发展；而教育改革和“单独二孩”政策将为基础教育培训行业和儿童产业带来繁荣；对人口老龄化的积极应对将使中国养老服务业获得推动，并形成适应中国市场的“特有发展模式—社区商业形态”；这些都将成为商业地产领域需求的催化剂。

趋势二：百货购物中心化，购物中心百货化

零售市场激烈的竞争环境促使百货店与购物中心纷纷借鉴彼此的优势，规避自身的劣势，进行优化组合。未来百货店的重要趋势就是结合实际情况准确定位目标客群，借鉴不同购物类型特点，最大化发挥自己的固有优势，增强消费者体验感和舒适度。很多百货店通过不断升级和调整来融入购物中心的特色，例如改造首层，加设出入口，增加展示面，增设休息区、餐饮区，并根据目标客群补充零售以外的生活服务类业态，如各种超市、儿童专区、洗衣修理等以提高便利性，增设4D电影院，儿童乐园、美容会所等休闲娱乐业态以供消费者进行休闲娱乐体验。

而购物中心从百货店借鉴的优势主要是通过增加品类品牌、引进集合店等手段拓展更多客户群，并通过采用统一收银的方式来吸引集团客户。

趋势三：差异化的体验，体验的差异化

目前很多购物中心通过降低零售业态比例、提高餐饮业态比例的方式形成体验化，以应对电商冲击以及同质化问题，这不仅对项目租金收益造成影响，在体验式运用不当的情况下反而会加剧同质化，造成体验式同质化。盈石集团研究中心数据显示，主题式体验正成为大型购物中心的首选，占营销推广活动的六成左右。其中演出体验、场景体验和派对体验分列前三位，占比为17.7%，16.2%和12.3%。这预示着未来商业物业，尤其是购物中心增强体验式打造成为趋势。

同时，业内逐步认识到体验式差异化的运用，借鉴不同的创意以达到不同的体验效果，如台北的诚品书店中的吉他 DIY 制作、爱人珠宝首饰创意制作、刺绣培训班及咖啡厅油画室等等。将体验通过多种业态组合植入商业，给消费者提供具有创新性、创意性的体验途径，做到真正意义上的差异化成为体验式的全新发展趋势。

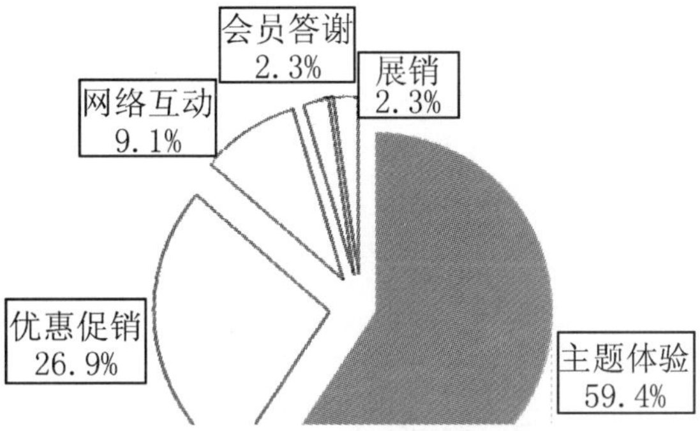

附图 79　购物中心营销推广活动类别

数据来源：盈石集团研究中心

趋势四：实体零售迈入移动科技元年

对商业项目来说，利用移动互联技术这一新的科技力量把握住 O2O 营销模式的机遇，这是减小电商冲击并扩大市场份额的有效途径。通过手机消费者既可以获取更丰富、全面的商家及其服务内容的信息，又可以更加便捷的向商家在线咨询，同时还能通过移动支付平台有机会获得虚拟优惠券以及相对线下直接消费更为便宜的价格。

对商家而言，通过建立移动互联平台不仅能够获得更多的宣传、展示机会以吸引更多新客户到店消费，还可以做到对推广效果以及每笔交易的记录进行追踪用以进行数据分析，从而有效提升客户维护与营销效果。如著名的美国高端百货店梅西百货在其位于纽约曼哈顿哈罗德广场和旧金山联合广场的两家旗舰店里安装了 iBeacon 传感器，称之为 shopBeacon，这两家店通过 shopBeacon 可以按照消费者的行动路线，为消费者推送不同楼层不同的服务。梅西还引入了 Shopkick 的应用程序。该程序是可以基于当前位置的购物服务，奖励消费者走进商店真实签到的应用。这样可以实现消费者在线上选择商品，而消费者到梅西百货店后，shopBeacon 技术提醒消费者可以在店内购买此款商品。

2013 年北京写字楼市场总结

北京中原房地产经纪有限公司

（一）供应充足　竣工面积创新高

2013 年中国经济增长放缓显著，北京地区生产总值、固定资产投资额、消费者价格指数等多项经济指标表现疲软。但第三产业占比却出现提升，截止 3 季度三产占比为 77%，对商务办公需求愈加旺盛。

2009 年至今，北京写字楼新增供应整体处于平稳增长势态，2013 年北京写字楼供应面积为 158.8 万平方米，同比涨 15.4%。住宅市场受到限购调控影响，商业地产成为不动产投资的重要载体。

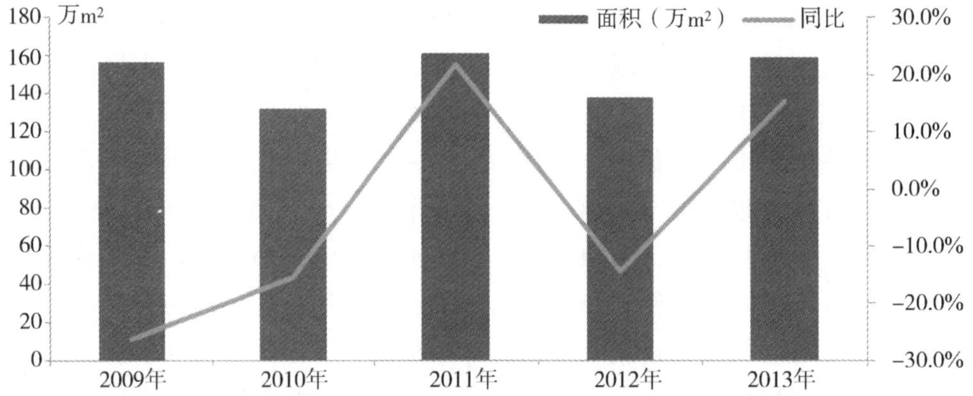

附图 80　北京写字楼市场年供应面积（2009 年—2013 年）

数据来源：北京中原市场研究部

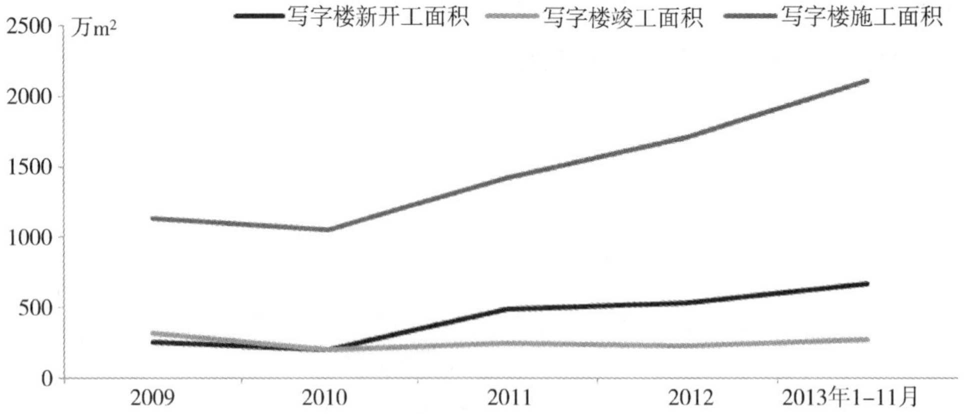

附图 81　北京写字楼施工面积、新开工面积、竣工面积（2009 年—2013 年）

数据来源：北京中原市场研究部

写字楼的开发周期一般是 5 年左右。2009 - 2011 年是北京商服金融类用地供应的高峰期，北京写字楼市场将会在 2015 年前后集中收获。从北京统计局公布的写字楼投资状况看呈现逐年增长，2013 年北京写字楼实现投资额 611.7 亿元，同比增加 59.0%，写字楼总施工面积 2114.1 万平方米，同比涨 23.5%，新开工面积 671.4 万平方米，涨 25.1%，竣工面积 273.1 万平方米，涨 20.4%，写字楼进入快速增长期。

（二）成交加速　警惕过剩危机

在经历了 2012 年的平淡后，2013 年写字楼市场呈现出与住宅市场相同的分化趋势。北京写字楼市场进入快速发展期，供求均有显著增长。2013 年北京写字楼成交面积 155.1 万平方米，同比增长 35.3%。年底写字楼市场成交翘尾，出现如通州万达广场、望京、顺义空港区等一批热销楼盘和区域。

从供求比上来看，2013 年基本平衡，供求比为 1.0，低于 2012 年的 1.2。主要原因是自 2011 年北京写字楼供应显著增加，边缘新兴区域写字楼存量充足，这些区域逐步完善，在 2013 年得到较显著消化。同时，北京中原市场研究部提醒，警惕写字楼市场过剩危机。

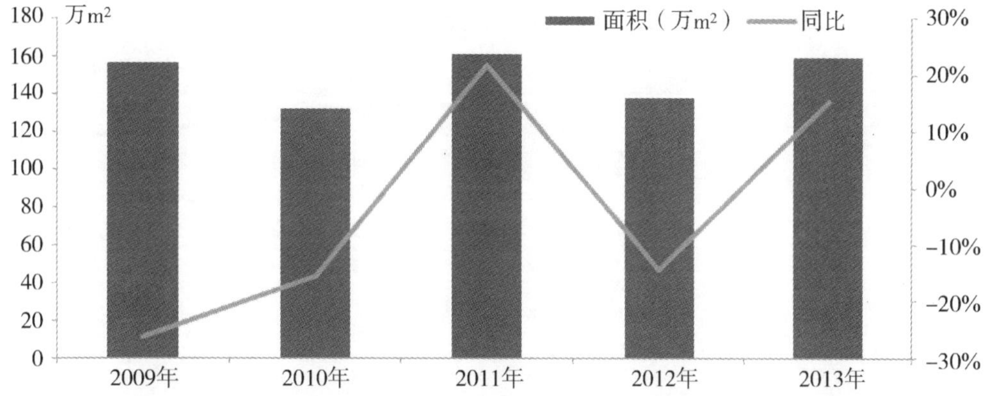

附图 82　北京写字楼市场年成交面积（2009 年—2013 年）

数据来源：北京中原市场研究部

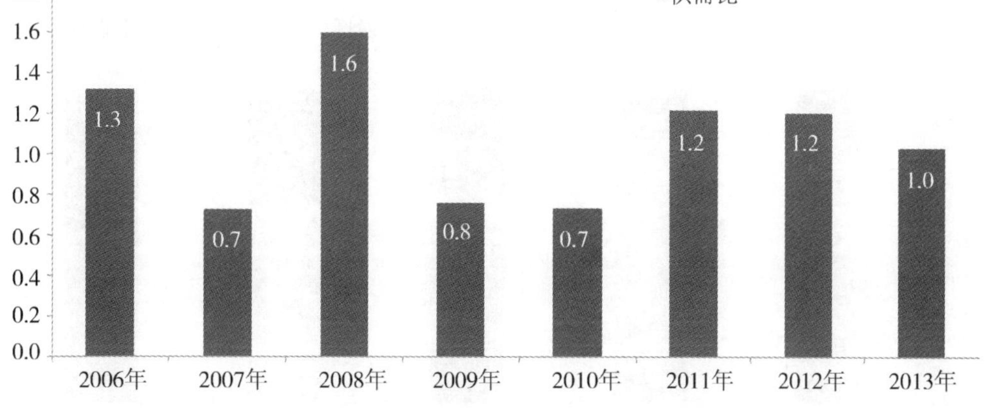

附图 83　北京写字楼市场供求走势（2006 年—2013 年）

数据来源：北京中原市场研究部

（三）售价继续下探　边缘区渐成主力

一般的，写字楼售价的涨跌互现主要受三方面因素影响：一是整体宏观形势影响到写字楼发展预期；二是写字楼供求关系影响开发商定价策略；三是供应项目区域结构不同。2013 年北京写字楼售价为 24308 元/平方米，同比降 5.8%，较去年继续下跌 2.5 个百分点。北京写字楼售价下跌主要是由供应成交区域结构差异化，近郊区供应增多，成交增加，进而拉低全市成交价格。

根据中心城区、次中心区、城市边缘区来划分，2013 年城市边缘区成交占比为 44.4%，比 2012 年上涨 7.1 个百分点，次中心去成交占 48.6%，较上年减少 10.2 个百分点，中心城区 2012 年成交占比为 7.0%，比上年涨 3.1 个百分点。成交均价分别为 17226 元/平方米、30447 元/平方米、26620 元/平方米，较上年比 5.0%、-5.3%、36.5%。边缘化趋势，新兴商务区兴起，逐步成为写字楼市场主力。

另外，由 2013 年北京写字楼成交 TOP10 来看，次中心城区及城市边缘区各占 5 个，其中朝阳望京的北京绿地中心、融科望京产业中心，顺义空港区航城广场、旭辉空港中心，丰台总部基地诺德中心、道丰科技商务园等均是成交集中的区域；通州万达广场、房山绿地新都会微堂、大兴绿地启航国际、昌平博雅 A5 成为新兴商务区的代表和销售黑马。

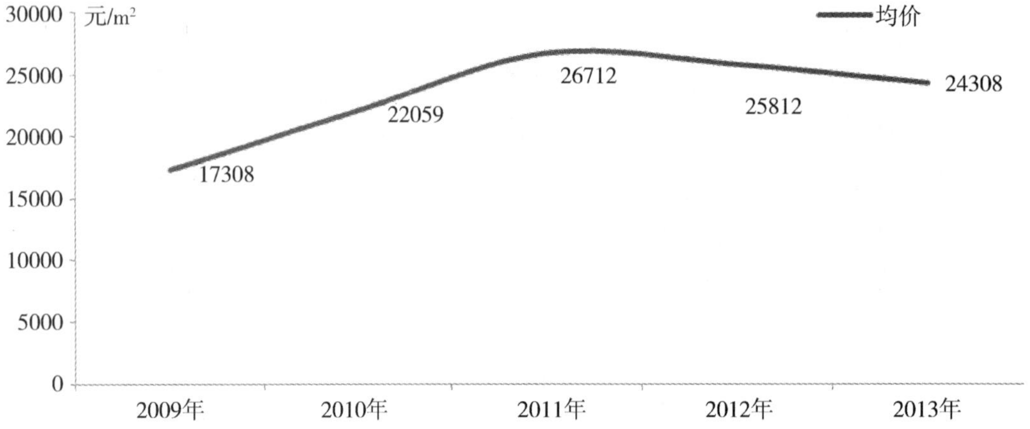

附图 84　北京写字楼市场年成交售价走势（2009 年—2013 年）

数据来源：北京中原市场研究部

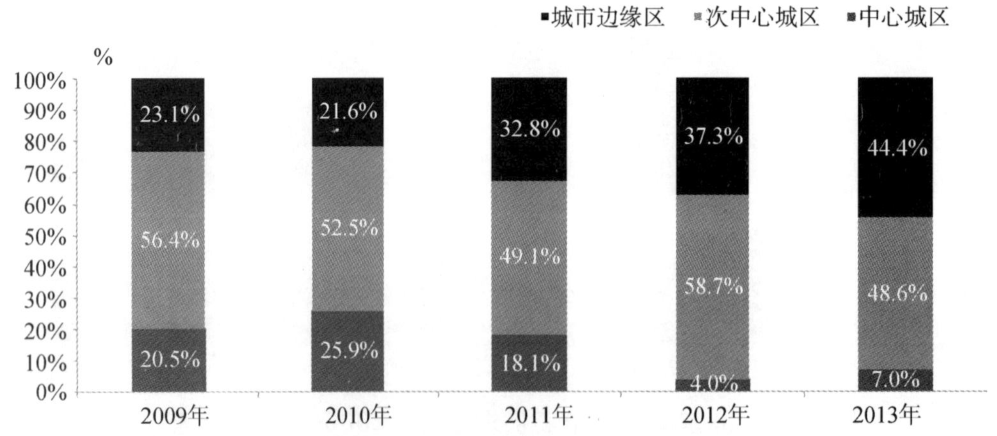

附图 85　北京写字楼各区域成交占比情况（2013 年）

数据来源：北京中原市场研究部

附表 15 北京写字楼成交 TOP10（2013 年）

名次	项目名称	行政区	区域	套数	面积（万 m^2）	均价（元/m^2）	金额（亿元）
1	北京绿地中心	朝阳区	次中心城区	339	8.6	31064	26.8
2	航城广场	顺义区	城市边缘区	944	7.6	12082	9.2
3	旭辉·空港中心	顺义区	城市边缘区	892	7.2	13568	9.8
4	诺德中心	丰台区	次中心城区	413	7.1	32512	23.1
5	通州万达广场	通州区	城市边缘区	774	6.2	27746	17.3
6	绿地新都会·微堂	房山区	城市边缘区	393	6.0	17222	10.3
7	西山汇	石景山区	次中心城区	37	5.9	15636	9.2
8	大兴·绿地启航国际	大兴区	城市边缘区	456	5.8	18459	10.7
9	融科望京产业中心	朝阳区	次中心城区	171	3.8	45281	17.4
10	总部基地	丰台区	次中心城区	7	3.7	18529	6.8

标注：区域中红色字体为中心城区，灰色字体为次中心城区，黑色为城市边缘区。

数据来源：北京中原市场研究部

（四）典型商圈租金趋合理　上涨减速

据中原监测的七大传统核心商圈（国贸、燕莎、建国门、东二环、金融街、中关村、亚奥商圈）楼盘租赁数据，2013 年传统核心商圈甲级写字楼平均租金为 434 元/平方米·月，同比上涨 8.7%，准甲级写字楼平均租金为 256 元/平方米·月，同比上涨 8.8%，增幅较上年的 32.2%、19.9%，分别降 23.5 个百分点、11.1 个百分点，北京写字楼租金上涨由快行道转向平稳，渐趋合理化。

首先，商务租赁需求减少剑指经济颓势。写字楼租赁群体主要以企业租赁为主，年内国际经济形势复杂，国内宏观经济疲软、资金面紧张、资产流动性短缺，经济杠杆作用减弱，投资需求下滑，北京写字楼租赁活跃度相对降低。

其次，租金价格高、租赁面积有限、市场整体饱和，致使传统核心商圈租赁活跃度下降。年内仅燕莎凤凰国际传媒中心、润世中心、金融街国家开发银行大厦、国贸财富中心三期 4 个项目交付使用，项目品质和租金高、对入驻企业要求苛刻。

最后，国内写字楼市场逐步走向标准化管理，北京上地、望京、空港物流区、亦庄、大兴等新兴商务区写字楼供应增多，品质提升，一定程度缓解商务办公载体的供需矛盾，规模企业考虑到扩大规模、节约成本等综合因素，选择外迁成为必然。同时，泛核心商圈、准甲级、乙级写字楼、商住楼等写字楼对需求的导流作用，缓解写字楼租金价格涨幅。

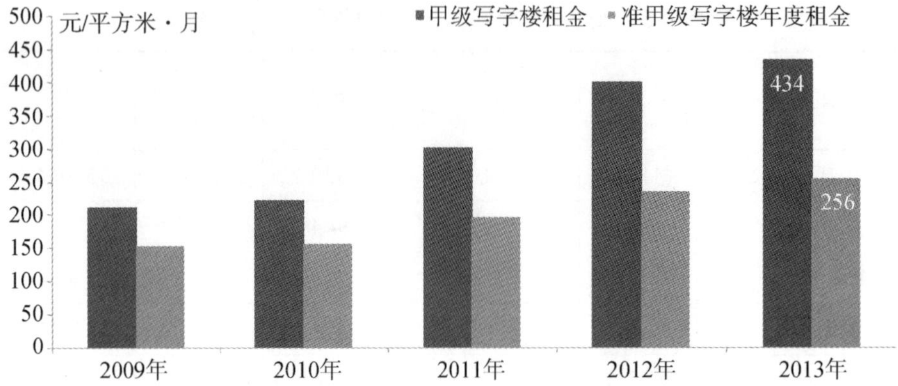

附图86 北京传统核心商圈写字楼租金情况（2013年）

数据来源：北京中原市场研究部

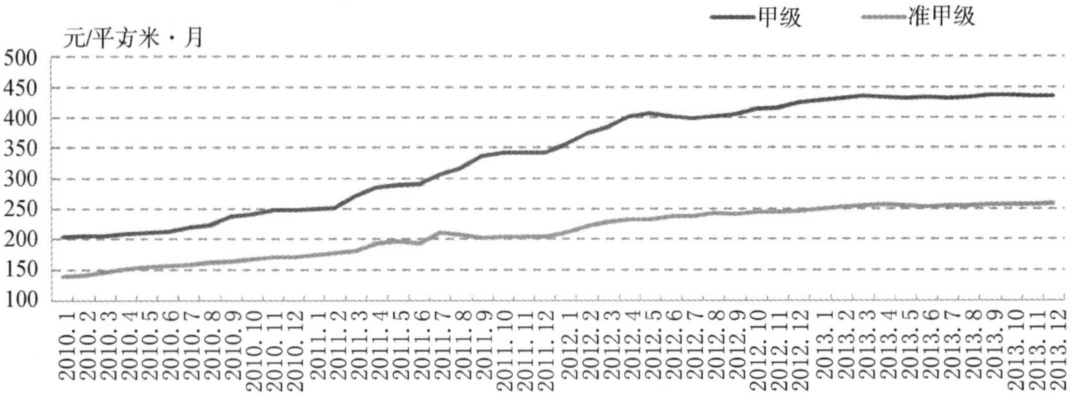

附图87 北京传统核心商圈写字楼租金走势（2010年1月—2013年12月）

数据来源：北京中原市场研究部

（四）入住率首降 写字楼需求多元化

近年北京核心商圈写字楼入住率持续快速上涨，整体表现供不应求态势，而2013年随着新租和扩租需求疲软，空置率略有抬头。2013年北京核心商圈甲级写字楼入住率为96.0%，同比下降0.05%，准甲级写字楼入住率为97.4%，同比下降0.1%，5年来首次出现下降。

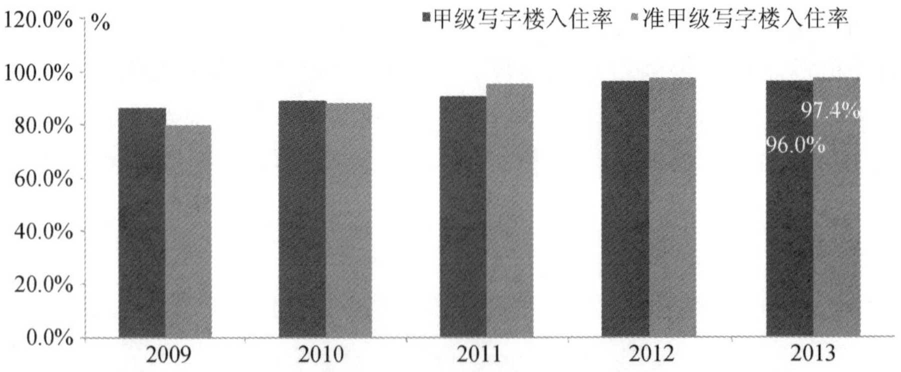

附图88 北京传统核心商圈写字楼入住率情况（2013年）

数据来源：北京中原市场研究部

目前北京核心商圈写字楼投资回报率平均在 7% 以上，而外围新兴商务区在 4% 左右，核心商圈面临租金价格高、可租面积紧张、商务租赁需求回落、出租吸纳量下降的现状。在国内经济整体疲软的背景下，为了缩减写字楼租赁成本，租赁需求选择续租，或转向准甲级、乙级写字楼及外围新兴商务区域等，多元化的商务租赁需求加快发展。

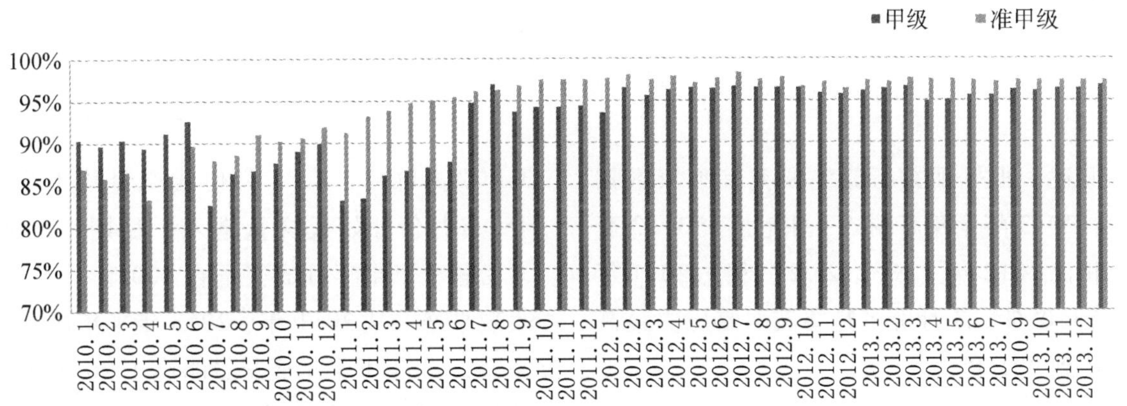

附图 89　北京传统核心商圈写字楼入住率走势（2010 年 1 月—2013 年 12 月）

数据来源：北京中原市场研究部

“豪宅 TOP101”2013 年全年成交市场分析报告

丽兹行豪宅研究院

概述：根据丽兹行豪宅研究院独家数据显示，2013 年全年高端二手住宅成交 3153 套套，相比 2012 年上涨 32.25%，相比 2011 年上涨 33.03%，3 月份更是突破网签历史最高值，达到 901 套。

一、2013 年全年高端二手住宅成交 3153 套

根据丽兹行豪宅研究院独家数据显示，2013 年全年高端二手住宅成交 3153 套，相比 2012 年上涨 32.25%，相比 2011 年上涨 33.03%，3 月份更是突破网签历史最高值，达到 901 套。

2013 年全年成交数据显示，3 月份达到历史高峰期主要在于新的个税计征调控的出台，购房成本大幅增加刺激需求集中释放，导致集中网签。整个上半年成交量波动较大，3 月份高峰后，4、5 月份成交量均不足 150 套，6 月份开始成交量进入平稳期，直至 12 月份整个下半年月成交量在 200 套上下浮动，表现平稳。从 2011 年 - 2013 年半年成交数据来看，13 年下半年成交量略高于 2011 年，明显低于 12 年下半年量。

高端住宅市场需求与整体市场刚需占据主导的形式不同，高端市场主体以品质升级需求为主力，多数需求处于“可买可不买”观望状态，同时限购资格问题仍为高端成交的最大阻力，两方面因素影响高端市场成交量难有突破。

2014 年在调控政策稳定的前提下，观望状态有所好转，但受到购房资格限制，预计高端二手住宅成交量将依然保持平稳状态，月成交量维持在 250 套左右。

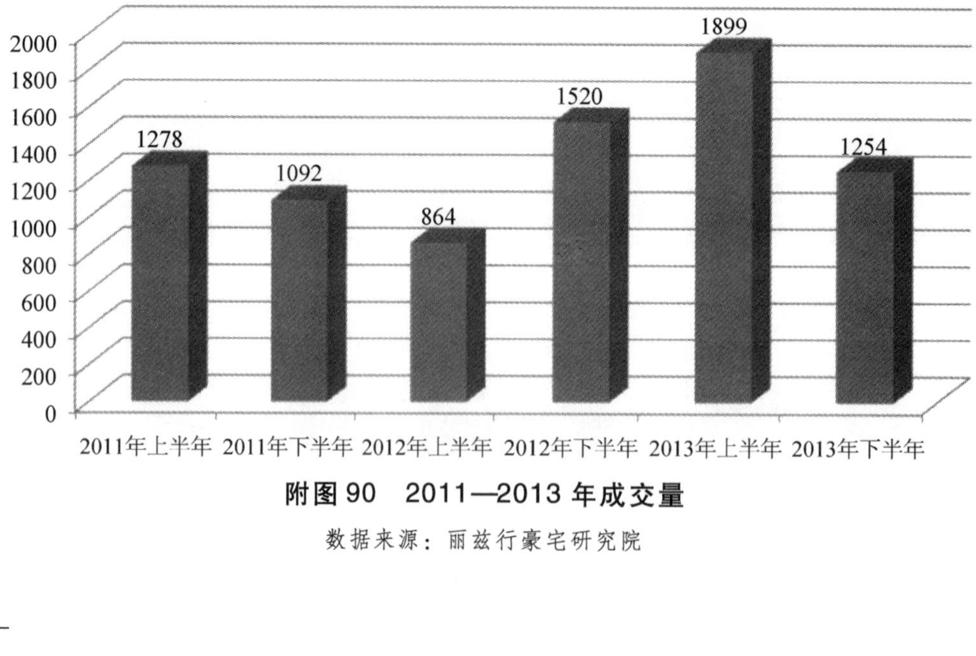

附图 90　2011—2013 年成交量

数据来源：丽兹行豪宅研究院

二、2013年全年高端二手住宅楼盘成交量排名

根据丽兹行豪宅研究院独家统计数据，2013年全年101个高端二手住宅楼盘中，成交量过百套楼盘仅3个楼盘，凤凰城、棕榈泉以及公园1872。大型高端社区，交通便利、户型多样——凤凰城成交量位居首位；公园观景豪宅、高品质物业、五星级会所、高知名度社区——棕榈泉国际公寓位居第二位；次新房，公园豪宅——公园1872位居第三位。排名前三十高端住宅中，其中超过一半位于东部区域，北部区域共4个，西部区域共2个（唐宁one及世纪城）。东部区域高端住宅集中，临近CBD商务区，需求量旺盛。

附表16

排名	楼盘名称
1	凤凰城
2	棕榈泉国际公寓
3	公园1872
4	唐宁one
5	新城国际
6	世纪城（部分）
7	万国城
8	阳光上东
9	太阳公元
10	海晟名苑
11	华贸国际公寓
12	观湖国际
13	世界城
14	世茂奥临花园
15	泛海国际
16	山水文园
17	公园大道
18	国奥村
19	星河湾
20	东湖湾

数据来源：丽兹行豪宅研究院

三、2013年全年高端二手住宅楼盘换手率排名

根据丽兹行豪宅研究院独家统计数据，2013年全年各高端二手住宅楼盘平均换手率在4%左右，换手率反映成交量与总户数的关系，反馈各楼盘成交活跃度。从2013年排名前15换手率来看，与成交量排名略有差异，

但差异性并不大，棕榈泉国际公寓成交量与换手率均位居第二，成交量最高的凤凰城换手率位居第四位。

世界城与唐宁 one（部分）为酒店式公寓不限购，成交活跃。

附表 17

排名	楼盘名称	换手率
1	世界城	9.43
2	棕榈泉国际公寓	8.38
3	唐宁 one	7.92
4	凤凰城	7.3
5	公园 1872	7.05
6	公园大道	6.8
7	华贸国际公寓	6.5
8	世茂奥临花园	5.8
9	世纪城（部分）	5.6
10	新城国际	5.5
11	首创禧瑞都	5.15
12	东湖湾	4.67
13	海晟名苑	4.38
14	太阳公元	4.35
15	万国城	4.3

数据来源：丽兹行豪宅研究院

四、2013 年全年高端住宅成交商圈分布

根据丽兹行豪宅研究院独家统计数据，2013 年全年各高端商圈成交量占比来看，万柳、朝阳公园、CBD 商圈占据前三列，占比达到 33.4%。万柳商圈兼具学区与人文环境优势，同时高端住宅集中，例如碧水云天、万泉新新、万城华府、光大水墨等；朝阳公园商圈比邻 CBD 商务区、燕莎使馆区及三里屯娱乐区，同时公园豪宅优势，高端楼盘密集，需求活跃；CBD 商圈本身占据核心商务区优势，周边配套完善，稀缺性优势明显，同时次新盘项目禧瑞都入市成交活跃，带动了周边需求量的提升；太阳宫商圈占据学区及便利的交通位置优势，特别是红玺台及太阳公元次新房的入市，成交量活跃，成为新兴起的高端活跃商圈。

商圈成交活跃度主要受到楼盘集中度的影响，高端住宅分散区域高端商圈的概念较淡，商务区及其临近区域稀缺性明显，楼盘集中，活跃度高。

附表 18

排名	商圈	成交量占比
1	万柳	11.99%
2	朝阳公园	10.85%
3	CBD	10.56%
4	太阳宫	7.71%
5	大望路	7.61%
6	东直门	5.58%
7	奥林匹克公园	5.33%
8	丽都	3.77%
9	西直门外	3.46%
10	红领巾公园	3.36%

数据来源：丽兹行豪宅研究院

五、2013 年全年高端住宅成交套均面积为 158.95m^2

根据丽兹行豪宅研究院独家统计数据显示，上半年高端住宅成交套均面积为 158.95 平米，单从下半年成交套均面积来看为 168.96 平米。2011 年为限购初期，资格有限条件下，需求倾向于一步到位，以 200 平米以上户型为主力，套均面积较高，2012 年以后套均面积呈现逐步下降，一方面部分小面积户型社区入住出售（例如唐宁 one、禧瑞都等）；另一方面在长期调控下，需求开始呈现多元化趋势。

需求套均面积一方面与整体高端二手住宅户型结构分布特点相关，另一方面与当前需求面积户型相关。高端二手住宅楼盘多为 2003 年左右住宅，社区户型追求多样性，主力户型集中于 150 - 200 平米之间，是当前成交套均持续围绕在 160 - 180 平米左右的主要原因。从各户型在调控期的表现来看，大面积户型往往保值性较好，小面积户型则在投资热时期增值最快，中间档位户型需求量稳定，则相对平稳。

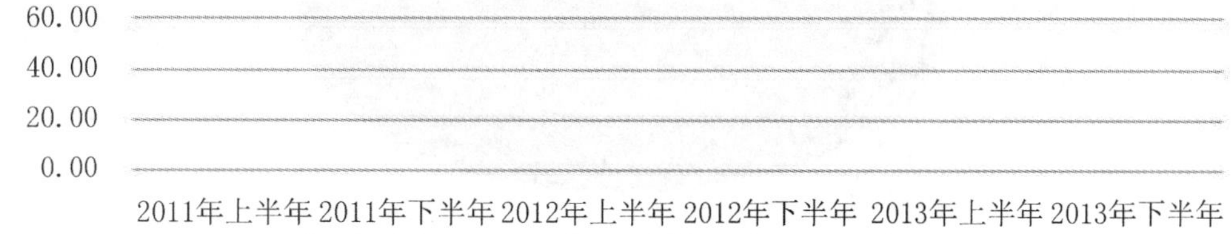

附图 91　2011—2013 年成交套均面积趋势

数据来源：丽兹行豪宅研究院

六、2013年高端二手住宅成交均价指数

根据丽兹行豪宅研究院独家统计数据，回顾整个2013年成交价格指数来看，呈现持续小幅上升，年涨幅达到26个百分点。从成交量数据来看，整个下半年进入平稳期，但价格持续上涨，供需市场，供给量仍小于需求量。高端二手住宅占据不可复制的核心区位，需求呈现不断上升趋势，在相对稳定市场环境下，价格下浮空间小，同时稀缺"免税房"热销，这部分挂牌价格出现上调趋势，带动均价上涨。

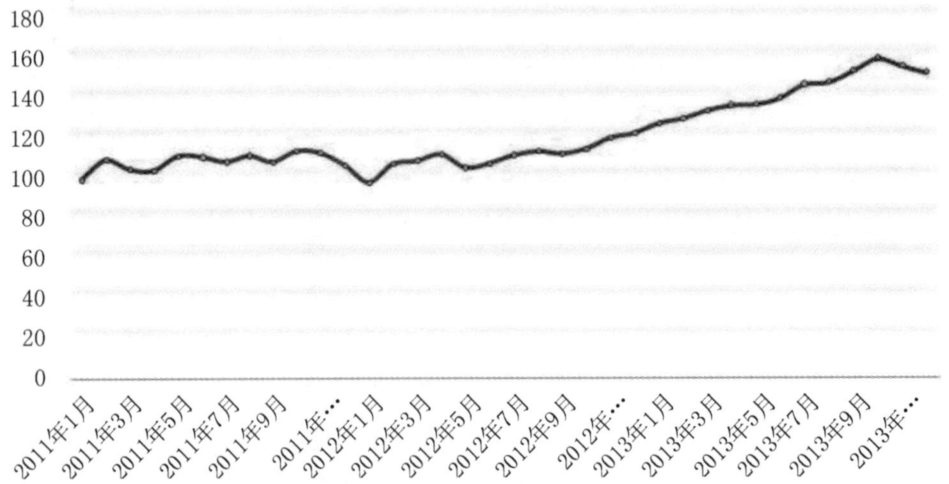

附图92 豪宅TOP101住宅成交价格指数

数据来源：丽兹行豪宅研究院

七、2013年高端二手住宅需求年龄结构

根据丽兹行豪宅研究院独家统计数据，2013年高端二手住宅需求年龄以30－40岁高端人士为主，占比达到43%；30岁及以下需求占比为27%，部分为父母为子女出资购买。高端二手住宅需求年龄结构反映各年龄结构需求区位不同，年轻人更倾向于核心商务区，完善的商业配套、娱乐配套及便利交通，此为40岁以下人士占据二手高端住宅市场的主要原因。

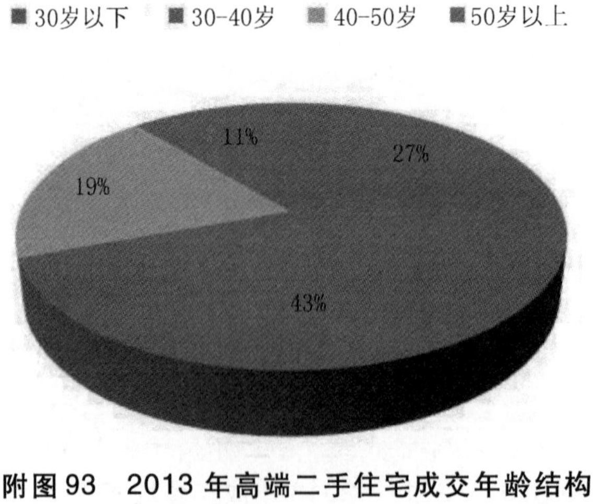

附图93 2013年高端二手住宅成交年龄结构

数据来源：丽兹行豪宅研究院

年龄结构同时反映需求面积结构，30岁以下高端人士多为刚需，需求面积以100平米左右小户型为主力；30岁以上高端人士需求主要为居住品质升级需求，在楼盘选择以及户型面积上要求较高，需求套均面积倾向于180平米左右户型。

八、2013年高端二手住宅需求户籍结构

根据丽兹行豪宅研究院独家统计数据，2013上半年高端二手住宅需求户籍结构显示，其中京籍占比达到79%，外籍在4%，非京籍（外地）占比在15%。限购政策下的必然结果，京籍可购2套住房（家庭为单位），其他均为1套（同时满足购房条件），高端住宅市场售房腾资格再次购房成为挂牌出售的一种目的。

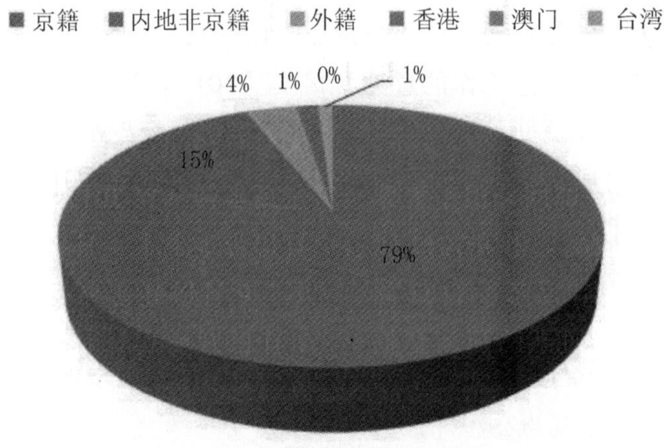

附图94　2013年二手住宅需求户籍结构

数据来源：丽兹行豪宅研究院

附录二　房地产法律法规目录

一、宏观调控篇

1. 国务院办公厅关于继续做好房地产市场调控工作的通知（国办发［2013］17号）
2. 国务院关于加快棚户区改造工作的意见（国发［2013］25号）
3. 北京市人民政府办公厅贯彻落实《国务院办公厅关于继续做好房地产市场调控工作的通知》精神进一步做好本市房地产市场调控工作的通知（京政办发［2013］17号）

二、房地产税费篇

1. 北京市地方税务局 北京市住房和城乡建设委员会关于进一步做好房地产市场调控工作有关税收问题的公告（北京市地税局公告［2013］第3号）
2. 北京住房公积金管理中心关于实行住房公积金个人贷款差别化政策的通知（京房公积金发［2013］10号）
3. 关于企业参与政府统一组织的棚户区改造有关企业所得税政策问题的通知（财税［2013］65号）

三、房地产一级市场篇

1. 关于印发《北京市商品房预售资金监督管理办法》的通知（京建法［2013］11号）
2. 关于进一步加强本市商品房预售许可管理有关问题的通知（京建法［2013］12号）
3. 关于落实京政办发［2013］17号文件具体问题的通知（京建发［2013］160号）
4. 关于加快中低价位自住型改善型商品住房建设的意见（京建发［2013］510号）

四、房地产二级市场及租赁市场篇

1. 关于公布本市出租房屋人均居住面积标准等有关问题的通知（京建法［2013］13号）
2. 关于做好存量房交易服务平台扩大试点工作有关问题的通知（京建发［2013］73号）

3. 关于顺延存量房交易服务平台扩大试点工作执行日期的通知（京建发［2013］157号）
4. 关于进一步规范出租房屋管理的通告（京建发［2013］581号）
5. 关于开展房屋违法出租问题治理等有关工作的通知（京建发［2013］595号）

五、房地产登记篇

1. 关于公共租赁住房房屋登记有关问题的通知（京建法［2013］6号）
2. 关于开展北京市集体建设用地范围内房屋登记试点工作的通知（京建发［2013］48号）
3. 关于加强房屋登记窗口管理提高服务水平的通知（京建发［2013］130号）
4. 关于协助做好暂停办理房屋登记和房屋登记信息的通知（京建发［2013］346号）

六、房屋安全篇

1. 关于抗震节能综合改造房屋面积变更登记有关问题的通知（京建法［2013］16号）
2. 关于印发《既有砌体建筑外套装配式结构抗震加固施工技术导则（试行）》的通知（京建发［2013］105号）
3. 关于规范老旧小区节能综合改造房屋屋面板安全问题处理工作的通知（京建发［2013］409号）

七、房屋征收篇

1. 关于印发《北京市旧城区改建房屋征收实施意见》的通知（京建发［2013］450号）
2. 北京市住房和城乡建设委员会关于转发《住房城乡建设部关于进一步加强国有土地上房屋征收与补偿信息公开工作的通知》的通知（京建发［2013］499号）

八、物业管理篇

1. 国家发改委关于调整销售电价分类结构有关问题的通知（发改价格［2013］973号）
2. 关于简化程序方便应急情况下使用住宅专项维修资金有关问题的通知（京建法［2013］20号）
3. 北京市社会建设工作领导小组办公室关于印发《关于开展老旧小区自我服务管理试点工作的意见》的通知（京社领办发［2013］12号）

九、住房制度改革和住房保障篇

1. 住房城乡建设部办公厅关于贯彻实施《住房保障档案管理办法》的意见

（建办保［2013］4 号）

2. 住房城乡建设部 财政部 国家发展改革委关于公共租赁住房和廉租住房并轨运行的通知（建保［2013］178 号）
3. 住房城乡建设部关于保障性住房实施绿色建筑行动的通知（建办［2013］185 号）
4. 住房城乡建设部关于发布《绿色保障性住房技术导则》的通知（建办［2013］195 号）
5. 关于进一步完善北京市保障性住房申请、审核、分配政策有关问题的通知（京建法［2013］5 号）
6. 关于规范已购限价商品住房和经济适用住房等保障性住房管理工作的通知（京建法［2013］10 号）
7. 关于加快保障性住房开工有关问题的通知（京建法［2013］14 号）
8. 关于印发《北京市公共租赁住房后期管理暂行办法》的通知（京建法［2013］15 号）
9. 关于加强本市公共租赁住房社会管理和服务的意见（京建法［2013］19 号）
10. 关于做好保障性住房融资对接服务工作的通知（京建发［2013］122 号）
11. 关于调整本市社会救助相关标准后做好住房保障相关衔接工作的通知（京建发［2013］240 号）
12. 关于加强市保障性住房建设投资中心收购公租房项目管理的通知（京住保［2013］1 号）
13. 关于进一步加快保障性住房分配有关工作的通知（京住保［2013］24 号）
14. 关于进一步加强本市公共租赁住房建设和分配管理有关问题的通知（京住保［2013］25 号）
15. 关于加强公开摇号保障性住房房源使用管理有关工作的通知（京住审字［2013］96 号）
16. 北京市公共租赁住房财政贴息奖励资金管理办法（京财经二［2013］591 号）

十、其他

1. 住房和城乡建设部关于修改《房地产估价机构管理办法》的决定（住房和城乡建设部令第 14 号）
2. 北京市机动车停车管理办法（北京市人民政府令第 252 号）
3. 北京市发展和改革委员会 北京市住房和城乡建设委员会《关于房地产价格评估收费有关问题的通知》（京发改［2013］1522 号）
4. 关于北京市中心城区棚户区改造和环境整治有关问题的通知（京国土用［2013］344 号）
5. 关于进一步简化棚户区改造和环境整治项目规划审批程序的通知（市规发［2013］1179 号）

附录三　房地产调控文件

关于调整“二套住房”住房公积金个人贷款人均住房建筑面积标准的通知

京房公积金发［2013］1号

各单位：

根据北京住房公积金管理委员会《关于规范北京住房公积金个人住房贷款政策有关问题的通知》（京房公积金管委会［2010］3号）的要求，现就调整“二套住房”住房公积金个人贷款（以下简称贷款）人均住房建筑面积标准有关问题通知如下：

一、北京市统计局公布2011年城镇居民家庭人均住房建筑面积为29.4平方米，购买第二套住房的贷款发放对象，仅限于现有人均住房建筑面积低于29.4平方米（不含）的缴存职工家庭。

二、本通知自下发之日起执行。各单位接到本通知后，要认真做好有关工作。遇有问题，及时报告。

北京住房公积金管理中心
二〇一三年一月四日

关于做好存量房交易服务平台扩大试点工作有关问题的通知

京建发［2013］73号

各区县住房城乡建设委、房管局，经济技术开发区房地局，各房地产经纪机构，各有关银行，各有关单位：

根据《房地产经纪管理办法》（住建部、发改委和人保部8号令）、《关于加强和规范房地产市场信息发布工作的通知》（建房［2009］97号）和《关于开展存量房交易服务平台试点工作的通知》（京建发［2011］276号）的有关规定，在总结海淀区试点工作经验基础上，按照“试点先行、逐步推广”的总体思路，结合区县实际，现决定将本市存量房交易服务平台试点范围扩大至西城区、海淀区、丰台区、石景山区、房山区、门头沟区、平谷区、怀柔区、延庆县、密云县及经济技术开发区，并就有关问题通知如下：

一、试点区县房屋行政主管部门要高度重视试点工作，严格落实《关于开展存量房交易服务平台试点工作的通知》相关规定，强化服务意识，加强组织领导与部门间协同配合，制定试点工作方案，切实做好平台试点工作，为当事人提供便利服务。

二、试点区县房屋行政主管部门应当从市住房城乡建设委公开招标的存量房平台交易资金监管入围银行中，选择不少于4家银行承担本行政区域内存量房交易资金监管工作。

区县房屋行政主管部门开设存量房自有交易资金监管账户时，应取得同级财政部门同意开户的证明，并按照《人民币银行结算账户管理办法》（人民银行令［2003］第5号）、《人民币银行结算账户管理办法》（银发［2005］16号）、《北京市行政事业单位银行存款账户管理暂行办法》（银管发［2002］394号　京财国库［2002］1250号）和《关于开展存量房交易服务平台试点工作的通知》文件要求，办理存量房自有交易资金监管账户开设、变更和撤销业务。存量房自有交易资金监管账户不得支取现金。

三、存量房交易资金监管银行应当与区县房屋行政主管部门签订《北京市存量房交易资金监管服务协议》，按照相关规定与服务协议相关内容开展资金监管工作。未履行资金监管服务协议的，区县房屋行政主管部门可以解除服务协议。

四、通过房地产经纪机构达成交易的，或买卖双方自行达成交易选择资金监管服务的，买卖双方应当与区县房屋行政主管部门签订《存量房自有交易资金划转协议》，通过存量房自有交易资金监管账户划转自有交易资金。

五、房地产经纪机构或个人发布存量房房源信息时，应当附房源核验编号，未经核验的房源信息不得对外发布。试点区县房屋行政主管部门应当加强日常巡检，对发布未经核验房源信息的房地产经纪机构及人员要责令其限期改正，并记入信用档案；情节严重的依法从严查处，暂停网签，并向社会公示。

六、本通知自2013年4月1日起执行。

北京市住房和城乡建设委员会
中国人民银行营业管理部
2013年2月7日

北京市人民政府办公厅贯彻落实《国务院办公厅关于继续做好房地产市场调控工作的通知》精神进一步做好本市房地产市场调控工作的通知

京政办发［2013］17号

各区、县人民政府，市政府各委、办、局，各市属机构：

近年来，本市坚决贯彻落实中央关于加强房地产市场调控的决策和部署，取得了积极成效。为进一步巩固调控成果，坚决落实《国务院办公厅关于继续做好房地产市场调控工作的通知》（国办发［2013］17号）精神，结合本市实际，经市政府同意，现就有关问题通知如下：

一、切实承担稳定房价工作的责任

（一）高度重视房地产市场调控工作。坚持房地产市场调控、坚决抑制投机投资性购房，既是促进房地产市场健康发展、保障首都人民群众住有所居的需要，也是本市实现人口资源环境相协调、推动城市可持续发展的需要。当前，本市房地产市场调控仍处于关键时期，各区县政府和市有关部门要充分认识房地产市场调控工作的重要性，增强工作的主动性和自觉性，毫不动摇，常抓不懈。

（二）认真落实房价控制目标。继续严格执行各项调控政策和措施，保持房地产市场总体平稳。2013年本市房价控制目标是：全市新建商品住房价格与2012年价格相比保持稳定，进一步降低自住型、改善型商品住房的价格，逐步将其纳入限价房序列管理。

（三）建立稳定房价工作责任制。市发展改革、住房城乡建设、规划、国土、税务、公安、民政、财政、人力社保、工商等部门要密切配合，加强联动，认真落实好本部门承担的房地产调控工作任务。各区县政府要认真落实各项调控措施，切实做好房价稳定工作，确保辖区内新建商品住房价格与全市房价控制目标总体一致。

二、坚决抑制投机投资性购房

（四）继续严格执行住房限购措施。按照《北京市人民政府办公厅关于贯彻落实国务院办公厅文件精神进一步加强本市房地产市场调控工作的通知》（京政办发［2011］8号）等文件要求，继续严格落实住房限购措施。自本通知下发次日起，本市户籍成年单身人士在本市未拥有住房的，限购1套住房；对已拥有1套及以上住房的，暂停在本市向其出售住房。

（五）严格购房资格审核，加大执法查处力度。本市成立专门的购房资格审核机构，统筹住房城乡建设、公安、税务、民政、人力社保等部门，进一步完善工作机制，加强购房资格联网审核。严肃查处限购措施执行中的违法违规行为，对教唆、协助购房人伪造证明材料、骗取购房资格的房地产开发企业和中介机构，暂停网上签约，责令限期整改，并严肃处理相关责任人；

购房人不具备购房资格的，企业要与购房人解除合同。对不如实申报、提供虚假材料骗取购房资格的家庭，不予办理产权登记手续，家庭承担相应的法律责任，且5年内不得在本市购买住房。构成犯罪的，将依法追究刑事责任。

（六）继续严格实施差别化住房信贷政策。各商业银行、北京住房公积金管理中心，要继续落实好对首套房贷款的首付款比例和贷款利率政策，继续暂停第三套及以上住房贷款发放；进一步强化购房人贷款资格审核，严格按规定调查家庭住房登记记录和借款人征信记录，严禁向不符合信贷政策的借款人违规发放贷款。中国人民银行营业管理部、北京住房公积金管理中心在国家统一信贷政策基础上，根据本市房价控制目标和政策要求，进一步提高第二套住房贷款的首付款比例。

（七）充分发挥税收政策的调节作用。继续推进存量房交易计税价格动态调整工作。税务、住房城乡建设部门要密切配合，根据市场情况适时提高定价过高、预计增值额过大的房地产开发项目的土地增值税预征率，加强预征和清算管理，加大稽查力度。对个人转让住房按规定应征收的个人所得税，通过税收征管、房屋登记等信息系统能核实房屋原值的，应依法严格按照个人转让住房所得的20%计征；不能核实房屋原值的，依法按照核定征收方式计征个人所得税。对个人转让自用5年以上，并且是家庭唯一生活用房取得的所得，继续免征个人所得税。

三、增加普通商品住房及用地供应

（八）稳定普通商品住房用地供应。统筹考虑本市人口、资源、环境因素，保持适度土地供应规模。2013年本市住房用地供应计划为1650公顷，继续完善土地出让方式，通过“限房价、竞地价”等方式增加自住型、改善型住房的土地供应。土地出让前，住房城乡建设部门要提出商品住房项目的住房建设套数、套型建筑面积、设施条件、开竣工时间等要求，作为土地出让的依据，并纳入出让合同。

（九）完善土地市场监管。继续实行供应计划地块公布机制，合理安排土地开发供应节奏和时序，稳定市场预期。加快存量土地储备开发力度，尽快形成实际用地供应。对已供应的土地，督促尽快开工建设，加大闲置土地清理、公示、处置力度，密切跟踪土地供应后开发建设进度，强化房地产用地供应和开发利用的全过程监管。

（十）加快普通商品住房供应。发展改革、国土、规划、住房城乡建设等部门要建立中小套型普通商品住房建设项目行政审批快速通道，提高办事效率，严格落实开竣工申报制度，督促房地产开发企业严格按照合同约定建设施工。加快中小套型普通商品住房项目的供地、建设和上市。对中小套型住房套数达到项目开发建设总套数70%以上的普通商品住房建设项目，银行业金融机构在符合信贷条件的前提下优先支持其开发贷款需求。

四、加快保障性安居工程建设

（十一）进一步加大保障性安居工程建设力度。落实2013年建设筹集各类保障性住房16万套，竣工7万套的任务。二季度前完成项目供地、规划等手续，落实财政资金，三季度确保项目开工建设。加快城市和国有工矿棚户区改造，完成“三区三片”棚户区安置房建设，推进新增五片棚户区改造。开展非成片棚户区和危旧房改造，继续实施1000万平方米老旧小区抗震节能综合整治和简易住宅楼改造工程，做好城乡结合部地区重点村回迁安置房建设工作。

（十二）加强建设分配管理。强化城市总体规划和土地利用统筹管理，严把规划设计关、施工质量关、建筑材料关和竣工验收关，落实工程质量责任，确保工程质量安全。加大配套基础设施建设，确保与住宅同步交付使用。统一保障性住房申请，完善保障家庭的经济及住房状况审核机制，严肃查处擅自改变用途等违法违规行为，健全退出机制，确保公平分配。2013年年底前，各区县要将符合条件、有稳定就业的来京外来务工人员纳入公共租赁住房保障范围。加强保障性住房小区运营管理，完善社区公共服务，切实解决入住家庭后顾之忧。

五、加强商品房销售管理

（十三）严格商品房预售管理。从工程投资和形象进度、交付时限等方面提高商品房预售许可门槛，具体办法由市住房城乡建设部门另行制定并发布。继续完善和严格执行商品房预售资金监管制度，确保预售款优先用于工程建设。

（十四）加强商品房销售价格引导。继续总结完善本市价格引导经验，对报价明显高于项目前期成交价格和周边在售项目价格且不接受指导的商品房项目，可暂不核发预售许可证书或暂不办理现房销售备案。商品房项目在销售中，要继续严格执行明码标价、一房一价规定，实际销售价格不得高于申报价格。

六、强化市场监管和预期引导

（十五）加强房地产企业信用管理。搭建本市房地产企业信用管理系统，全面整合住房城乡建设、发展改革、国土、规划、金融、税务、工商、统计等部门掌握的房地产企业信用信息，建立和完善信用信息归集、管理和对外发布制度，实现对房地产企业违法违规行为的联动监管。

（十六）严厉打击开发企业的违法违规行为。对存在闲置土地、炒地、捂盘惜售和哄抬房价等违法违规行为的房地产开发企业，市住房城乡建设等部门要密切配合、加强联动，加大查处力度。国土部门禁止其参加土地竞买，银行业金融机构不得对其发放新开发项目贷款，证券监管部门暂停批准其上市、再融资或重大资产重组，银行业监管部门禁止其通过信托计划融资，税务部门对其强化土地增值税的征收管理工作，严格按照有关规定进行清算审核和稽查。

（十七）加强房地产经纪活动监管。房地产经纪机构及房地产经纪人员应依法从事房地产经纪活动，受委托对外发布真实的房源和价格信息，不得抢占房源信息、哄抬房价和租金等。房地产经纪服务实行明码标价，不得利用虚假或使人误解的标价内容和方式等进行价格欺诈。发展改革、住房城乡建设、工商等部门要联合开展房屋中介市场专项治理工作，加大市场监管力度，依法严肃查处房地产经纪机构违法违规行为。

（十八）合理引导市场预期。各有关部门要密切关注房地产市场变化，加强市场监测和研究分析，全面、客观、及时发布房地产市场相关信息，主动解读市场走势、调控政策措施及广大居民关注的热点问题，合理引导市场预期。加强舆情监测和应对，对误导市场、误报误读的不实信息和言论，要及时予以纠正和澄清；问题严重的，应追究相关单位和人员责任。

七、加快推进长效机制建设

（十九）加强基础性工作。按照全国个人住房信息系统建设的总体部署和要求，继续推进本市城镇个人住房信息系统建设，完善管理制度和基础信息。认真落实国务院关于建立完善房地产市场管理长效机制的要求，立足本市实际，进一步探索完善符合首都特点的基本住房制度，完善差别化、多层次的住房需求调节机制，建立科学稳定的住房供应体系，逐步实现住房保障对象应保尽保、自住型和改善型需求得到有效满足，切实解决人民群众住房问题，促进首都房地产市场保持平稳健康发展。

北京市人民政府办公厅
2013年3月30日

北京市地方税务局　北京市住房和城乡建设委员会
关于进一步做好房地产市场调控工作有关税收问题的公告

根据《北京市人民政府办公厅贯彻落实〈国务院办公厅关于继续做好房地产市场调控工作的通知〉精神　进一步做好本市房地产市场调控工作的通知》（京政办发［2013］17号）要求及相关税收政策规定，现就进一步加强土地增值税预征管理和个人所得税征收管理有关问题公告如下：

一、土地增值税预征管理相关问题

为加强对定价过高、价格上涨过快的房地产开发项目的税收征管，按照《国家税务总局关于加强土地增值税征管工作的通知》（国税发［2010］53号）的有关规定，结合北京市实际情况，对房地产开发企业销售商品房取得的收入，实行差别化土地增值税预征率。

（一）房地产开发企业按照政策规定销售各类保障性住房取得的收入，暂不预征土地增值税。

保障性住房是指各级人民政府或者指定经营单位回购的廉租住房、公共租赁住房，以及按照政策规定向特定对象销售的经济适用住房、限价商品房（含比照经济适用住房、限价商品房管理）等具有保障性质的各类住房。

（二）房地产开发企业销售新办理预售许可和现房销售备案的商品房取得的收入，按照预计增值率实行2%至8%的幅度预征率。（见附件1）

容积率小于1.0的房地产开发项目，最低按照销售收入的5%预征土地增值税。

（三）房地产开发企业销售在本公告发布之前已办理预售许可和现房销售备案的商品房取得的收入，仍按照《北京市地方税务局　北京市住房和城乡建设委员会关于进一步加强房地产市场调控有关税收问题的公告》（2011年第5号）、《北京市住房和城乡建设委员会　北京市财政局　北京市地方税务局关于贯彻落实国家有关部门房地产市场宏观调控政策有关问题的通知》

（京建发［2010］677号）文件中确定的政策执行。

（四）房地产开发企业应当在商品房预售方案和现房销售方案中填报土地成本、建安成本和销售价格等信息，并匡算预计增值额和增值率。市住房城乡建设部门将上述信息审核确认后及时传递至市地税部门。主管税务机关接收信息后，以《税务事项通知书》的形式告知纳税人，要求其在征期内按照规定的预征率计算缴纳土地增值税。

二、个人住房转让所得征收个人所得税相关问题

对个人转让住房按规定应征收的个人所得税，主管税务机关通过税收征管、房屋登记等信息系统能核实房屋原值的，应依法严格按转让所得的20%计征。

（一）自2013年3月31日（含）起完成网上签约的二手房交易，办理房屋转让个人所得税纳税申报时，纳税人应按照国家税务总局《关于个人住房转让所得征收个人所得税有关问题的通知》（国税发［2006］108号）、《关于个人转让房屋有关税收征管问题的通知》（国税发［2007］33号）规定，提供据以证明房屋原值的相应凭证。

根据房源情况不同，房屋原值分别为：

1. 商品房：购置该房屋时实际支付的房价款及交纳的相关税费。

2. 自建住房：实际发生的建造费用及建造和取得产权时实际交纳的相关税费。

3. 经济适用房（含集资合作建房、安居工程住房）：原购房人实际支付的房价款及相关税费，以及按规定交纳的土地出让金。

4. 已购公有住房：原购公有住房标准面积按当地经济适用房价格计算的房价款，加上原购公有住房超标准面积实际支付的房价款以及按规定向财政部门（或原产权单位）交纳的所得收益及相关税费。

已购公有住房是指城镇职工根据国家和县级（含县级）以上人民政府有关城镇住房制度改革政策规定，按照成本价（或标准价）购买的公有住房。

经济适用房价格按县级（含县级）以上地方人民政府规定的标准确定。

5. 城镇拆迁安置住房：根据《城市房屋拆迁管理条例》（国务院令第305号）和《建设部关于印发〈城市房屋拆迁估价指导意见〉的通知》（建住房［2003］234号）等有关规定，其原值分别为：

（1）房屋拆迁取得货币补偿后购置房屋的，为购置该房屋实际支付的房价款及交纳的相关税费；

（2）房屋拆迁采取产权调换方式的，所调换房屋原值为《房屋拆迁补偿安置协议》注明的价款及交纳的相关税费；

（3）房屋拆迁采取产权调换方式，被拆迁人除取得所调换房屋，又取得部分货币补偿的，所调换房屋原值为《房屋拆迁补偿安置协议》注明的价款和交纳的相关税费，减去货币补偿后的余额；

（4）房屋拆迁采取产权调换方式，被拆迁人取得所调换房屋，又支付部分货币的，所调换房屋原值为《房屋拆迁补偿安置协议》注明的价款，加上所支付的货币及交纳的相关税费。

对于能够提供房屋原值相应凭证的，主管税务机关审核相应凭证后确定房屋原值。纳税人同时提供购房发票、契税缴税凭证的，按孰高原则确定房屋原值。

纳税人不能提供房屋原值相应凭证的，主管税务机关应通过税收征管、房屋登记等信息系统对房屋原值进行核实。

（二）主管税务机关应加强对转让住房过程中缴纳的税金以及与转让房屋有关的住房装修费用、住房贷款利息、手续费、公证费等相关费用凭证的审核。纳税人未能提交有关费用凭证的，主管税务机关应要求其补正；不能补正的，经纳税人签字确认后，主管税务机关依照有关规定办理。

（三）能够确定房屋原值和有关合理费用的，个人所得税税款以本次房屋交易价格减除房屋原值、转让住房过程中缴纳的税金和有关合理费用后的余额，按20%税率计算。

纳税人不能提供房屋原值相应凭证，主管税务机关通过税收征管、房屋登记等信息系统也未能核实房屋原值的，个人所得税税款以本次房屋交易价格按核定征收率1%计算。

（四）纳税人申报的住房成交价格明显低于市场价格且无正当理由的，主管税务机关依法有权根据有关信息核定其转让收入。

三、本公告相关条款的解释工作由北京市地方税务局、北京市住房和城乡建设委员会依职责分别负责。

本公告自2013年3月31日起施行。

特此公告。

附件：

1. 土地增值税幅度预征率表

2. 关于《北京市地方税务局 北京市住房和城乡建设委员会关于进一步做好房地产市场调控工作有关税收问题的公告》的政策解读

北京市地方税务局　北京市住房和城乡建设委员会

2013年3月30

附件1：

土地增值税幅度预征率表

预计增值率	预征率
预计增值率≤50%	2%
50%＜预计增值率≤100%	3%
100%＜预计增值率≤200%	5%
200%＜预计增值率	8%

预计增值率匡算公式：［（拟售价格×预售面积－项目成本）］÷项目成本×100%

项目成本＝（土地成本＋建安成本）×（1＋间接费用率）

间接费用率暂为30%

注：容积率小于1.0房地产开发项目，最低按照销售收入的5%预征土地增值税。

附件2：

关于《北京市地方税务局　北京市住房和城乡建设委员会关于进一步做好房地产市场调控工作有关税收问题的公告》的政策解读

为贯彻落实《北京市人民政府办公厅贯彻落实〈国务院办公厅关于继续做好房地产市场调控工作的通知〉精神　进一步做好本市房地产市场调控工作的通知》（京政办发［2013］17号，以下简称《通知》）要求，按照国家税务总局有关文件规定，北京市地方税务局、北京市住房和城乡建设委员会印发了《北京市地方税务局　北京市住房和城乡建设委员会关于进一步做好房地产市场调控工作有关税收问题的公告》（2013年第3号，以下简称《公告》），现解读如下：

一、土地增值税预征管理相关问题

（一）《公告》中关于土地增值税预征工作的总体考虑是什么？

答：土地增值税预征是保障收入公平分配，促进房地产市场健康发展的有力工具，是实现土地增值税调节功能、保障税收收入均衡入库的重要手段。为了充分发挥土地增值税在预征阶段的调节作用，国家税务总局在2010年发布《国家税务总局关于加强土地增值税征管工作的通知》（国税发［2010］53号）文件，对各地的土地增值税预征率调整工作进行了规定。

结合贯彻落实中央关于加强房地产市场调控的决策和部署，根据《通知》精神，北京市地方税务局、北京市住房和城乡建设委员会联合发布了《公告》，调整了北京市土地增值税差别化预征率。对定价过高，预计增值额过大的房地产开发项目土地增值税预征率进行调整。目的是通过税收调节作用，加强土地增值税预征管理，引导房地产开发企业合理定价，调节土地增值收益，巩固房地产市场调控成果。

（二）关于房地产开发企业销售各类保障性住房是否预征土地增值税？

答：《公告》规定："房地产开发企业按照政策规定销售各类保障性住房取得的收入，暂不预征土地增值税"。其中保障性住房是指各级人民政府或者指定经营单位回购的廉租住房、公共租赁住房，以及按照政策规定向特定对象销售的经济适用住房、限价商品房（含比照经济适用住房、限价商品房管理）等具有保障性质的各类住房。

（三）对于房地产开发企业进行预售和现房销售取得的收入，土地增值税预征率是如何规定的？

答：《公告》规定房地产开发企业销售新办理预售许可和现房销售备案的商品房取得的收入，按照预计增值率实行2%至8%的幅度预征率。对预计增值率小于等于50%，以及大于50%、小于等于100%的房地产开发项目，分别保持现行的土地增值税差别化预征率2%、3%不变；对预计增值率大于100%、小于等于200%的房地产开发项目，按照销售收入的5%预征土地增值税；对预计增值率大于200%的房地产开发项目，按照销售收入的8%预征土地增值税。

对容积率小于1.0的房地产开发项目，最低按照销售收入的5%预征土地增值税。

（四）如何计算预计增值率？

答：预计增值率的匡算公式为：［（拟售价格×预售面积－项目成本）］÷项目成本×100%

项目成本＝（土地成本＋建安成本）×（1＋间接费用率）

间接费用率暂为30%。

（五）《公告》发布后，新旧政策的衔接是如何规定的？

答：《公告》中规定："房地产开发企业销售在本公告发布之前已办理预售许可和现房销售备案的商品房取得的收入，仍按照《北京市地方税务局　北京市住房和城乡建设委员会关于进一步加强房地产市场调控有关税收问题的公告》（2011年第5号）、《北京市住房和城乡建设委员会　北京市财政局　北京市地方税务局关于贯彻落实国家有关部门房地产市场宏观调控政策有关问题的通知》（京建发［2010］677号）文件中确定的政策执行"。

（六）《公告》发布后，土地增值税差别化预征率审核确认的工作流程是怎样的？

答：实际工作中，房地产开发企业应当在商品房预售方案和现房销售方案中填报土地成本、建安成本和销售价格等信息，并匡算预计增值额和增值率。市住房城乡建设部门将上述信息审核确认后及时传递至市地税部门。主管税务机关接收信息后，以《税务事项通知书》的形式告知纳税人，要求其在征期内按照规定的预征率计算缴纳土地增值税。

二、个人住房转让所得征收个人所得税有关问题

（一）《公告》中关于个人所得税工作的总体考虑是什么？

答：根据《通知》要求，自3月31日（含）起，对个人转让住房按规定应征收的个人所得税，通过税收征管、房屋登记等信息系统能核实房屋原值的，应依法严格按个人转让住房所得的20%计征；不能核实房屋原值的，依法按照核定征收方式计征个人所得税。

为贯彻市政府的《通知》精神，按照国家税务总局《关于个人住房转让所得征收个人所得税有关问题的通知》（国税发［2006］108号）、《关于个人转让房屋有关税收征管问题的通知》（国税发［2007］33号）的规定，明确了房屋原值的确定和应纳个人所得税额的计算方法。

（二）税务机关采取哪些方法确定房屋原值？

答：一是自2013年3月31日（含）起完成网上签约的二手房交易，个人办理房屋转让个人所得税纳税申报时，应根据房源情况提供据以证明房屋原值的相应凭证。

二是对于能够提供房屋原值相应凭证的，主管税务机关审核相应凭证后确定房屋原值。纳税人同时提供购房发票、契税缴税凭证的，按孰高原则确定房屋原值。对于不能提供房屋原值相应凭证的，主管税务机关将通过税收征管、房屋登记信息系统，对转让方房屋原值进行核实，经过核实确认房屋原值。

（三）应纳个人所得税额如何计算？

答：经审核确定房屋原值和有关合理税费后，个人所得税税款以本次房屋交易价格减除房屋原值、转让住房过程中缴纳的税金和有关合理费用后的余额，按20%税率计算。

对纳税人不能提供房屋原值凭证，且主管税务机关通过房屋登记、税收征管信息系统也未能核实房屋原值的，个人所得税税款以本次房屋交易价格按核定征收率1%计算。

纳税人申报的住房成交价格明显低于市场价格且无正当理由的，征收机关依法有权根据有关信息核定其转让收入。

（四）个人转让住房所得缴纳个人所得税有哪些优惠政策？

答：对个人转让自用5年以上并且是家庭唯一生活用房取得的所得，免征个人所得税。

关于印发《北京市公共租赁住房财政贴息奖励资金管理办法》的通知

京财经二［2013］591号

各区县财政局，各区县住房城乡建设委（房管局），东城、西城区住房城市建设委，经济技术开发区建设局（房地局），各有关单位：

为进一步加大解决北京市中低收入家庭住房困难的力度，引导、支持社会主体建设、运营和管理公共租赁住房，根据《国务院办公厅关于保障性安居工程建设和管理的指导意见》（国办发［2011］45号）和《财政部关于切实做好2012年保障性安居工程财政资金安排等相关工作的通知》（财综［2012］5号）有关规定，北京市财政局、北京市住房和城乡建设委员会制定了《北京市公共租赁住房财政贴息奖励资金管理办法》，经市政府批准同意发布实施，现印发给你们，请依照执行。

附件：北京市公共租赁住房财政贴息奖励资金管理办法

北京市财政局　北京市住房和城乡建设委员会
2013年4月17日

附件

北京市公共租赁住房财政贴息奖励资金管理办法

第一章　总则

第一条　为引导、支持社会主体建设、运营和管理公共租赁住房（以下简称公租房），进一步加大解决北京市中低收入家庭住房困难的力度，根据《国务院办公厅关于保障性安居工程建设和管理的指导意见》（国办发［2011］45号）和《财政部关于切实做好2012年保障性安居工程财政资金安排等相关工作的通知》（财综［2012］5号）规定，结合北京市实际情况，制定北京市公租房财政贴息办法。

第二条　北京市公租房财政贴息采取“以奖代补”方式对符合条件的公租房进行财政贴息

奖励。

第二章 贴息奖励的范围、主体、标准及要求

第三条 同时具备以下条件的公租房可申请贴息奖励资金：

（一）未申请、享受过中央、市、区县财政资金投资补助的公租房；

（二）2018年前，交由政府组织实施、面向符合条件家庭公开配租、且已完成居民选房入住工作的公租房。

第四条 贴息奖励资金的申请主体为符合条件公租房的筹集主体，包括通过建设、收购等方式筹集公租房的主体（以下简称公租房筹集主体）。

第五条 根据北京市公租房筹集、分配、使用的实际情况，采用定额奖励方式对符合条件的公租房进行贴息奖励，每套公租房每年的贴息奖励额为7000元。贴息奖励期限原则上不超过10年，如公租房出售、性质改变等特殊情况发生，财政部门不再对其进行贴息奖励。

第六条 贴息奖励周期为上一自然年度。公租房符合贴息奖励要求但时间不足一年的，则按照符合贴息奖励要求的月份计算贴息奖励额；不足整月的，不计入贴息奖励范围；每月的贴息奖励额为580元。

第七条 公租房贴息奖励资金由市和使用公租房区县财政部门按照8：2的比例共同负担。

第八条 贴息奖励资金专项用于公租房相关支出，包括：公租房建设、收购、贷款还本付息、运行维护费等相关支出。

第三章 贴息奖励资金的申报、审核

第九条 符合本办法规定的公租房，由公租房筹集主体在每年4月底前，向使用公租房的区县财政部门申请贴息奖励资金。

第十条 公租房筹集主体申报贴息奖励资金时，应按要求填制《公共租赁住房财政贴息奖励资金申请表》（附表1），并附项目立项批准文件、竣工验收文件、公开配租文件、居民选房入住文件、未申请享受财政投资补助的说明等。

第十一条 区县财政部门会同同级住房保障管理部门负责按照本办法的规定，对公租房筹集主体申报的资料进行审核，确保贴息奖励资金用于符合条件公租房。

第十二条 区县财政部门在每年5月底前完成审核工作，按要求填制《公共租赁住房财政贴息奖励资金汇总表》（附表2），并向市财政部门申请贴息奖励资金。市财政部门会同市住房保障管理部门审核后，向区县财政部门下达贴息奖励资金预算。区县财政部门接市财政部门下达的预算文件后，连同区县财政部门贴息奖励资金一并拨付公租房筹集主体。

第四章 贴息奖励资金监督管理

第十三条 各有关部门及公租房筹集主体要严格按照有关规定管理和使用贴息奖励资金，并自觉接受财政、审计部门的监督检查。

第十四条 市和区县财政部门会同住房保障管理部门将对贴息奖励资金申报和使用情况进

行抽查，各相关部门应对发现的问题及时整改处理。

第十五条　贴息奖励资金是专项资金，各有关部门及公租房筹集主体必须确保贴息奖励资金专款专用，不得骗取、截留、挪用贴息奖励资金。对违反规定使用贴息奖励资金的，将依法按照《财政违法行为处罚处分条例》（国务院令第427号）等有关规定进行处理。

第五章　附则

第十六条　本办法由市财政局负责解释。

第十七条　本办法自印发之日起三十日后施行。

附件：略

北京住房公积金管理中心关于实行住房公积金个人贷款差别化政策的通知

京房公积金发［2013］10号

各单位：

为落实《国务院办公厅关于继续做好房地产市场调控工作的通知》（国办发［2013］17号）精神和《北京市人民政府办公厅贯彻落实〈国务院办公厅关于继续做好房地产市场调控工作的通知〉精神进一步做好本市房地产市场调控工作的通知》（京政办发［2013］17号）要求，更好解决职工基本住房需求，根据北京住房公积金管理委员会第十三次全体会议决议，现就实行住房公积金个人贷款（以下简称贷款）差别化政策有关问题通知如下：

一、进一步强化借款申请人资格审核

在继续按照规定调查借款申请人家庭住房登记记录和个人住房贷款记录的基础上，进一步审核借款申请人的住房公积金购房提取情况。通过北京市住房和城乡建设委员会房屋交易权属信息查询系统、中国人民银行征信系统和北京住房公积金管理系统及其他尽责调查，查询借款申请人无住房记录、无个人住房贷款记录、无住房公积金购房提取记录的，为首套自住住房。

二、调整第二套住房贷款首付款比例

严格执行《关于规范商业性个人住房贷款中第二套住房认定标准的通知》（建房［2010］83号）的规定。借款申请人购买第二套住房申请贷款，其贷款首付款比例不低于70%。对于在北京市住房和城乡建设委员会房屋交易权属信息查询系统中显示无房，但通过中国人民银行征信系统、北京住房公积金管理系统查询，有1笔个人住房贷款记录或1条购房提取记录，符合第二套住房贷款条件的借款申请人，仍执行贷款首付款比例不低于60%的政策。

三、合理确定借款申请人的贷款额度

（一）根据借款申请人的月收入确定贷款额度。借款申请人每月偿还贷款后，保留的人均生活费不得低于北京市的基本生活费标准。购买经济适用住房的低收入借款申请人，贷款额度可不受月收入限制。

（二）借款申请人购买政策性住房或套型建筑面积在90平方米（含）以下的首套自住住房，个人信用等级为AAA级，贷款最高额度上浮30%；个人信用等级为AA级，贷款最高额度上浮15%。借款申请人购买第二套住房或套型建筑面积在90平方米以上的非政策性住房，贷款最高额度不再上浮。

四、限定借款申请人的月还款额

（一）借款申请人月还款额在不低于贷款月最低还款额的基础上，原则上应不低于住房公积金月缴存额。

（二）借款申请人人均月收入超过北京市职工月平均工资3倍（含）以上的，其月还款额原则上应不低于其月收入的50%。

（三）借款申请人在借款期间出现收入降低、生活困难等情况，经北京住房公积金管理中心批准后可以下调月还款额，但不得低于贷款月最低还款额。

五、调整借款申请人的住房公积金缴存要求

借款申请人原则上申请贷款前12个月应足额连续缴存住房公积金，且申请贷款时处于缴存状态。购买政府部门审批的政策性住房的借款申请人，原则上应建立住房公积金账户12个月（含）以上，申请贷款前6个月应足额连续缴存住房公积金，且申请贷款时处于缴存状态。

六、加大住房公积金违规行为的惩处力度

缴存职工有违规提取、提供虚假材料等违反住房公积金政策的行为，不享受贷款额度上浮等差别化优惠政策。缴存职工个人住房贷款存在严重违约记录的，视情节轻重下调其贷款最高额度或拒绝受理其贷款申请。

对于单位或职工采取伪造材料、弄虚作假等方式骗取贷款，或贷款后无故不正常缴存住房公积金，或贷款存续期间发生违约，经多次催收仍处于违约状态且无正当理由的，一经查实，视情节轻重采取取消贷款资格、提前收回贷款等处罚措施，并将不良行为记入相关信用记录中。

七、执行时间

自2013年4月8日起，借款申请人所购住房通过北京市住房和城乡建设委员会房地产交易系统完成网上签约的，其贷款业务按照本通知规定执行。

北京住房公积金管理中心
二〇一三年四月七日

北京市住房和城乡建设委员会关于进一步完善北京市保障性住房申请、审核、分配政策有关问题的通知

（京建法［2013］5号）

各区县住房城乡建设委（房管局），东城、西城区住房城市建设委（房管局）：

为进一步简化北京市保障性住房申请、审核程序，完善保障性住房分配政策，加快解决本市城镇中低收入家庭住房困难，推动住房保障方式向“租售并举，以租为主”转变，促进本市住房保障事业健康、持续发展，依据有关文件精神，经市政府批准，北京市实行保障性住房统一申请、审核。现就有关问题通知如下：

一、实行保障性住房统一申请、审核

（一）保障性住房申请家庭，统一填写《北京市保障性住房申请家庭情况核定表》（见附件），并递交相关证明材料。符合廉租住房保障条件的，在提出保障性住房申请时，应同时提供符合廉租住房条件的相关证明材料，由街道办事处（乡镇人民政府）住房保障管理部门在《北京市保障性住房申请家庭情况核定表》中做相应标注和说明。

（二）按照《北京市公共租赁住房申请、审核及配租管理办法》（京建法［2011］25号）规定的公共租赁住房准入标准、审核程序进行审核，审核通过并获得备案资格的家庭，纳入住房保障范围。

二、完善保障性住房分配政策

（一）按照统一申请审核政策备案的家庭，分配实行租售并举，以租为主。先通过配租公共租赁住房予以保障，待有可配售房源时，按照届时北京市出售型保障房政策进行配售资格核定并组织配售。

（二）鼓励各区县结合自身实际，加大工作创新力度，对轮候公共租赁住房超过一定期限的家庭，可以采取扩大租金补贴范围，由轮候家庭承租社会存量房源等方式解决。

（三）统一申请审核政策实行前已备案的轮候家庭，仍然按照原方式进行保障，在轮候期间，可通过配租公共租赁住房或其它方式解决过渡需求。

三、相关工作要求

（一）明确住房保障工作目标。各区县住房城乡建设委（房管局）要进一步摸清本区中低收入住房困难家庭底数，按照“十二五”期间基本解决轮候家庭住房困难的工作目标，合理制定工作计划和配租配售方案，并向社会公布。

（二）加大房源建设力度，多种方式筹集房源。各区县住房城乡建设委（房管局）要在积

极完成新建任务的基础上，因地制宜，通过改建、收购、长期租赁等方式，多渠道筹集保障性住房房源。

（三）加强组织领导和宣传指导。各区县住房城乡建设委（房管局）要严格按照通知要求落实相关工作，做好政策宣传、答疑和指导，为申请家庭提供便捷、高效的服务。

四、本通知自2013年4月19日起实施

附件：北京市保障性住房申请家庭情况核定表

北京市住房和城乡建设委员会
2013年4月11日

北京市关于规范已购限价商品住房和经济适用住房等保障性住房管理工作的通知

京建法［2013］10号

各区县住房城乡建设委（房管局），东城、西城区住房城市建设委，各有关单位：

为加强限价商品住房和经济适用住房等保障性住房管理，促进保障性住房公平分配，结合工作实际，现就进一步规范保障性住房配租配售后的管理有关问题通知如下：

一、本通知所述的限价商品住房和经济适用住房等保障性住房，是指按照《国务院关于解决城市低收入家庭住房困难的若干意见》（国发［2007］24号）要求建设收购，并面向符合条件的家庭公开配租配售的各类保障性住房。

二、自本通知实施之日起，申请家庭购买限价商品住房和经济适用住房时，申请人夫妻双方应共同与房屋销售单位签订买卖合同，办理共同共有房屋登记手续。夫妻双方对房屋产权份额有约定的，可持相关约定办理按份共有房屋登记手续。

三、各保障性住房开发企业或产权单位应在限价商品住房、经济适用住房、公共租赁住房和廉租住房家庭办理入住手续前30日，将拟入住家庭情况书面告知区县住房保障管理部门。各开发企业或产权单位应在家庭办理入住手续后10日内，将办理入住家庭信息以书面形式告知区县住房保障管理部门。

区县住房保障管理部门应在经济适用住房、公共租赁住房和廉租住房家庭入住前核查家庭结构等变化情况，并通过房屋交易权属系统核对全部申请家庭成员住房情况。家庭通过购置、继承、受赠等方式取得其他住房，不再符合相应的住房保障申请条件的，区县住房保障管理部门应立即责成相关单位停止为该家庭办理保障性住房入住手续，将《停止办理保障性住房入住手续通知书》（附件1）送达有关单位，并按照相关规定作出取消该家庭保障资格的决定。

四、个人通过购置、继承、受赠等方式取得其他住房的，在购买住房和申请房屋登记时，市住房城乡建设委将在住房保障信息系统中核对其申请保障性住房的信息。经核对，属于保障性住房申请过程中的家庭、已通过保障性住房资格审核但尚未配租配售的轮候家庭，以及已购买经济适用住房、承租公共租赁住房或廉租住房的，其购房和登记情况将通过住房保障信息系统反馈给市、区县住房保障管理部门，区县住房保障管理部门对其保障资格进行复核。

经复核，上述家庭不再符合相应的住房保障条件的，区县住房保障管理部门将作出停止申请受理、取消相应申请资格、责令退回已购已租相应保障性住房或停止发放租金补贴的决定，并组织家庭退出相应保障性住房。

五、限价商品住房和经济适用住房的保障家庭利用保障房抵押借款，用途仅限于支付本套住房购房款，未经区县住房保障管理部门同意，不得将所购房屋作为其他债务担保。

六、已购限价商品住房和经济适用住房在房屋产权性质未转为商品房前，购房家庭不得将所购保障房作价出资或者通过买卖、赠与等方式将房屋所有权全部或部分转移给他人。

七、已购限价商品住房和经济适用住房的抵押权人因购房家庭无力偿还购房贷款等原因需要处置抵押物，依下列情况办理：

（一）按相关规定，已购房屋取得契税完税凭证或房屋所有权证未满五年的，不得按市场价格上市出售。该房屋应由购房家庭原申请户籍所在区县住房保障管理部门安排其他符合条件的轮候家庭按原购房价格购买或按原购房价格回购，所得款项优先偿还抵押权人。房屋产权性质不变。

（二）按相关规定，已购房屋取得契税完税凭证或房屋所有权证满五年的，可由抵押权人依法实现其抵押权。同等价格条件下，区县住房保障管理部门可优先回购。拍卖或出售所得价款按规定扣除需向政府补交的土地收益等价款后，剩余部分优先偿还抵押权人。房屋产权性质转为商品房。

八、按照《关于已购经济适用住房上市出售有关问题的通知》（京建住［2008］225 号）规定，已购经济适用住房取得契税完税凭证或房屋所有权证满五年可按市场价格上市出售，产权人户籍所在区县住房保障管理部门应出具《已购经济适用住房上市出售意见》（附件 2），明确是否行使优先购买权等情况。

产权人现户籍因各种原因已不在本市的，由房屋所在地区县住房保障管理部门出具《已购经济适用住房上市出售意见》，并明确是否行使优先购买权等情况。

九、本通知实施前，限价商品住房和经济适用住房购房人已取得房屋所有权证，登记为夫妻一方单独所有的，夫妻双方可持身份证明、婚姻关系证明、房屋所有权证、夫妻双方关于房屋产权共有情况的约定等材料，到房屋登记部门依法办理共有房屋登记手续。房屋产权性质不变。

十、本通知自 2013 年 5 月 10 日起实施。此前规定与本通知不一致的，以本通知为准。

关于印发《北京市商品房预售资金监督管理办法》的通知

京建法［2013］11号

各区县住房城乡建设委（房管局），经济技术开发区房地局，各商业银行，各房地产开发企业，各有关单位：

《北京市商品房预售资金监督管理暂行办法》（京建发［2010］612号）（以下简称《暂行办法》）自2010年12月1日实施以来，对规范商品房预售资金使用、维护购房人合法权益发挥了积极作用。为进一步加强北京市商品房预售资金监督管理，保障预售资金用于有关的工程建设，结合《暂行办法》的实施情况，北京市住房和城乡建设委员会、中国人民银行营业管理部、中国银行业监督管理委员会北京监管局共同制定了《北京市商品房预售资金监督管理办法》。现予印发，请遵照执行。

2013年5月17日

北京市商品房预售资金监督管理办法

第一章　总则

第一条　为加强本市商品房预售资金监督管理，规范商品房预售资金的使用，维护购房人的合法权益，根据《中华人民共和国城市房地产管理法》、《城市商品房预售管理办法》（建设部令第131号）、《关于进一步加强房地产市场监管完善商品住房预售制度有关问题的通知》（建房［2010］53号）有关规定，结合本市实际，制定本办法。

第二条　本市行政区域内申请商品房预售许可的项目，其预售资金的收存、支取、使用及监督管理，适用本办法。

本办法所称商品房预售资金，是指购房人支付的定金、首付款、购房贷款以及其他形式的购房款。

第三条　本市商品房预售资金的监督管理遵循政府指导、银行监管、多方监督、专款专用的原则。

第四条　北京市住房和城乡建设委员会（以下简称市住房城乡建设委）负责指导全市商品房预售资金监管工作，组织相关管理信息系统建设。区县住房城乡建设主管部门负责指导、监督、协调本行政区域内商品房预售资金监管的具体实施。

中国人民银行营业管理部（以下简称人行营业管理部）负责管理商业银行办理商品房预售资金监管专用账户（以下简称专用账户）开立、变更和撤销业务。

中国银行业监督管理委员会北京监管局（以下简称北京银监局）配合市住房城乡建设委开

展指导、监督商品房预售资金监管等相关行业监管工作。

商业银行在主管部门指导、监督下，对专用账户进行监管。

第二章　一般规定

第五条　申请商品房预售许可前，房地产开发企业应选择商业银行作为商品房预售资金监管专用账户的开户银行（以下简称监管银行），与监管银行签订预售资金监管协议，并按照一个预售许可申请对应一个账户的原则在监管银行开立专用账户。房地产开发企业不得从专用账户中支取现金。

预售资金监管协议示范文本由市住房城乡建设委、人行营业管理部、北京银监局共同制定。

第六条　商品房预售资金应全部存入专用账户，由监管银行对重点监管额度部分实行重点监管，优先保障工程建设。

重点监管额度是指预售项目所需的建筑施工、设备安装、材料购置、配套建设、代征代建等相关建设费用总额。其中，住宅项目应包括按照本市相关规定达到同步交付使用条件所需的建设费用。

第七条　房地产开发企业申请办理商品房预售许可时，应在预售方案中明确预售资金监管方案，并提交预售资金监管协议。预售资金监管方案应包括以下内容：

（一）项目重点监管额度；

（二）项目用款计划；

（三）专用账户名称、账号；

（四）其他需要说明的情况。

房地产开发企业取得商品房预售许可后，应在售楼场所公示预售资金监管方案及监管协议。

第八条　市住房城乡建设委通过门户网站公示预售项目的监管银行、专用账户名称及账号。

第九条　项目用款计划按照地下结构完成、主体结构完成、竣工验收备案、初始登记完成四个环节设置资金使用节点。

项目拟预售楼栋中最高楼栋为7层以上（含7层）10层以下建筑的，可增加“建设层数达二分之一”节点；拟预售楼栋中最高楼栋为10层以上（含10层）建筑的，可增加“建设层数达三分之一”、“建设层数达三分之二”节点。

房地产开发企业应结合自身资金状况、融资能力，合理确定每个节点的用款额度。完成初始登记前，专用账户内的资金不得低于重点监管额度的5%。

第十条　区县住房城乡建设主管部门应参照本区县建设项目综合建设费用，并根据项目的交付使用条件等情况核定项目重点监管额度及各节点用款额度。核定保障性住房项目重点监管额度及各节点用款额度时，应考虑其建设和销售特点。

第十一条　预售项目需变更监管银行的，应由房地产开发企业和监管银行先向区县住房城乡建设主管部门提出申请。变更期间，区县住房城乡建设主管部门暂停该项目网上签约。

项目暂停网上签约后，房地产开发企业应与原监管银行解除监管协议，重新选定监管银行，开立新专用账户，签订预售资金监管协议；项目已销售的，还应向全部购房人及购房贷款银行告知监管银行变更情况，并将原专用账户内资金全部转入新开立的专用账户，撤销原专用账户。上述事项办理完成后，房地产开发企业应持以下材料到区县住房城乡建设主管部门办理变更手续。区县住房城乡建设主管部门恢复该项目网上签约。

（一）变更监管银行申请；

（二）解除监管协议；

（三）新签订的监管协议；

（四）已告知购房人监管银行变更情况的证明材料；

（五）已告知购房贷款银行监管银行变更情况的证明材料；

（六）新监管银行出具的资金转入新专用账户的证明材料；

（七）原监管银行出具的原专用账户撤销的证明材料；

（八）区县住房城乡建设主管部门要求的其他材料。

第十二条　预售资金监管期间，发生房地产开发企业名称变更、项目转让等情形的，房地产开发企业需办理预售资金监管相关变更手续。

第三章　预售资金的收存、支取

第十三条　项目预售过程中，购房款应直接存入专用账户。房地产开发企业不得直接收取除定金外的其他商品房预售资金。

房地产开发企业收取的定金，应在完成商品房网上签约后五个工作日内存入专用账户。

第十四条　购房人申请贷款的，房地产开发企业应将专用账户提供给贷款银行，作为贷款到账账户。贷款银行应将贷款直接发放至专用账户。

第十五条　专用账户内资金超出剩余工程建设节点用款额度后，房地产开发企业可向监管银行申请支取超出部分的资金优先用于工程建设。

第十六条　房地产开发企业向监管银行申请支取预售资金的，应提出书面申请，并提交以下材料：

（一）地下结构完成节点，提交勘察、设计、施工、监理（建设）等单位签字（章）的《地基与基础分部工程验收记录》；

（二）建设层数达三分之一、二分之一、三分之二节点，提交由勘察、设计、施工、监理（建设）等单位签字（章）的相应层数的《主体结构子分部工程验收记录》；

（三）主体结构完成节点，提交勘察、设计、施工、监理（建设）等单位签字（章）的《主体结构分部工程验收记录》；

（四）竣工验收备案节点，提交建设、设计、施工、监理等单位签章的《北京市房屋建筑和市政基础设施工程竣工验收备案表》。

第十七条　监管银行应履行专用账户资金出账审核责任，收到房地产开发企业用款申请后，对申请材料进行审核，符合资金使用条件的，应在五个工作日内拨付资金。

第十八条　专用账户内资金未达到剩余工程建设节点用款额度时，房地产开发企业与购房人解除购房合同的，房地产开发企业可持区县住房城乡建设主管部门出具的网签合同注销证明文件，向监管银行申请退回已入账相应购房款，监管银行应在二个工作日内拨付。

专用账户内资金超出剩余工程建设节点用款额度后，房地产开发企业与购房人解除购房合同的，由房地产开发企业自行退款。

第十九条　预售项目完成房屋初始登记的，房地产开发企业可持房屋所有权登记证明向监管银行申请解除资金监管并撤销专用账户。监管银行审核符合条件的，应在三个工作日内解除对该项目的预售资金监管，并撤销专用账户。

房屋所有权登记楼栋号与预售许可楼栋号不一致的，房地产开发企业应一并提交《房产测绘成果备案表》。

第二十条　有下列情形之一的，市、区县住房城乡建设主管部门可以暂停房地产开发企业专用账户的资金支取，督促房地产开发企业尽快改正，并可协调相关部门监督专用账户内资金使用。

（一）预售项目发生质量事故的；

（二）预售项目未按期交付或存在不能按期交付风险的；

（三）房地产开发企业存在严重违法违规行为，影响工程建设的；

（四）市、区县住房城乡建设主管部门认为的其他情形。

第二十一条　专用账户内资金未达到剩余工程建设节点用款额度时，房地产开发企业因支付工程建设费用或农民工工资困难，存在社会矛盾风险隐患，确需使用预售资金支付相应费用的，可向区县住房城乡建设主管部门提出书面用款申请，经区县住房城乡建设主管部门审核后，可启动应急用款方式支取资金。区县住房城乡建设主管部门应监督该项目的资金使用。

第四章　监督管理

第二十二条　监管银行应指定专人负责预售资金监管工作，严格按照本市商品房预售资金监管系统相关接口规定，准确、及时上传数据；按照市、区县住房城乡建设主管部门要求做好数据整理工作，报送专用账户出入账情况，配合开展预售资金监管执法工作。

第二十三条　监管银行发现预售资金未按时、足额存入专用账户的，应及时将相关情况报送区县住房城乡建设主管部门。

第二十四条　监管银行应加强专用账户管理，建立健全授权审批等内部管理制度，定期核查预售资金审批支出等环节的制度执行情况，发现违规出账等问题的，应立即改正。

第二十五条　区县住房城乡建设主管部门应做好日常指导、监督工作，建立预售项目巡查制度，发现项目出入账存在问题的，责令房地产开发企业限期改正，未按期改正的暂停网上签约。发现监管银行违规的，应将相关情况报送市住房城乡建设委。

第二十六条　房地产开发企业有下列情形之一的，由市、区县住房城乡建设主管部门责令其限期改正，未按期改正的暂停违规项目的网上签约，并将其违法违规行为记入企业信用信息系统。情节严重的，暂停该房地产开发企业在本市全部房地产开发项目的网上签约，并向社会公示。

（一）未按本办法规定收存、支取预售资金的；

（二）以收取其他款项为由逃避预售资金监管的；

（三）提供虚假证明材料申请使用预售资金的；

（四）未按本办法规定向购房人贷款银行提供专用账户作为贷款到账账户的；

（五）其他违反预售资金监管规定的行为。

第二十七条　监管银行有下列情形之一的，由市住房城乡建设委通报人行营业管理部、北京银监局做相应处理；违规情节严重的，不得监管新预售项目。

（一）未按规定审核用款申请，拨付预售资金的；

（二）发现房地产开发企业存在违规收存预售资金行为，未及时报送区县住房城乡建设主管部门的；

（三）未按预售资金监管系统数据接口规范传输数据的；

（四）其他违反预售资金监管规定的行为。

第二十八条　施工单位、监理单位提供虚假证明或采取其他方式协助房地产开发企业违规支取预售资金的，由市、区县住房城乡建设主管部门依法对相关责任单位和责任人予以处理，将其违规行为记入企业信用信息系统，并向社会公示。

勘察单位、设计单位违反上述规定的，由市、区县住房城乡建设主管部门移交相关管理部门予以处理。

第二十九条　违反本办法规定，相关部门工作人员在预售资金监管工作中存在玩忽职守、滥用职权、徇私舞弊等行为的，依法给予处分；构成犯罪的，依法追究刑事责任。

第五章　附则

第三十条　本办法自 2013 年 7 月 1 日起施行。《北京市商品房预售资金监督管理暂行办法》（京建发［2010］612 号）同时废止。

关于公布北京市出租房屋人均居住面积标准等有关问题的通知

各区县人民政府，亦庄开发区管委会，各有关单位：

为进一步规范本市住房租赁管理，维护住房租赁市场秩序，保障出租房屋使用安全，根据《商品房屋租赁管理办法》（住房和城乡建设部令第 6 号）、《北京市房屋租赁管理若干规定》（北京市人民政府令第 194 号发布，根据北京市人民政府令第 231 号修订）等相关规定，经市政府同意，市住房城乡建设委、市公安局、市规划委会同市卫生局等相关部门，就本市出租房屋人均居住面积标准等有关问题通知如下：

一、本市住房出租应当符合建筑、消防、治安、卫生等方面的安全条件，应当以原规划设计为居住空间的房间为最小出租单位，不得改变房屋内部结构分割出租，不得按床位等方式变相分割出租。厨房、卫生间、阳台和地下储藏室等不得出租供人员居住。

出租房屋人均居住面积不得低于5平方米，每个房间居住的人数不得超过2人（有法定赡养、抚养、扶养义务关系的除外）。法律法规另有规定的，从其规定。

本通知所指居住面积，是指规划设计为居住空间的房间的使用面积。

二、房屋出租人和承租人应当依法签订房屋租赁合同，租赁合同应当载明承租房屋间数、居住面积、居住人数等情况，并且明确约定相应的违约责任等内容。

出租房屋的安全由房屋所有人负责。出租人应当确保所出租房屋符合规定的安全条件，并自与承租人订立房屋租赁合同之日起7日内到房屋所在地基层管理服务站办理房屋出租登记手续。出租人应当对承租人使用房屋的情况进行监督，发现承租人违反相关规定和合同约定的，应当及时纠正，并报告相关行政部门。

房屋承租人应当对其使用行为负责。承租人未按照相关规定和合同约定使用房屋的，应当承担相应法律责任。

三、房地产经纪机构及经纪人员应依法开展房屋租赁经纪业务，不得为违反本规定的房屋租赁当事人提供经纪服务，不得参与或者教唆他人参与违反本规定的租赁行为。经纪机构及经纪人员违反本规定的，依法查处，记入信用档案，并向社会公示；涉嫌犯罪的，依法追究刑事责任。

四、住宅物业小区业主大会、业主委员会应当加强自我管理。业主大会应根据本规定及时修订和完善管理规约，增加人均居住面积标准等相关租赁限制条款。明确违反管理规约出租、转租房屋并严重影响相邻房屋业主正常居住的，业主委员会可书面责成出租人及时终止租赁行为；业主对侵害自己合法权益的租赁行为，可以依法向人民法院提起诉讼。

五、物业服务企业和房屋管理单位要强化服务意识，积极配合基层管理服务站和相关行政部门做好房屋出租登记和租赁合同备案工作，对发现的违规租赁行为要及时书面报告业主委员会和相关行政部门并存档备查。

六、落实属地监管责任。各区县人民政府应将房屋租赁综合治理纳入城市网格化管理体系，由乡镇、街道办事处牵头，派出所、基层管理服务站、居（村）民委员会及相关行政部门共同参与，加强出租房屋登记管理，建立出租房屋管理台账，完善房屋租赁巡检、发现与报告机制，实现对房屋租赁的动态监管。

七、建立综合治理机制。各相关行政部门要按照自身职责任务，各负其责，协调配合，加强联动，形成合力，加强对违规租赁行为的综合治理，确保各项措施得到落实。

住房城乡建设主管部门应对违反出租房屋面积标准限制条件和出租存在建筑安全隐患房屋的行为进行查处，并会同相关行政部门加强对房地产经纪机构违法违规行为的综合治理。

公安部门应对出租房屋未按规定办理登记手续，存在治安、消防安全隐患，妨碍他人正常工作、生活的行为，以及当事人不配合执法检查等行为依法严肃处理。

规划主管部门负责对建设工程规划许可证中规划建筑性质不明确的，予以明确。

八、各区县人民政府及相关行政部门要将房屋租赁治理纳入日常管理工作，畅通投诉举报渠道，加强执法查处工作。

九、本通知自发布之日起施行。

北京市住房和城乡建设委员会
北京市规划委员会
北京市公安局
2013 年 7 月 1 日

关于加快中低价位自住型改善型商品住房建设的意见

京建发［2013］510 号

各区、县人民政府，市政府各委、办、局，各市属机构：

为进一步完善本市住房供应结构，支持居民自住性、改善性住房需求，稳定市场预期，促进长效机制建设，根据《北京市人民政府办公厅贯彻落实〈国务院办公厅关于继续做好房地产市场调控工作的通知〉精神进一步做好本市房地产市场调控工作的通知》（京政办发［2013］17 号）有关规定，经市政府同意，现就本市加快中低价位自住型改善型商品住房（以下简称“自住型商品住房”）建设相关工作提出如下意见：

一、高度重视自住型商品住房建设和管理工作

加快自住型商品住房建设，是本市贯彻落实中央房地产调控精神，按照“低端有保障、中端有政策、高端有控制”的总体思路，完善住房供应结构，下大力气做实中端，支持居民自住性、改善性住房需求的重要举措，对于当前稳定房价，促进房地产市场平稳健康发展具有十分重要的意义。市有关部门、各区县政府要高度重视，切实做好加快自住型商品住房建设、加强自住型商品住房管理各项工作。

二、加强计划管理，确保土地供应

自住型商品住房用地，可以采取集中建设或者配建等多种形式，由房地产开发企业通过“限房价、竞地价”等出让方式公开竞得。市国土、规划部门在编制下一年度的土地供应计划时，应明确一定规模的自住型商品住房用地，具体分解到各区县，并向社会公布。供地区位应按照“全市统筹、区域均衡”的原则，优先安排在交通便捷、功能完善、公共服务设施完备的区域，2013 年底前全市要完成不低于 2 万套自住型商品住房供地，今后还要根据市场需求情况进一步加大供地规模。

鼓励企事业单位和相关机构在符合相关法律法规规定和规划要求的前提下，将自有用地用于自住型商品住房的开发建设，或者将尚未进入销售环节的房地产开发项目转化为自住型商品住房建设项目。

三、合理确定套型面积和价格标准

自住型商品住房项目在土地出让前，应明确住房套型建筑面积、销售均价等要求，作为土地出让的依据载入招拍挂交易文件，并在土地成交后将其纳入出让合同。

自住型商品住房套型建筑面积，以 90 平方米以下为主，最大套型建筑面积不得超过 140 平方米；销售均价，原则上按照比同地段、同品质的商品住房价格低 30% 左右的水平确定。

四、明确销售对象

按照限购政策规定在本市具有购房资格的家庭，可以购买自住型商品住房。其中，符合下列条件的家庭可以优先购买：

（一）本市户籍无房家庭（含夫妻双方及未成年子女），其中单身人士须年满 25 周岁。

（二）经济适用住房、限价商品住房轮候家庭。

符合条件的家庭只能购买一套自住型商品住房。

五、加强销售和登记管理

（一）房地产开发企业在申请办理自住型商品住房预售许可或者现房销售备案手续前，应在市住房城乡建设委网站和销售现场公示房屋套数、户型、价格等信息。公示期不少于 15 天。购房家庭应当在公示期内向房地产开发企业提出购房申请。对申请购房家庭的资格审核，按照本市住房限购相关规定执行。

（二）自住型商品住房项目在取得商品房预售许可证或办理现房销售备案后，由房地产开发企业组织向符合购房资格的申请人销售。选房顺序，由房地产开发企业组织公开摇号确定。摇号应当进行全程公证，并接受所在区县建设房管部门的监督。

（三）自住型商品住房进行房屋权属登记时，登记部门应将房屋性质登记为“自住型商品住房”。

六、加强自住型商品住房的转让管理

自住型商品住房购房人取得房屋所有权证后，原则上 5 年内不得转让。

购房人取得房屋所有权证 5 年以后转让的，如有增值，应当按照届时同地段商品住房价格和该自住型商品住房购买时价格差价的 30% 交纳土地收益等价款。购房人将自住型商品住房转让后，不得再次购买自住型商品住房。

七、严肃查处违法违规骗购行为

对通过隐瞒家庭住房状况、伪造相关证明等方式，弄虚作假，骗购自住型商品住房的家庭，一经查实，房地产开发企业应与其解除购房合同，购房家庭承担相应经济和法律责任，且 5 年内不得在本市购买住房。构成犯罪的，依法追究刑事责任。

北京市住房和城乡建设委员会
北京市发展和改革委员会
北京市财政局
北京市国土资源局
北京市规划委员会
2013 年 10 月 22 日

北京市自住型商品住房销售管理暂行规定

（征求意见稿）

第一条　为切实做好北京市中低价位自住型改善型商品住房（以下简称：自住型商品房）销售管理工作，根据《关于加快中低价位自住型改善型商品住房建设的意见》（京建发［2013］510 号，以下简称《意见》），制定本规定。

第二条　市住房和城乡建设委员会（以下简称市住房城乡建设委）负责指导、监督全市自住型商品房销售管理工作。各区、县住房城乡建设主管部门负责指导、监督辖区内自住型商品房项目的销售工作。

第三条　房地产开发企业在申请办理自住型商品住房预售许可或者现房销售备案手续前，应当在市住房城乡建设委官方网站及销售现场进行公示。公示内容包括项目名称、企业名称、项目位置、套数、户型面积、销售均价等信息，公示期不少于 15 天。

第四条　在本市具有购房资格的家庭，可在项目公示期内，向房地产开发企业提出购房申请，并按照《关于落实本市住房限购政策有关问题的通知》（京建发［2011］65 号）要求，提交相关材料。

经济适用住房、限价商品住房轮候家庭申请购买自住型商品住房的，应提交《北京市城市居民购买经济适用住房/限价商品住房申请备案通知单》和申请人的身份证明材料。

第五条　房地产开发企业对购房家庭的申请材料进行初审，符合条件的，在本市自住型商品房资格审核系统（以下简称审核系统）中填报家庭信息，并将联机打印的《家庭购房申请表》和《承诺书》经由购房家庭签字确认后，在审核系统中提交资格审核申请。《家庭购房申请表》一式两份，购房家庭和开发企业各留存一份。

开发企业应留存相关申请材料复印件和经家庭签字确认的《家庭购房申请表》、《承诺书》原件。前述材料将作为购房合同附件，在办理房屋登记时提交登记部门。

第六条　市住房城乡建设委会同相关部门在 20 个工作日内，对购房家庭的资格进行审核。购房家庭可登陆市住房城乡建设委官方网站查询资格审核结果。通过购房资格审核的申请家庭，方可参加摇号。

对审核结果有异议的，可以自资格审核完成之日起10个工作日内，持相关证明材料到市住房城乡建设委申请复核。

第七条　自住型商品房项目取得预售许可或办理现房销售备案后，由房地产开发企业组织公开摇号，确定购房家庭的选房顺序。摇号应当使用全市统一的摇号软件。摇号结果在住房城乡建设委官方网站和销售现场公示3天。

第八条　开发企业应当按照摇号确定的选房顺序，组织购房家庭选房，并在选房之日5个工作日以前，在销售现场和市住房城乡建设委官方网站发布选房公告，明确选房时间、地点、批次安排等。

每个申请家庭只能选择一套自住型商品住房。《意见》规定的优先家庭选房后，其他申请家庭继续依次选房。

已通过购房资格审核的申请家庭放弃选房，或者已完成选房的申请家庭放弃购房的，由未选房的申请家庭按照摇号确定的顺序依次递补选房。未按照选房公告要求参加选房的，视为放弃。

第九条　摇号、选房过程应当由公证机关全程公证，接受属地区、县住房城乡建设主管部门监督，并可以邀请社会公众现场监督。

第十条　开发企业与购房家庭签订购房合同，购房家庭的成员今后不得再申请购买自住型商品房；属经济适用住房、限价商品房轮候家庭的，自动放弃轮候资格。

第十一条　办理自住型商品房登记手续时，各房屋登记部门应按《关于落实北京市住房限购政策做好房屋登记有关问题的通知》（京建发［2011］140号）规定，对购房家庭资格证明材料和已拥有住房状况进行核查。

购房家庭为经济适用住房、限价商品住房轮候家庭的，还应收取核对以下材料：

（一）《北京市城市居民购买经济适用住房/限价商品住房申请备案通知单》；

（二）保障家庭申请人的身份证明（验原件，留存复印件）。

第十二条　对通过隐瞒家庭信息、伪造证明材料等方式，弄虚作假，骗购自住型商品房的家庭，一经查实，房地产开发企业应与其解除购房合同，购房家庭承担相应经济和法律责任，且5年内不得在本市购买住房。构成犯罪的，依法追究刑事责任。

2013年11月27日

附录四　附表

附表1　2013年发放预售许可证

序号	项目名称	销售证号	开发商	地址
1	金隅嘉铂苑	京房售证字（2013）1号	北京金隅嘉业房地产开发有限公司	梨园镇砖厂村北京市玻璃钢制品厂一期居住项目
2	永欣嘉园	京房售证字（2013）2号	北京正华永兴房地产开发有限公司	站前西街南侧
3	蓝沁家园	京房售证字（2013）3号	北京万科企业有限公司	花乡郭公庄车辆段二期居住用地
4	联港嘉园	京房售证字（2013）4号	北京联港置业有限公司	北臧村镇居住及配套用地项目
5	金科纳帕庄园	京房售证字（2013）6号	北京金科纳帕置业有限公司	常兴庄组团北部地区B地块居住项目
6	梅兰家园	京房售证字（2013）限1号	北京慧眼置业有限公司	仁和镇梅沟营村（南侧）
7	金科纳帕庄园	京房售证字（2013）5号	北京金科纳帕置业有限公司	常兴庄组团北部地区B地块居住项目
8	新都名苑	京房售证字（2013）经2号	京汉置业集团股份有限公司	体育场南路以南（第二水泥管厂经济适用房项目）
9	远山嘉园	京房售证字（2013）8号	北京昂内中天置业有限公司	王辛庄镇贾各庄村东
10	融景家园	京房售证字（2013）7号	北京天石基业房地产开发有限公司	衙门口居住公建项目用地A地块（含A-1）
11	北街家园	京房售证字（2013）9号	北京罗顿沙河建设发展有限公司	沙河镇高教园区三期A区（规划D-20地块）住宅及配套
12	金色漫香苑	京房售证字（2013）10号	金融街控股股份有限公司	北七家镇八仙庄村北七家工业区配套住宅项目
13	宇丰苑	京房售证字（2013）15号	北京宇丰房地产开发有限责任公司	黄村镇（酒厂改造）居住项目
14	燕都世界名园	京房售证字（2013）13号	北京汇金房地产开发有限公司	窦店镇窦店村燕都科学城世界名园一期D组团
15	卢卡天地小区	京房售证字（2013）12号	北京世纪上越房地产开发有限责任公司	东小口镇中滩村389、390号院居住项目

续表附表 1

序号	项目名称	销售证号	开发商	地址
16	浅山香逸溪园	京房售证字（2013）14 号	北京天正华特房地产开发有限公司	张镇张各庄村
17	嘉泰园	京房售证字（2013）11 号	北京金隅嘉业房地产开发有限公司	星牌建材厂 B07 地块限价商品住房项目
18	棕榈滩花园	京房售证字（2013）17 号	北京天劲房地产开发有限公司	天竺镇薛大人庄村南
19	寰宇中心	京房售证字（2013）16 号	北京顺鑫佳宇房地产开发有限公司	站前街北侧
20	建邦嘉园	京房售证字（2013）18 号	北京建工长阳房地产开发有限公司	房山线长阳站 8 号地西侧
21	冠捷大厦	京房售证字（2013）19 号	北京冠城新泰房地产开发有限公司	太阳宫新区 C 区西部组团（C02 地块）
22	蓝沁家园	京房售证字（2013）限 3 号	北京万科企业有限公司	花乡郭公庄车辆段二期居住用地
23	宇达创意中心	京房售证字（2013）20 号	北京宇达房地产开发有限公司	豆各庄乡（豆各庄商品交易中心）
24	桃源一号	京房售证字（2013）21 号	北京盛远世纪房地产开发有限公司	果园街道园林东路 2 号
25	明德家园	京房售证字（2013）22 号	北京市安达房地产开发公司	后沙峪镇裕华路东侧
26	保利芳华家园	京房售证字（2013）经 4 号	北京金成华房地产开发有限公司	沙河镇
27	林奥嘉园	京房售证字（2013）23 号	北京运达通汇文化产业有限公司	立水桥（奥运村地区办事处 5 号地）
28	玉兰湾嘉园	京房售证字（2013）24 号	北京祈连房地产开发有限公司	九棵树大街居住项目地块
29	润景茗苑	京房售证字（2013）26 号	北京春光置地房地产开发有限公司	来广营乡清河营村住宅及配套（2 号地 2－1 地块）
30	润景茗苑	京房售证字（2013）25 号	北京春光置地房地产开发有限公司	来广营乡清河营村住宅及配套（2 号地 2－2 地块）
31	嘉益园	京房售证字（2013）28 号	北京嘉云发房地产开发有限责任公司	果园街道果园西路 6 号

续表附表1

序号	项目名称	销售证号	开发商	地址
32	北辰常营名苑	京房售证字（2013）27号	北京北辰实业股份有限公司	常营乡居住及公共服务设施等用地A组团（南区）
33	首航中心	京房售证字（2013）29号	北京东亚信安国际会展中心有限公司	后沙峪镇安平街北侧
34	滨河嘉园	京房售证字（2013）经6号	北京金隅嘉业房地产开发有限公司	京原路68号燕山水泥厂经济适用住房项目D地块、F1地块
35	融科钧廷苑	京房售证字（2013）30号	北京融科卓越房地产开发有限公司	马驹桥镇马村
36	滨河嘉园	京房售证字（2013）经5号	北京金隅嘉业房地产开发有限公司	京原路68号燕山水泥厂经济适用住房项目E地块
37	香堤清庭花园	京房售证字（2013）33号	北京龙湖兴顺置业有限公司	牛栏山镇下坡屯村昌金路北侧
38	紫晶七星大厦	京房售证字（2013）31号	北京创升永利房地产开发有限公司	回龙观（E05地块）商业金融项目
39	金域缇香家园	京房售证字（2013）32号	北京万筑房地产开发有限责任公司	长阳镇02－2－07地块
40	四季格林嘉园	京房售证字（2013）34号	中禧伟业（北京）投资有限公司	新城西北端温榆河畔
41	朗悦嘉园	京房售证字（2013）35号	北京金地惠达房地产开发有限公司	长阳镇房山线理工大学站3号地及5号地局部地块
42	建邦嘉园	京房售证字（2013）36号	北京建工长阳房地产开发有限公司	房山线长阳站8号地西侧
43	京杭广场	京房售证字（2013）39号	北京东部绿城置业有限公司	新华大街与新华北路交叉口东北角
44	华贸奥苑	京房售证字（2013）38号	北京华贸奥苑房地产开发有限公司	来广营乡清河营村（3－2、3号地）
45	南宫景苑	京房售证字（2013）37号	北京南宫恒业房地产开发有限公司	王佐镇自然城居住项目用地
46	观音寺北里	京房售证字（2013）40号	北京顺苑房地产开发有限公司	黄村镇观音寺北里
47	远洋山水家园	京房售证字（2013）41号	远洋地产有限公司	石槽住宅、商业及配套E02、E03地块

续表附表1

序号	项目名称	销售证号	开发商	地址
48	望京茂家园	京房售证字（2013）42号	北京方兴融创房地产开发有限公司	来广营乡土地储备项目B3地块（二类居住用地、商业金融用地）
49	通景大厦	京房售证字（2013）43号	北京通润景园房地产开发有限公司	苹果园交通枢纽商务区G地块商业金融项目
50	新里程家园	京房售证字（2013）44号	北京京投万科房地产开发有限公司	拱辰街道水碾屯村改造一期10－03－21居住项目
51	达美中心	京房售证字（2013）45号	北京柏豪置业有限公司	姚家园商业金融用地项目
52	都会商业中心	京房售证字（2013）46号	北京绿地京创置业有限公司	拱辰街道广阳家园C、D区
53	保利望京苑	京房售证字（2013）48号	北京保利营房地产开发有限公司	崔各庄乡大望京村5号地（632地块）、朝阳区崔各庄乡大望京村5号地（635地块）
54	尚北家园	京房售证字（2013）49号	北京仁和燕都房地产开发有限公司	仁和镇梅沟营村（北侧）
55	保利望京苑	京房售证字（2013）47号	北京保利营房地产开发有限公司	崔各庄乡大望京村4号地（630地块）
56	锋创科技园	京房售证字（2013）开1号	锋创科技发展（北京）有限公司	路东区F3F1、F3M1地块
57	保利芳华家园	京房售证字（2013）经7号	北京金成华房地产开发有限公司	沙河镇
58	滨河嘉园	京房售证字（2013）50号	北京金隅嘉业房地产开发有限公司	京原路68号燕山水泥厂经济适用住房项目D地块
59	红杉溪谷嘉园	京房售证字（2013）51号	北京智地愿景房地产开发有限公司	静水园A1区居住项目地块
60	山语园	京房售证字（2013）52号	中铁房地产集团北京丰昊置业有限公司	王佐镇西王佐村住宅项目X－6地块
61	首开同馨家园	京房售证字（2013）限8号	北京首开晟馨房地产开发有限责任公司	卢沟桥乡小屯村小屯馨城（9号地）
62	唐源云居	京房售证字（2013）54号	北京唐源房地产开发有限公司	果园街道果园西路西侧
63	卢卡天地小区	京房售证字（2013）限10号	北京世纪上越房地产开发有限责任公司	东小口镇中滩村389、390号院居住项目
64	双桥嘉园	京房售证字（2013）限9号	北京亿本房地产开发有限公司	双桥农场限价商品住房项目用地

续表附表 1

序号	项目名称	销售证号	开发商	地址
65	润熙家苑	京房售证字（2013）53 号	北京金第万科房地产开发有限公司	旧宫 3 号地 C－11、C－14 地块公建混合住宅、二类居住用地项目
66	龙景湾	京房售证字（2013）56 号	北京龙熙顺景房地产开发有限责任公司	庞各庄镇工业区西侧京南绿色生态社区（C 区）
67	玉兰湾嘉园	京房售证字（2013）57 号	北京祈连房地产开发有限公司	九棵树大街居住项目地块
68	东方玫瑰家园	京房售证字（2013）55 号	北京君合百年房地产开发有限公司	梨园镇小街村（自由小镇南区 2 号）
69	兴宇名苑	京房售证字（2013）59 号	北京龙湖兴润置业有限公司	北臧村镇生物医药基地东配套区 6 号及 7 号 0505－053、0505－062 号地块住宅混合公建用地项目
70	浣溪谷嘉园	京房售证字（2013）58 号	北京首地兴业置业有限公司	孙村组团二期 B－12－2 居住项目
71	铁建发展大厦	京房售证字（2013）62 号	北京第六大洲房地产开发有限公司	来广营清河营村
72	新方向家园、新方向中心	京房售证字（2013）61 号	北京金隅大成开发有限公司	郭公庄车辆段项目四期 F2 公建混合住宅用地
73	亚奥悦家园	京房售证字（2013）60 号	北京方兴融创房地产开发有限公司	来广营乡土地储备项目 B2 地块（居住用地）
74	长兴家园	京房售证字（2013）64 号	北京万年基业房地产开发有限公司	长辛店镇张郭庄村长辛店北部居住区一期（南区）B－53、54 地块
75	乐汇家园	京房售证字（2013）63 号	北京田家园新城房地产开发有限公司	窦店镇 03－0013 等地块
76	常楹悦园	京房售证字（2013）65 号	北京信远置业有限公司	管庄北二里（A 地块）
77	联港嘉园	京房售证字（2013）66 号	北京联港置业有限公司	北臧村镇居住及配套营地项目
78	蓝桥驿苑	京房售证字（2013）67 号	北京新唐兴业地产有限公司	孙村组团四期 A－24 地块居住项目
79	都会商业中心	京房售证字（2013）68 号	北京绿地京创置业有限公司	拱辰街道广阳家园 C、D 区
80	九章花园	京房售证字（2013）69 号	北京诚通华亿房地产有限公司	首都机场高速公路北皋立交桥东

续表附表1

序号	项目名称	销售证号	开发商	地址
81	圣水嘉苑	京房售证字（2013）70号	中铁嘉业（北京）投资有限公司	城关街道圣水嘉名小区
82	蓝城家园	京房售证字（2013）71号	北京中冶京诚置业有限公司	城关街道饶乐府村（兴东园小区）居住项目
83	佳和家苑	京房售证字（2013）73号	北京昂内亚太置业有限公司	长阳镇广阳城住宅小区
84	观山悦家园	京房售证字（2013）72号	北京瑞坤置业有限责任公司	朝凤庵村北侧
85	绿地中心	京房售证字（2013）74号	北京绿地京华置业有限公司	崔各庄大望京村环境整治土地储备项目3号地1008－625地块商业金融项目用地
86	方恒时代中心	京房售证字（2013）75号	北京鑫隆源房地产开发有限公司	望京新城A1区C组团4号地
87	悦都新苑	京房售证字（2013）77号	北京兴泰吉成置业有限公司	长阳镇长阳西站4号地
88	东方玫瑰家园	京房售证字（2013）76号	北京君合百年房地产开发有限公司	梨园镇小街村（自由小镇北区1号）
89	京杭广场	京房售证字（2013）79号	北京东部绿城置业有限公司	新华大街与新华北路交叉口东北角
90	合生华景家园	京房售证字（2013）78号	北京合生绿洲房地产开发有限公司	永顺镇乔庄村
91	瑞丰花园	京房售证字（2013）限11号	北京雨硕房地产开发有限公司	王辛庄镇居住项目
92	金科廊桥花园	京房售证字（2013）81号	北京金科弘居置业有限公司	南邵镇
93	嘉悦中心	京房售证字（2013）80号	北京盛玺置业有限公司	西红门镇
94	尚华家园	京房售证字（2013）82号	北京住总万科房地产开发有限公司	回龙观村旧村改造1818－007号住宅及商业金融用地
95	燕西华府家园	京房售证字（2013）83号	北京西海龙湖置业有限公司	王佐镇（怪村村北D地块）
96	朗悦嘉园	京房售证字（2013）85号	北京金地惠达房地产开发有限公司	长阳镇房山线理工大学站3号地及5号地局部地块
97	明峻嘉园	京房售证字（2013）84号	北京房地国际房地产开发有限公司	窦店镇居住项目（京南嘉园小区三期）
98	绿地中心	京房售证字（2013）87号	北京绿地京华置业有限公司	崔各庄乡大望京村环境整治土地储备项目3号地1008－625地块商业金融项目用地
99	原著花园	京房售证字（2013）89号	北京通瑞万华置业有限公司	孙河乡北甸西村二类居住用地

续表附表1

序号	项目名称	销售证号	开发商	地址
100	延秋园	京房售证字（2013）86号	北京华世柏利房地产开发有限公司	沙河镇北沙河
101	建邦嘉园	京房售证字（2013）88号	北京建工长阳房地产开发有限公司	房山线长阳站8号地西侧
102	汇景嘉园	京房售证字（2013）91号	北京城建和泰房地产开发有限责任公司	窦店镇（沁园春景二期）（配建回迁安置房）居住项目用地
103	朗悦嘉园	京房售证字（2013）94号	北京金地惠达房地产开发有限公司	长阳镇房山线理工大学站3号地及5号地局部地块
104	紫云家园	京房售证字（2013）90号	北京中粮万科房地产开发有限公司	长阳镇起步区5号地
105	四季格林嘉园	京房售证字（2013）93号	中禧伟业（北京）投资有限公司	新城西北端温榆河畔
106	祥云东方苑	京房售证字（2013）92号	中粮地产投资（北京）有限公司	空港工业区B区安祥大街北侧
107	诺德大厦	京房售证字（2013）96号	北京中铁华升置业有限公司	花乡四合庄1516－16地块
108	汇景嘉园	京房售证字（2013）95号	北京城建和泰房地产开发有限责任公司	窦店镇（沁园春景二期）（配建回迁安置房）居住项目用地
109	京铁和园小区	京房售证字（2013）限12号	北京京铁房地产开发公司	广外手帕口南街广安门铁路住宅小区B地块
110	金成府家园	京房售证字（2013）97号	北京金隅大成开发有限公司	梨园镇九棵树村居住项目用地地块
111	阳光绿景嘉园	京房售证字（2013）98号	恒盛合天和信（北京）房地产开发有限公司	采育镇西组团01－0118居住项目用地
112	金隅嘉铂苑	京房售证字（2013）99号	北京金隅嘉业房地产开发有限公司	梨园镇砖厂村北京市玻璃钢制品厂二期居住项目
113	唐源云居	京房售证字（2013）100号	北京唐源房地产开发有限公司	果园街道西路西侧
114	建材城翡丽铂庭	京房售证字（2013）101号	北京金隅程远房地产开发有限公司	西三旗建材城危改项目二期用地E19地块
115	兴宇名苑	京房售证字（2013）102号	北京龙湖兴润置业有限公司	北臧村镇生物医药基地东配套区6号及7号0505－053、0505－062号地块住宅混合公建用地项目

续表附表1

序号	项目名称	销售证号	开发商	地址
116	国锐广场	京房售证字（2013）开2号	北京国锐房地产开发有限公司	35号街区
117	中信悦海苑	京房售证字（2013）103号	北京中信新城房地产有限公司	亦庄住宅及商业项目（X1－1B）地块
118	富力尚悦居	京房售证字（2013）限13号	北京极富房地产开发有限公司	马驹桥镇C－06－1地块居住用地项目（配建“限价商品住房”）
119	桃源一号	京房售证字（2013）限14号	北京盛远世纪房地产开发有限公司	果园街道园林东路2号
120	紫荆苑	京房售证字（2013）104号	葛洲坝（北京）房地产开发有限公司	旧宫3号地C－17、C－24、C－25地块二类居住用地、托幼用地项目
121	保利发展中心	京房售证字（2013）106号	北京保利营房地产开发有限公司	崔各庄乡大望京村4号地（636地块）
122	丽景长安家园	京房售证字（2013）105号	北京东方双龙时代置业有限公司	石龙工业区18号
123	如缘居北里	京房售证字（2013）107号	北京万湖房地产开发有限公司	西北旺镇
124	四合上院家园	京房售证字（2013）108号	北京天创世缘房地产开发有限公司	菜市口棉花片危改区B－3地块
125	东方华庭	京房售证字（2013）109号	北京通瑞万华置业有限公司	常营乡（A－004地块）
126	富力尚悦居	京房售证字（2013）110号	北京极富房地产开发有限公司	马驹桥镇C－06－2地块居住用地、C－12地块社区综合服务用地项目（配建“限价商品住房”）
127	悦然馨苑	京房售证字（2013）112号	中铁房地产集团北京正达置业有限公司	长阳镇房山线长阳西站5号地01－06－09地块
128	悦然馨苑	京房售证字（2013）111号	中铁房地产集团北京正达置业有限公司	长阳镇房山线长阳西站5号地01－06－02地块
129	熙兆嘉园	京房售证字（2013）114号	北京首开荣泰置业有限公司	长阳镇起步区3号地北侧住宅混合公建项目
130	理想家园	京房售证字（2013）113号	北京鸿坤伟业房地产开发有限公司	西红门镇中心规划区0801－0705地块
131	芳轩园	京房售证字（2013）115号	北京首城置业有限公司	马坊镇A03－02地块

续表附表1

序号	项目名称	销售证号	开发商	地址
132	天宫融汇佳苑	京房售证字（2013）116号	北京金融街奕兴天官置业有限公司	生物医药基地东配套11号地居住项目
133	中建港悦嘉园	京房售证字（2013）119号	北京中建兴华房地产开发有限公司	黄村镇
134	香堤清庭花园	京房售证字（2013）118号	北京龙湖兴顺置业有限公司	牛栏山镇下坡屯村昌金路北侧
135	嘉悦中心	京房售证字（2013）117号	北京盛玺置业有限公司	西红门镇
136	玉兰湾嘉园	京房售证字（2013）121号	北京祈连房地产开发有限公司	九棵树大街居住项目地块
137	旭辉臻园	京房售证字（2013）120号	北京旭辉阳光置业有限公司	宋庄镇二类居住及商业金融用地
138	保利发展中心	京房售证字（2013）123号	北京保利营房地产开发有限公司	崔各庄乡大望京村4号地（636地块）
139	白家疃尚居园	京房售证字（2013）122号	北京世纪正源房地产开发有限公司	温泉镇中心区D2地块商业项目用地（D25地块）
140	天竺新新家园	京房售证字（2013）124号	北京广厦富城置业有限公司	天竺镇薛大人庄村
141	蓝城家园	京房售证字（2013）125号	北京中冶京诚置业有限公司	城关街道饶乐府村（兴东园小区）居住项目
142	京贸国际城	京房售证字（2013）127号	北京天旭运河房地产开发有限责任公司	芙蓉路西侧
143	远洋璟湖园	京房售证字（2013）126号	北京东隆房地产开发有限公司	孙河乡东隆住宅B区、朝阳区孙河乡东隆住宅C、D区
144	联港嘉园	京房售证字（2013）限15号	北京联港置业有限公司	北臧村镇居住及配套用地项目
145	汇景嘉园	京房售证字（2013）130号	北京城建和泰房地产开发有限责任公司	窦店镇（沁园春景二期）（配建回迁安置房）居住项目用地
146	汇景嘉园	京房售证字（2013）131号	北京城建和泰房地产开发有限责任公司	窦店镇（沁园春景二期）（配建回迁安置房）居住项目用地
147	千章墅嘉园	京房售证字（2013）128号	北京融科阳光房地产开发有限公司	宋庄镇居住及托幼项目用地
148	紫云家园	京房售证字（2013）132号	北京中粮万科房地产开发有限公司	长阳镇（长阳镇起步区5号地）
149	江南山水园	京房售证字（2013）129号	北京江南投资集团有限公司	小红门乡牌坊村小红门乡新村一期E组团（7－19号楼）

续表附表1

序号	项目名称	销售证号	开发商	地址
150	马连洼竹园	京房售证字（2013）133 号	北京亿城山水房地产开发有限公司	东北旺乡马连洼村马连洼竹园小区 G 区综合楼
151	四季格林嘉园	京房售证字（2013）134 号	中禧伟业（北京）投资有限公司	新城西北端温榆河畔
152	玉泉新城	京房售证字（2013）137 号	北京玉泉新城房地产开发有限公司	玉泉路西侧、田村山南路北侧
153	龙山苏园	京房售证字（2013）139 号	北京万通龙山天地置业有限公司	庙城镇居住项目
154	浅山香逸溪园	京房售证字（2013）136 号	北京天正华特房地产开发有限公司	张镇张各庄村
155	华侨城欢乐嘉园	京房售证字（2013）135 号	北京世纪华侨城实业有限公司	世纪华侨城旅游主题社区 A1－1、A1－2、A1－3、A1－5、A1－7 住宅项目
156	保利春天雅苑	京房售证字（2013）138 号	北京保利兴房地产开发有限公司	生物医药基地东配套区 12、13、14 号地居住、商业金融项目
157	臻园	京房售证字（2013）140 号	北京广盈房地产开发有限公司	来广营乡土地储备项目 B4 地块
158	龙山锦园小区	京房售证字（2013）141 号	北京正宏置业集团有限公司	城南街道办事处山峡村
159	明发雅苑	京房售证字（2013）143 号	明发集团北京房地产开发有限公司	北臧村镇生物医药基地东配套 7 号地 0505－055 地块住宅混合公建用地项目
160	远山嘉园	京房售证字（2013）142 号	北京昂内中天置业有限公司	王辛庄镇贾各庄村东
161	上河湾家园	京房售证字（2013）144 号	北京城建兴云房地产有限公司	观光塔住宅小区 0702、1001 地块
162	洳河嘉园	京房售证字（2013）146 号	北京天润福源房地产开发有限公司	平谷镇（平谷 1 号地）居住项目
163	兴宇名苑	京房售证字（2013）150 号	北京龙湖兴润置业有限公司	北臧村镇生物医药基地东配套区 6 号及 7 号 0505－053、0505－062 号地块住宅混合公建用地项目
164	中加荣园	京房售证字（2013）149 号	北京东方地景房地产开发有限公司	果园街道首都师范大学附属密云中学西侧

续表附表 1

序号	项目名称	销售证号	开发商	地址
165	泇河嘉园	京房售证字（2013）145 号	北京天润福源房地产开发有限公司	平谷镇（平谷 1 号地）居住项目
166	新悦家园	京房售证字（2013）147 号	北京鸿安兴业房地产开发有限公司	南关
167	西园嘉园	京房售证字（2013）148 号	北京天台山房地产开发有限公司	新城城子地区 21 – 218 居住项目
168	圣水嘉苑	京房售证字（2013）151 号	中铁嘉业（北京）投资有限公司	城关街道圣水嘉名小区
169	山语园	京房售证字（2013）154 号	中铁房地产集团北京丰昊置业有限公司	王佐镇西王佐村住宅项目 X – 4 地块
170	嘉宏中心	京房售证字（2013）152 号	北京金隅置地房地产开发有限公司	黄村镇大庄村东侧京开路 48 号商业金融项目
171	远洋天著景园	京房售证字（2013）153 号	北京远盛置业有限公司	亦庄新城Ⅲ – 1 街区 F 地块
172	隆华熙园	京房售证字（2013）155 号	北京中加恒业房地产开发有限公司	密云镇农机路 2 号
173	光合雅苑	京房售证字（2013）157 号	北京众美房地产开发有限公司	黄村镇大庄三角地居住项目
174	天竺新新家园	京房售证字（2013）156 号	北京广厦富城置业有限公司	天竺镇薛大人庄村
175	博雅商务中心	京房售证字（2013）158 号	北京万顺达房地产开发有限公司	中关村国际生命医疗园 A – 5d 商业用地
176	嘉泽生态小区	京房售证字（2013）159 号	北京香江盛富房地产开发有限公司	马池镇“嘉泽生态住宅小区”2 号地二期
177	丰泽家园	京房售证字（2013）经 16 号	北京中建地产有限责任公司	卢沟桥乡大瓦窑村
178	建材城翡丽铂庭	京房售证字（2013）160 号	北京金隅程远房地产开发有限公司	西三旗建材城危改项目二期用地 E16 地块
179	浅山香逸雅园	京房售证字（2013）限 17 号	北京天正华特房地产开发有限公司	张镇张各庄村
180	梦想家园	京房售证字（2013）162 号	北京金第房地产开发有限责任公司	杨宋镇居住文化娱乐、商业金融及居住用地项目（配建租赁房）
181	金域缇香家园	京房售证字（2013）163 号	北京万筑房地产开发有限责任公司	长阳镇 02 – 2 – 07 地块

续表附表1

序号	项目名称	销售证号	开发商	地址
182	东亚怡园	京房售证字（2013）161号	北京硕日新宇投资有限公司	台湖镇居住用地、托幼用地及公建混合用地（配建“公共租赁住房”）
183	亚奥悦家园	京房售证字（2013）164号	北京方兴融创房地产开发有限公司	来广营乡土地储备项目B2地块（居住用地）
184	尚华家园	京房售证字（2013）165号	北京住总万科房地产开发有限公司	回龙观村旧村改造1818－019号住宅及商业金融用地
185	金宝鑫园	京房售证字（2013）166号	北京金宝房地产开发有限公司	马坡镇
186	西园嘉园	京房售证字（2013）167号	北京天台山房地产开发有限公司	新城城子地区21－218居住项目
187	永升嘉园	京房售证字（2013）限18号	北京正华永升房地产开发有限公司	永定镇
188	颐景溪园	京房售证字（2013）169号	北京顺义新城建设开发有限公司	马坡镇
189	香悦四季花园	京房售证字（2013）168号	北京合景房地产开发有限公司	马坡镇顺恒大街北合景地产地块3
190	冠芳园小区	京房售证字（2013）限19号	北京龙冠房地产开发有限责任公司	沙河镇七里渠限价商品房住房项目（配建公共租赁住房）用地
191	合生华景家园	京房售证字（2013）170号	北京合生绿洲房地产开发有限公司	永顺镇乔庄村
192	富力尚悦居	京房售证字（2013）限20号	北京极富房地产开发有限公司	马驹桥镇C－06－2地块居住用地、C－12地块社区综合服务用地项目（配建“限价商品住房”）
193	玉兰湾嘉园	京房售证字（2013）171号	北京祈连房地产开发有限公司	九棵树大街居住项目地块
194	花溪茗苑	京房售证字（2013）172号	北京中铁润丰房地产开发有限公司	马坡镇（顺丰大街南侧）
195	枫丹雅苑	京房售证字（2013）173号	北京保利融创房地产开发有限公司	亦庄新城X1－1A组团B03R1－1地块二类居住用地项目（配建公共租赁住房）

续表附表 1

序号	项目名称	销售证号	开发商	地址
196	乐汇家园	京房售证字（2013）174 号	北京田家园新城房地产开发有限公司	窦店镇 03－0013 等地块
197	华润九里	京房售证字（2013）175 号	华润置地开发（北京）有限公司	黄村镇卫星城北区 17 号地 B 区
198	华远铭悦园	京房售证字（2013）176 号	北京新通致远房地产开发有限公司	梨园镇砖厂村居住项目用地
199	望京茂家园	京房售证字（2013）177 号	北京方兴融创房地产开发有限公司	来广营乡土地储备项目 B3 地块（二类居住用地、商业金融用地）
200	汇智商业中心	京房售证字（2013）179 号	北京旭科置业有限公司	拱辰街道 17－01－03 地块
201	中加荣园	京房售证字（2013）178 号	北京东方地景房地产开发有限公司	果园街道首都师范大学附属密云中学西侧
202	远山嘉园	京房售证字（2013）181 号	北京昂内中天置业有限公司	王辛庄镇贾各庄村东
203	银河财智中心	京房售证字（2013）180 号	北京上善恒盛置业有限公司	银河商务区 E 地块
204	惠民里	京房售证字（2013）经 21 号	北京良工房地产开发有限公司	城关街道永安东里住宅小区经济适用房项目
205	和成璟园	京房售证字（2013）182 号	北京恒成伟业房地产开发有限公司	亦庄镇小羊坊村
206	润枫领尚苑	京房售证字（2013）183 号	北京润通鸿业房地产开发有限责任公司	台湖镇光机电一体化产业基地二期 E 地块居住项目
207	国锐广场	京房售证字（2013）开 3 号	北京国锐房地产开发有限公司	35 号街区
208	芳轩园	京房售证字（2013）184 号	北京首城置业有限公司	马坊镇 A03－02 地块
209	珠江四季中心	京房售证字（2013）185 号	北京珠江投资开发有限公司	马驹桥镇物流产业园 E－11 地块其他类多功能用地
210	新祈年大厦	京房售证字（2013）187 号	北京崇文．新世界房地产发展有限公司	崇外大街 1 号地新世界家园三期西侧公建楼
211	西荣家园	京房售证字（2013）186 号	中矿宏业锦泰（北京）房地产开发有限公司	城南街道凉水河村
212	华远铭悦园	京房售证字（2013）189 号	北京新通致远房地产开发有限公司	梨园镇砖厂村居住项目用地
213	高米店南里	京房售证字（2013）188 号	北京兴创房地产开发有限公司	黄村镇京开高速路西侧

续表附表 1

序号	项目名称	销售证号	开发商	地址
214	通州万达广场	京房售证字（2013）190 号	北京万方置业有限公司	永顺镇北苑商务区东区商业金融、居住项目用地
215	金科廊桥花园	京房售证字（2013）192 号	北京金科弘居置业有限公司	南邵镇
216	富力华庭苑	京房售证字（2013）191 号	北京富源盛达房地产开发有限公司	庞各庄镇镇区改造 3 号地 PGZ02－19、27 地块
217	安宁华庭	京房售证字（2013）193 号	北京上地房地产开发有限责任公司	东北旺乡安宁庄居易园住宅小区 A 区
218	南宫景苑	京房售证字（2013）194 号	北京南宫恒业房地产开发有限公司	王佐镇自然城居住项目用地
219	盛祺大厦	京房售证字（2013）196 号	北京盛祺投资有限公司	平谷镇府前西街 18 号
220	腾飞园	京房售证字（2013）198 号	北京龙腾投资开发有限责任公司	马坊镇马坊工业区内
221	金隅嘉铂苑	京房售证字（2013）197 号	北京金隅嘉业房地产开发有限公司	梨园镇砖厂村北京市玻璃钢制品厂二期居住项目
222	驸马庄园小区	京房售证字（2013）经 22 号	北京京北鑫民房地产开发有限公司	北房镇驸马庄村
223	诚盈中心	京房售证字（2013）195 号	北京朝来世纪房地产开发有限公司	来广营乡来广营村新天国际城 IV（D4、5、6 地块）
224	熙兆大厦	京房售证字（2013）199 号	北京保利首开兴泰置业有限公司	生物医药基地东配套区 12 号地北侧、15 号地二类居住、其他类多功能、机动车停车场库、托幼用地项目
225	上河湾家园	京房售证字（2013）200 号	北京城建兴云房地产有限公司	观光塔住宅小区 0702、1001 地块
226	富力尚悦居	京房售证字（2013）201 号	北京极富房地产开发有限公司	马驹桥镇 C－06－1 地块居住用地项目（配建“限价商品住房”）
227	启航中心	京房售证字（2013）202 号	北京绿地京城置业有限公司	生物医药产业基地 0504－018 地块 F3 其它类多功能用地项目
228	望都家园二期	京房售证字（2013）203 号	北京泰格经济开发公司	北七家镇平坊村
229	永旭嘉园	京房售证字（2013）限 23 号	北京正华永旭房地产开发有限公司	瀛海镇
230	徜徉嘉园	京房售证字（2013）205 号	北京城建兴泰房地产开发有限公司	长阳镇（长阳起步区 4 号地 03、04 地块）

续表附表1

序号	项目名称	销售证号	开发商	地址
231	华电发展大厦	京房售证字（2013）204号	华电工程集团创业投资有限公司	花乡四合庄1516－19地块
232	众美雅苑	京房售证字（2013）208号	北京众美房地产开发有限公司	庞各庄镇
233	珠江旭景家园	京房售证字（2013）207号	北京珠江房地产开发有限公司	永顺镇潞苑五街南侧珠江国际家园二期居住项目用地
234	路劲家园	京房售证字（2013）206号	北京路劲隽御房地产开发有限公司	南邵镇
235	华纺星海家园	京房售证字（2013）经24号	华纺房地产开发公司	东坝乡南红松园6号
236	紫荆苑	京房售证字（2013）212号	葛洲坝（北京）房地产开发有限公司	旧宫3号地C－17、C－24、C－25地块二类居住用地、托幼用地项目
237	蓝城家园	京房售证字（2013）211号	北京中冶京诚置业有限公司	城关街道饶乐府村（兴东园小区）居住项目
238	圣水嘉苑	京房售证字（2013）210号	中铁嘉业（北京）投资有限公司	城关街道圣水嘉名小区
239	华邑新苑	京房售证字（2013）209号	北京京投银泰置业有限公司	郭公庄车辆段项目五期1518－632地块
240	悦都苑	京房售证字（2013）213号	北京首创奥特莱斯房山置业有限公司	长阳镇长阳西站1、2号地
241	祥云东方苑	京房售证字（2013）214号	中粮地产投资（北京）有限公司	空港工业区B区安宁大街北侧
242	世华泊郡家园	京房售证字（2013）215号	北京世纪鸿城置业有限公司	来广营乡清河营村住宅及配套、商业金融（4号地）
243	天竺新新家园	京房售证字（2013）217号	北京广厦富城置业有限公司	天竺镇薛大人庄村
244	中海金石苑	京房售证字（2013）216号	北京中海金石房地产开发有限公司	老古城村D地块
245	紫云家园	京房售证字（2013）218号	北京中粮万科房地产开发有限公司	长阳镇起步区5号地
246	睿府嘉园	京房售证字（2013）219号	北京首都开发股份有限公司	拱辰街道高教园区中央设施区西北侧
247	西山艺境嘉园	京房售证字（2013）221号	北京金水房地产开发有限公司	龙泉镇MC10－038

续表附表1

序号	项目名称	销售证号	开发商	地址
248	西山艺境嘉园	京房售证字（2013）220号	北京金水房地产开发有限公司	门头沟新城MC10－035－1
249	阅园	京房售证字（2013）222号	北京嘉源京大房地产开发有限公司	卢沟桥乡居住项目（配建公共租赁住房）
250	龙熙商业中心	京房售证字（2013）224号	北京龙熙丽景房地产开发有限公司	庞各庄镇PGZ01－12地块商业金融用地项目
251	万德福家园	京房售证字（2013）223号	北京九源富春房地产开发有限公司	平谷镇、王辛庄镇
252	中晟馨苑	京房售证字（2013）限25号	北京首都开发控股（集团）有限公司	马坡镇西马坡村东
253	亦庄悦家园	京房售证字（2013）开6号	北京方兴亦城置业有限公司	河西区X88R1地块
254	海梓嘉园	京房售证字（2013）开7号	北京城建兴华地产有限公司	河西区X83街区
255	蓟门名居	京房售证字（2013）225号	北京世博宏业房地产开发有限公司	东升乡蓟门桥北
256	国锐广场	京房售证字（2013）开4号	北京国锐房地产开发有限公司	35号街区
257	金域东郡	京房售证字（2013）开5号	北京万瑞房地产开发有限公司	河西区x86街区
258	锦城商业中心	京房售证字（2013）226号	北京兴海创业投资管理有限公司	瀛海镇镇区改造土地一级开发项目（二期）用地
259	金隅香溪家园	京房售证字（2013）227号	北京金隅嘉业房地产开发有限公司	梨园镇其他多功能用地与居住用地地块
260	领秀翠山家园	京房售证字（2013）228号	北京科技园置地有限公司	王佐镇佃起村
261	靓景明居	京房售证字（2013）230号	北京津华通达房地产开发有限公司	怡乐中街怡乐园三区
262	珠江四季中心	京房售证字（2013）234号	北京珠江投资开发有限公司	马驹桥镇物流产业园E－11地块其他类多功能用地
263	伊林西苑	京房售证字（2013）232号	北京安顺园房地产开发有限公司	良乡地区黄辛庄小区11－17#楼
264	梧桐中心	京房售证字（2013）231号	中铁房地产集团北京顺捷金海置业有限公司	永定镇东辛秤村北（MC20－037地块）
265	颐景润园	京房售证字（2013）229号	北京顺义新城建设开发有限公司	马坡镇

续表附表 1

序号	项目名称	销售证号	开发商	地址
266	旭辉臻园	京房售证字（2013）233 号	北京旭辉阳光置业有限公司	宋庄镇二类居住及商业金融用地
267	中晟馨苑	京房售证字（2013）限 26 号	北京首都开发控股（集团）有限公司	马坡镇西马坡村东
268	富力家园	京房售证字（2013）235 号	北京富力城房地产开发有限公司	广渠门外大街北侧富力城 J 地块
269	云集园	京房售证字（2013）237 号	北京宁科置业有限责任公司	北七家镇
270	泰禾时代中心	京房售证字（2013）236 号	北京中维泰禾置业有限公司	台湖镇 4－1－011、4－1－013、4－1－018、4－1－022、4－1－026、4－1－037 地块
271	绿地启航中心	京房售证字（2013）240 号	绿地集团北京京坤置业有限公司	后沙峪镇火神营村火寺路东侧
272	金隅嘉和园	京房售证字（2013）238 号	北京金隅嘉业房地产开发有限公司	东沙河中区（A－13）、（B－02）
273	四季格林嘉园	京房售证字（2013）239 号	中禧伟业（北京）投资有限公司	新城西北端温榆河畔
274	启航商业中心	京房售证字（2013）241 号	绿地集团北京京永置业有限公司	拱辰街道 05－13－10、05－13－12 地块
275	理想家园	京房售证字（2013）242 号	北京鸿坤伟业房地产开发有限公司	西红门镇中心规划区 0801－0510 地块、0801－0515 地块
276	长安丽景家园	京房售证字（2013）限 27 号	北京住总骏洋置业有限公司	永定镇居住项目

附表2　2013年新建商品住房成交均价（分区域、分季度）

单位：元/平方米

区县	监测区域	1季度	2季度	3季度	4季度
昌平区	昌平城区	16485	19561	19759	21389
昌平区	昌平城区南侧	19929	24862	24478	21910
昌平区	东小口镇	22082	26024	27742	28115
昌平区	回龙观镇	23374	23912	22172	22452
昌平区	温榆河周边地区	20474	20567	23529	25542
朝阳区	奥运场馆周边	51366			
朝阳区	北苑	34508	38253	41138	36946
朝阳区	定福庄、管庄	28390	34333	33865	35391
朝阳区	东八里庄、青年路	47481	50759	51172	51480
朝阳区	东坝	22639	22959	23135	23205
朝阳区	东南四至五环	25971	28454	40099	37207
朝阳区	机场高速五环外沿线	42142	64788	50432	59805
朝阳区	来广营、清河营	44844	48549	44398	43637
朝阳区	双井	52782		46407	
朝阳区	松榆、磨房	48697			
朝阳区	孙河	30607	45899	49177	46828
朝阳区	太阳宫	46943	74284	68784	90323
朝阳区	望京、酒仙桥	48355	50124	47632	64947
朝阳区	亚运村	47675	49145	55296	57030
朝阳区	姚家园	36712			
大兴区	大兴城区	17471	15673	21166	27102
大兴区	大兴东部	8159	9198	8469	
大兴区	大兴南部	14054	14724	16762	16683
大兴区	旧宫	23495	24685	26769	27082
大兴区	西红门	19125	19090	45058	38893
大兴区	亦庄	24967	26126	27936	31114
东城区	东北二环内	83930			
东城区	花市、前门	46593	48222	52627	34035
房山区	房山东南部	9912	10131	12109	10480
房山区	京周路周边	11544	12242	12688	12811
房山区	良乡	12804	15225	17448	12890
房山区	长阳	17371	17958	17789	17035
丰台区	方庄	35862	37056	37118	
丰台区	刘家窑、大红门	27459	27459		

续表附表2

区县	监测区域	1季度	2季度	3季度	4季度
丰台区	梅市口路	20961	21334	19539	18257
丰台区	世界公园、宛平	35075	35858	36594	35086
丰台区	长辛店、王佐	18938	20834	21202	23787
海淀区	清河	34555		28402	26210
海淀区	温泉	22645	22271	27402	31346
海淀区	西北旺	43499	46675	41722	42065
海淀区	西三旗	35148	33907	33512	32341
海淀区	杏石口路	35716	34909	53142	47203
海淀区	羊坊店、五棵松	41694	43292		38869
怀柔区	怀柔城区	15914	17161	17806	17684
怀柔区	怀柔城区周边	10313	9909	11854	11686
门头沟区	大峪、龙泉、城子			33740	35061
门头沟区	门头沟城区周边	24057	23925	23593	23760
密云县	密云城区	10524	9998	12428	13006
密云县	密云城区周边	9317	8899	8312	8508
平谷区	平谷城北部	15447	16863	17117	17516
平谷区	平谷城区	19975	21933	19052	21524
平谷区	平谷南部	7399	7636	11834	11784
石景山区	苹果园、八角、金顶街	13519			
石景山区	五里坨	20484			
顺义区	后沙峪、天竺	20254	22593	22754	25543
顺义区	马坡、牛栏山、高丽营	15379	17677	19501	18491
顺义区	顺义城区	13986	18808	17381	16893
顺义区	顺义东北部	10022	9669	11684	11990
通州区	马驹桥、台湖	16324	17690	19269	22405
通州区	宋庄、潞城	19074	20994	23865	32989
通州区	通州北苑、玉桥、梨园	20526	20445	21964	23134
通州区	新华、中仓、永顺	20522	16764	21960	21879
西城区	大栅栏、广内			54238	54560
西城区	广外	44644	46181	42724	41163
西城区	陶然亭、白纸坊	49493	41064	49173	40257
延庆县	延庆城区	11531	11922	11395	

附表3 2013年二手房销售均价

单位：元/平方米

	区域	2013年1季度	2013年2季度	2013年3季度	2013年4季度
1	东城区				
2	安定门外	48201	51504	49378	51050
3	东直门外	43238	47169	47979	49814
4	东北二环内	53090	55328	55033	57669
5	花市、前门	44115	45424	46820	51118
6	天坛、龙潭、体育馆路	40538	44121	43590	47291
7	永定门外	34523	37946	36270	41752
8	西城区				
9	新街口、什刹海	53022	56907	57494	60197
10	金融街	61239	65699	63087	63662
11	德胜门外	57616	60411	58446	60848
12	展览路、月坛	54956	58829	57613	56504
13	大栅栏、广内	46390	50430	49822	50139
14	陶然亭、白纸坊	41992	47086	46119	44787
15	广外	36437	40957	40915	42330
16	朝阳区				
17	来广营、清河营	34652	38537	35579	41097
18	机场高速五环外沿线	21129	22939	24484	26888
19	北苑	30341	33564	32083	33743
20	奥运场馆周边	36703	39402	40406	43476
21	亚运村	38446	42057	42003	41851
22	望京、酒仙桥	32802	35137	35828	38588
23	太阳宫	43132	44517	46055	48308
24	柳芳、左家庄	41006	42748	42103	39852
25	CBD	40464	42925	44839	45772
26	朝阳公园	38370	39076	41681	41261
27	东八里庄、青年路	33427	34596	34790	36293
28	四惠、甘露园	30979	33120	34163	35824
29	东坝	26511	28269	31044	33489
30	定福庄、管庄	24937	26298	27575	28112
31	双桥农场	20451	22944	21715	22243
32	双井	41459	42819	44995	46487
33	劲松	33146	34822	35135	36514
34	东南三至四环	29361	32562	32075	33592

续表附表3

	区域	2013 年 1 季度	2013 年 2 季度	2013 年 3 季度	2013 年 4 季度
35	松榆、磨房	35055	37547	37417	40349
36	东南四至五环沿线	30047	30906	32302	33075
37	豆各庄、黑庄户	23024	24518	26184	26590
38	海淀区				
39	西三旗	32661	34868	34769	36886
40	清河	33571	35918	37468	37221
41	上地	40188	44566	46290	46798
42	马连洼	38681	43321	43782	51321
43	西北旺	31267	31718	32438	35971
44	杏石口路	40615	44244	49695	49535
45	学清路	39828	42899	42312	42823
46	学院路	47556	49306	48591	48043
47	万柳	53387	57261	56128	56822
48	中关村	48348	52923	51377	50900
49	北太平庄	46816	50344	49543	50679
50	紫竹院、甘家口	48029	52980	54362	53151
51	羊坊店、五棵松	44122	49221	46098	46610
52	定慧寺	43581	45809	43387	45162
53	永定路	38367	41683	40910	42204
54	丰台区				
55	方庄	33149	36093	37220	36956
56	菜户营、西罗园	32365	35046	34750	35145
57	六里桥	34261	37043	36914	35991
58	京石高速三四环沿线	31589	34868	33480	35455
59	梅市口路	30002	34367	34823	35709
60	丰台镇	29957	32682	32900	34208
61	马家堡、西马场	30197	33027	33380	33239
62	刘家窑、大红门	29871	32255	32469	33079
63	南苑	24187	26285	27241	26165
64	新发地	23756	25717	27303	27901
65	世界公园、宛平	24259	26932	28261	28483
66	石景山区				
67	鲁谷、八宝山、老山	33971	34663	35612	36917
68	苹果园、八角、金顶街	27221	29842	30428	31118

续表附表3

	区域	2013年1季度	2013年2季度	2013年3季度	2013年4季度
69	昌平区				
70	回龙观镇	23810	25999	27150	27589
71	东小口镇	20027	22470	22970	23278
72	温榆河周边地区	18879	21128	20631	22337
73	大兴区				
74	西红门	22727	23647	24449	24033
75	旧宫	21608	23565	24993	25727
76	大兴城区	19794	21592	23964	24771
77	通州区				
78	新华、中仓、永顺	18083	19981	21832	22789
79	通州北苑、玉桥、梨园	19011	20683	21125	22438
80	马驹桥、台湖	15111	16565	17843	18790
81	顺义区				
82	顺义城区	16941	19391	22254	23516
83	后沙峪、天竺	19089	21079	20811	19836
84	马坡、牛栏山、高丽营	15029	16855	17289	18699
85	顺义东南部	14111	16102	14937	16511
86	北京经济技术开发区				
87	亦庄	21616	23817	25415	27338

附表 4　2013 年住房租赁成交价格（分区域、分季度）

单位：元/（平方米·月）

	区域	2013 年 1 季度	2013 年 2 季度	2013 年 3 季度	2013 年 4 季度
1	东城区				
2	安定门外	69	74	76	72
3	东直门外	73	78	83	89
4	东北二环内	76	80	86	83
5	花市、前门	72	75	80	77
6	天坛、龙潭、体育馆路	64	67	67	68
7	永定门外	53	54	57	53
8	西城区				
9	新街口、什刹海	77	81	87	80
10	金融街	93	96	100	106
11	德胜门外	72	75	77	75
12	展览路、月坛	76	79	82	80
13	大栅栏、广内	68	73	76	73
14	陶然亭、白纸坊	61	63	67	65
15	广外	57	58	61	60
16	朝阳区				
17	来广营、清河营	56	59	57	62
18	北苑	53	55	59	58
19	奥运场馆周边	65	66	68	68
20	亚运村	66	70	71	69
21	望京、酒仙桥	60	62	65	67
22	太阳宫	71	76	80	83
23	柳芳、左家庄	68	71	71	69
24	CBD	70	75	79	80
25	朝阳公园	67	69	73	73
26	东八里庄、青年路	58	62	64	65
27	四惠、甘露园	59	61	63	64
28	东坝	36	39	41	41
29	定福庄、管庄	42	44	45	44
30	双桥农场	31	33	36	35
31	双井	77	82	83	84
32	劲松	57	59	60	58
33	东南三至四环	55	55	59	57
34	松榆、磨房	61	64	68	66

续表附表4

	区域	2013年1季度	2013年2季度	2013年3季度	2013年4季度
35	东南四至五环沿线	45	45	46	44
36	豆各庄、黑庄户	33	36	37	37
37	海淀区				
38	西三旗	49	50	51	50
39	清河	51	54	54	52
40	上地	61	64	67	66
41	马连洼	54	56	60	58
42	杏石口路	54	57	59	65
43	学清路	65	67	70	66
44	学院路	71	75	79	75
45	万柳	75	76	80	80
46	中关村	82	85	88	84
47	北太平庄	71	75	78	75
48	紫竹院、甘家口	75	77	80	81
49	羊坊店、五棵松	64	66	69	68
50	定慧寺	65	67	69	69
51	永定路	56	58	60	58
52	丰台区				
53	方庄	58	59	59	57
54	莱户营、西罗园	52	53	53	52
55	六里桥	54	56	56	53
56	京石高速三四环沿线	48	49	51	50
57	梅市口路	45	46	47	51
58	丰台镇	45	48	49	48
59	马家堡、西马场	51	55	57	55
60	刘家窑、大红门	52	53	53	52
61	南苑	43	43	41	41
62	新发地	43	43	41	41
63	世界公园、宛平	41	43	46	49
64	石景山区				
65	鲁谷、八宝山、老山	51	53	53	52
66	苹果园、八角、金顶街	44	45	46	45
67	昌平区				
68	回龙观镇	42	42	45	43
69	东小口镇	41	42	42	39

续表附表 4

	区域	2013 年 1 季度	2013 年 2 季度	2013 年 3 季度	2013 年 4 季度
70	大兴区				
71	西红门	35	36	36	35
72	旧宫	33	34	35	34
73	大兴城区	35	35	35	35
74	通州区				
75	新华、中仓、永顺	27	29	28	28
76	通州北苑、玉桥、梨园	32	33	33	33
77	马驹桥、台湖	27	27	27	27
78	顺义区				
79	顺义城区	28	30	31	31
80	后沙峪、天竺	35	37	39	36
81	北京经济技术开发区				
82	亦庄	42	44	46	49

附表5 2013年房地产开发企业（三级资质及以上）名录

序号	企业名称	注册地	等级	编号
1	中冶置业集团有限公司	海淀区	一级	建开企［2007］614号
2	北京广安置业投资公司	西城区	一级	建开企［2001］186号
3	华润置地（北京）股份有限公司	西城区	一级	建开企［2001］185号
4	北京金隅大成开发有限公司	西城区	一级	建开企［2001］178号
5	北京昊远隆基房地产开发总公司	房山区	一级	建开企［2001］195号
6	北京天恒房地产股份有限公司	西城区	一级	建开企［2001］184号
7	北京住总房地产开发有限责任公司	朝阳区	一级	建开企［2001］175号
8	北京城建房地产开发有限公司	西城区	一级	建开企［2001］176号
9	北京市大兴城镇建设综合开发集团有限公司	大兴区	一级	建开企［2001］193号
10	北京建工集团有限责任公司	西城区	一级	建开企［2001］177号
11	北京市丰台区城市建设综合开发公司	丰台区	一级	建开企［2001］190号
12	北京石开房地产开发有限公司	石景山区	一级	建开企［2001］191号
13	北京市大龙房地产开发有限公司	顺义区	一级	建开企［2001］194号
14	北京高校房地产开发总公司	东城区	一级	建开企［2001］180号
15	北京通州房地产开发有限责任公司	通州区	一级	建开企［2001］192号
16	北京首都开发股份有限公司	东城区	一级	建开企［2000］011号
17	北京威凯建设发展有限责任公司	海淀区	一级	建开企［2005］457号
18	茂华控股集团有限公司	宣武区	一级	建开企［2008］739号
19	北京泰福恒投资发展有限公司	顺义区	一级	建开企［2008］750号
20	北京顺鑫佳宇房地产开发有限公司	顺义区	一级	建开企［2011］1030号
21	北京城建兴华地产有限公司	海淀区	一级	建开企［2002］346号
22	北京科技园建设（集团）股份有限公司	海淀区	一级	建开企［2008］770号
23	北京新华联置地有限公司	通州区	一级	建开企［2011］1070号
24	北京顺义新城建设开发有限公司	顺义区	一级	建开企［2011］1067号
25	中国新型房屋总公司	西城区	一级	建开企［2011］1069号
26	北京嘉益德房地产开发有限公司	朝阳区	一级	建开企［2011］1068号
27	金融街控股股份有限公司	西城区	一级	建开企［2005］483号
28	北京国锐房地产开发有限公司	东城区	一级	建开企［2008］726号
29	京汉置业集团股份有限公司	石景山区	一级	建开企［2007］808号
30	北京金远房地产开发集团有限公司	朝阳区	一级	建开企［2011］1098号
31	北京鸿坤伟业房地产开发有限公司	大兴区	一级	建开企［2011］1097号
32	北京珠江房地产开发有限公司	通州区	一级	建开企［2011］1099号
33	北京万通地产股份有限公司	海淀区	一级	建开企［2005］505号
34	北京城乡房屋建设开发有限责任公司	平谷区	一级	建开企［2005］504号
35	北京中筑置业有限公司	丰台区	一级	建开企［2008］809号

续表附表5

序号	企业名称	注册地	等级	编号
36	北京金第房地产开发有限责任公司	平谷区	一级	建开企［2008］806号
37	北京嘉轩房地产开发有限公司	平谷区	一级	建开企［2008］805号
38	北京天润置地房地产开发（集团）有限公司	平谷区	一级	建开企［2008］807号
39	北京天鸿房地产开发有限责任公司	东城区	一级	建开企［2005］515号
40	北京润泽庄苑房地产开发有限公司	朝阳区	一级	建开企［2011］1142号
41	亚太房地产开发集团股份有限公司	朝阳区	一级	建开企［2002］360号
42	华纺房地产开发公司	东城区	一级	建开企［2002］312号
43	华通置业有限公司	海淀区	一级	建开企［2001］283号
44	北京正阳恒瑞置业公司	东城区	一级	建开企［2001］187号
45	北京万科企业有限公司	顺义区	一级	建开企［2006］527号
46	华瀚投资集团有限公司	朝阳区	一级	建开企［2006］537号
47	北京亿城山水房地产开发有限公司	海淀区	一级	建开企［2012］1178号
48	北京佰嘉置业有限公司	昌平区	一级	建开企［2012］1179号
49	隆泰实业（北京）有限公司	门头沟区	一级	建开企［2012］1206号
50	北京润丰房地产开发有限公司	平谷区	一级	建开企［2009］854号
51	当代节能置业股份有限公司	东城区	一级	建开企［2009］853号
52	北京建升房地产开发有限公司	顺义区	一级	建开企［2006］566号
53	北京市华远置业有限公司	西城区	一级	建开企［2009］870号
54	京能置业股份有限公司	西城区	一级	建开企［2009］871号
55	泛海建设集团股份有限公司	东城区	一级	建开企［2009］892号
56	和泓置地集团有限公司	大兴区	一级	建开企［2006］589号
57	北京翔峰房地产开发有限公司	延庆县	一级	建开企［2006］588号
58	永泰房地产（集团）有限公司	海淀区	一级	建开企［2006］593号
59	保利（北京）房地产开发有限公司	丰台区	一级	建开企［2000］011号
60	北京鸿基世业房地产开发有限公司	丰台区	一级	建开企［2009］895号
61	远洋地产有限公司	朝阳区	一级	建开企［2001］167号
62	北京北辰实业股份有限公司	朝阳区	一级	建开企［2003］381号
63	北京嘉铭房地产开发有限责任公司	平谷区	一级	建开企［2003］361号
64	北京国信嘉业房地产开发有限公司	门头沟区	一级	建开企［2003］362号
65	北京城市开发集团有限责任公司	西城区	一级	建开企［2001］165号
66	北京市密云县房地产开发有限公司	密云县	一级	建开企［2002］311号
67	北京泰益德置业集团有限公司	密云县	一级	建开企［2013］1243号
68	北京首城置业有限公司	朝阳区	一级	建开企［2013］1242号
69	北京宝晟住房股份有限公司	海淀区	一级	建开企［2007］645号
70	北京城建投资发展股份有限公司	海淀区	一级	建开企［2007］648号

续表附表 5

序号	企业名称	注册地	等级	编号
71	北京中联置地房地产开发有限公司	朝阳区	一级	建开企［2013］1277 号
72	北京经济技术投资开发总公司	经济技术开发区	一级	建开企［2010］930 号
73	北京兆泰集团股份有限公司	西城区	一级	建开企［2010］929 号
74	中国水电建设集团房地产有限公司	海淀区	一级	建开企［2007］651 号
75	北京金泰房地产开发有限责任公司	丰台区	一级	建开企［2007］654 号
76	北京瑞雪春堂房地产有限公司	房山区	一级	建开企［2013］1314 号
77	北京君合百年房地产开发有限公司	通州区	一级	建开企［2013］1312 号
78	北京龙湖中佰置业有限公司	通州区	一级	建开企［2013］1313 号
79	北京和裕房地产开发有限公司	经济技术开发区	一级	建开企［2013］1337 号
80	中国房地产开发集团公司	海淀区	一级	建开企［2013］1303 号
81	北京丰裕房地产开发有限公司	经济技术开发区	二级	JK－A－3341
82	新华房地产开发公司	西城区	二级	XC－A－0371
83	北京富通基业房地产有限责任公司	丰台区	二级	FT－A－6225
84	北京中鑫源房地产开发集团有限公司	门头沟区	二级	MT－A－5265
85	北京恒政通房地产开发管理有限责任公司	丰台区	二级	FT－A－4095
86	北京世博宏业房地产开发有限公司	海淀区	二级	HD－A－X0165
87	北京市住邦房地产开发有限责任公司	平谷区	二级	PG－A－2687
88	北京宏顺兴房地产开发有限公司	顺义区	二级	SY－A－2466
89	北京合润泰房地产开发有限公司	大兴区	二级	DX－A－5829
90	北京国美商都建设开发有限公司	丰台区	二级	FT－A－4083
91	北京高盛房地产开发有限公司	东城区	二级	FS－A－1365
92	北京庄子天运房地产开发有限公司	平谷区	二级	PG－A－3476
93	北京亚通房地产开发有限责任公司	东城区	二级	TZ－A－2328
94	融科智地房地产股份有限公司	海淀区	二级	HD－A－1001
95	北京润通房地产开发有限责任公司	丰台区	二级	FT－A－1110
96	北京新领域房地产开发有限公司	昌平区	二级	CP－A－2107
97	北京中坤长业房地产开发有限公司	海淀区	二级	HD－A－3825
98	北京合生北方房地产开发有限公司	朝阳区	二级	CY－B－0863
99	北京市丰台区鸿华房地产开发经营公司	丰台区	二级	FT－A－1123
100	北京新安能置业有限公司	朝阳区	二级	CY－A－5928
101	北京中恒房地产开发有限公司	密云县	二级	MY－A－4561
102	北京市永联房地产开发有限责任公司	丰台区	二级	FT－A－1130
103	北京天运房地产综合开发经营有限责任公司	朝阳区	二级	CY－A－3622
104	北京市天竺房地产开发公司	顺义区	二级	SY－A－2402
105	北京实兴腾飞置业发展公司	石景山区	二级	SJ－A－1202

续表附表5

序号	企业名称	注册地	等级	编号
106	北京三元嘉业房地产开发有限公司	海淀区	二级	HD－A－5436
107	北京天旭运河房地产开发有限责任公司	通州区	二级	TZ－A－2363
108	北京新华联伟业房地产有限公司	通州区	二级	TZ－A－2266
109	北京中弘投资有限公司	平谷区	二级	PG－A－3572
110	北京东方信远房地产开发有限公司	朝阳区	二级	CY－A－7018
111	北京市昌平房地产开发总公司	昌平区	二级	CP－A－2002
112	北京天鸿置业有限公司	朝阳区	二级	CY－A－6075
113	华凯投资集团有限公司	丰台区	二级	FT－A－1131
114	北京龙湖时代置业有限公司	通州区	二级	TZ－A－6909
115	北京国际商务中心区开发建设有限公司	朝阳区	二级	CY－A－5941
116	曼城置业（北京）有限公司	通州区	二级	TZ－A－4193
117	北京理想产业发展有限公司	海淀区	二级	HD－A－7735
118	首都机场地产集团有限公司	顺义区	二级	SY－A－6420
119	北京颐德房地产开发有限公司	门头沟区	二级	MT－A－1552
120	北京达义兴业房地产开发有限公司	平谷区	二级	PG－A－3538
121	北京中凯置业有限公司	海淀区	二级	HD－A－6562
122	北京金色时枫房地产开发有限公司	大兴区	二级	DX－A－5815
123	北京韩建房地产开发有限公司	房山区	二级	FS－A－1322
124	北辰正方建设集团有限公司	顺义区	二级	SY－A－6445
125	北京房地置业发展有限公司	朝阳区	二级	CY－A－7036
126	北京东亚新华投资有限公司	通州区	二级	TZ－A－5785
127	北京德成兴业房地产开发有限公司	海淀区	二级	HD－A－1000
128	首创置业股份有限公司	怀柔区	二级	HR－B－4208
129	北京冠城新泰房地产开发有限公司	朝阳区	二级	CY－A－3635
130	北京汇金房地产开发有限公司	房山区	二级	FS－A－1385
131	北京首开天成房地产开发有限公司	朝阳区	二级	CY－A－5971
132	北京华油房地产开发有限公司	平谷区	二级	PG－A－3554
133	北京日兴房地产发展有限公司	房山区	二级	FS－B－1384
134	北京财富时代置业有限公司	朝阳区	二级	CY－A－7016
135	北京电子城有限责任公司	朝阳区	二级	CY－A－0703
136	北京融科卓越房地产开发有限公司	通州区	二级	TZ－A－6907
137	招商局嘉铭（北京）房地产开发有限公司	昌平区	二级	CP－A－2232
138	北京首开亿信置业股份有限公司	丰台区	二级	FT－A－6206
139	北京顺华房地产开发有限公司	通州区	二级	TZ－A－2350
140	北京市朝阳城市建设综合开发公司	朝阳区	二级	CY－A－0739

续表附表5

序号	企业名称	注册地	等级	编号
141	北京军建利司达房地产开发有限公司	大兴区	二级	DX－A－1855
142	中昂地产（集团）有限公司	石景山区	二级	SJ－A－1227
143	北京金隅置业有限公司	西城区	二级	XC－A－6167
144	北京新奥集团有限公司	朝阳区	二级	CY－A－3796
145	北京京茂房地产开发有限公司	朝阳区	二级	CY－A－5914
146	北京光辉伟业房地产开发有限公司	延庆县	二级	YQ－A－3296
147	通用地产有限公司	密云县	二级	MY－A－4315
148	北京龙庆房地产开发有限公司	延庆县	二级	YQ－A－3252
149	北京京西北房地产开发集团有限公司	延庆县	二级	YQ－A－3208
150	北京市保障性住房建设投资中心	海淀区	二级	HD－A－7744
151	北京市基础设施投资有限公司 （原北京地铁集团有限责任公司）	朝阳区	二级	CY－A－7043
152	北京正宏置业集团有限公司	昌平区	二级	CP－A－2059
153	北京江南投资集团有限公司	朝阳区	二级	CY－A－3740
154	北京市广厦房地产开发公司	延庆县	二级	YQ－A－3204
155	北京金隅股份有限公司	东城区	二级	DC－A－7401
156	北京百环房地产实业有限公司	昌平区	二级	CP－A－2097
157	北京市泰华房地产开发集团有限公司	房山区	二级	FS－A－1378
158	北京住总集团有限责任公司	朝阳区	二级	CY－A－5949
159	北京昌信回龙园别墅有限公司	昌平区	二级	CP－A－2076
160	北京德成置地房地产开发有限公司	海淀区	二级	HD－A－0980
161	北京古城房地产开发有限公司	通州区	二级	TZ－A－2373
162	北京京铁房地产开发公司	东城区	二级	DC－A－0054
163	北京诚通圣邦房地产开发有限公司	大兴区	二级	DX－A－7142
164	北京方恒置业股份有限公司	密云县	二级	MY－A－4386
165	中海宏洋地产集团有限公司	海淀区	二级	HD－B－0957
166	北京玉泉新城房地产开发有限公司	怀柔区	二级	HR－A－4209
167	北京南宫恒业房地产开发有限公司	丰台区	二级	FT－A－1183
168	北京世纪鸿房地产开发有限责任公司	西城区	二级	XC－A－0413
169	北京博大兴房地产开发有限公司	经济技术开发区	二级	JK－A－3326
170	北京林河兴业房地产开发有限公司	平谷区	二级	PG－A－2753
171	北京博大新元房地产开发有限公司	经济技术开发区	二级	JK－A－3350
172	北京金鹏苑房地产开发有限公司	丰台区	二级	FT－A－4094
173	北京英才房地产开发有限公司	顺义区	二级	SY－A－2410
174	北京中粮万科房地产开发有限公司	房山区	二级	FS－A－6844

续表附表5

序号	企业名称	注册地	等级	编号
175	北京匠心置业有限公司	丰台区	二级	FT-A-4023
176	中国新兴置业公司	海淀区	二级	HD-A-5472
177	北京崇文新世界房地产发展有限公司	东城区	二级	DC-A-0550
178	北京合生望景房地产开发有限公司	朝阳区	二级	CY-A-6064
179	中建一局集团房地产开发有限公司	丰台区	二级	FT-A-1122
180	北京裕昌置业股份有限公司	西城区	二级	XC-A-0432
181	北京丽富房地产开发有限公司	朝阳区	二级	CY-A-3774
182	北京集达房地产开发有限公司	房山区	二级	FS-A-1315
183	北京志远伟业房地产开发有限公司	平谷区	二级	PG-A-2546
184	北京永同昌房地产开发有限公司	西城区	二级	XC-A-0409
185	北京龙湖庆华置业有限公司	顺义区	二级	SY-A-6426
186	北京新鸿基盛城置业集团有限公司	丰台区	二级	FT-A-4033
187	中铁建设集团房地产有限公司	石景山区	二级	SJ-A-6349
188	北京中加伟业房地产开发有限公司	密云县	二级	MY-A-3177
189	北京龙湖置业有限公司	顺义区	二级	SY-A-2483
190	北京银通房地产开发有限责任公司	房山区	二级	FS-A-6902
191	北京中信房地产有限公司	西城区	二级	XC-A-5306
192	北京联东金桥置业有限责任公司	通州区	二级	TZ-A-5727
193	北京玺萌置业有限公司	丰台区	二级	FT-A-1121
194	北京金兰甫房地产开发有限公司	丰台区	二级	FT-A-4072
195	北京天源房地产开发有限公司	顺义区	二级	SY-A-2403
196	北京市裕发房地产开发集团	平谷区	二级	PG-A-2616
197	北京新城兴业房地产开发有限公司	大兴区	二级	DX-A-7174
198	北京海开房地产集团有限责任公司	海淀区	二级	HD-A-0992
199	北京东方依水源房地产开发有限公司	平谷区	二级	PG-A-2554
200	北京华融基础设施投资有限责任公司	西城区	二级	XC-A-6124
201	北京中铁华升房地产开发有限责任公司	房山区	二级	FS-A-1409
202	北京凯恒房地产有限公司	东城区	二级	DC-B-0149
203	北京轻工房地产开发有限公司	西城区	二级	XC-A-5343
204	中化方兴置业（北京）有限公司	西城区	二级	XC-B-6176
205	北京中关村丰台园道丰科技商务园建设发展有限公司	丰台区	二级	FT-B-4010
206	中合置业有限公司	西城区	二级	XC-A-6153
207	北京朝林置业有限公司	经济技术开发区	二级	JK-A-3302
208	北京天庆房地产开发有限公司	房山区	二级	FS-A-1396
209	北京中建地产有限责任公司	丰台区	二级	FT-A-6254

续表附表5

序号	企业名称	注册地	等级	编号
210	北京慧诚房地产开发有限公司	密云县	二级	MY－A－4576
211	北京懋源房屋开发有限公司	丰台区	二级	FT－A－4021
212	中铁置业集团北京有限公司	丰台区	二级	FT－A－4016
213	北京春光置地房地产开发有限公司	朝阳区	二级	CY－A－6070
214	四海捷高（北京）置业有限公司	平谷区	二级	PG－A－2728
215	北京八大处房地产开发集团有限公司	石景山区	二级	SJ－A－1207
216	北京铭嘉房地产开发有限公司	昌平区	二级	CP－A－2132
217	北京经开投资开发股份有限公司	经济技术开发区	二级	JK－A－3319
218	泛华建设集团有限公司	丰台区	二级	FT－A－4035
219	北京邦达房地产开发有限公司	密云县	二级	MY－A－6687
220	北京首都机场房地产有限公司	顺义区	二级	SY－A－4685
221	北京福洲房地产开发有限公司	房山区	二级	FS－A－1357
222	北京建机房地产有限责任公司	东城区	二级	DC－A－7436
223	北京昊泰房地产开发有限公司	门头沟区	二级	MT－A－1626
224	北京京奥港房地产开发有限责任公司	石景山区	二级	SJ－A－6346
225	北京正华永恒置业有限公司	平谷区	二级	PG－A－7360
226	北京科技园置地有限公司	海淀区	二级	HD－A－6508
227	北京实创房地产开发有限责任公司	海淀区	二级	HD－A－1032
228	北京极富房地产开发有限公司	朝阳区	二级	CY－A－6037
229	北京新兴建业房地产开发有限公司	门头沟区	二级	MT－A－1620
230	北京硕和房地产开发有限公司	朝阳区	二级	CY－A－3760
231	北京东亚信义国际会展中心有限公司	通州区	二级	TZ－A－6927
232	北京世纪景房地产开发有限公司	丰台区	二级	FT－A－1113
233	招商局地产（北京）有限公司	朝阳区	二级	CY－A－3731
234	北京龙熙房地产开发有限责任公司	大兴区	三级	DX－A－1840
235	北京西环置业有限公司	西城区	三级	XC－A－0233
236	北京京师大房地产开发有限责任公司	海淀区	三级	HD－A－1045
237	融合置地有限公司	平谷区	三级	PG－A－2614
238	北京海港房地产开发有限公司	通州区	三级	TZ－B－5783
239	中铁嘉业（北京）投资有限公司	房山区	三级	FS－A－6817
240	北京东杰房地产开发有限公司	通州区	三级	TZ－A－2353
241	北京盛邦基业房地产开发有限公司	宣武区	三级	XW－A－0492
242	北京泰禾房地产开发有限公司	通州区	三级	TZ－B－4200
243	北京市祺洋房地产开发有限责任公司	东城区	三级	MT－A－1671
244	北京运通博远房地产开发有限公司	东城区	三级	JK－A－3347

续表附表5

序号	企业名称	注册地	等级	编号
245	北京市双建房地产开发有限公司	朝阳区	三级	CY－A－6039
246	北京东方康泰房地产开发经营有限责任公司	东城区	三级	DC－A－0033
247	北京潞河房地产开发有限公司	东城区	三级	TZ－A－2305
248	中国航空集团建设开发有限公司	顺义区	三级	SY－A－2498
249	北京柏基置业有限公司	朝阳区	三级	CY－A－0810
250	北京五棵松文化体育中心有限公司	海淀区	三级	HD－A－3876
251	北京盛达兴业房地产开发有限公司	通州区	三级	TZ－A－2362
252	北京隆华广厦房地产开发有限公司	顺义区	三级	SY－A－2404
253	北京永翌置业有限公司	丰台区	三级	FT－A－4069
254	北京三义房地产开发有限公司	密云县	三级	MY－A－4521
255	北京太阳宫房地产开发有限公司	海淀区	三级	CY－A－3617
256	北京兴创房地产开发有限公司	大兴区	三级	DX－A－1771
257	北京华贸奥苑房地产开发有限公司	朝阳区	三级	CY－A－6055
258	北京天创世缘房地产开发有限公司	东城区	三级	XC－A－0297
259	北京腾航房地产开发有限公司	西城区	三级	XC－A－6169
260	北京市安达房地产开发公司	海淀区	三级	HD－A－0954
261	北京市开原房地产开发有限责任公司	通州区	三级	TZ－A－2254
262	北京紫都置业发展集团有限公司	房山区	三级	FS－A－1388
263	北京兴集房地产开发有限公司	大兴区	三级	DX－A－1761
264	北方万坤置业有限公司	石景山区	三级	SJ－A－6343
265	北京银座合智房地产开发有限公司	顺义区	三级	SY－A－7915
266	首创朝阳房地产发展有限公司	朝阳区	三级	CY－A－0601
267	北京同方房地产开发有限公司	东城区	三级	HD－A－0905
268	北京市朝阳万科房地产开发有限公司	朝阳区	三级	CY－A－5927
269	华龙置业房地产开发有限公司	顺义区	三级	SY－A－4630
270	北京石龙经济开发区投资开发有限公司	门头沟区	三级	MT－A－1559
271	北京泰格经济开发公司	平谷区	三级	PG－A－2588
272	北京龙洋房地产开发有限责任公司	东城区	三级	PG－A－2773
273	北京国隆置业有限公司	朝阳区	三级	CY－A－6040
274	北京东方瑞平房地产开发有限公司	朝阳区	三级	CY－A－5924
275	北京嘉润鸿达置业有限公司	海淀区	三级	HD－A－5437
276	北京旭日房地产开发有限责任公司	朝阳区	三级	CY－A－0643
277	北京鑫丰物业发展有限公司	朝阳区	三级	CY－A－7020
278	北京京南住房开发有限责任公司	大兴区	三级	DX－A－1752
279	北京慧友房地产开发有限责任公司	怀柔区	三级	HR－A－2803

续表附表5

序号	企业名称	注册地	等级	编号
280	北京宝业恒基投资有限公司	延庆县	三级	YQ－A－3292
281	北京丰泰新房地产开发有限责任公司	丰台区	三级	FT－A－4005
282	北京中关村国际商城发展有限公司	昌平区	三级	CP－A－2025
283	北京爱达星房地产开发有限公司	大兴区	三级	DX－A－1802
284	北京兆通置地集团股份有限公司	朝阳区	三级	CY－A－0854
285	北京鑫起达房地产开发有限责任公司	大兴区	三级	DX－A－1792
286	北京东君房地产开发有限公司	顺义区	三级	SY－A－4686
287	北京金地科创置业有限公司	经济技术开发区	三级	JK－A－3340
288	北京市八仙房地产开发有限责任公司	昌平区	三级	CP－A－2008
289	北京新城房地产开发有限公司	顺义区	三级	SY－A－2454
290	北京银海房地产开发有限公司	大兴区	三级	DX－A－1879
291	北京禾祥置业发展有限公司	经济技术开发区	三级	JK－A－3345
292	北京远坤房地产开发有限公司	怀柔区	三级	HR－A－2903
293	北京中坤锦绣房地产开发有限公司	大兴区	三级	DX－A－1898
294	北京天伦房地产有限公司	朝阳区	三级	CY－A－5937
295	北京利星房地产开发有限公司	朝阳区	三级	CY－B－6046
296	中房京贸房地产开发有限公司	密云县	三级	MY－A－X0001
297	北京法政实业集团有限公司	昌平区	三级	CP－A－2005
298	北京实创环保发展有限公司	海淀区	三级	HD－A－5427
299	北京象地房地产开发有限公司	海淀区	三级	HD－A－3830
300	北京昆泰房地产开发集团有限公司	朝阳区	三级	CY－A－0669
301	北京建工置地有限责任公司	朝阳区	三级	CY－A－6093
302	北京绿洲园房地产开发有限责任公司	丰台区	三级	FT－A－1173
303	北京丰台科技园建设发展有限公司	丰台区	三级	FT－A－1106
304	北京荟宏房地产开发有限责任公司	西城区	三级	XC－A－0241
305	北京中融物产有限责任公司	西城区	三级	XW－A－0411
306	中矿宏业（北京）房地产开发有限公司	海淀区	三级	HD－A－6536
307	北京星宝宏房地产开发有限公司	门头沟区	三级	MT－A－5239
308	北京市裕鑫房地产开发有限公司	顺义区	三级	SY－A－2428
309	山水文园凯亚房地产开发有限公司	朝阳区	三级	CY－A－0853
310	北京城建三房地产开发有限公司	昌平区	三级	CP－A－2245
311	北京政泉置业有限公司	朝阳区	三级	CY－A－5979
312	北京空港天瑞置业投资有限公司	顺义区	三级	SY－A－4622
313	北京经开工大投资管理有限公司	经济技术开发区	三级	JK－A－3352
314	北京市新时特房地产开发有限公司	丰台区	三级	FT－A－1117

续表附表5

序号	企业名称	注册地	等级	编号
315	北京银科房地产开发有限公司	怀柔区	三级	HR - A - 2876
316	北京市东湖房地产有限公司	平谷区	三级	PG - A - 5178
317	北京北亚华欣置业有限公司	通州区	三级	TZ - A - 2325
318	北京财富花园房地产开发有限公司	朝阳区	三级	CY - A - 0685
319	北京冠城新纪房地产开发有限公司	朝阳区	三级	CY - A - 0858
320	北京力迅房地产开发有限公司	大兴区	三级	DX - A - 5811
321	北京市兴地房地产经营开发公司	西城区	三级	XC - A - 0230
322	北京景欣世纪房地产开发有限公司	通州区	三级	TZ - A - 2273
323	北京育龙房地产开发有限责任公司	大兴区	三级	DX - A - 1845
324	北京福环房地产开发有限公司	平谷区	三级	PG - A - 2702
325	北京寅丰房地产开发有限责任公司	丰台区	三级	FT - A - 4063
326	汇豪实业投资有限公司	房山区	三级	FS - A - 1351
327	民福置业集团有限公司	朝阳区	三级	CY - A - 0857
328	北京天元广建房地产开发有限公司	昌平区	三级	CP - A - 2068
329	北京倚基土地开发有限公司	平谷区	三级	PG - A - 5191
330	北京宏城房地产开发有限公司	顺义区	三级	SY - A - 2424
331	北京西都地产发展有限公司	西城区	三级	XC - A - 0232
332	北京兴广厦房地产开发有限责任公司	大兴区	三级	DX - A - 1751
333	北京鹏睿房地产开发有限公司	丰台区	三级	FT - A - 4062
334	北京新城时代房地产开发有限公司	海淀区	三级	HD - A - 6559
335	北京京辰房地产开发有限公司	顺义区	三级	SY - A - 2463
336	北京亿城房地产开发有限公司	密云县	三级	MY - A - 3136
337	北京中鸿房地产开发有限公司	怀柔区	三级	HR - A - 4279
338	北京创世愿景房地产开发有限公司	丰台区	三级	FT - A - 1119
339	北京建工四建房地产开发有限公司	朝阳区	三级	CY - A - 7019
340	中赫置地投资控股有限公司	平谷区	三级	PG - A - 5194
341	北京双全房地产开发有限公司	密云县	三级	MY - A - 3053
342	北京华诚达房地产开发有限公司	丰台区	三级	FT - A - 1167
343	锋创科技发展（北京）有限公司	经济技术开发区	三级	JK - A - 3360
344	北京华恩房地产开发有限公司	朝阳区	三级	CY - A - 0624
345	北京市潮云房地产开发有限公司	密云县	三级	MY - A - 4444
346	北京西山产业投资有限公司	海淀区	三级	HD - A - 6521
347	北京京通天泰房地产开发有限公司	朝阳区	三级	CY - A - 0811
348	北京新建房地产开发有限公司	通州区	三级	TZ - A - 2270
349	北京泓源投资集团有限公司	顺义区	三级	SY - A - 2443

续表附表5

序号	企业名称	注册地	等级	编号
350	北京城建远东地产投资有限公司	昌平区	三级	CP－A－6737
351	北京联港置业有限公司	大兴区	三级	DX－A－7196
352	北京青远房地产开发有限公司	海淀区	三级	HD－A－0909
353	北京京北鑫民房地产开发有限公司	怀柔区	三级	HR－A－2818
354	北京房开置业股份有限公司	西城区	三级	XC－A－0474
355	北京顺兴广厦房地产开发有限公司	密云县	三级	MY－A－4355
356	北京中关村软件园发展有限责任公司	海淀区	三级	HD－A－3854
357	北京玉亭房地产开发有限公司	房山区	三级	FS－A－1508
358	富力（北京）地产开发有限公司	朝阳区	三级	CY－A－7015
359	北京中关村科学城建设股份有限公司	海淀区	三级	HD－A－1073
360	华岳原林投资（北京）有限公司	门头沟区	三级	MT－A－5223
361	北京中基宏源房地产开发有限公司	海淀区	三级	HD－A－6526
362	北京合景房地产开发有限公司	顺义区	三级	SY－A－6459
363	北京密狮房地产开发有限责任公司	密云县	三级	MY－A－6616
364	北京浩洋房地产开发有限公司	西城区	三级	XC－A－0311
365	北京特尔特置业有限公司	朝阳区	三级	CY－A－3694
366	北京鑫丰信德房地产开发有限公司	平谷区	三级	PG－A－2727
367	北京安福房地产开发有限公司	西城区	三级	XC－A－0304
368	北京市凯龙房地产开发有限公司	怀柔区	三级	HR－A－4207
369	北京盘古氏投资有限公司	朝阳区	三级	CY－A－5976
370	北京顺驰置地达兴房地产开发有限公司	大兴区	三级	DX－A－1950
371	北京首开仁信置业有限公司	东城区	三级	DC－A－7414
372	北京融科景元房地产开发有限公司	石景山区	三级	SJ－A－6336
373	北京利山房地产开发有限公司	东城区	三级	DC－B－5020
374	北京金融街奕兴置业有限公司	大兴区	三级	DX－A－5844
375	北京首创奥特莱斯房山置业有限公司	房山区	三级	FS－B－6857
376	北京将台房地产开发有限公司	朝阳区	三级	CY－A－0819
377	北京奥林匹克置业投资有限公司	朝阳区	三级	CY－A－0671
378	北京信远置业有限公司	东城区	三级	CY－A－X0084
379	北京丽来房地产开发有限公司	顺义区	三级	SY－B－4619
380	北京京伯房地产开发有限公司	怀柔区	三级	HR－B－2985
381	北京天正华特房地产开发有限公司	顺义区	三级	SY－A－6452
382	北京亿天龙房地产开发有限公司	大兴区	三级	DX－A－5838
383	北京北控城市开发有限公司	怀柔区	三级	HR－A－X0062
384	北京金宝房地产开发有限公司	顺义区	三级	SY－A－4624

续表附表5

序号	企业名称	注册地	等级	编号
385	北京鸿安兴业房地产开发有限公司	昌平区	三级	CP－A－2101
386	北京天润诚泽房地产开发有限公司	延庆县	三级	YQ－A－5627
387	北京亿来置业有限公司	怀柔区	三级	HR－A－4276
388	北京静水园房地产开发有限公司	通州区	三级	TZ－A－2399
389	北京安地房地产开发有限责任公司	海淀区	三级	HD－A－0925
390	北京太平洋城房地产开发有限公司	朝阳区	三级	CY－B－0780
391	北京亚胜置业有限公司	通州区	三级	TZ－A－6914
392	北京未来科技城开发建设有限公司	昌平区	三级	CP－A－6719
393	北京东方太阳城房地产开发有限责任公司	顺义区	三级	SY－A－2456
394	北京田家园房地产开发有限公司	房山区	三级	FS－A－1364
395	北京森阳房地产开发有限责任公司	房山区	三级	FS－A－1363